기 독 론

하나님이시며 인간이신 그리스도의 위격의
영광스러운 신비에 대한 선언

기 독 론

초판 발행일 / 2020년 9월 10일

지은이 / 존 오웬

옮긴이 / 박홍규

펴낸이 / 오연희

펴낸곳 / 처음과나중

주   소 / 서울시 서대문구 응암로 28, 3동 701호(북가좌동, DMC한양)

전   화 / 031) 906 - 9191   팩 스 / 0505 - 365 - 9191

이메일 / books9191@naver.com

공급처 / (주)기독교출판유통

표지디자인 / 비홀드

ISBN / 978-89-98073-08-4

기 독 론

하나님이시며 인간이신 그리스도의 위격의
영광스러운 신비에 대한 선언

존 오웬 지음
박홍규 옮김

"또한 모든 것을 해로 여김은 내 주 그리스도 예수를 아는 지식
이 가장 고상하기 때문이라 내가 그를 위하여 모든 것을 배설물로
여김은 그리스도를 얻고" (빌 3:8)

1679년

처음과나중

ΧΡΙΣΤΟΛΟΓΙΑ:

OR,

A DECLARATION OF THE GLORIOUS MYSTERY

OF

THE PERSON OF CHRIST — GOD AND MAN

by John Owen

Translated by Dr. & Rev. Hong Gyu Park

Alpa and Omega Publishing Co.

Seoul, Korea

| 차 례 |

"너희는 나를 누구라 하느냐?"라는 예수님의 질문에 베드로가 "주는 그리스도시요 살아 계신 하나님이 아들이시니이다"라고 고백한 것처럼 그리스도에 대한 우리의 바른 이해와 고백은 우리의 신앙과 교회의 기초를 형성하고 있다. 특히 초대교회 이래로 교회가 세워지는 과정에서 "그리스도가 누구이신가?"라는 문제는 첨예하게 대립이 되는 문제였을 뿐 아니라, 기독교가 세워지는 과정에서 분명히 밝혀야 하는 문제였다. 그리고 이 문제는 교부들의 치열한 학문적인 노력과 다양한 교회회의를 통해 확립되었다. 특히 한 위격 안에서 그리스도의 신인성의 연합의 교리를 분명히 천명했던 칼케돈 선언은 그리스도에 대한 정통적인 교리로 확고하게 자리를 잡았다.

그러나 이런 칼케돈의 결론은 그 이후에도 끊임없이 도전을 받았고 교회는 계속해서 이런 도전에 대답을 해야 했다. 종교개혁이 성공적으로 끝나고 개신교회가 수립되는 과정에서도 소시누스주의자들과 같은 사람들은 급진적인 성경관을 기초로 그리스도의 신성과 신인성의 연합의 교리와 같은 정통주의적인 교리들을 공격하면서 새로운 (?) 기독교를 세우려고 하였다. 그러나 종교개혁들과 그들의 전통을 이어갔던 청교도 신학자들이 목표로 했던 것은 교회가 오랫동안 주장해 왔던 정통주의적인 교리들 위에서 – 그것들이 비성경적인 것이 아닌 한 – 교회의 잘못된 부분들을 개혁하고자 하는 것이었다. 이런 차원에서 오웬과 같은 청교도 신학자들은 교회의 잘못된 것들에 대한 개혁을 주장하면서도 이런 이단들의 공격에 대항하여 개신교신학을 정통주의적인 신학 위에 세우려고 노력하였다.

오웬의 『기독론』은 그리스도에 대한 새로운 무엇인가를 만들어 내려는 시도가 아니다. 오히려 그것은 교회가 오랫동안 정통교리로 받아들여왔던 예수는 참 하나님이시며 참 인간이시라는 칼케돈의 고백의 의미가 무엇이며, 그것이 우리의 신앙생활과 어떤 관계가 있는지를 깊이 있게 탐구하려는 것이었다. 그는 그리스도의 신인성에 대한 칼케돈의 고백을 성경적인 가르침으로 받아들이고, 이것이 얼마나 놀라운 하나님의 지혜이며 능력이고 선한 행동의 결과인지 밝힌다. 그리고 이런 놀랍고 신비로운 위격을 지니신 그리스도를 향해 우리가 어떤 의무들을 가지고 있는지 체계적으로 검토하고 있다. 오웬에 따르면, 그리스도에 대한 바른 이해는 이해를 넘어서서 우리의 삶에서 합당한 반응을 요구한다. 그리고 이런 이해는 그리스도께 대한 우리의 경배와 순종과 사랑과 그를 본받고자 하는 열망과 노력을 요구하고 있다

우리는 이런 오웬의 시도에서 그리스도에 대한 정통주의적인 이해를 깊이 있게 알 수 있을 뿐 아니라, 이런 이해가 우리의 삶과 경건에

얼마나 중요하게 연관되어 있는지 알 수 있다. 오늘날 우리는 오웬의 시대와 마찬가지로 교리도, 실천도 무시하거나, 이것들 중 어느 하나만 있으면 된다는 식의 사고와 삶의 태도를 쉽게 접한다. 그러나 우리는 이 책을 통해 삶과 경건이 없는 정통주의적인 이해도, 정통주의적인 이해가 없는 삶과 경건에 대한 강조도 모두 오류라는 것을 발견할 수 있다. 오웬에게 있어서 그리스도에 대한 바른 이해는 이에 합당한 우리의 삶과 의무를 요구하고 있고, 우리의 바른 삶과 의무는 반드시 그리스도에 대한 바른 이해 위에 세워져야 한다. 이것이 오웬과 같은 청교도 신학자들이 추구했던 신학의 방법론이요, 예수 그리스도와 예수님의 제자들과 바울과 같은 사도들이 걸었던 길이다.

오웬의 『기독론』을 우리말로 번역하여 세상에 내놓은지도 15년이라는 세월이 지났다. 이제 이 책은 절판되어 시중에서 구할 수 없는 책이 되었다. 지난 16년의 세월 동안 이 책이 누구에게 영향을 미치고, 어떤 역할을 했는지 역자는 잘 모른다. 하지만 이 책이 한국교회를 우리의 소망이신 예수 그리스도에 대한 정통주의적인 바른 이해 위에 세우고, 성도들의 삶을 더 풍성히 하는 데 크게 기여했을 것이라고 의심하지 않는다. 비록 여러모로 부족하지만, 역자가 적지 않은 시간과 노력을 들여서 우리 말로 번역했던 책인데 그동안 더 이상 출판되지 않아서 안타까웠다. 하지만 16년의 세월이 지난 후 처음과나중 출판사를 통해 다시 출판하게 되어 기쁘다. 특히 처음 출판할 때는 저자서문에서 그리스도의 위격에 대한 교부들의 글을 생략했었는데, 이번에는 번역하여 온전한 번역판으로 다시 출간하게 되었다. 아무쪼록 앞으로도 이 책이 한국교회를 진리 위에 바로 세우고 성도들의 삶과 경건을 풍성하게 하는 데 지속적으로 기여했으면 좋겠다.

신현리에서

2020년 여름이 깊어가는 때에

박홍규 목사

"내가 한 돌을 시온에 두어 기초를 삼았노니 곧 시험한 돌이요 귀하고 견고한 기초돌이라 그것을 믿는 자는 급절하게 되지 아니하리로다"(사 28:16)는 말씀에는 그리스도의 위격에 대한 위대한 약속이 나온다. 그는 교회를 위해 아기로 태어나신 분이시며, 우리를 위해 오신 아들이시다(사 9:6). 그런데 이 귀한 기초는 "이스라엘의 두 집에는 거치는 돌, 걸리는 반석이 될 것이며, 예루살렘 거민에게는 함정, 올무가 될 것"이고, 그 결과 "많은 사람이 그로 인하여 거칠 것이며 넘어질 것이며 부러질 것이며 걸릴 것이며 잡힐 것"(사 8:14, 15)이라고 그에 대해 예언이 되어 있다. 그리고 이 약속과 예언이 교회의 모든 시대에 걸쳐 성취되어 왔다. 사도 베드로는 그 첫 번째 성취에 대해 다음과 같이 말하고 있다. "경에 기록하였으되 보라 내가 택한 보배롭고 요긴한 모퉁이 돌을 시온에 두노니 저를 믿는 자는 부끄러움을 당하지 아니하리라 하였으니 그러므로 믿는 너희에게는 보배이나 믿지 아니하는 자에게는 건축자들의 버린 그 돌이 모퉁이의 머릿돌이 되고 또한 부딪히는 돌과 거치는 반석이 되었다 하니라 저희가 말씀을 순종치 아니하므로 넘어지나니 이는 저희를 이렇게 정하신 것이라."

영혼의 구원을 믿는 자들에게 그는 언제나 귀하신 분이시다. 그는 그들의 영혼의 태양이시며, 바위이시고, 생명이시며, 떡이시다. 그는 이 땅에서나 영원 속에서나 선하시고, 유용하시며, 사랑스러우시고, 바람직한 모든 것이시다. 그 안에서, 그로부터, 그에 의해 이후에 영원한 구원과 더불어 이 땅에서의 모든 영적이며 영원한 생명과 빛과 능력과 성장과 위로와 즐거움이 나온다. 오직 그에 의해서만 그들은 하나님을 떠난 이 무시무시한 배교에서 구원을 열망하며, 기대하고, 획득한다. 이 배교는 실질적으로, 공로적으로 악하고 흉하며, 우리의 본성을 파괴시키는 것을 포함하고 있으며, 안식이 없이 영원히 비참한 상태에 처하도록 만든다. 오직 그에 의해서만 그들은 우리의 유한한 본성이 할 수 있는 한 가장 밀접하게 하나님과 연합되고, 교제하게 되며, 그를 영원히 즐거워할 수 있게 된다. 그 안에서 "이스라엘의 모든 자손이 의롭게 되고, 영화롭게 될 것"이며(사 45:25), "이스라엘이 여호와께 구원을 입어 영원한 구원을 얻을 것"이며, "영세에 부끄러움을 당하거나 욕을 받지 아니할 것"이기 때문이다(7절).

이런 이유 때문에 그리스도를 귀하게 여기는 사람들의 모든 삶의 우선적인 목표는 성경이 우리에게 영생과 관련해서 계시하고 있는 하나님의 지혜와 은혜와 사랑의 신비이신 그리스도를 그의 위격과 중보에 있어서 아는 것이며(요 17:3), 자신들의 모든 운명과 관련해서 그를 신뢰하는 것이고, 온 마음으로 그를 사랑하며 그에게 영예를 돌리는 것이며, 자신들에게 나타난 신적인 선하심과 거룩의 모든 성품에 있어서 그와 일치하려고 노력하는 것이다. 이것들에 기독교의 영혼과 생명과 능력과 아름다움과 효력이 놓여 있다. 이것들이 없이는 아무리 겉모습이 화려하다고 할지라도 그것은 오직 쓸모가 없고, 생명이 없는 무덤일 뿐이다. 이런 사실은 사도의 다음과 같은 하늘의 말에 잘 표현이 되어 있다. "또한 모든 것을 해로 여김은 내 주 그리스도 예수를 아는 지식이 가장 고상함을 인함이라 내가 그를 위하여 모든 것을 잃어버리고 배설물로 여김은 그리스도를 얻고 그 안에서 발견되려 함이니 내가 가진 의는 율법에서 난 것이 아니요 오직 그리스도를 믿음으로 말미암은 것이니 곧 믿음으로 하나님께로서 난 의니라 내가 그리스도와 그 부활의 권능과 그 고난에 참여함을 알려 하여 그의 죽으심을 본받아 어찌하든지 죽은 자 가운데서 부활에 이르려 하노니 내가 이미 얻었다 함도 아니요 온전히 이루었다 함도 아니라 오직 내가 그리스도 예수께 잡힌 바 된 그것을 잡으려고 좇아가노라"(빌 3:8-12). 이것은 그리스도를 귀하게 여기는 사람들이라면 그 마음에 공통적으로 느끼는 것이다.

그러나 앞에서 언급된 예언에 따르면, 그는 믿는 모든 자들의 견고한 기초이실뿐 아니라, 마찬가지로 말씀을 거부하고 불순종하는 자들이 부딪히는 돌이시며 거치는 반석이시다. 그 안에 있는 어떤 것도, 그에 대한 어떤 것도, 가령 그의 위격과 본성과 직책과 은혜와 사랑과 능력과 권세와 교회와의 관계와 같은 그 어떤 것도 부딪히는 돌과 거치는 반석이 되지 않는 것은 없다. 지금까지 겉으로 기독교를 고백하는 사람들 중에 이것들에 대해 회의를 제기하는 사람들이 많이 있었다.

그리고 이것들에 대한 회의는 오늘날 줄어들기보다 더 증가하고 있다. 그리고 세상은 이것들의 음울한 열매 아래서 신음하고 있으며 더 이상 참을 수 없게 되었다. 이런 일들에 있어서 주 그리스도에 대한 반대는 어리석은 자들로 하여금 이 영원한 반석에 부딪혀 자신들의 영혼을 파멸시키도록 했을뿐 아니라, 그것은 다른 육체적인 사람들의 정욕과 연합하여 세상을 피와 혼동으로 가득 차게 했기 때문이다.

사람들의 마음과 양심에 그리스도의 위격과 영과 은혜와 권위가 다시 자리를 잡도록 하는 것이 이런 서글픈 갈등을 종식시킬 수 있는 유일한 방법이다. 그러나 이것은 거치는 돌에 걸려 넘어지는 사람들 중에서 발견될 수 없는 것이다. 그리고 그는 이것들에 대해 심판하실 것이며, 모든 마음이 온유한 자들은 그를 따를 것이다. 한편 그가 거치는 돌인, 곧 그의 위격과 영과 은혜와 직책과 권위가 거치는 돌인 사람들은 그를 반대하는 데 부지런하고 쉬지 않는다. 그들은 사단이 간교함으로 준비시킨 다양한 방법으로, 다양한 정도로, 은밀한 음모로, 공개적으로 그에 대한 모든 것을 반대한다. 그러므로 그를 귀하게 여기는 사람들은, 견고한 기초로서 그 위에 세워진 사람들은 그의 위격과 영과 은혜와 직책에 대한 진리를 굳게 붙잡고, 그에 대한 모든 믿음과 사랑과 신뢰와 영예와 즐거워함의 모든 의무를 감당해야 하며, 기회가 있을 때마다 그의 탁월함을 선포하고, 그의 영광의 진리를 주장하며, 그의 영예를 방어하고, 그를 사람들의 영혼의 유일한 안식과 보답으로 증거해야 한다. 이렇게 할 수 있도록 돕는 것이 바로 이 글의 목적이다. 우리가 다루고 있는 주제의 영광과 탁월함과 위엄을 만물이라도 다 표현할 수 없는 것처럼 (그것의 실질적인 영광을 어떤 이성도 다 생각할 수 없으며, 어떤 혀로도 다 표현할 수 없기 때문에) 이 책에도 저자의 부족함으로 말미암아 곳곳에 실패와 불완전함이 있을 것이다. 그러나 나는 이 책에서 그리스도의 위격과 중보에서 하나님의 지혜와 사랑과 은혜와 능력의 신비와, 아버지와 아들과 성령을 향한 우리의 의무에 대한 하나님의 전체적이고 영원한 진리를 주장하고 방어하고 있으며, 이것은 결코 지옥의 문의 어떤 노력이나 반대에 의해서도 결코 흔들릴 수 없다는 것을 확신을 가지고 말해야 한다.

그리고 이런 것들에 관한 진리를 인정하는 데 특별히 초대교회의 생명과 영광인 믿음이 놓여 있다. 그들은 이 믿음을 지키기 위해 열심히 싸웠고, 교회를 넘어뜨리고 공격하는 원수들의 모든 군대와 대항하여 싸워서 이겼다. 이에 대해 증거하는 데 있어서 그들은 죽기까지 자신들의 목숨을 아끼지 않았으며, 이방의 모든 핍박을 받으면서 자신들의 피를 물처럼 쏟았다. 이 모든 핍박은 이 견고한 반석, 곧 이 귀한 기초에서 그들을 분리시키려는 것 이외에 다른 어떤 것도 아니었다. 이 진리를 방어하기 위해 그들은 기도와 연구와 여행과 글로써 자신들이 반대하는 속이는 자들과 대항하여 싸웠다. 그리고 이런 이유 때문에 나는 이 책에서 다루는 주된 내용들을 고대교회의 가장 탁월한 저자들의 글들을 인용해서 확증하려고 생각했었다. 그러나 나는 그렇게 하지 않기로 결심을 했는데, 이는 그렇게 하는 것이 이 주제와 관련하여 내가 본래 의도했던 보통 사람들의 이해를 증진시키기보다 오히려 방해가 될 것을 두려워했기 때문이다. 그러나 나는 내가 계획했던 것 자체를 전적으로 무시하기보다는 이 글 전체의 서문에서 적어도 그것들 중 일부를 제시하는 것이 유익할 것이라고 생각했다. 그러나 이 점에서도 나는 실망해야 했다. 출판사에서 이 책을 이미 인쇄해버렸기 때문에 나는 더 이상 연구할 여유나 시간이 없이 이미 내가 모아 놓은 것으로 만족해야 했기 때문이다.

나는 이 책의 주요 부분을 요약하면서 고대교회의 의견들을 첨가할 것이다. 그리고 나는 사람들에게 애매하게 이해된 부분들과 관련해서 보다 분명한 이해를 제시할 것이다.

제 1 장. 이 장 전체의 기초는 우리의 복되신 구주께서 자신을 스스로 교회가 세워지는 반석이라고 선포하신 말씀을 살펴보는 데 놓여 있다. 그는 "내가 네게 이르노니 너는 베드로라 내가 이 반석 위에 내 교회를 세우리니 음부의 권세가 이기지 못하리라"고 말씀하셨다(마 16:18). 그런데 세속적인 사람들이 이 표현을 애매하게 해석하여 예수 그리스도가 교회가 세워지는 반석이신지, 아니면 로마 교황이 그 반석 인지에 대한 큰 논쟁을 불러일으켰다. 그러나 그리스도를 고귀하신 분으로 여기며, 세속적인 명예와 권세에 대한 열망으로 물들어 있지 않은 옛적의 거룩한 사람들은 이것에 대해 알지도 못했다. 이것을 증명할 수 있는 증거들은 수없이 제기될 수 있지만, 나는 여기에서 그것들의 일부만을 언급할 것이다.

그리스도가 증거하고 계신 것은 "그(그리스도)가 아버지께로 인도하는 길이시며, 반석이시고, 열쇠이시고, 목자이시다"라는 것이라고 이그나티우스(Ignatius)는 빌라델피아에 보내는 편지(Epist. ad

Philadelphia)에서 말하고 있다. 그리고 오리겐(Origen)은 이 표현이 베드로를 언급하고 있다는 주장을 다음과 같이 거부하고 있다. "만약 당신이 모든 교회가 오직 베드로 위에 세워진다고 생각한다면, 우리는 요한과 사도들에 대해 무엇이라고 말할 것인가? 우리는 지옥의 문이 오직 베드로만 이기지 못할 것이라는 주장에 대해 무엇이라고 말할 것인가?" 그러므로 그는 성현들의 일반적인 주장에 따르면 베드로의 고백에는 자신이나 혹은 나머지 모든 사도들을 지칭하고 있는 것이 전혀 없었다고 주장했다. 유세비우스(Eusebius)는 이 말씀과 우리 구주의 약속의 영광스러운 성취에서 그가 자기 교회를 반석 위에, 곧 자신 위에 세우시며, 지옥의 권세가 그것을 이기지 못할 것이라는 신적인 약속의 진실성을 증명하고 있다(Præparat. Evang., lib. i. cap. 3). 힐라리(Hilary)는 "'당신은 살아 계신 하나님의 아들이시니이다'라는 것은 유일하게 움직일 수 없는 기초이며, 베드로에 의해 고백된 복된 믿음의 반석이다"라고 말한다(de Trin., Kib. ii). 그리고 에피파니우스(Epiphanius)는 "이 확실한 믿음의 반석 위에 나는 나의 교회를 세울 것이다"라고 해석하고 있다(Hær. xxxix). 많은 사람들은 믿음 그 자체가 은유적으로 반석이라 불렸다고 생각했는데, 이는 그것이 그 대상 곧 그리스의 위격에 대한 믿음이었기 때문이다.

어거스틴(Augustine)이 언급한 한두 개의 증거만 소개하고 이에 대한 증거들을 마치고자 한다. "네가 고백한 이 반석 위에 - 살아 계신 하나님의 아들인 나 자신 위에 - 나는 나의 교회를 세울 것이다. 나는 너를 내 위에 세울 것이며, 나를 네 위에 세우지 않을 것이다"(De verbis Dom., Serm. xiii). 그리고 그는 다음과 같이 자신의 생각을 보다 분명히 선언한다. "그(그리스도)는 보편적인 교회를 의미하는데, 그것은 이 세상에서 소나기들과 홍수들과 폭풍들과 같은 다양한 유혹들에 흔들리지만 넘어지지 않는다. 이는 그것이 베드로의 이름이 파생된 반석(Petra) 위에 세워졌기 때문이다. 이 반석은 베드로로부터 반석(Petra)이라고 불린 것이 아니라, 베드로가 반석(Petra)으로부터 베드로라고 불린 것이다. 이것은 마치 그리스도가 그리스도인들로부터 그리스도라 불리신 것이 아니라, 그리스도인들이 그리스도로부터 그리스도인들이라고 불린 것과 같다. 그러므로 주님은 '이 반석 위에 내가 나의 교회를 세울 것이라'고 말씀하신다. 베드로가 '주는 그리스도시요 살아 계신 하나님의 아들이시니이다'라고 말했기 때문이다. '네가 고백한 이 반석 위에 내가 나의 교회를 세울 것이다.' 그리스도 자신이 베드로가 세워지는 기초이시며 반석이시기 때문이다. 사람들은 이미 놓여진 기초, 곧 예수 그리스도 이외에 다른 기초를 놓을 수 없기 때문이다."(Tract. cxxiv., in Johan)

제 2 장. 이 반석, 곧 교회의 기초 - 그리스도의 위격과 그것과 관련된 교회의 믿음 - 에 대해 지옥의 문들에 의한 큰 반대가 있어 왔다. 폭력과 잔인함의 모든 결과로 교회를 이 기초에서 떨어져 나가도록 노력한 이방세계의 폭압은 말할 것도 없이, 모든 이단들은 처음부터, 그리고 오랜 세월에 걸쳐 계속해서 그리스도의 위격에 대한 영원한 진리를 직접적으로 반대해 오고 있다. 그렇게 평가 받는 몇몇 이론들은 사실 정교함보다는 야만스러운 상상을 드러내지만, 한결같이 비록 모습

은 다르지만 오직 그리스도의 위격에 대한 미움에서 나온 것이며, 그것에 초점이 맞추어져 있다. 그들의 시작은 심지어 요한이 복음서나 계시록을 기록하기 전부터, 심지어 바울의 몇몇 서신서들이 기록되기 전부터 교회 안에 있었다. 그리고 그들은 처음에는 작고 쉽게 무시될 수 있는 것처럼 보였지만, 사실 그들 안에는 옛 뱀의 독이 가득했다. 그들은 그리스도 안에 아무것도 남아 있지 않아서 더 이상 반대하거나 공격할 것이 없을 정도까지 다양한 형태와 모양으로 퍼져나갔다. 그들은 그와 관련된 것, 곧 그의 신적이거나 인간적인 본질, 그의 속성들, 그의 행동, 그의 위격, 그의 한 위격 안에서의 본질들의 연합을 공격하였다. 특별히 복음이 로마제국을 그리스도께로 굴복시키고, 제국의 통치자들을 사로잡자마자, 온 세상은 지옥의 문에 의한 저주받은 공격에 의해 그리스도의 위격에 대한 소음과 혼란과 무질서로 얼마 동안 가득 차게 되었다. 교회는 약 오백 년 동안 이 혼란에서 안식을 취하지 못했다. 그러나 진리와 종교의 힘이 그들을 외적으로 고백하는 사람들 중에 보편적으로 소멸되기 시작할 시기에, 그리스도의 위격과 그것과 관련된 진리를 무너뜨리는 데 실패한 사단은 미신과 거짓 종교와 경건하지 못한 삶으로 교회를 파괴시키고자 하였다.

그렇게 오래된 지나간 것들에 대해 전적으로 알지도 못하고 관심도 없는 사람들에게 교회의 이 반석과 기초를 무너뜨리고자 시도했던 이단들의 몇몇 예를 드는 것은 지루하고 큰 유익이 되지 않을 수 있다. 심지어는 고전의 기록에 대해 관심을 가지고 있는 사람들에게도 이것은 전적으로 무익할 수도 있다. 거의 모든 그들의 기록은 독자들에게 총체적인 이단적 이론들이라기보다는 일부 혹은 더 많은 이단적인 내용들을 제공하기 때문이다. 그러나 나는 아무리 평범한 그리스도인들이라고 할지라도 지나간 그리스도의 위격에 대한 논쟁에 대해 어느 정도 일반적인 지식을 갖는 것이 유익이 될 것이라고 생각한다. 그곳에는 그들의 믿음과 크게 관련된 두 가지 내용이 들어 있기 때문이다. 첫째로, 진리에서의 치명적인 배교와 주 그리스도를 반대하는 것과 관련된 예언이 어떻게 성취되었는가를 알 수 있다. 둘째로, 그리스도가 어떻게 지옥의 문들의 반대와 공격을 능력과 신실하심으로 승리하셨는지를 알수 있다. 그런데 그것들은 많은 고대와 최근의 학자들에 의해 시간과 내용으로 정리가 되었으며, 나는 그것들을 여기에서 독자들에게 다 제시할 수 없다. 나는 단지 진리를 소유한 사람들이 어떻게, 어떤 수단으로 해로운 이단들과 싸웠으며 승리했는지를 간단하게 살펴볼 것이다.

진리에 대한 방어는 처음부터 능력을 가진 교회의 지도자들에게 맡겨져 있었다. 그리고 그들은 성경을 통해 사도적 전통에 따라 자신들의 의무를 감당했다. 이것은 대 사도에 의해 그들에게 부여됐으며(행 20:28-31, 딤전 6:13, 14, 딤후 2:1, 2, 15, 23, 24, 4:-5), 이 의무를 감당하지 못하는 사람은 그리스도에게서 책망을 받았다(계 2:14, 15). 그리고 사적인 신자들은 자신들이 있는 곳에서 자신들의 능력에 따라 이 의무에서 면제되지 않고 감당해야 했으며, 자신들이 받은 명령에 따라 신실하게 이 의무를 감당했다(요일 2:20, 27, 4:1-3, 요이 8, 9). 모든 참된 신자들은 자신들이 처한 상황에서 - 자신들의 부르심과 능력에 따라 서로 경계하거나 설교하거나 글을 씀으로써 - 교회의 믿음을 보전하고 전파하기 위한 외적인 수단을 효과적으로 사용했다. 그리고 양심과 근면함으로 이 일을 감당한다면, 여전히 똑같은 목적을 달성하는 데 그들이 사용해 온 것과 같은 수단으로 충분할 것이다. 다른 기술과 무기를 가지고 진리를 방어할 수 있다는 생각은 오히려 종교에 해악이 되어왔으며, 그리스도인들에게서 회복할 수 없을 정도로 평강을 빼앗아 왔다. 그리고 진리의 보전을 위해 오직 이 수단만이 사용되었을 때 비록 셀 수 없이 많은 이단들이 분리되어 때로는 모두 함께 일어났음에도 불구하고 그들은 결코 어떤 큰 진보도 이루지 못했으며, 진리를 무너뜨릴 수 있을 만큼 일관성을 가지지도 못했고, 그들은 잠시 있다가 사라지는 유성(遊星)과 같았다는 것이 주목될 수 있다. 그러나 후에 제기된 이단들을 퇴치하기 위한 편리하고 유용하다고 판단된 다른 방법들과 수단들을 그렇게 하지 못했다.

시간의 과정 속에서 로마 제국이 힘으로 기독교를 지지하고 보호하였을 때 이런 목적을 달성하기 위해 다른 방법이 사용되었다. 그것은 혼합된 힘, 곧 시민의 힘과 교회의 힘으로 무장된 소위 공의회(General Councils)라고 불려지는 사제들과 다른 사람들의 모임을 사용하는 것이었다. 이 공의회는 황제들의 권위와 관계가 있었고, 그 당시 처음으로 제기되기 시작했던 주제는 교회 안에서의 사법권에 대한 것이었다. 이런 방식은 니케아 회의(the Council of Nice)에서 시작되었는데, 이 회의에서 진리에 따라 그리스도의 위격의 교리에 대한 결정이 내려졌다. 그 당시에는 그리스도의 신성에 대한 반대가 격렬하게 일어났다. 그러나 그 결과로 다양한 악들과 불편한 것들이 따라 나오게 되었다. 그곳에서 그리스도인들의 믿음은 사람들의 권위에 의해 크게 결정되기 시작했으며, 비록 성경에서 명확히 가르치고 있는 것보다 그곳에 모인 교부들에 의해 결정된 것에 더 많은 무게를 두지 않았다고 할지라도 똑같은 권위가 그들에게 부여되었다. 더욱이 그들이 생각했던 것처럼 그리스도의 신적인 본질에 대해 성경에서 사용되지 않았거나, 그 의미가 성경에 의해 결정되지 않은 단어들을 사용해서 설명하는 것이 필수적이었다고 할지라도, 그것들에 관한 끊임없는 논쟁들을 위한 기회가 제공이 되었다. 그리스 사람들은 오랫동안 우시아(οὐσία)와 휘포스타시스(ὑπόστασις)가 - 둘 다 존재(essence)와 본질(substance)을 지시하기 때문에 - 똑같은 의미인지 아닌지에 대해, 그것들의 의미가 다른지에 대해, 만약 다르다면 그 차이는 어디에 있는지에 대해 그들 스스로도 일치될 수 없었다. 아다나시우스(Athanasius)는 처음에 같다는 것을 인정했다(Orat. v. con. Arian., and Epist. ad African). 바질(Basil)은 그것들이 같다는 것을 거부하고, 니케아 회의에서도 똑같은 목적으로 사용되었다는 것을 거부했다(Epist. lxxviii). 똑같은 차이는 즉시 "휘포스타시스(hypostasis)"와 "페르조나(persona)"에 관련해서 그리이스 사람들과 라틴 사람들 사이에도 일어났다. 라틴 사람들은 "휘포스타시스(hypostasis)"를 본질을 의미하는 "수브스탄티아(substantia)"로, 프로소폰(πρɾσωπον)을 위격을 의미하는 "페르조나(persona)"로 표현했기 때문이다. 이것에 대해 제롬(Jerome)은 그의 다마스커스에 보내는 편지에서 동방에 있는 사람들은 "트레스 휘포스타시스(tres hypostases)"를 고백하여 오직

"트레스 페로조나스(tres personas)"만을, 곧 세 위격만을 인정한다고 불평한다(Epist. lxxi). 그리고 어거스틴도 똑같은 차이에 대해 설명한다(De Trinitate, lib v. cap. 8, 9). 아다나시우스는 이 차이를 조합하려고 노력했으며, 그레고리 나지안젠(Gregory Nazianzen)이 그에 대한 찬미의 글에서 인정한 것처럼 좋은 결과를 가져왔다. 이것은 줄리안(Julian) 황제의 통치 1년에 알렉산드리아에서 열린 공의회(synod)에서 그에 의해 이루어졌다. 이때 심지어 니케아 회의의 교리에 전적으로 동의했던 사람들 사이에서도 많은 논쟁이 일어났다. 그리고 간교한 아리우스주의자들(Arians)은 "호모우시아(ὁμοούσιος)", 곧 동일 본질이라는 표현을 가지고 그리스도의 신성을 반대하는 것이 아니라, 단지 그 표현만을 반대하는 것처럼 하면서 속이다가, 결국 후에 그리스도의 신성을 전적으로 부인하는 자신들의 견해를 표현하는 단어나 용어로 자신들을 무장시켰다. 그들의 "호모이우시오스(ὁμοιούσιος), 헤테루시오스(ἑτερούσιος), 엑스 우크 온톤(ἐξ οὐκ ὄντων)과 같은 표현들과 이와 유사한 신성을 모독하는 표현들이 그것들인데, 이것들에 대해 격렬하고 끝이 없는 논쟁들이 일어났다. 그리고 이것에 이은 더 많은 악들이 있었다. 이것들을 가지고 복된 삼위일체의 신비와 그리스도의 위격에 대해 성경의 평범한 증거들을 고려하지 않고 사악하고 교묘한 방법으로 자유롭게 생각하고 말하려는 호기심 많은 사단의 생각을 가진 사람들이 그것들에, 특히 후자에 새롭고 엉뚱하고 거짓된 개념들을 많이 만들어 내어 폭넓고도 오랫동안 지속된 새로운 혼란을 일으키기 시작했기 때문이다. 이것들을 억누르기 위해 공의회(councils)

들이 소집이 되었으며, 그 회의들에서 보통 새로운 차이들이 생겨났고, 그것들 대부분은 기독교에 큰 불명예를 가져왔다. 오류들을 반대하고 이단들을 구분하는 본래의 방법들에서 떠나서 사람들이 자신들의 유익이나, 자신들이 속한 부류의 숫자나, 현재의 황제들에 대한 자신들의 지배력에 사로잡히기 시작했기 때문이다. 그리고 비록 콘스탄티노플과 에베소(제 1차)와 칼케돈에서 열린 공의회에서는 진리가 승리하기도 했지만, - 많은 다른 경우에는 그렇지 못했다 - 그들은 언제나 그리스도인들의 주요 지도자들 사이에 새로운 분열과 적의와 심지어는 상호 간의 미움의 기회를 제공하였다. 그리고 똑같은 진리를 믿는 척하는 사람들 중 몇몇 사람들 사이에서는 그런 공의회가 받아들여져야 되는지, 곧 교회가 교회의 믿음을 그들의 권위에 맡겨야 하는지에 대한 큰 논쟁들이 있었다. 제 1차 에베소 공의회와 칼케돈에서 열린 공의회의 권위와 관련해서 일어난 논쟁들이 아리우스주의자들이 이긴 논쟁들은 말할 것도 없이 그 당시 교회사(敎會史)의 많은 부분을 차지하고 있다. 그리고 진리를 주장했던 중요 인물들과 모임들 중 몇몇이 다른 사람들의 이단적인 사상들을 지나치게 반대하는 과정에서 정당화될 수 없는 극단에 빠지기도 했다는 것은 부인할 수 없다.

우리는 제 1차 에베소 공의회와 후에 칼케돈 공의회에서 정죄를 당한 네스토리우스(Nestorius) 이단과 관련하여 이것에 대한 예를 살펴볼 수 있을 것이다. 알렉산드리아의 키릴(Cyril)은 학식이 있고 열정이 있는 사람이었으며, 온갖 수단을 사용해서 그의 선행자 아다나시우스가 아리우스주의에 빠졌다는 것을 증명하고자 하였다. 그러나 이 과정에서 그는 너무 지나쳐서 계속되는 혼란의 기회들을 제공하였다. 그가 휘포스타시스(ὑπόστασις)와 푸시스(φύσις)를 구별하지 않아서 하나님의 말씀과 인성이 오직 한 본질(μία φύσιν)을 가지고 있는 것으로 인정했다는 것이 분명하기 때문이다. 그는 "진리에 따라 말씀이 육체가 되어 한 본질이 되었다는 것(ὅτι κατ ἀλήθειαν ἐστὶ μία φύσις τοῦ λόγου σεσαρκωμένη)을 그들이 몰랐다"라고 분명히 말하고 있다(Epist. ad Successum). 그러므로 대수도원장 출신의 유티케스(Eutyches)는 정반대의 극단으로 나갈 수 있는 기회를 잡아 키릴만큼이나 네스토리우스에게 큰 원수가 되었다. 그리스도의 위격을 둘로 나누는 네스토리우스에 반대하여 그는 그의 본질들을 하나로 혼합시켜 버렸기 때문이다. 그리고 그의 이런 헛된 이론은 제 2차 에베소 공의회에서 확증되었다. 더욱이 키릴은 그리스도의 위격의 신비를 보다 정교하게 잘 표현하려고 하는 자신의 열심과 네스토리우스에 대한 믿음 때문에 사도가 우리에게 준 정교한 한계(롬 12:3)를 넘어가는, 비록 진리 그 자체의 한계는 아니라고 하더라도, 많은 것들을 말했다. 이것으로 말미암아 많은 학식이 있는 사람들이 키릴이 잘못되었고, 네스토리우스는 그에 의해 부당하게 정죄를 받았다고 생각하고 글을 쓰는 일이 일어났다. 그러나 나는 에베소와 칼케돈 공의회에서 네스토리우스의 교리로서 정죄를 받았던 교리는 그리스도의 참된 위격을 파괴하는 것이었으며, 키릴이 비록 다양한 표현에서 실수를 했지만 진리를 바르게 선언하고 확증하였다고 확신한다. 그리고 이런 사실은 오래전에 테오리아누스(Theorianus)에 의해 방어되었다(Dialog. con. Armenios).

그러나 그리스도는 교회를 돌보셔서 자신의 신적인 위격과 한 위격 안에서 본성들이 각자의 구분된 속성들과 활동을 보유한 상태로 연합되어 있다는 거룩하고 근본적인 진리를 보존하신다. 고대의 공의회들 안에 있던 모든 분열과 무질서와, 그들의 많은 참석자들 사이에 일어난 치욕적인 싸움들과, 크고도 다양한 공의회들에서 진리와 반대로 결정된 내용들에도 불구하고, 그는 진리에 대한 믿음이 진실로 믿고 지옥의 문들에 대해 승리한 모든 사람의 마음에 전적으로 보존되도록 하셨다.

나는 지금까지 마 16:18에 나오는 우리의 복되신 구주께서 하신 약속과 예언에 속하는 것들을 몇 가지 언급하였다. 그 이유는 세월이 계속되면서 교회의 믿음과 예배와 삶을 부패시키는 데 가장 유해한 역할을 한 것으로 입증된 공의회들이 없어도 교회가 진리에 대한 어떤 손상도 없이 보존될 수 있다는 것을 보여주기 위함이었다. 처음부터 그들은 진리를 보존하는 유일한 방법이 아니었으며, 진리를 확증하는 데 그들의 권위를 추가함으로써 진리 그 자체가 오히려 거의 계속해서 왜곡되었다. 그것들 중 어느 한 번도 불법이 은밀하게 활동하여 후에 공개적으로 들어나게 될 치명적인 배교의 기초로서 몇몇 쓰레기 같은 것을 놓지 않은 적이 없었다. 주 그리스도는 친히 자신의 위격의 반석 위에 그것에 대한 참된 믿음에 의해 교회를 세우셨다. 그는 거룩한 영을 보내셔서 그의 능력과 은혜의 모든 결과로써 자신에 대해 증거하게 하신다. 그는 죄인들을 각성시키기 위해 자신의 거룩한 진리를 드러내시고, 선포하시고, 알게 하시고, 방어하심으로써 자신의 말씀사역을 계속하신다. 그는 모든 택자들의 마음속에서 자신에 대한 믿음과 사랑이

꺼지지 않도록 유지시키신다. 그러므로 비록 이 거룩한 진리와 교회와 기독교의 이 근본적인 조항에 대한 반대들이 – 그의 신적인 위격과, 그의 인성이 본질적으로 그의 신성과 연합된 것으로 그의 위격의 구성과 효용과 관련된 – 이 마지막 시대에 증가하고 있지만, 비록 그들이 다양한 형태로 나타나서 주제에 따라 정리하기가 어렵지만, 비록 그들이 이전 시대보다 더 정교하고 그럴듯하게 표현되고 있지만, 만약 우리가 우리에게 제시된 은혜의 도움을 받아서 우리의 의무를 감당하는 데 부족하지 않다면, 우리는 최종적으로 이 문제에서 승리할 것이며, 이 거룩한 진리는 우리를 따라 이 진리를 고백할 사람들에게 손상을 입지 않고 전달될 것이다.

　제 3 장. 교회가 세워지는 기초이며, 온갖 종류의 반대를 받아온 그리스도의 위격은 하나님의 선하심과 지혜의 가장 뛰어난 말로 다 형언할 수 없는 결과이다. 우리는 이것에 대해 다음 장에서 언급할 것이다. 그러나 여기에서 내가 그리스도의 위격의 구성에 대해 말할 때 나는 절대적인 측면에서, 곧 하나님의 영원하신 아들로서 그의 위격을 의도하지 않는다. 그는 참으로, 진실로, 완전히 영원부터 신적인 위격이셨으며, 그것은 그가 아들이시라는 개념에 포함되어 있다. 그는 아들로서 완벽한 위격이신 아버지와 구분되는 분이시다. 그가 그런 분이시라는 것은 하나님의 지혜와 선하심의 의지적인 계획이나 결과가 아니었다. 그의 영원한 낳아지심(eternal generation)은 아버지의 위격 안에 있는 신적 본질의 필연적인 내적 행동이다.

　아들의 신적 위격의 영원한 낳아지심에 대해 고대교회의 건전한 작가들은 그것은 견고히 믿어져야 되지만, 그것의 방법은 탐구되지 말아야 한다는 것을 계속해서 인정하였다. "위엄에 대한 탐구는 영광을 제거한다(Scrutator majestatis absorbetur a gloria)"는 것이 그들의 규칙이었다. 그리고 알렉산더와 아리우스 사이의 호기심이 있는 논쟁들은 후에 머리가 여러 개 달린 아리우스 이단이 나오는 기회를 제공했다. 한번 교활한 머리와 성화되지 않은 마음을 가진 사람들이 자신들의 이해와 능력을 넘어서서 무한한 것들을 탐구하려고 시도했을 때 - 쓸데없이 육신의 생각에 사로잡혀서 - 그들은 그들 사이에 오직 진리를 반대하는 일에 있어서 끊임없는 분쟁에 빠졌기 때문이다. 그러나 건전한 정신을 가지고 있는 현명한 사람들은 이런 불경건한 담대함을 절제했다. 이런 선상에서 락탄티우스(Lactantius)는 "그러므로 어떻게 아버지가 아들을 낳으셨는가? 이런 신적인 일들은 어느 누구에게 알려질 수도, 어느 누구에 의해 선포될 수도 없다. 단지 (이 문제를 결정하고 있는) 성경이 그가 하나님의 아들이시며, 그가 하나님의 말씀이시라고 가르치고 있을 뿐이다"라고 말한다(lib. iv., De Verâ Sapient.). 그리고 암브로스(Ambrose)는 "나는 언제, 어떻게 아들이 낳아지셨는지 너에게 묻는다. 이 출생의 신비에 대해 아는 것은 나에게 불가능하기 때문이다. 나의 생각은 실패하며, 나의 목소리는 침묵한다. 나의 생각뿐 아니라 천사들의 생각도 마찬가지이다. 그것은 정사들도, 천사들로, 체루빔도, 세라핌도, 모든 이해도 뛰어넘는다. 네 손을 네 입에 두라. 이 하늘의 신비를 탐구하는 것은 합법적인 것이 아니다. 그가 낳아지셨다는 것을 아는 것은 합법적이다. 그러나 그가 어떻게 낳아지셨는지를 토론하는 것은 합법적이 아니며, 그의 출생을 거부하는 것도 합법적이 아니다. 나는 이것을 탐구하는 것을 두려워한다. 삼층천에 올라갔던 바울이 자신이 본 것들을 말할 수 없었다면, 우리는 어떻게 우리가 이해하지도, 듣지도 못한 신적인 출생의 신비에 대해 표현할 수 있겠는가? 왜 그렇게 괴롭히는 질문들이 당신을 즐겁게 하는가?"(De Fide, ad Gratianum).

에프라임 시러스(Ephraim Syrus)는 하나님의 아들의 본질을 탐구하려는 사람들에 대항해서 책을 썼다. 많은 그의 글들 중에 다음과 같은 말이 있다. "자신의 조성자를 조사하거나 탐구하려고 하는 사람은 불행하고 불쌍하고 가장 신중하지 못한 사람이다. 수천만, 아니 수억의 천사들과 천사장들은 두려움으로 그에게 영광을 돌리고 있으며, 떨림으로 그에게 경배하고 있다. 그렇다면 흙으로 만들어지고 죄악으로 가득 찬 인간들이 두려움 없이 신성에 대해 논쟁할 수 있는가? 공포가 그들의 몸에 엄습하지 않고, 그들의 마음이 떨리지 않고, 그들이 나와 같이 아무런 자격이 없는 죄인을 위해 고난을 받으신 하나님의 아들과 그의 근본과 출생에 대해 안전하게 떠들 수 있다면, 적어도 그들은 빛 속에서 자신들이 얼마나 눈이 멀었는지를 느끼지 못하고 있는 것이다."(cap. ii.) 이와 똑같은 선상에서 유세비우스(Eusebius)는 자세히 말하고 있다(Demonstratio Evang., lib. v. cap. 2).

레오(Leo)는 여기에 다음과 같은 탁월한 말로 그리스도의 성육신에 대해 표현한다. "예언된 것처럼 하나님의 아들 예수 그리스도 안에서 신적인 본질뿐 아니라 인간적인 본질을 보면서 누가 그의 출생에 대해 말할 수 있는가? 사실 한 위격 안에 두 본질을 지녔다고 하는 것은 믿음이 아니면 받아들일 수 없고 말로써 설명이 되지 않는 것이다. 그러므로 그것은 아무리 칭찬을 해도 그 내용이 부족하지 않다. 우리는 단지 우리가 자비의 성례에 참여하는 것에 대해서만 이야기하는 것으로 만족해야 한다. 그리고 우리의 구원의 깊이를 다 헤아릴 수 없다는 것을 알게 될 때 우리는 우리가 최선의 것을 얻었다는 것을 느끼게 된다. 사실 어느 누구도 하나님의 일에서, 비록 많은 것들에 대한 의심이 제기되지만, 이것들을 늘 눌러야 한다는 것을 아는 사람보다 진리에 더 가까운 사람이 없다."(Serm. ix., De Nativit.) 또한 Fulg., lib. ii. ad Thrasimund를 보라.

그러나 나는 그리스도의 위격과 관련해서 하나님의 아들이 인성을 취하셨을 때 위격의 한 부분을 구성한 것으로서가 아니라, 위격 안에서 본질적인 연합에 의해 그것을 취하셨다고 말한다. 고대의 몇몇 사람들은 두 본질, 곧 신성과 인성 안에서 그리스도의 위격이 구성되었다고 자유롭게 말했다. 그의 성육신 이후에 그가 신성과 인성으로 구성된 한 본질을 가졌다고 주장하는 것은 아폴로나리우스, 유티케스, 단의론자들(Monothelites), 단성론자들(Monophysites)의 이단이었는데, 그들의 의견은 모든 사람들에 의해 정죄되었다. 그러나 영혼과 육체로 구성된 그의 가장 단순한 신적인 본질과 인간적인 본질은 한 위격을 구성하고 있었으며, 그의 위격은 두 본질로 구성되어 있다는 것을 그들을 계속해서 긍정하였다. "우리는 말씀에 따라 하나님과 사람으로 구성되어 있으신 메신저이시며, 똑같은 말씀에 따라 전적으로 우리 사람에게서 나오시고, 본질상 하나님의 아들로부터 나오신 분을 먹는다"라고 알렉산드리아의 키릴은 말한다. "신성과 인성에서 나온 거룩한 부분들의 연합으로 우리 주 그리스도는 구성되었다고 기술되어 있다"(Pet. Diacon., Lib. De Incarnat. et Grat. Christi, ad Fulgentium). 그리고 그들은 자신들이 이 구성을 통해 의도한 연합을 본질적 연합(ἕνωσιν φυσικὴν)이라고 부른다. 그것은 다양한 본질들의 연합이며 구성에 의한 연합(ἕνωσιν κατὰ σύνθεσιν, a union by composition)이기 때문이다.

그러나 신성과 인성의 구성이라고 적절히 말할 수 있는 어떤 구성이 없을뿐 아니라, 하나님의 아들은 성육신하시기 전에도 완전한 위격이셨기 때문에, 곧 전에 있던 모습 그대로 있으시면서 전에 없었던 모습이 되셨기 때문에 그 표현은 버려지고 피해지게 되었다. 대신에 후에 설명이 되겠지만, 인성을 하나님의 아들이 위격적으로 취한다는 의미를 더 잘 나타내는 '연합(union)'이라는 단어가 선호되게 되었다. 그들은 이것을 신적인 지혜와 은혜의 가장 뛰어난 말로 다 형언할 수 없는 결과로서 계속해서 칭찬하였다. 이 신비를 칭찬하면서 그레고리 나지안젠은 "육신이 없으셨던 분이 육신이 되셨고, 말씀이 만질 수 있게 되었으며, 볼 수 없으셨던 분이 볼 수 있게 되셨고, 맛볼 수 없는 분이 맛볼 수 있게 되었고, 시작이 없으신 분이 시작을 가지게 되셨고, 하나님의 아들리신 분이 사람의 아들의 되셨다"라고 이 신비에 대한 찬미하면서 말한다(Orat. xii). 이것을 통해 하나님은 우리가 가까이 접근할 수 없는 자신의 영광스러운 충만함에서 모든 것을 우리에게 전달하신다. 이것은 유세비우스에 의해 다음과 같이 설명이 된다(Demonst. Evang., lib. iv. cap.5, &c.:). "마찬가지로 또한 태양빛은 하나이다. 그리고 똑같은 빛이 한 번에, 그리고 동시에 대기를 밝게하고, 눈을 빛나게 하며, 닿는 곳마다 따뜻하게 하며, 땅을 풍성하게 하고, 식물을 자라게 한다." (6장) "가설이기는 하지만, 태양의 모든 빛이 하늘에서 내려와 사람들 사이에 머무른다고 생각해 보자. 땅 위에 있는 어떤 것도 파괴되지 않은 것은 불가능할 것이다. 살아 있고 죽어 있는 모든 것이 밀려 온 빛에 의해 함께 파괴될 것이다."

이 표현들의 의미는 다음과 같다. 태양의 빛과 생명과 열에 의해 모든 것이 창조되고 유지되며 활력를 얻고 보호를 받는다. 그러나 만약 태양 자체가 땅에 내려온다면, 어느 것도 그 열과 빛을 견디지 못할 것이며, 우리의 눈은 그 영광에 의해 보기는커녕 어두워져 버릴 것이며, 모든 것이 그 장엄함에 사로잡혀 소멸되어 버릴 것이다. 그러나 그 광선이 비췰 때면 모든 것은 빛을 받아 살아날 것이다. 아버지의 영광의 영원한 광채 혹은 밝음이 이와 같다. 우리는 신적인 존재가 직접적으로 다가오는 것을 견딜 수 없다. 그러나 성육신하신 분을 통해 모든 것은 우리가 받고 이해하기에 적절한 방법으로 우리에게 전달된다.

그러므로 그것은 레오에 의해 다음과 같이 칭송을 받는다. "인간의 본성이 창조주에 의해 취해지셨다. 그가 그 안에 머무시기 위해서가 아니라, (곧 자신의 능력과 은혜의 효과로 머무시기 위해서가 아닌데, 그렇지 않다면 신성의 충만이 육체로 그 안에 거하지 못하셨을 것이기 때문이다) 하나의 본성이 다른 본성과 섞여서 (결합되어서) 비록 취하신 분과 취해진 것이 서로 다른 종류이지만, 그들의 다양성이 하나로 연합되어 하나이시며 똑같으신 아들이 되시기 위함이었다. 그는 참 사람이셨기 때문에 아버지보다 못하시거나, 아버지가 그보다 더 크셨던 것처럼, 그는 자신을 하나님과 동등되다고 고백하신 참 하나님이셨다"(Serm. iii., De Nativit.). 또한 어거스틴의 De Fide, ad Pet. Diacon., cap. xvii와 Justitianus Imperator Epist. ad Hormisdam, Romæ Episcop를 보라.

그리고 이 신비는 막센티우스(Maxentius)에 의해 잘 표현된다 (Biblioth. Patr. pars prima:). "비록 우리가 그리스도가 하나님이 되셨다고 당신이 긍정하는 것을 믿지 않고, 하나님이 그리스도가 되셨다는 것을 믿지만, 우리는 본성들의 다양성을 혼동하지 않는다. 그는 가난하셨을 때 부자가 되지 않으셨으며, 부자이셨을 때 우리를 부자가 되게 하시려고 가난하게 되셨기 때문이다. 그는 종의 형체이셨을 때 종의 형체를 취하지 않으셨으며, 하나님의 형상이셨을 때 종의 형상을 취하셨다. 마찬가지 방법으로, 그는 육신이셨을 때 말씀이 되지 않으시고, 말씀이셨을 때 육신이 되셨다."

그리고 제롬(Jerome)은 이 신비의 효과들에 대해 다음과 같이 말한다(Comment. in Ezekiel, cap. xlvi.:). "독자는 하나이며 똑같으신 분이 왕, 제사장, 황소, 숫양, 암양이시라는 것을 발견한다고 해서 놀라지 말라. 성경에서 다양한 원인들 때문에 우리는 그가 주, 하나님, 인자, 선지자, 채찍, 뿌리, 꽃, 왕, 재판장, 의로우신 왕, 의, 사도와 감독, 하나님의 팔과 종, 천사, 목자, 아들, 독생자, 첫아들, 문, 길, 화살, 지혜, 다른 여러 가지 것들로 불리시는 것을 발견하기 때문이다."

그리고 엔노디우스(Ennodius)는 곧 제롬의 이 구절을 시로 바꾸어 노래한다.

"모든 것을 보시고, 모든 것이 두려워 떠는 그가 마음을 다스리시네.

샘, 길, 오른쪽, 돌, 송아지, 사자, 사단, 천사;

문, 소망, 힘, 말씀, 지혜, 선지자.

문지기, 시렵, 목자, 산, 그물, 비둘기,

불, 거인, 독수리, 보증인, 인내, 신경,

아들, 가장 탁월하신 분, 주, 하나님; 모든 것이 그리스도께 속해 있네."

(In natalem Papæ Epiphanii.)

"그리스도는 사람이 그리스도가 될 수 있도록 하시기 위해 사람이 되기를 원하셨다"고 키프리안(Cyprian)은 말한다(De Idolorum Vanitate, cap. iii.). 그리고 "만약 그리스도를 닮기 원한다면, 그리스도인들은 그리스도가 되어야 한다"(같은 책). 그리고 그는 다른 같은 표현에서 찬미의 방법으로 자신의 생각을 표현한다. "그리스도는 우리가 하나님의 아들이 되게 하시려고 사람의 아들이 되기를 원하셨다. 그는 먼저 낮아진 사람들을 높이시기 위해 자신을 낮추셨다. 우리의 상처를 치료하시기 위해 그는 상처를 받으셨다"(Lib. de Eleemosyn.:).

제 4 장. 그가 소명과 성화와 칭의와 교회의 영원한 구원과 관련한 하나님의 모든 거룩한 작정들의 기초이셨다는 것은 다음에 자세히 선

포된다. 그리고 그는 세 가지 차원에서 그러하셨다. 1. 영원부터 이런 작정들 안에서 아버지와 아들 상호 간의 말로 다 표현할 수 없는 기쁨에 대해. 2. 하나님의 영원한 영광을 위해 이 모든 작정들을 성취하시고 그들의 효과들을 전달하시는 유일한 방법과 수단으로. 3. 그가 성육신하신 자신의 위격 안에서 이런 영원한 작정들 안에서 계획된 교회 안에서의 모든 은혜의 영광에 대한 하나님의 생각 속에 있는 개념과 모범이셨다는 차원에서. 우리를 향한 모든 선의 원인으로서 그는 이런 차원에서 고대 교부들에 의해 인정을 받으셨다. 클레멘스(Clemens)는 "그러므로 그는 말씀이시며, 그리스도이시고, 우리의 존재의 오랜 원인이시다. 그는 하나님 안에 계셨고, 우리의 복지의 원인이셨기 때문이다. 그러나 이제 그는 사람들에게 나타나셨고, 하나님이시며 동시에 사람이신 똑같은 영원한 말씀이시고, 우리에게 선한 모든 것의 원인이시다"라고 말했다(Adhort. ad Gentes). 그는 하나님 안에서 영원부터 우리의 존재와 복지의 원인이셨던 것처럼 설명된 방식으로 하나님의 모든 작정의 기초이셨다. 그리고 그의 성육신에서 이 모든 것에 대한 집행이 그에게 맡겨졌으며, 그를 통해 모든 실질적인 선과 이런 작정들의 모든 열매가 우리에게 전달될 수 있다.

제 5 장. 그는 또한 다음에서 교회에 하나님, 곧 아버지의 형상이시며 위대한 현현이신 분으로서 선포된다. 그가 어떤 다양한 이유들 때문에 그렇게 불리시는지는 이 글에서 충분히 선포된다. 그의 신적인 위격으로, 영원부터 아버지의 유일하신 독생자로서 그는 자신의 위격의 출생과 그 안에서 신성이 자신에게 전달되심으로써 아버지의 본질

적인 형상이시다. 성육신하신 분으로서 그는 자신의 전 위격으로 하나
님이시며 사람이시고, 자기 임무를 감당하시는 데 있어서 충분히 증
명되는 것처럼 우리에게 하나님의 본성과 의지를 우리에게 나타내시
는 분이시다. 알렉산드리아의 클레멘스는 "하나님의 형상은 그 자신의
말씀이며, (영원한) 지성과 신적인 말씀과 빛 중의 본래의 빛의 자연
적인 아들이다. 그리고 말씀의 형상은 사람이다"라고 말한다(Adhort.
ad Gentes). 그리고 똑같은 저자는 자신의 책에서 "말씀은 그 안에서
그가 빛이 되시고 알려지시는 하나님의 얼굴이며 표정이고 현현이다"
라고 말한다(Pædagogus). 그가 자신의 신적인 위격으로 그의 영원하
고 본질적인 형상이신 것처럼 자신의 성육신에서 사람들의 교사로서
그는 후에 선포되겠지만 교회를 향한 하나님의 대표적인 형상이시다.

마찬가지로 또한 제롬은 이에 대한 자신의 생각을 다음과 같이 표
현한다(Comment. in Psal. lxvi.:). "그로 하여금 자신의 얼굴을 우리
에게 비취시게 하라. 혹은 그의 얼굴 빛을 우리에게 드시게 하라. 하나
님의 얼굴은 무엇인가? 곧 그의 형상이다. 사도는 아들이 아버지의 형
상이시라고 말하고 있기 때문이다. 그러므로 그로 하여금 자신의 형상
으로 우리에게 비추시게 하라. 곧 그의 형상이신 아들로 하여금 그가
우리를 비추시도록 우리에게 비취게 하자. 아버지와 아들의 빛이 똑같
기 때문이다." 하나님의 형상이시며, 하나님의 얼굴이신 그리스도는
그 안에서 우리에게 나타나신 하나님이시며, 그를 통해 모든 구원하는
유익들이 믿는 자들에게 전달된다.

또한 유세비우스는 자주 이런 목적으로 말한다. "신학적으로 말해

서 신탁들이나 신적인 것들을 가르치는 것은 그를 올바르게 (아버지에게서) 낳아지신 하나님이시라고 부른다." "그는 홀로 자신 안에서 말로 다할 수 없고 생각할 수 없는 신성의 형상을 간직하고 있는 분이시다. 그러므로 그는 하나님이시며 하나님이시라고 불리는데, 그가 처음이신 분의 성품이며 유사한 것이거나 형상이시기 때문이다." 그리스도의 신적인 위격성이 전체적인 신적인 본성이 영원한 낳아지심을 통해 그에게 전달되셨기 때문에 그는 하나님, 곧 그에 의해 자신을 우리에게 나타내시는 아버지의 형상이시라는 데 놓여 있다. 똑같은 목적으로 똑같은 책 7장과 또한 De Ecclesiast. Theol. contra Marcell., lib. ii. cap. 17을 보라.

클레멘스는 그리스도의 위격에 대한 이 진리를 긍정하는 데 있어서 매우 풍성하다. 그리고 우리는 아직도 똑같은 목적으로 그에게서 나오는 하나 혹은 더 많은 증거를 제기할 수 있다. 그리스도를 모든 사람의 교사, 곧 파이다고고스($\pi\alpha\iota\delta\alpha\gamma\omega\gamma\grave{o}\varsigma$)로서 취급하면서 그는 그가 "사람의 모양이나 형상이신 하나님"이시며, "아버지의 오른편에 계시고, 하나님의 형상 안에서, 혹은 형상과 더불어 아버지 안에 계신 오염되지 않으시고 아버지의 뜻을 행하시는 말씀이시며 하나님이시라는 것"을 인정한다. 이것이 그가 우리에게 하나님의 대표적인 형상이신 큰 목적이다. 그리고 "하나님이 (절대적으로) 나타나실 수 없는 것처럼 (곧, 완벽하게 선포되실 수 없는 것처럼) 그는 (즉시) 우리에게 효력을 나타나게 하시거나 지식을 가르치지 않으신다. 그러나 아들은 우리에게 지혜이시며, 지식이시고, 진리이시며, 그것에 이르는 것과 관련된 모든 것이시다"(Stromat., lib. iv.:). 그 안에서, 그로 말미암아 하나님이 우리에게 가르치시고, 자신을 우리에게 나타내신다.

제 7 장. 그의 모든 사역의 효력은 그리스도의 이런 신적인 영광에 의지한다. 그것은 특별히 그의 선지자직에서 나타난다. 이레나이우스(Irenaeus)는 이 사실을 잘 표현한다. "우리는 (영원한) 말씀이시며 계속해서 말씀이신 우리의 주인이 사람이 되지 않으셨다면, 하나님의 일들을 배울 수 없었다. 말씀이신 그 자신이 아니고는 어떤 다른 것도 우리에게 하나님의 것들을 선포할 수 없었기 때문이다. 누가 하나님의 생각을 알 수 있는가? 누가 그의 모사가 될 수 있는가? 그리고 다른 한편으로 우리가 우리 주인을 보고 그의 목소리를 듣지 않았다면, 우리는 배울 수 없었을 것이다." (그의 성육신과 사역에서) "이것으로 말미암아 그의 행위를 따르고 그의 가르침에 순종하면서 우리는 그 자신과 교제할 수 있다."

나는 계속되는 논의에서 만약 내가 모든 장과 관련된 교리에 대해 똑같은 방식으로 계속해서 증거한다면, 이 서문은 내가 처음에 계획했거나 편리할 것이라 생각했던 것보다 더 길어질 수밖에 없다는 것을 안다. 그러므로 나는 그것들 안에 선포된 교리에 대해 고대교회와 일치한다는 것을 보여줄 수 있는 한두 가지 예만을 선택하고 논의를 마칠 것이다.

제 9 장. 9장과 이어지는 장들에서 우리는 믿음과 사랑에서 나오는 경배와 간구와 순종으로 표현되는 그리스도의 위격에 마땅히 돌려야 하는 신적인 영광에 대해 다룬다. 그리고 이 전체의 기초는 그 영예의

참된 본성과 원인들을 발견하는 데 놓여 있다. 그리고 이것을 확증하기 위해 세 가지 것들이 계획되었다. 1. 거룩한 삼위일체의 각각의 위격 안에서 개별적으로 똑같은 신적인 본질이 경배와 간구에서 모든 신적인 예배의 적합한 형식적인 대상이라는 것이다. 그러므로 똑같은 개별적 예배의 행위에서 각각의 위격이 똑같이 예배를 받으시고 경배를 받지 않으신다면, 어떤 위격도 예배를 받으시거나 받으실 수 없다는 것이다. 2. 그의 특별한 이름, 곧 아버지나 아들이나 성령을 사용하거나 그들 모두 함께 사용하는 데 있어서 어떤 위격에 신적인 영예와 예배와 간구를 드리는 것은 합법적이라는 것이다. 그러나 어느 한 위격에 어떤 간구를 하고, 즉시 다른 위격에 똑같은 것을 간구하는 것은 성경에서 그 예가 없으며, 고대교회의 작가들 중에서 그 예가 없다는 것이다. 3. 하나님이시며 사람으로서 그리스도의 위격은 그의 신적인 본질 때문에 모든 신적인 예배와 명예와 예배의 적합한 대상이며, 그가 자신의 인성으로 하신 모든 것도 그것들에 대한 동기들이라는 것이다.

이것들 중 첫 번째 것은 고대교회 전체가 지속적으로 관심을 가진 교리인데, 곧 (가령) 우리의 진지한 기도들과 간구들에서 우리가 아버지나 아들이나 성령의 이름을 분명히 불러야 하는가, 우리가 절대적으로나 상대적으로, 곧 한 위격과 다른 위격과의 관계와 관련해서 그렇게 불러야 하는가, ─ 하나님을 우리 주 예수 그리스도의 아버지로서, 그리스도를 그의 사랑의 아들로서, 성령을 이 둘 모두에서 나오시는 분으로서 ─ 우리가 형식적으로 신적인 본성에 간구하고 부르고, 결과적으로 전체 삼위체와 그 안에 계신 각각의 위격에 간구하고 불러야 하는가

하는 문제이다. 그들은 이 진리를 세례(침례)를 받을 때 우리가 그리스도께 우리를 의탁하는 형식으로 확증했다. "나는 아버지와 아들과 성령의 이름으로 네게 세례(침례)를 주노라." 이 안에 모든 신적인 명예가 포함되어 있는 것처럼 그것은 똑같은 신성이나 오직 신적인 본질을 가지고 계신 아버지와 아들과 성령의 똑같은 이름으로 (이름들이 아니라) 행해졌기 때문이다.

제 2차 공의회의 교부들은 테오도렛 5권 9장(Theodoret, lib. v. cap. 9)에서 표현되어 있는 것처럼 서방의 감독들에게 보내는 자신들의 편지들에서 마찬가지로 말한다. 이 세례(침례)의 형식은 우리에게 이와 같은 사실을 가르쳐 준다. 그들은 "아버지와 아들과 성령의 신성과 본질과 능력이 하나이시며 똑같으시고, 그들의 위엄이 똑같으시며, 그들의 나라가 세 분의 완벽한 인격들 안에서 함께 영원하시기 때문에 아버지와 아들과 성령의 이름을 믿는다"고 말한다. 암브로스는 "이름들이 아니라 이름으로 그는 말씀하셨다. 그러므로 그것은 어떤 다른 것이 아니라 아버지의 이름이었다", "오직 한 분 하나님이시기 때문이다"라고 말했다(De Spirit. Sanct., lib. i. cap. 14). 그레고리 나이안젠은 "세 분에게 공통된 하나의 이름은 신성이다"라고 말했다(Orat. xl). 그러므로 어거스틴은 삼위일체에 대해 말하면서 "세 분 중 한 위격이 어떤 일에서 이름으로 불려지실 때 전체 삼위일체가 그것의 효력을 내시는 것으로 이해되어야 한다"고 말했다(Enchirid., cap. xxxviii). 성경에 따르면 "한 주, 한 믿음, 한 세례(침례)가 있다." 그러므로 그리스도 안에 한 믿음과 진리의 한 세례(침례)가 있는 것처럼, 비록 우리가 아버지와 아들과 성령으로 세례(침례)를 받고 믿지만, 내가 판단할 때 분명히 아버지와 성육신하신 아들과 성령이 하나로 똑같이 경배를 받으신다"고 알렉산드리아의 키릴은 말한다(De Recta Fide, cap. xxxii).

그리고 그들은 자신들이 처음에 아리우스주의 이단에 대항하여 만들어진 "아버지께, 아들께, 성령께 영광"이라는 고대의 송영을 붙잡고 믿고 있다고 고백했다. 이것은 할당하거나 돌리고 있는 각각의 모든 행동에서 똑같은 영광이 그들 각자 안에 있는 똑같은 신적인 본성 때문에 각각의 위격에 함께 혹은 구분해서 돌려진다. 나는 이것에 대해 더 확증하기 위해 어떤 증거들을 생산할 필요가 없다. 아리우스주의자들에 반대하여 쓴 그들의 모든 글에서 그들은 삼위일체는 (곧 삼위 안에서 신적인 본질은) 모든 신적인 경배와 간구와 모든 종교적인 예배의 개별적인 대상이시며, 우리가 하나님을 어떤 개인적인 이름으로 부르든지 – 아버지나 아들이나 성령으로 – 경배를 받으시는 분은 절대적으로 하나님이시며, 각각의 위격은 똑같은 본질에 참여하고 있다는 것을 분명하고 지속적으로 주장하고 있기 때문이다. 어거스틴의 Lib. con. Serm. Arian. cap. xxxv과 Epist. lxvi. ad Maximum을 보라.

두 번째 혹은 어떤 개인적인 이름이나 아버지와 아들과 성령의 구별되는 이름들을 결합하여 함께 하나님께 간구하는 것에 대해 그들 중에 어떤 것도 더 자주 일어나지 않는다. 그렇다. 그들의 글에서 기도들이 어느 한 위격을 향해 시작했다가 다른 위격의 이름으로 끝이 나고, 그리스도를 향해 시작했다가 그의 독생자의 이름으로 끝이 나는 것을 발견하는 것은 보통이다. 기도의 대상이 하나이시며 똑같은 신적인 본성이기 때문이다. 그렇다. 스콜라 학자들은 일반적으로 그들의 위격성을 구성하는 형식적인 이유를 고려하여 거룩한 삼위일체의 위격들이 신적인 예배의 형식적인 대상이며 조건이라는 것을 부인한다. 그러나 어느 한 분을 예배하는 데 있어서 그들은 모두 영원히 복되신 만유 위에 계신 한 하나님으로서 예배를 받으신다. 아퀴나스의 Aquin. xxii. q. 81, a. 3, ad prim.와 q. 84, a. 1, ad tertium을 보라. 그리고 알렉산더 알렌시스의 Alexand. Alens. p. 3, q. 30, m. 1, a. 3을 보라.

그러나 아직 비록 우리가 하나님을 어떤 신적인 위격의 이름으로 부르고 각각의 위격을 한 분씩 나열할 수 있지만(Epiphan. Ancorat., viii. 22), 우리가 우리의 기도들에서 한 위격에게 간구하고, 그런 다음에 즉시 다른 위격에게 그것을 반복할 수 있다는 결론이 나오지 않는다. 그것은 우리가 두 번째로 간구한 위격이 우리가 처음 간구했던 위격과 함께 똑같이 간구와 부름과 경배를 받지 않으셨다는 것을 함축하기 때문이다. 그러나 신적인 본성이 모든 종교적 간구의 대상이며, 그것은 각각의 위격 안에서 똑같다. 그러므로 우리의 신적인 간구에서 우리는 은혜 안에서 우리를 향한 각각의 위격의 구분된 활동들에 영향을 받는 것에 따라 구분해서 어떤 위격을 부르고 우리의 생각을 고정시킬 수 있다.

세 번째는 경배와 간구에서 그리스도의 위격에 신적인 명예를 돌리는 것과 관련되어 있다. 그것은 아리우스주의자들에 대항하여 쓴 그들의 모든 글에서 그들이 주장하고 증명했던 것이다.

신적인 본성의 다른 모든 영광스러운 속성들을 찬미하게 하는 그리스도의 위격의 구성에 나타난 무한한 지혜의 증거들과 그 안에서 지극히 탁월한 것들을 합리적을 발견하는 것들이 또한 취급된다. 여기에서 우리는 오직 교회의 회복과 구원과 관련하여 하나님의 아들의 성육신을 고려한다. 어떤 사람들은 사람이 결코 죄를 짓지 않았더라도 그리스도는 성육신하셔야 했다고 주장해왔다. 그들 중에는 루페르투스(lib. iii., De Gloriâ et Honore Filii Hominis)와 알베르투스 마그누스(iii. distinct. 10, a 4)와 페트루스 갈라티누스(lib. iii. cap. 4)와 스코투스 할렌시스와 다른 사람들이 있으며, 오시안더(Osiander)가 그들을 추종했다. 내가 다른 곳에서 선언한 것처럼, 소시누스(Socinus) 오직 그가 그렇다고 상상한 사람의 탄생과 관련하여 똑같은 것을 주장하고 있다. 그러나 나는 이런 주장이 허구라는 것을 자세히 증명하였다. 고대 사람들 중에서 많은 사람이 영원한 말씀의 성육신의 필요성과 이 문제와 관련해서 하나님의 지혜의 지극히 탁월한 것에 대해 증명하려고 수고해왔다. Irenæus, lib iii., cap. 20, 21; Eusebius, Demonst. Evangel., lib iv. cap. 1-4, &c.; Cyril Alexand., lib. v. cap. 7, lib i. De Fide ad Regin.; Chrysostom, Homil. x. in Johan., et in cap.8, ad Rom. Serm. 18; Augustine, De Trinit., lib. xiii. cap. 13-20; Leo, Epist. 13, 18, Sermo. de Nativit. 1, 4, 10; Basil, in Psal. xlviii.; Albinus, lib i. in Johan. cap. 11; Damascen., lib. iii., De Fide, cap. 15, 19; Anselm, quod Deus Homo, lib. duo. Guil. Parisiensis, lib. Cur Deus Homo를 보라.

우리는 제시한 곳들에서 우리가 논의한 것을 확증하기 위해 몇 가지 특별한 증거들을 생산할 수 있다. 내가 주로 이와 관련된 그의 증거를 사용하려고 하는, 이 신비에 대한 자신의 생각을 충분히 전달하고 있는 그들 중에서 한 명, 그들 중에서 가장 오래되고, 가장 학식 있고 가장 거룩한 사람들 중 한 명이 있다.[1]

사단이 그가 대적하고, 제안하고 시험한 것과 똑같은 본성으로 말미암아 정복당하는 것은 하나님의 지혜와 의에 속했다. 이런 목적으로 그 거룩한 작가는 말한다(3권 20장). 그리고 그것이 테오도렛(Dial. ii.)에 의해 인용되었기 때문에 나는 야만적인 번역가에 의해 해를 입지 않은 채로 원문을 소개한다. 이 표현은 분명히 신적이며, 고대교회의 신앙을 잘 증거하고 있으며, 복음의 주요한 신비를 표현하고 있다. "그러므로 우리가 전에 말했던 것처럼, 그는 사람을 하나님과 연합시키셨다. 만약 사람이 사람들의 적대감을 극복하지 못했더라면, 원수가 정당하게 정복당하지 못했을 것이다. 그리고 만약 하나님이 구원을 주시고 부여하지 않으셨다면, 우리는 견고하고 파기할 수 없도록 복음을 결코 소유하지 못했을 것이다. 그리고 만약 사람이 하나님께 연합되지 않았더라면, 그는 불멸에 참여하지 못했을 것이다. 그러므로 하나님과 사람 사이의 중보자가 그들 각자의 본성에 스스로 참여함으로써 그들을 서로 사귀고 일치하게 하는 것이 필수적이었다." 그리고 똑같은 목적으로 마귀의 정복과 관련하여 그리스도로 말미암는 우리의 구속에서 하나님의 지혜에 대해 말해야 한다. 또한 "하나님의 모든 강력한 말

---

1) 역자 주 - 오웬은 여기에서 이레나이우스를 지적하고 있다.

씀은 의에 있어 어떤 결함도 없는 방식으로 스스로 정당하게 배교에 대해 반대한다. 그는 그에게서 (배교의 머리인 사단에게서) 자기에게 속한 것들을 구속하셨으나, - 사단이 자신의 것이 아니었던 것을 만족할 줄 모르고 약탈하려고 우리에게 사용했던 것처럼 무력이 아니라 - 주이신 그는 자신의 피로써 우리를 구속하시고, 우리의 영혼을 위해 자신의 영혼을 주시고, 우리의 육체를 위해 자신의 육체를 주시고 우리의 구원을 이루셨다." 이것들은 이 글이 끝날 때까지 계속되는 논의에서 자세히 주장된다.

우리의 구원이 우리가 파괴되었던 것과 똑같은 본성 안에서, 본성에 의해 일어나야 한다는 것은 이 위대한 신비에 속하며 하나님의 지혜의 열매이다. 그 이유들과 그것에서 나타나는 하나님의 영광은 계속되는 논의에서 자세히 다루어진다. 똑같은 목적으로 똑같은 거룩한 작가를 말한다(4권 14장)

"만약 주님이 처음 창조된 것에 따라 육체와 피가 되지 않으셨다면 자신 안에서 이것을 회복하지 못하셨을 것이다. 그는 자신 안에서 아담 안에서 처음에 잃어버렸던 것을 구원하고자 하셨다. 그러나 만약 주님이 다른 본성으로 성육신하시고, 다른 본성의 육체를 취하셨다면, 그는 자신 안에서 사람이 되지 못하셨을 것이고, 또한 진정으로 육체가 되셨다고 말할 수 없으셨을 것이다……그러므로 그는 잃어버린 것을 회복시키시려고 어떤 다른 것이 아니라, 처음 아버지께서 창조하신 그대로 육체와 피를 가지고 계셨다." 그리고 똑같은 목적으로 (5권 1장) "그리고 사실 아담의 원래의 모습을 자신 안에서 취하지 않으셨다면,

그는 참으로 피와 육체를 가질 수 없으셨을 것이다." 이 본문들이 증거하고 있는 것은 우리가 죄를 지은 본성 안에서, 본성으로 말미암아 구속을 받아야 할 필요성에 대해, 그러나 타락으로 우리의 본성을 침입했던 모든 오염에서 자유로워져야 할 필요성에 대해 우리가 논의했던 것이다. 그리고 이것들은 신적으로 표현되어 있다. 그는 "우리 구주는 본래 창조된 대로 육체와 피가 되지 않으셨다면, 자신 안에 이것들을 모으지 못하셨을 것이다"라고 말한다. (독자는 고대작가들 중 어느 누구도 하나님으로부터 우리의 배교로 말미암은 아담의 타락과 그리스도 안에서 다시 이 본성을 취하심으로(recapituation) 말미암는 우리의 회복에 대해 이레나이우스처럼 자주 표현한 사람이 없다는 것을 주목할 수 있다. 그가 다시 취하시는 것은 단지 사도가 엡 1:10에서 언급한 아나케파라이오시스(ἀνακεφαλαίωσις) - 곧 반복하다, 다시 취하다, 종합하여 완성하다는 것 - 이외에 다른 것이 아니다. 그리고 그는 여기에서 이런 목적으로 그리스도가 그의 말이 표현하고 있는 대로 "처음 창조된 대로(secundum principalem plasmationem)" 육체가 되셨다는 것을 인정한다. 그것은 분명히 우리의 본성의 죄가 없고, 올바르며, 순결하고, 의롭게 처음 창조되었던 상태를 지시한다. 그러므로 그는 "처음에 아담 안에서 잃어버렸던 것을 자신 안에서 구원하시려고 목적하셨다." 만약 주님이 어떤 다른 성향으로 (가령, 원인이나 이유나 목적으로) 성육신하셨고, "어떤 다른 본질에서 육신이 되셨다면, (가령, 영지주의자들이 상상했던 것처럼 하늘에 속하거나 천사의 육체를 입으셨다면) 그는 사람을 회복시키지 못하셨을 것이며, 우리의 본성을 자신 안에 머리로서 가져오지 못하셨을 것이고, 육체가 되셨다고 언급될 수 없었을 것이다. 그러므로 그는 친히 어떤 다른 종류의 살과 육체를 가지지 않으셨다. 그러나 그는 잃어버렸던 것을 찾으시려고 자신에게 원래 아버지에 의해 창조되었던 것을 취하셨다. 이와 똑같은 것이 어거스틴에 의해 관찰된다(Lib. de Fide, ad Petrum Diaconum:)." 그러므로 하나님의 아들, 곧 삼위일체의 한 위격이신 그리스도가 참 하나님이시라는 것을 믿고, 그의 신성이 (영원한 낳아지심에 의해) 아버지의 본성에서 태어나셨다는 것을 의심하지 말라. 그리고 또한 그가 참 사람이시라는 것을 믿고, 그의 육체가 천상이나 하늘에 속한 것이나 어떤 다른 본질에 속한 것이 아니라, 사람들의 육체, 곧 하나님이 친히 흙으로 첫 사람 안에서 형성하시고 다른 모든 사람 안에서 형성하신 것에 속하셨다는 것을 믿으라. 그가 삼위일체의 한 위격에 대해 말한 것은 막센티우스(Maxentius)의 의해 강하게 방어되었는데, 이것은 삼위일체의 한 위격이 성육신하셨다고 말하는 것은 불법이라고 주장하면서 이것에 대해 모르지 않았던 사람들인 스키티아 수도사들을 핍박했던 로마의 감독이었던 호르미스다스(Hormisdas)의 이단적인 견해를 고려했던 것이었다.

사람이 아버지의 본질적인 형상이신 분으로 말미암아 하나님의 형상으로 회복되어야 한다는 것과, 우리가 그와 같이 되고, 그를 통해 하나님과 같이 되게 하려고 그가 우리와 같이 되셨다는 것은 그 안에 지극히 높은 하나님의 지혜를 간직하고 있다. 이레나이우스는 마찬가지로 말한다(lib. v. Præfat:). "하나님의 말씀이신 예수 그리스도는 자신의 무한한 사랑에서 우리로 하여금" 우리 안에 있는 하나님의 형상을 회복시키셔서 "자신처럼 되게 하시려고 우리처럼 되셨다." 그는 또한 "아담 안에서 잃어버렸던 것을 - 곧 우리가 하나님의 형상이요 모양이었던 것을 - 이런 필요한 내용을 모두 담은 방법으로 (모두 종합하는 방식으로) 구원하시려고", 곧 우리를 그리스도 안에서 회복시키려고 언제나 아버지와 함께 계신 하나님의 아들이 사람이 되셔서 자신 안에서 (죄와 심판에) 오랫동안 사람들이 노출시켰던 것을 화해시키거나 모으셨다. 한때 불순종으로 정복당하고 부서졌던 사람이 스스로 개혁하고 승리의 면류관을 쓰는 것이 가능하지 않으며, 죄 아래 떨어졌던 사람이 구원을 회복하는 것이 가능하지 않기 때문이다. 이 두 가지는 우리의 구원에 대한 경륜을 완성하시려고 아버지로부터 내려오셔서 성육신하시고 자신을 죽음에 내주신 하나님의 말씀이신 아들로 말미암아 일어났다.

그리고 알렉산드리아의 클레멘스는 똑같은 목적으로 말한다 (Adhort. ad Gentes.). "당신이 사람에게 사람이 어떻게 하나님처럼 될 수 있는지 배울 수 있도록 하나님의 말씀이 사람이 되셨다." 그리고 암브로스는 시편 118:73에서(KJV에서는 시 119:73에서) "하나님의 형상, 곧 하나님의 말씀이 하나님의 형상으로 지음을 받은 사람으로 오셨다. 그리고 하나님의 이 형상은 그가 그를 하나님의 형상으로 다시 인치시고 그를 확증하시려고 하나님의 형상으로 지음을 받은 사람을 찾으신다. 당신이 받은 것을 잃어버렸기 때문이다." 그리고 어거스틴은 한 예에서 왜 아버지나 성령이 아니라 아들이 성육신하시는 것이 하나님의 크신 지혜에 속하는지 합리적인 설명을 제시하는데, 우리는 또한 그것을 살펴본다(Lib. de Definitionibus Orthodoxæ Fidei sive de Ecclesiastica Dogmatibus, cap. ii.:). "아버지가 육체를 취하시지도, 성령이 취하시지도 않으셨고, 오직 아들이 취하셨다. 신성 안에서 아버지의 아들이셨던 그분이 그의 인간의 어머니 안에서 사람의 아들이 되셨다. 아들의 이름은 영원한 출생으로 아들이 아니었던 어떤 다른 존재에게 넘겨질 수 없다."

나는 이 신비 안에 나타난 하나님의 지혜와 의에 대해 똑같은 저자가 묵상한 것으로 논의를 마칠 것이다(Enchirid. ad Laurent., cap. xcix.:). "온 인류가 하나님의 정의로운 심판에 의해 배교적인 뿌리 안에서 정죄를 받은 것을 보라. 따라서 설령 단 한 사람도 그곳에서 구원을 받지 못한다고 해도, 어떤 사람도 하나님의 공의에 대해 정당하게 불평할 수 없다. 구원받은 사람들은 구원받지 못한 더 많은 수의 사람들이 가장 의로운 정죄 아래 놓여 있다는 것에서 인류 전체가 하나님의 심판을 받아야 마땅하며, 자신들이 받을 자격이 없는 자비로 말미암아 자신들이 받아야 할 하나님의 심판에서 구원받았다는 것을 알아야 한다." 독자는 이런 목적들을 위해 논의된 것을 볼 수 있다. 그리고 그리스도의 위격에 대해 주어진 묘사의 큰 목적은 우리가 그를 사랑하고, 이것으로 말미암아 그의 형상으로 변화되도록 하려는 것이다. 나는 자세히 선포된 그리스도에 대한 신적인 사랑과 관련된 제롬의 말과 함께 서문을 마칠 것이다(Epist. lxvi. ad Pammach., cap. 10). "당신이 읽든 쓰든, 당신이 보든 잠을 자든, (그리스도에 대한) 사랑의 목소리가 당신의 귀에 들리게 하라. 이 나팔이 당신의 영혼을 깨우게 하라. 이 사랑으로 뒤덮혀 (황홀경에 빠져) 당신의 영혼이 열망하고 갈망하는 분을 당신의 침상에서 찾으라."

제 1 장
베드로의 고백(마 16:16) – 이것에 대한 교황주의자들의 속임수 – 이 고백의 본질과 탁월성

우리의 복되신 구주께서 자기 제자들에게 "너희는 나를 어떻게 이해하고 있으며, 나에 대해 어떤 신앙을 가지고 있는가?"라고 물으셨을 때, 시몬 베드로는 자신이 특별히 부여받은 신앙과 열정으로 매사에 언제나 가장 앞서 행동했듯이 그들 모두를 대표해서 다음과 같이 대답했다. "주는 그리스도시요 살아 계신 하나님의 아들이시니이다" (마 16:16).

바로니우스(Baronius)와 다른 로마교회의 사람들은 여기에서 주 그리스도는 앞으로 있게 될 공의회(general council)의 모습을 규정하고 있다고 주장한다. 그들에 따르면 "그 이유는 기독교 신앙의 주요한 내용이 여기에서 베드로에 의해 선언되고 결정되었으며, 이에 대해 나머지 모든 사도들이 마땅히 그렇게 해야 되듯이 동의하고 지지하고 있기 때문이다"라는 것이다. 그들은 여기에서 미래를 위해 신앙의 내용들(the articles of faith)을 규정하고 결정하는 방법에 대한 규칙이나 법이 제시되고 있다고 생각한다. 지금 그리스도와 그의 사도들이 모인 곳에서 신앙의 내용이 결정되고 있는 것처럼, 공의회에 앉게 될 베드로의 계승자들에 의해 신앙의 내용들이 결정되어야 하기 때문이라는 것이다.

그러나 그들은 지금 그리스도가 친히 제자들과 함께 계시기 때문에 그를 대신할 교황(vicar)이 필요 없다는 것을 잊고 있는 것 같다. 신앙의 내용을 결정하는 데 있어서 이 땅에 눈에 보이는 그런 교회의 우두머리가 있어야 한다는 그들의 모든 주장은 그리스도가 하늘로 올라가셔서 이 땅에 더 이상 계시지 않으신다는 데 있다. 그러나 그가 이 땅에 계시는 동안에도 그를 대신할 사람이 있어야 한다는 것은 무엇인가 이상하다. 그리고 그들은 그리스도가 살아 계시는 곳에서 교황을 그를 대표하는 자로서 결코 함께 세우지 못할 것이다. 사실 그리스도는 자기 제자들에게 믿음의 내용을 만들 것을 요청하신 것이 아니라, 베드로의 고백을 통해 그들이 표현한 것처럼 자신에 대한 그들의 신앙이 어떤지를 물으신 것이다. 그러므로 육체적인 이익과 타락된 생각에 사로잡혀 위에서 언급한 것과 같이 주장하는 자들은 결국 신앙을 혼란하게 하여 신앙 그 자체를 파멸로 이끌 것이다.

이 짧지만 뛰어난 베드로의 고백은 그리스도의 위격과 사역에 대한 모든 진리를 탁월하게 포함하고 있다. 그의 위격과 관련해서 이 고백은 그리스도는 사람의 아들이실 뿐 아니라 (주님은 이 표현을 사용하셔서 "나 인자를 사람들이 누구라고 말하느냐?"라고 물으셨다), 살아 계신 하나님의 영원하신 아들이심을 드러내고 있다. 그의 사역과 관련해서 이 고백은 그는 그리스도, 곧 하나님이 기름을 부어 교회의 구주로서 왕이요, 제자장이요, 선지자의 능력을 감당하도록 하신 분이시라는 것을 드러내고 있다. 이와 똑같은 간단한 고백의 예들을 우리는 성경의 다른 곳에서도 발견할 수 있다. "네가 만약 내 입으로 예수를 주로 시인하며 또 하나님이 그를 죽은 자 가운데서 살리신 것을 네 마음에 믿으면 구원을 얻을 것이다"(롬 10:9). "하나님의 영은 이것으로 알지니 곧 예수 그리스도께서 육체로 오신 것을 시인하는 영마다 하나님께 속한 것이요 예수를 시인하지 아니하는 영마다 하나님께 속한 것이 아니니"(요일 4:2, 3상). 그리고 하나님의 모든 진리들은 서로 연결되어 있으며, 그들 모두는 그 중심에 - 교회를 향한 그리스도의 사역과 더불어 - 그리스도의 위격을 지향하고 있다. 그러므로 결국 그들 모두의 건전성은 실질적으로 이 고백을 어떻게 받아들이는가에 따라 달려 있으며, 반대되는 오류들과 거짓된 상상력으로 진리를 파괴하려고 하지 않는 사람이라면, 누구나 이 사실을 받아들일 것이다. 그리고 사실 자신들이 누리고 있는 수단에 따라 하나님의 진리를 바로 아는 것은 모든 사람의 의무이다. 사람들의 영혼의 위험성은 좀 더 길거나 혹은 좀 더 정교한 신앙의 고백을 이해하는 능력이 부족한 데 있는 것이 아니라, 이 기초와 반대가 되거나 일치하지 않는 것들을 붙잡는 데 있다. 머리를 붙잡지 못하도록 하는 것은 무엇이든지 간에 그것이 아무리 작은 것이라 할지라도 유해한 것이다(골 2:18, 19).

그러므로 그들이 증거해야 하고, 이 증거로 말미암아 시험을 받도록 부름을 받은 그런 믿음의 총체요, 본질로서 이 고백은 우리 구주에 의해 승인이 되었다. 그리고 이 고백은 승인이 되었을뿐 아니라, 이 고백을 한 사람과 앞으로 똑같은 믿음과 고백으로 살아갈 모든 교회에게 놀라운 특권이 부여되었다. 예수님은 "바요나 시몬아 네가 복이 있도다 이를 네게 알게 한 이는 혈육이 아니요 하늘에 계신 내 아버지시니라 또 내가 네게 이르노니 너는 베드로라 내가 이 반석 위에 내 교회를 세우리니 음부의 권세가 이기지 못하리라"고 말씀하셨다 (마 16:17, 18).

우리 구주는 자신이 하신 질문에 대한 대답에서 두 가지를 고려하신다. 첫째로, 이를 고백한 베드로의 믿음이다. 둘째로, 베드로가 한 고백의 본질과 진실인데, 이것은 그리스도의 모든 제자들에게 요구되는 것이다. "사람이 마음으로 믿어 의에 이르고 입으로 시인하여 구원에 이르기 때문이다"(롬 10:10).

1. 그가 말씀하신 첫 번째 내용은 이 고백을 한 베드로의 믿음이다. 이것이 없다면 어떤 외적인 고백도 쓸모나 유용성이 없다. 귀신들도 그가 하나님의 거룩하신 자인지 알기 때문이다(눅 4:34). 그러나 그는 그들이 그렇게 말하는 것을 허락하지 않으셨다(막 1:34). 어떤 고백에서 하나님께 영광을 돌리도록 하며, 우리로 하여금 고백된 진리에 참여하도록 하는 것은 마음으로 믿는 것인데, 그것은 의에 이르도록 한다. 이것에 대해 주 그리스도는 "바요나 시몬아 네가 복이 있도다 이를 네게 알게 한 이는 혈육이 아니요 하늘에 계신 내 아버지시니라"고 말

씀하신다(17절).

그는 베드로의 믿음을 칭찬하시고, 그의 믿음을 (1) 결과와 (2) 원인의 차원에서 설명하신다. (1) 그는 자신의 믿음의 결과로 복을 받았다. 예수 그리스도를 믿고 아는 것은 영생을 얻게 되기 때문에 복이 될 뿐 아니라(요 17:3), 양자(養子)와 칭의(稱義)와 하나님이 받아주시는 축복된 상태에 직접적으로 참여하도록 하기 때문이다(요 1:12). (2) 이런 믿음의 직접적인 원인은 하나님의 계시(啓示)이다. 그것은 우리 자신의 능력의 결과나 산물이 아닌데, 그것은 기껏해야 혈과 육에 속한 것일 뿐이기 때문이다. 복을 받게 하는 믿음은 그리스도를 우리의 영혼에 계시하시는 하나님의 능력에 의해 우리 안에서 일어난다. 자신들이 베드로가 가지고 있던 것보다 더 많은 능력을 가지고 있어서 이런 믿음을 스스로 가질 수 있다고 주장하는 사람들에 대해 우리는 관심이 없다.

2. 그는 고백 그 자체에 대해 말씀하신다. 그는 제자들에게 고백의 본질과 내용을 알게 하시는데, 이것은 처음부터 그가 본래 의도하셨던 것이다. 그는 "너는 베드로라 내가 이 반석 위에 내 교회를 세우리니 음부의 권세가 이기지 못하리라"고 말씀하신다(18절).

베드로에게 주신 이 말씀에서 "교회가 세워지는 기초는 주 그리스도 자신인가, 아니면 로마의 교황인가?" 하는 논쟁이 세상에 제기되었다. 그리고 그리스도인이라고 불리는 많은 수의 사람들이 이 기초는 그리스도가 아니라 교황이라고 주장하는 일이 일어났다. 그리고 그들은 자신들이 그렇게 선택한 충분한 이유가 있다고 주장한다. 만약 그리스도가 자신이 산돌이시면서 동시에 교회가 세워지는 기초이시라면, 그

위에 세워지고 놓여지는 사람들은 사도가 엡 2:4, 5에서 증거하고 있는 것처럼 살아 있는 돌들이 되어야 할 것이다. 그리고 그들은 또한 그리스도와 마찬가지로 그의 본성에 참여하고, 그의 영으로 각성되어 그의 뼈 중의 뼈요, 살 중의 살이 되어야 할 것이다(엡 5:30). 그리고 어떤 사람도 보편적인 순종을 넘어서는 살아 있는 믿음이 아니고는 그 위에 집을 지을 수 없다. 그러나 일반적으로 사람들은 이런 것들을 전혀 좋아하지 않는다. 그러므로 이 기초 위에 세워진 살아 있는 성전의 모습은 언제나 작고, 두드러지지 아니하며, 외적으로 영광스럽지 못하다. 그러나 만약 교황이 이 반석이라면, 세상에 있는 교황주의자들과 그들과 같은 생각을 가지고 있는 모든 사람은, 그들이 아무리 악하고 경건하지 못하다고 하더라도, 교황 위에 세워지게 되고, 그 반석이 제공할 수 있는 지옥의 권세로부터의 모든 해방에 참여하게 될 것이다. 그리고 이 모든 것은 매우 쉽게 획득될 수 있을 것이다. 이것에 참여하기 위해 교회 내에서 교황의 주권을 인정하는 것이 그들에게 요구되는 모든 것이기 때문이다. 나는 여기에서 그들이 어떻게 로마에 있으면서, 교회의 우두머리로 행사하며, 로마에서 죽으며, 로마에서 자리를 잡고 앉아 있는 교황을 베드로라는 이름으로 지칭하며, 베드로가 자신의 믿음과 거룩과 수고를 제외하고 자신의 모든 권세와 칭호와 능력과 권위를 교황에게 전달했다고 주장하는지 살펴보지 않을 것이다. 나는 이것을 다른 곳에서 이미 했다. 여기에서 나는 느브갓네살의 꿈에서처럼 들의 짐승들과 공중의 새들이, 곧 감각적인 사람들과 불결한 영들이 깃들 수 있도록 크게 자라난 나무의 뿌리에 초점을 둘 것이다. 그러므로 나는 교회가 세워지는 반석은 그리스도를 고백한 베드로의 위격이 아니라, 베드로가 고백한 그리스도의 위격이라는 것을 증명함으로써 간단하게 나무의 뿌리에 도끼를 댈 것이다.

1. 성경의 다양한 표현들은 우리 구주께서 베드로의 위격을 반석으로 이해하지 않으셨다는 것을 명확히 증명한다. 그는 베드로라는 이름을 자신이 의도했던 것을 알리는 것 이상으로 사용하지 않으셨다. "네가 장차 베드로라 하리라"(요 1:42). 그는 베드로라는 이름을 이미 전에, 곧 베드로를 처음 부르실 때 주셨다. 이제 그는 자신이 베드로를 그렇게 부르신 이유를 제시하신다. 곧 베드로는 그가 한 고백으로 말미암아 반석이라고 불려졌다. 이것은 마치 구약에서 하나님의 이름이, 사람과 사물과 장소들이 그들이 맺은 하나님과 특별한 관계 때문에 연관되어 불려졌던 것과 유사하다. 그러므로 본문의 표현은 베드로라는 이름이 무엇을 의미하든지, 그렇게 불리는 사람이 의도된 반석이 아닌 것을 보여주기 위해 의도적으로 만들어졌다. 본문은 "너는 베드로라 이 반석 위에($\Sigma \epsilon \Pi \tau \rho o \varsigma, \kappa \pi \tau \alpha \tau \tau \tau \pi \tau \rho$)"이다. 만약 그가 베드로의 위격을 의도하셨더라면, 그는 명확하게 "너는 반석이라 내가 네 위에 세울 것이다($\Sigma \upsilon \ \epsilon \tilde{\iota} \ \pi \acute{\epsilon} \tau \rho o \varsigma, \kappa \alpha \grave{\iota} \ \acute{\epsilon} \pi \grave{\iota} \ \sigma o \grave{\iota}$)"라고 말하셨을 것이다. 만약 성이 바뀌지 않고 그가 "$E \pi \grave{\iota} \ \tau o \acute{\upsilon} \tau \wp \ \tau \tilde{\wp} \ \pi \acute{\epsilon} \tau \rho \wp$"라고 말하셨다면, 그들이 상상한 것은 타당성이 있었을 것이다. 그들이 반석 혹은 돌을 의미하는 베드로의 시리아어 표현인 게바를 사용해서 자신들의 주장을 합리화시키려는 것은 헬라어 원문의 진정한 권위에 위배될 뿐 아니라, "Tu es Petrus et super hanc petram"라고 벌게이

트 판에서 자신들의 번역한 표현과도 위배되는 것이다.

2. 만약 교회가 베드로의 위격 위에 세워진다면, 그가 죽었을 때 교회도 전적으로 무너져야 한다. 어떤 건물도 그 기초가 무너져 제거되었을 때 존재할 수 없기 때문이다. 그러므로 그들은 자신들이 의도하는 반석은 한 개인으로서의 베드로의 위격이 아니라, 그와 그의 계승자들인 로마의 교황들이라고 주장한다. 그러나 로마에 있는 그의 계승자들에 대한 이야기는 부끄럽게도 만들어 낸 우화에 불과하다. 만약 로마의 교황이 참된 신자라면, 그는 다른 모든 신자와 마찬가지로 이 고백에 속한 특권들에 참여할 것이다. 만약 그가 그렇지 못하다면, 그는 이 특권에 전혀 참여하지 못할 것이다. 그러나 그들은 자신들의 속임수를 여기에서 그치지 않고 또 다른 이유를 제시하는데, 이것은 전적으로 헛된 것이다. 사도는 아론의 제사장직의 불충분함을 보여주면서 그것이 교회를 완전한 상태로 이끌지 못함을 인정한다. 하나님이 정하신 규정에 따라 아론을 이은 수많은 대제사장들이 계속해서 죽었기 때문이다(히 7:8, 23, 24). 그리고 이런 이유 때문에 그는 만약 교회가 전적으로 영원히 살아계시며 "영원한 생명의 능력을 따라" 제사장이 되셨던 분 위에 세워지지 않는다면, 교회는 완성되거나 완벽하게 될 수 없다는 것을 보여준다. 그리고 만약 성령이 유대교회의 상태를 연약하고 불완전한 것으로 판단하셨다면, 그것이 비록 하나님의 명확한 명령에 의해 계승이 되었다고 하더라도 계속해서 죽음으로 대체되는 대제사장에 의존하고 있기 때문에, 우리는 교회를 완성하고 교회를 이 땅에서 할 수 있는 한 가장 완벽한 상태로 만들기 위해 오신 주 그리스도

가 교회를 계속해서 죽어가는 사람들 위에 세우실 것이라고, 그것도 하나님이 전혀 인정하시지 않는 사람들 위에 세우실 것이라고 생각할 수 있을까? 그리고 사실 우리는 그것이 얼마나 혼란을 일으켜 왔으며, 얼마나 끔찍한 결과를 가져왔는지 알고 있다. 이 두 가지만 보아도 우리는 충분히 그것이 하나님에게서 난 것이 아니라는 것을 알 수 있다.

3. 오직 한 반석, 오직 한 기초만이 존재한다. 성경에는 교회의 두 반석에 대한 어떤 언급도 없다. 우리는 교회가 두 반석 위에 세워졌다는 것을 증명하기 위해 다른 사람들이 만들어 낸 것에 대해 관심이 없다. 그리고 반석과 기초는 똑같은데, 이는 반석은 교회가 세워지는 곳, 곧 기초가 되기 때문이다. 우리는 주 그리스도가 교회의 유일한 반석이시며 기초이시라는 것을 쉽게 증명할 수 있다. 그러므로 베드로 자신도, 그의 거짓 계승자들도 이 반석일 수 없다. 다른 반석에 대해 말하는 것은 우리의 종교에 속하지 않는다. 그리고 그것을 만든 자들은 그것을 자신들이 원하는 대로 사용할 수 있을 것이다. 그것들을 만든 자들은 자신들이 만든 것들과 똑같기 때문이다. 그리고 그것들을 신뢰하는 자들도 마찬가지이다. "우상을 만드는 자와 그것을 의지하는 자가 다 그와 같으리로다"(시 115:8).

4. 우리 구주는 자신의 교회를 이 반석 위에 세우실 것이라고 말씀하시고 난 후, 즉시 자기 제자들에게 자신이 어떻게 이 기초를 놓으실지를 드러내신다. 그는 자신의 죽음과 고난에 대해 말씀하셨다(21절). 그리고 이에 대해 베드로는 스스로 내버려두면 "바람에 흔들리는 갈대"임을 드러내었다. 그는 자신이 이 건물의 무게를 지탱할 수 없다는

것을 알고 이 건물의 기초를 무너뜨리려고 시도하고 있기 때문이다. 그는 그리스도가 자신의 고난에 대해 언급하시는 것에 대해 그리스도를 꾸짖기 시작했다. 그러나 이 고난은 복음적인 교회가 세워질 수 있는 유일한 기초였다. 이에 대해 그는 주 예수께서 지금까지 그의 제자들에게 하신 꾸지람 중 가장 큰 꾸지람을 받았다(23절). 그리고 후에 그는 자신이 고백한 그리스도를 놀랍게도 유혹을 받아 거부하고 나서야 비로소 이 위에 교회를 세운다는 고백의 의미를 알 수 있었다. 하나님이 어떤 육체도 영광을 받지 못하도록 하시기 위해 유일하게 그리스도를 고백한 자조차도 그를 거부하도록 하셨기 때문이다. 그리고 만약 이 고백을 한 사람조차도 자신이 교회의 기초가 되기에 얼마나 부족한지를 드러내었다면, 거짓으로 그의 계승자들인 척하는 사람들이 얼마나 부족하겠는가를 생각하는 것은 어렵지 않다. 그러나 여전히 교황이 교회의 기초가 아닐 바에는 차라리 교회의 기초가 없는 편이 낫다고 주장하는 사람들이 있다.

이런 거짓된 것들이 제거되고 난 이후에, 우리는 우리 구주께서 베드로의 고백에 대해 주신 증거 안에 포함된 위대한 신비의 본질과 그와 관련된 약속들을 다음과 같이 정리해 볼 수 있다.

1. 살아 계신 하나님의 아들이신 그리스도의 위격은 그가 부르심을 받고 기름부음을 받으신 사역과 더불어 교회가 세워지는 기초이다.

2. 지옥의 권세와 궤계는 언제나 교회와 이 기초와의 관련성에 대해, 혹은 이 기초 위에 교회를 세우는 것에 대해 반대할 것이다.

3. 이 반석 위에 세워진 교회는 결코 이 반석과 분리되지 않을 것이

며, 지옥문들의 반대에 의해 무너지지 않을 것이다.

여기에서 이것들 중 앞의 두 가지 내용에 대해 나는 간단하게 말할 것이다. 그러나 나의 전체적인 계획은 세 가지 내용 모두를 자세히 살펴 진리를 드러내는 데 있다.

교회의 기초는 두 가지인데, 이것은 (1) 실질적인 것(real)과 (2) 교리적인 것(doctrinal)이다. 그리고 그리스도는 이 두 가지 면 모두에서 교회의 기초이시다. 그는 교회와 자신과의 신비적인 연합을 통해 교회의 실질적인 기초가 되신다. 교회는 이 연합을 통해, 이 연합에 의해, 이 연합에서 나오는 모든 축복에 참여한다. 교회는 오직 그곳에서만 영적인 생명과 은혜와 자비와 완벽함과 영광을 가지게 되기 때문이다(엡 4:15, 16, 골 2:19). 그리고 그리스도는 그와 그의 사역에 대한 믿음 혹은 교리가 특별한 방법으로 신약의 교회에 생명을 불어 넣어주고 교회를 세우는 신적인 진리라는 점에서 교회의 교리적 기초이시다(엡 2:19-22). 이것에 대한 믿음과 고백이 없다면, 어느 누구도 이 교회에 속하지 못한다. 나는 요즈음 교회가 무엇을 믿고 있는지 알지 못한다. 그러나 나는 신약교회가 형성된 외적인 원인은 그리스도의 위격과 사역과 은혜에 대한 믿음의 고백이었으며, 이 고백은 우리 모두에게도 똑같이 요구된다는 것은 부인될 수 없을 것이라고 판단한다. 우리가 어떤 의미로 이렇게 말하는지는 후에 분명히 드러나게 될 것이다.

주 그리스도가 교회의 기초이시라는 것은 다음과 같이 증거된다. "그러므로 주 여호와께서 가라사대 보라 내가 한 돌을 시온에 두어 기초를 삼았노니 곧 시험한 돌이요 귀하고 견고한 기초 돌이라 그것을 믿는 자는 급절하게 되지 아니하리로다"(사 28:26). 최근에 유대인들과 마찬가지로, 이 약속을 히스기야에게 적용하려고 하는 사람들이 있는데, 그들은 이것을 통해 신앙의 활력을 대담하게 빼앗아 가려고 하는 자들이다. 이들이 이런 주장을 통해 성령의 생각에 폭력을 가하고 있다는 것은 본문의 정황과 내용을 살펴보면 어렵지 않게 드러난다. 사도가 본문의 마지막 부분을 해석하고 적용한 것을 살펴보아도 이런 주장이 억지라는 것을 알 수 있다. "저를 믿는 자는 부끄러움을 당하지 아니하리라"(롬 9:33, 10:1, 벧전 2:6). 이것은 곧 그가 영원히 구원을 받을 것이라는 의미이다. 그런데 여기에서 믿음의 대상을 예수 그리스도가 아닌 다른 어떤 것에 적용하려는 것은 가장 큰 신성모독이다. 그러므로 오직 그만이 하나님이 교회를 위해 놓으신 기초이다. 시 118:22, 마 21:42, 막 12:10, 눅 20:17, 행 4:11, 벧전 2:4, 엡 2:20-22, 슥 3:9 말씀을 보라. 그러나 그리스도가 교회의 유일한 기초이시라는 것은 다른 어떤 말씀보다도 "이 닦아 둔 것 외에 능히 다른 터를 닦아 둘 자가 없으니 이 터는 곧 예수 그리스도라"(고전 3:11)는 사도의 말씀에 의해 분명히 결정이 난다.

제 2 장
그리스도의 위격 위에 세워진 교회에 대한 반대

우리 구주께서 베드로에게 주신 교회의 기초에 대한 말씀에는 교회의 기초를 보존하시겠다는 약속과 이를 무너뜨리려는 반대가 있을 것이라는 예언이 들어 있다. 그리고 이 예언은 완벽하게 성취되고 있다. 이 기초 위에, 곧 그리스도의 위격과 사역과 은혜에 대한 믿음 위에 세워진 교회를 무너뜨리기 위한 지옥의 권세와 궤계는 과거에도 있었으며, 미래에도 계속될 것이기 때문이다. 나는 먼저 과거에 어떤 일이 있었는지에 대해 간단히 설명하고, 오늘날 똑같이 일어나고 있는 일들에 대해 살펴보겠다.

모든 사람이 인정하듯이 지옥의 문들은 지옥의 권세와 궤계, 혹은 사자와 뱀, 폭력과 간교함으로 묘사되는 사단의 활동들이다. 그러나 사단은 이런 일을 행하는 데 있어서 자신의 모습을 드러내지 않고 자신의 졸개들을 사용하는데, 이 때 그는 언제나 두 종류의 수단을 사용한다. 한편으로 그는 폭력을 사용하며, 다른 한편으로 그는 간교함을 사용한다. 한편으로 그는 용으로 활동하며, 다른 한편으로 그는 양처럼 두 뿔을 가졌지만 용처럼 말하는 짐승으로 활동한다. 첫 번째 것은 믿지 않는 세상이며, 두 번째 것은 온갖 종류의 배교자들과 속이는 자들이다. 그러므로 교회의 기초와 관련된 사단의 반대는 이중적인 성격을 드러낸다. 하나는 자신의 권세와 폭력을 사용하여 세상으로 하여금 핍박하도록 하는 것이며, 다른 하나는 자신의 궤계와 간교함을 사용하여 이단들로 하여금 현혹하도록 하는 것이다. 이 둘을 통해 사단은 교회를 그 기초에서 분리시키려고 한다.

첫 번째 종류의 반대를 그는 지체 없이 인성과 관련된 그리스도의 위격에 가했다. 그는 먼저 간교하게 그리스도를 유혹해서 넘어뜨리려고 했다(마 4). 그러나 그는 이런 식으로는 그리스도께 접근할 수 없다는 것을 재빨리 알아차렸다. 이 세상의 왕은 그에게 다가갔으나 아무것도 얻지 못했다. 그러므로 그는 공개적인 폭력을 사용하기로 하고, 가능한 모든 수단을 다 사용해서 그를 파멸시키고자 했다. 마찬가지로 어느 시대이고 교회가 믿음과 경계로 사단의 유혹을 지켜내면 지켜낼수록, 그는 더욱더 공개적인 핍박을 사용해서 교회를 폭력으로 무너뜨리려 한다. 그는 세상으로 하여금 그리스도를 파멸시킬 수 있도록 사용할 수 있는 수단이란 수단은 다 사용하도록 하였다. 이것은 그를 닮고자 하는 교회에게도 똑같이 적용된다. 모욕과 경멸과 조소와 거짓말과 거짓 고소들이 사단의 사주로 세상에 의해 그리스도에게 가해졌다.

이것으로 말미암아 자신의 전 사역의 과정을 통해 그는 "죄인들이 자기에게 거역한 일을 참으셨다"(히 12:3). 그리고 바로 여기에 "그의 형상을 본받도록 작정함을 입은" 모든 사람이 하나님이 그들로 하여금 믿음으로 그의 모범을 사용할 수 있도록 도우실 때 누릴 수 있는 말로 다 표현할 수 없는 복된 위로가 있다. 그는 그들을 자기 십자가를 지고 자기를 따르도록 부르신다. 그리고 그는 그들에게 자신이 친히 십자가를 지심으로써 십자가를 지는 것이 무엇인지를 보여주셨다. 경멸과 모욕과 욕과 비방과 거짓고소가 그의 평생에 그를 에워싸고 있었다. 그가 하신 말씀을 왜곡하고, 그의 가르침을 비난하고, 그의 인격을 흠잡고, 그가 세상의 정부와 도덕에 관해 말씀하시고 행하신 모든 것을 거부하려는 시도들이 있었다. 그리고 그는 자기 제자들에게 자신이 당한 그런 일들이 이 세상에서 자기를 따라오는 자들의 몫이 될 것을 확신시키셨다. 그리고 모든 시대에 걸쳐 주님이 말씀하신 대로 놀랍게 고난을 받으면서 살아간 사람들이 있었다. 이에 대해 우리는 불평할 만한 이유가 없다. 종이 주인이 처한 상태보다 더 나은 상태를 추구한다면 얼마나 우스운 일인가! 이 세상에서 주님을 위해 주님이 겪으셨던 것처럼 고난을 겪는 것은 이 세상에서 우리가 처할 수 있는 최고의 상태이다. 하나님이 우리로 하여금 그렇게 믿도록 하지 않으셨는가? 그리스도는 결국 고난을 받으시고 죽임을 당하셨다. 그러나 사단이 아무리 간교하고 악의에 차 있다고 하더라도 하나님의 지혜와 능력으로 계획하신 일에 비하면 얼마나 무한히 부족한지가 명백히 드러나게 되었다. 그가 어두움 속에서 그리스도를 죽여서 얻은 것은 기껏해야 자신의 머리가 깨지고, 자신의 일이 망가지고, 자신의 왕국이 파괴되는 것이었을 뿐이다. 그리고 그는 교회에 대한 반대를 통해 기다리고 있는 자신의 영원한 파멸을 완성시킬 것이다. 그의 지칠 줄 모르는 악의와 어두움은 그로 하여금 그가 날마다 서두르고 있는 끝이 없는 고통 가운데로 완전히 들어가게 할 때까지 자신의 폭력을 휘두르는 것을 포기하지 않도록 할 것이다. 그는 자신의 폭력을 계속해서 드러내어 자신의 죄와 세상의 죄를 가득 쌓아 결국 자신과 세상으로 하여금 영원한 심판에 이르도록 할 것이다. 이것을 통해 그는 세상과 더불어 영원한 불 못에 들어가게 될 것이며, 반석 위에 세워진 모든 교회는 안식과 영광으로 들어가게 될 것이다.

신약의 교회가 이 기초 위에 세워지자마자 유대인들과 이방인들은 모두 협력해서 공개적인 무력으로 이것을 파괴시키려고 했다. 그리고 그들이 교회를 향해 비난했던 내용은 "주는 그리스도시요, 살아 계신 하나님의 아들이시니이다"라는 성도들의 믿음과 고백이었다. 그들은 이 기초를 세상에서 무너뜨리고 근절시키려고 했다. 지옥의 문들이 얼마나 강력한 힘으로, 얼마나 비인간적인 잔인함으로 교회를 무너뜨리려고 했는지를 우리는 스데반의 순교에서 콘스탄틴 시대에 이르기까지의 역사를 살펴보면 어렴풋하게 알 수 있다. 그러나 비록 옛 살인자의 채워지지 않는 악의의 모습과, 인간을 놀랍게도 무시무시하고 비인간적인 잔인함으로 타락시켜서 그를 사단의 형상처럼 바꾸어 버린 예를 보여주는 충분히 남아 있는 기록이 있음에도 불구하고, 그것은 마지막 날 땅이 자신이 받은 모든 피를 토해내고 의로우신 재판장이 폭력과 악의로 점철된 악인의 모든 계획들과 행실들을 드러내실 때 그들이 받게 될 심판과 비교하면 아무것도 아니다. 그러나 그와 똑같은 폭력이 원리상 변함없이 누그러지지 아니하고 지금도 행해지고 있다. 그리고 비록 하나님이 여러 곳에서 자신의 섭리에 따라 사람의 여러 일에서 그것을 제한하거나 차단시킴에도 불구하고, 사단은 조금이라고 기미만 있으면 그 틈을 뚫고 들어와 정도의 차이는 있지만 자신의 마수(魔手)를 드러낸다. 그러나 아무리 세상에서 음울한 모습이 보인다고 하더라도, 우리는 사단의 잔인한 공격으로 말미암아 교회가 파괴될 것이라는 두려움을 가질 필요가 없다. 오히려 과거의 경험이 미래의 일에 대해 안전을 제공할 수 있을 것이다. 교회는 반석 위에 세워져 있으며, 지옥의 문들이 결코 그것을 이길 수 없다.

사단이 똑같은 목적을 달성하기 위해 시도해왔으며 지금도 계속해서 시도하고 있는 두 번째 방법은 해로운 오류들과 이단들에 의한 것이었다. 수세기 동안 교회를 공격하고 오염을 시켰던 모든 이단들이 그 주요한 공격의 대상으로 삼았던 것은 성도들의 그리스도의 위격에 대한 믿음이었다. 나는 그들이 반대했던 내용들에 대해 간단하게 살펴볼 것이다. 그것들이 또다시 오랜 세월 동안의 변신을 통해 새로운 가면을 쓰고 다시 고개를 들고 있기 때문이다. 그리고 이들은 세 종류였다.

1. 신적인 것들에 대해 다른 교리들과 개념들을 적용하여 결과적으로 그리스도의 위격과 중보를 전적으로 배제하는 것이다. 마술사 시몬에 의에 시작된 것으로 추측이 되는 영지주의자들(the Gnostics)의 입장이 바로 그것이다. 그들은 사도들이 죽은 이후에 자신들의 잘못된

사상으로 초대교회를 크게 오염시켜 많은 사람을 믿음에서 떨어지도록 했다. 그리스도와 그 안에서 세상을 자신과 화해시키시는 하나님과 복음에 따른 그에 대한 믿음의 순종 대신에, 그들은 끝이 없는 우화들과 족보들과 신적인 존재들 혹은 신적인 능력의 변화들을 소개했기 때문이다. 그리고 그들의 오류는 그들이 그리스도를 자신들 안에서 자신들을 완벽하게 만들어 주는 빛과 지식의 방출로 보았다는 데서 실질적으로 나타난다. 결과적으로 그것은 선과 악에 대한 모든 차이를 빼앗아 갈 뿐 아니라, 사람들로 하여금 죄책감이나 처벌에 대한 두려움이 없이 자신들이 원하는 것을 마음대로 할 수 있는 자유를 주었다. 이것이 그리스도의 위격을 완벽한 빛과 지식으로 바꾸어 교회의 신앙을 무너뜨리려고 시도한 사단의 첫 번째 방법이었다. 그리고 내가 아는 한 그것은 사단이 똑같은 목적을 성취하기 위해 계속해서 사용할 마지막 방법 중의 하나이다. 그리고 만약 어떤 사람들이 그리스도의 위격에 대한 믿음과 지식을 무너뜨리기 위해 그것을 다시 부활시키려 애쓰지 않았더라면, 나는 저 오랜 세월 동안 부패되어 잊혀져 있던 치명적인 오류를 언급조차 하지 않았을 것이다.

2. 사단은 그리스도의 신성(神性)을 부인했던 사람들을 통해 똑같은 일을 시도했다. 그들은 그리스도가 살아 계신 하나님의 아들이시며 교회는 그에 대한 믿음 위에 세워진다는 것을 부인하는 사람들이었다.

(1) 그리스도가 동정녀 마리아에게 잉태되시고 태어나시기 전에 어떤 선존재(先存在)를 가지고 계셨다는 것을 거부했던 사람들이 있다. 그런 사람들에는 에비온주의자들(Ebionites)과 사모사타주의자들

(Samosatanians)과 포티니아주의자들(Photinians)이 있다. 그들은 모두 그리스도는 단순히 인간이시며, 비록 그들 중 몇 사람들이 인정하는 것처럼 기적적으로 동정녀에게 잉태되고 태어나셨으며 (이에 대해 에비온파는 부인한다), 이런 의미에서 하나님의 아들이라 불리셨지만, 그 이상은 아니라고 주장했다. 이런 시도는 영원한 반석을 직접적으로 거부하고, 그 대신에 모래를 채우려는 것이다. 아무리 더 나은 인성(人性)이 존재한다고 하더라도, 그것이 신성과 연합되지 않는다면, 그것은 교회의 기초가 될 수 없기 때문이다. 그 당시 많은 사람이 이 어리석은 길을 따라갔지만, 하나님의 기초는 견고하게 서 있었으며, 교회는 이 기초에서 제거되지 않았다. 그러나 오랜 세월 동안의 변천을 걸쳐 최근에 교회의 기초를 무너뜨리려는 똑같은 노력들이 또다시 제기되고 있다. 그리스도인들이라고 불리는 사람들 사이에 무신론과 불경건을 퍼트려 재미를 보았던 옛 원수는 또다시 교회의 기초를 넘어뜨리려고 똑같은 수단을 이전보다 더 간교하게 소시니누스주의자들(Socinians)을 통해 사용하고 있다. 그리스도의 위격에 대한 그들의 믿음, 아니 그들의 불신앙은 이전에 언급된 사람들의 것과 똑같기 때문이다. 그리고 헛되고 부패한 세대가 자신들의 현학적인 추론을 통해 칭찬하고 박수를 치는 내용은 초대교회가 믿음으로 사모사타주의자들과 포티니아주의자들과 같은 사람들의 간교한 주장에 대해 승리한 내용 이외에 다른 어떤 것이 아니다. 사단은 사람들의 마음속에 있는 허영과 어두움과 부패한 감정이 그들로 하여금 복음의 신비를 경멸하도록 한다는 것을 분명히 알고 있다. 도대체 그리스도의 능력과 은혜에 대해 반대했던 사

모사타주의자들과 포티니아주의자들과 펠라기우스주의자들의 저 오래된 어리석은 오류들이 또다시 오늘날 그토록 겉치레로 승리를 과신하며 세상에 들어올지를 누가 생각했겠는가? 그러나 내가 알기에도 많은 사람이 하나님의 그리스도의 위격을 미워하는 데 빠져 그의 위격과 영과 은혜에 대한 모든 것을 혐오스러운 것으로 거부하고 있다. 그들이 그런 유혹에 빠진 것은 진리를 이해하는 능력이 부족해서가 아니라, 진리 그 자체를 혐오하고 있기 때문이다. 그리고 부패한 본성이 진리를 이해하는 데 도움을 줄 수 있는 것은 아무것도 없다.

(2) 그리스도의 신성을 부인하는 사람들 중에는 교회가 믿음으로 고백하고 있는 것과 다른 방식으로 교묘하게 그렇게 하는 사람들이 있다. 그들은 아리안주의자들(the Arians)인데, 지옥의 문들이 한때 그들을 통해 득세한 적이 있었다. 신앙을 고백하는 온 세계가 한 때 거의 그 이단에 빠졌던 적이 있었기 때문이다. 그들은 말로는 그리스도의 신성을 인정하지만, 그리스도가 가지신 신성은 본래 하나님에 의해 무(無)로부터 피조된 것이라고 덧붙인다. 이것을 통해 그들은 이중적인 신성모독을 범한다. 그들은 곧 그가 참 하나님이시라는 것을 부인하고, 그를 단지 피조된 신으로 전락시켜 버린다. 그리고 이 모든 시도를 통해 지옥의 문들은 그리스도가 살아 계신 하나님의 아들이시라는 교회의 신앙을 무너뜨리려 한다.

(3) 그리스도의 인성에 대해 부인하는 사람들이 있다. 사단은 자신들의 계획을 이루는 것이라면 어떤 시도라도 했다. 그리고 이 모든 일을 통해 그가 목표했던 것은 한 위격으로 사람의 아들이시며 동시에 살

아 계신 하나님의 아들이신 분 대신에 거짓 그리스도를 세우려는 것이었다. 그리고 그는 이런 목적을 달성하기 위해 사람들의 마음을 끝없는 상상으로 감염시켰다. 어떤 사람들은 그가 실질적인 인성을 가지고 있다는 것을 부인하고, 그를 환상이나 겉모습이나 섭리나 신적인 능력에 의해 행해진 구름으로 주장을 했다. 어떤 사람들은 그가 하늘에서 내려온 천상의 육체(heavenly flesh)를 가지고 있으며, 그것은 신성의 단편이라고 주장했다. 어떤 사람들은 그의 육체는 우리들의 육체처럼 합리적 영혼에 의해 생명을 부여받은 것이 아니라, 신적 존재의 능력에 의해 직접적으로 살아났으며, 그것이 살아 있는 영혼을 대체해서 그의 육체에 들어왔다고 주장했다. 어떤 사람들은 그의 육체는 기체의 본질(ethereal nature)에 속해서 결국 태양으로 변했다고 주장했다. 이와 같이 지금까지 그리스도의 인성에 대해 수많은 사단의 미혹하는 견해들이 제시되었다. 그리고 오늘날에도 그리스도의 인성의 진리성을 파괴하려는 다양한 종류의 시도들이 제기되고 있다. 나는 그리스도의 영광스러운 몸에 대해 최근에 제기되고 있는 환상적인 견해들이 어디까지 나갈지 알지 못한다. 이 모든 어리석은 상상물을 통해 사단의 계획은 교회의 구원이 절대적으로 의존하고 있는 그리스도의 인성과 교회 사이의 연합의 관계를 파괴시키려는 것이다.

3. 그는 한 위격 안에서 두 본성의 위격적 연합(the hypostatical union)에 대한 강력한 반대를 제기하였다. 그는 이것을 오랜 세월 동안 교회를 크게 오염시켰던 네스토리우스 이단을 통해서 했다. 이런 의견을 만든 사람들과 이를 퍼트리는 사람들은 주 그리스도가 신성을 소

유하고 계시며, 살아 계신 하나님의 아들이시라는 것을 인정했다. 그들은 또한 그의 인성의 진리, 곧 그가 참으로 우리와 똑같은 인간이시라는 것을 인정했다. 그러나 그들은 이들 두 본성의 한 위격 안에서의 연합(personal union)을 거절했다. 그들은 두 본성 사이에 연합이 있었지만, 그 연합은 오직 사랑과 능력과 돌보심 안에서만 있었다고 말했다. 하나님은 그들이 상상한 대로 인간이신 그리스도 예수 안에서 자신을 탁월하고도 능력 있게 나타내셨다. 그러나 그들은 하나님의 아들이 우리의 본성을 자신의 위격에 스스로 취하셔서, 그 결과 그리스도는 한 위격이시며, 그의 모든 중보사역은 한 위격, 곧 하나님이시며 인간이신 분의 사역이었다는 것을 인정하지 않았다. 그리고 이런 사악한 생각은 비록 진리의 요소를 크게 포함하고 있는 것 같지만, 이전의 이단적인 사고들만큼이나 결과적으로 교회의 기초를 무너뜨린다. 만약 그리스도의 신인성이 한 개인적인 위격을 구성하지 않는다면, 그가 우리를 위해 하신 모든 것은 오직 인간으로서만 하신 것이 될 것이다. 그렇게 된다면 그가 하신 모든 일은 전적으로 교회의 구원을 위해 충분하지 못한 것이 되며, 그리스도는 자신의 피로써 교회를 구속하지 못하셨을 것이다. 이것은 오늘날 그리스도의 위격에 대해 우리 중 몇몇 사람들이 주장하는 견해인 것 같다. 그들은 영원한 말씀, 곧 하나님의 아들의 존재를 인정한다. 그리고 그들은 똑같은 방법으로 그의 인성의 진실성을 인정하고, 그 분이 예수 그리스도라고 주장한다. 그들은 단지 영원한 말씀이 마치 다른 신자들과 함께 있는 것과 마찬가지 종류로, 그러나 나타나심과 능력에 있어 훨씬 더 탁월하게 그 안에, 그와 더불어 계셨다고 주장한다. 그러나 비록 이런 그들의 주장에는 옛날의 이단적인 사고에 새로운 색깔을 덧입히려는 노력이 있음에도 불구하고, 사단의 계획은 하나이며 똑같다. 그것은 곧 올바르고 유일한 기초 위에 교회를 세우려는 것을 반대하는 것이다. 그리고 이것들은 후에 분명하게 다루어질 것이다.

이런 예들을 통해 나는 지옥의 문들의 교회에 대한 주요한 반대는 언제나 믿음으로 그리스도의 위격 위에 교회를 세우는 것에 있었다는 것을 간단하게 증명하고자 했다.

또한 기독교 신앙에 그토록 아픈 상처를 내었던 이슬람교는 그리스도의 위격을 반대하기 위해 두 가지 방법, 곧 폭력과 간교함이 서로 협력하고 결합된 것이었을 뿐이라는 것을 증명하는 것은 쉽다.

사단이 이 모든 것을 시도한 후에 또 다른 방법으로 그리스도의 사역과 은혜와 그 안에서 드려지는 하나님을 향한 예배를 무너뜨리려 시도했다는 것은 사실이다. 그리고 그는 결과적으로 자신의 주장을 받아들인 사람들이 치명적인 반그리스도적인 배교에 빠질 때까지 이런 시도를 밀어붙여왔다. 그런데 나는 이것에 대해 이곳에서 다룰 생각이 없다.

오히려 우리는 우리가 직접 다루고자 하는 내용으로 나가는 편이 나을 것이다. 우리는 앞에서 서술했던 내용들을 계속해서 살펴볼 것이다. 그리스도의 위격과, 그에 대한 교회의 믿음과, 교회의 그리스도의 위격과의 관계와, 그 위에 교회를 세우는 것과, 그것에 의한 교회의 생명과 보존은 지옥의 문들이 반대하는 것들이다.

1. 소시누스주의자들이 그리스도의 신성과 위격을 간교함과 집요함으로 반대하였다는 것은 잘 알려진 사실이다. 오늘날 종교에 관심을 가지고 있는 사람들이라면, 누구나 그들이 얼마나 간교하게 교회에 파고들어 많은 사람의 마음을 빼앗아 갔는지 분명히 알 수 있다. 이 문제에 대해 나는 이미 다른 곳에서 다루었다.[1]

2. 많은 사람이 그리스도의 신성에 대해 명확히 반대를 하지는 않지만, 이 문제에 대해 관심을 가지는 것조차 싫증을 내고 있는 것 같다. 자연종교 혹은 무(無)종교가 예수 그리스도를 통해 하나님을 믿는 것보다 그들에게 더 기쁨을 준다. 종교에는 자연의 빛이 우리로 하여금 발견하게 하고 행동하도록 하는 의와 정직과 같은 도덕적 의무들 이상의 것이 필요하다는 것을 인정하지 않는 사람들이 너무나 많다. 자연과 이성의 한계를 넘어선 것은 이해할 수 없는 신비나 어리석은 것들로 거절된다. 그리스도의 위격과 은혜는 종교 안에서 온갖 혼란을 일으키는 것으로 생각된다. 그것들이 없이도 신적 존재와 선에 대한 일반적인 개념들은 사람들을 충분히 영원한 행복으로 인도할 것이다. 그들은 그리스도가 육신을 입고 이 땅에 오시기 전에도 그렇게 했으며, 그가 하늘에 올라가신 이후에도 그럴 것이다.

3. 그 안에 그리스도의 위격에 대한 자리가 남아 있는지 확실하지 않은 객관적인 종교를 주장하는 사람들이 있다. 그들은 그리스도의 두 본성의 한 위격 안에서의 연합에 대해 거절할 뿐 아니라, 그 모든 것을

---

1) 역자주 - 존 오웬의 전집 12권 "The Gospel Defended"는 소시누스주의에 대한 오웬의 체계적인 반박을 다룬 책이다.

자신들 안에 있는 빛으로 돌린다. 그런데 그들은 그 빛은 하나님이 오직 중보자로서 그리스도에 의해 자신들 안에 일으키실 수 있는 것이라고 주장한다. 나는 그들이 말하는 그리스도를 향한 믿음과 신뢰와 같은 마음의 내적인 활동이 무엇인지 알지 못한다. 그러나 그들의 외적인 고백을 통해 볼 때 그리스도가 거의 배제되고 있는 것 같다.

4. 그리스도의 위격에 대해 어떤 잘못된 개념도 선포하지 않으며 종교와 경건에 깊이가 있는 척하지만, 복음이 말하고 요구하고 있는 그리스도에 대한 고려를 드러내지 않는 적지 않은 사람들이 있다. 그러므로 우리는 종교와 실천적인 거룩과 순종의 의무들에 대해 아주 우아한 문체와 깊이 있는 논쟁으로 쓰여져 있으나, 그 속에 우리가 예수 그리스도와 그의 사역과 은혜에 대해 거의 혹은 전혀 만날 수 없는 많은 글을 가지고 있다. 그리고 그런 글을 쓴 사람들이 그리스도와 그의 사역과 은혜를 우리 종교의 생명이요, 핵심으로 판단하고 이것에 대해 묵상한다는 것은 있을 수 없는 일이다. 그런 사람들에게 그리스도의 일들은 이 땅에서의 대화의 한 모범일 뿐 경건과 복음의 순종을 향상시키는 데 아무런 역할을 하지 못한다. 이런 성격의 많은 책들에 대해 우리는 옛적에 한 현인이 "그 안에는 칭찬할 만하고 즐거운 것들이 많이 들어 있지만, 예수의 이름은 없다(nomen Jesu non erat ibi)"라고 언급했던 내용을 말할 수 있다.

5. 이렇게 그리스도를 무시하려고 하는 자신들의 마음의 경향에 맞게 그리스도에 대해 위험하고 해로운 질문들을 만들어 낸다.

(1) 그들은 "도대체 우리의 종교에서 그리스도의 위격에 대해 생각

하는 것은 무슨 소용이 있는가?"라는 냉소적인 질문을 제기하고 대답한다. 이런 질문은 기독교에서 그리스도의 위격에 대해 생각할 것이 전혀 없다고 생각하는 사람들에 의해 의도적으로 만들어진 것이다. 그들은 마치 그리스도의 위격이 기독교 전체에 활력을 불어넣어주는 생명이요 영혼이 아닌 것처럼, 그것이 기독교가 기독교적이 되도록 특별히 만들어 주는 것이 아닌 것처럼 취급한다. 그들은 마치 우리가 가진 종교의 덕택으로 하나님에게서 그리스도의 위격을 통하지 않고 자비와 은혜와 특권과 영광과 같은 이익을 얻는 것처럼 취급한다. 그들은 마치 우리를 통해 행해지는 하나님을 향한 우리의 종교적인 의무나 행동이 그리스도의 위격에 대한 참여나 고려가 없이도 받아들여질 수 있는 것처럼 취급한다. 그들은 마치 그리스도의 위격과 아무런 관계가 없어도 기독교가 여전히 기독교일 수 있는 진리가 존재하는 것처럼 취급한다. 그런 대담한 질문들과 이것들에 대한 그들의 무익한 대답들은 그들이 얼마나 자신들이 경멸하는 그리스도에 대해, 그리고 자신들이 붙잡고 있는 척하는 복음에 대해 무지한지를 충분히 드러내고 있다.

(2) 그들은 거짓된 종교를 만들어 그리스도 안에서, 그리스도에 의해서 하나님의 생각과 뜻을 배우고자 하는 사람들을 어리석은 자들로 공격한다.

(3) 그들은 그리스도에 대해 알아야 할 필요성을 주장하는 사람들을 마치 그들이 이것을 통해 복음을 부인하는 것처럼 비난한다.

(4) 그들은 그리스도의 위격에 대한 사랑을 마치 제정신이 아니거나, 연약한 상상력을 가진 사람들이 단지 상상으로 만들어 낸 수증기

와 같은 것으로 취급한다.

(5) 그들은 주 그리스도와 그의 교회의 연합은 정부의 법과 규칙과 관련된 정치적인 것일 뿐이라고 주장한다. 그리고 그들은 그리스도의 영광에 흠집을 내고 교회의 믿음에 반대하기 위해 기독교가 시작된 이래로 그의 위격에 대해 어떤 불경건한 이단도 공개적으로 주장하지 않았던 수많은 거짓 내용들을 꾸며 주장한다. 그리고 나는 그리스도의 위격에 대해 교리적으로 좀 잘못 이해하는 사람들이 이 잘못을 공개적으로 칭찬하면서 하나님을 향한 우리의 실천적 순종에서 그리스도의 위격에 참여하는 모든 영광을 빼앗아 가버리도록 하는 사람들보다 좀 덜 죄책을 받게 되고, 좀 덜 혼란을 일으킬 것이라는 것을 결코 의심하지 않는다. 우리는 실제로 이런 일이 일어나는 것들을 보고 들어왔다.

6. 그들은 "그리스도를 설교한다"는 말 그 자체를 경멸하고 비난하는 말로 만들어 버린다. 그들은 그리스도를 설교한다는 것을 이해할 수 없으며, 결과적으로 모든 합리적인 설교와 도덕성과 정직성을 세상에서 내몰아 버린다.

7. 그들의 이런 모든 주장이 핵심적으로 추구하는 것은 불경건한 삶을 조장하고, 모든 복음적인 의무들을 무시하도록 하며, 모든 영적인 은혜들과 결과들을 경멸하도록 하는 것이다. 그런데 불행하게도 오늘날 도처에서 소위 그리스도인들이라는 사람들이 이런 유혹에 빠져 있다. 나는 그런 사람들이 자신들의 그리스도에 대한 실질적인 무관심을 실천적으로 표현하는 것이 그의 이름을 공개적으로 거부하는 것만큼이나 그리스도의 영광에 해가 될 것이라고 생각한다.

사단이 똑같은 수단으로 교회가 영원한 반석 위에 세워지지 못하게 하여 교회를 파괴시키려고 한다는 것은 이 문제에 관심이 있는 사람이라면 누구나 알 것이다. 그리고 (다른 사람들이 이 문제에 대해 무엇이라고 말하든지) 나는 주 예수를 신실하게 사랑하는 사람이, 특별히 사람들에게 목회사역을 통해 그를 선포하고 드러내도록 부르심을 받은 사람이, 교회의 유일한 기초를 무너뜨리려는 사단의 이런 시도에 대해 반대하고 막으려고 노력하지 않는다면, 그가 어찌 그리스도께 신실한 사람이라고 말할 수 있는지 알지 못한다. 그리고 이런 상태에 있으면서도 자신들을 신실한 그리스도인들로 선포하기는 쉽지 않을 것이다. 그리고 그에 대한 다양한 개념들과 그에 대한 반대들 속에서 살아 계신 하나님의 아들로서, 구원받는 자들의 교회가 세워지는 유일한 반석으로서 그에 대한 고백을 새롭게 하고 그를 증거하는 것보다 더 필요한 것은 없을 것이다.

　　이제 계속되는 글에서 우리는 그리스도가 교회의 유일한 기초로서 선포되는 베드로의 고백과 이것과 연결된 약속들에 대해 몇 가지 살펴볼 것이다. 그리고 어린아이와 젖먹이들에게 비록 미약하나마 자신의 영광을 드러내도록 능력을 주셔서 그들의 입으로 말미암아 권능을 세우신 하나님은 그들을 통해 믿는 자들의 마음속에 자신의 명예를 세우실 수 있다. 그리고 내가 이 책에서 의도한 것을 이루기 위해 나는 일반적으로 몇 가지 전제가 되는 내용들을 제시해야 한다.

　　1. 내가 기독교에서 사용되고 고려되는 그리스도의 위격에 대해, 혹은 교회가 세워지는 기초로서 그에 대해 제시하는 예들은 몇 가지 안

된다. 그리고 그것들은 아마도 나보다 더 탁월한 영적인 지혜와 이해를 가지고 있는 사람들이 제시할 수 있는 것들과 비교한다면 그리 탁월한 것도 아닐 것이다. 사실 그 누구도 하나님의 지혜의 다 이해할 수 없는 결과인 그리스도의 위격에 대해 완벽한 예들을 제시할 수 있는 사람은 없을 것이다. "그 이름이 무엇인지, 그 아들의 이름이 무엇인지 너는 아느냐?"라고 잠언의 기자는 말한다(잠 30:4). 이사야 9:6을 보라. 우리가 할 수 있는 것은 이 헤아릴 수 없는 바다의 한 모퉁이에 경외함으로 서서 진리의 성경이 풍성히 표현하고 있는 이 하나님의 보물에 대한 단편들을 모으는 것이다.

2. 나는 나 자신이 "경건의 위대한 신비, 곧 육체로 나타나신 하나님"에 대해 바닥까지 다 파헤치고 있는 것처럼 행세하지 않는다. 이것은 이 세상에서 아무리 계몽된 사람이라고 할지라도 전적으로 헤아려 알 수 없는 것이다. 우리가 다른 세상에 가면 이 신비에 대해 얼마나 더 알 수 있을지는 오직 하나님만이 아신다. 우리는 이 세상에서 아무리 애를 써도 전능하신 하나님에 대해 완벽하게 알 수 없다. 옛적의 선지자들도 그러했으며, 이를 살펴보기 원하는 천사들도 그러하다(벧전 1:10-12). 나는 단지 신자들의 신앙을 돕기 위해 성경이 명백하게 드러내는 한도 내에서 그리스도의 위격이 어떤 의미에서 교회의 유일한 기초인가를 제시하고자 할 뿐이다.

3. 나는 여기에서 그리스도의 신성을 부인하고 반대하는 자들을 직접적으로 다루지 않을 것이다. 나는 전에 그들이 얼마나 모순된 주장을

하는가를 그들의 질문에 대한 대답의 형식으로 다루었다.[2] 내가 여기에서 단지 지적하고 싶은 것은 신앙을 겉으로는 고백하는 척하면서 그리스도의 위격에 대한 교회의 신앙을 무너뜨리려고 하는 그들의 확신이다. 나는 그들이 개념적 차원에서만 그렇게 하는지, 실천적으로 그렇게 하는지, 무지해서 그렇게 하는지, 의도적으로 그렇게 하는지 잘 모른다. 그것은 오직 하나님만이 아실 것이다. 나는 주 예수 그리스도를 신실하게 사랑하는 사람들이 준 교훈과 가르침과 비교해 볼 때 그들의 확신이 어디에서 나왔는지에 대해 관심이 없다.

---

2) 역자주 - 이것은 소시누스주의자들의 신앙고백서에 대해 반박하면서 복음을 변증한 오웬의 책 "The Gospel Defended"를 의미하는 것이다. 이 책은 오웬의 전집 12권에 실려 있다.

제 3 장
하나님의 지혜와 선하심의 말로 다 표현할 수 없는 가장 뛰어난 결과인 그리스도의 위격 – 모든 참된 종교의 원인인 그리스도의 위격 – 어떤 의미에서 그런가?

그리스도의 위격은 하나님의 지혜와 은혜와 능력의 가장 영광스럽고 말로 다 표현할 수 없는 결과이다. 그것은 모든 받아들일 수 있는 참된 종교와 예배의 직접적인 기초가 된다. 신적 본질 그 자체는 모든 종교의 첫째가는 형식적 이유이며 기초이며 대상이다. 모든 종교는 하나님을 우리 하나님으로 받아들이는 것에 있는데, 이것이 바로 그의 계명 중 첫 번째 계명이다. 종교와 그 종교 내에서 행해지는 예배는 합리적인 피조물들이 신적인 본질과 그것의 무한한 탁월성들에 대해 마땅히 존경을 표하는 것 이외에 다른 어떤 것이 아니기 때문이다.[3] 그것

---

3) 역자주 - 청교도 신학에서 신의 존재(Being, existence)와 본질(essence, nature)은 같은 의미로 사용된다. 하나님은 존재와 본질이 떨어지지 않기 때문이다. 또한 그 본질의 탁월성들(excellencies)은 그의 속성들(properties)이라는 말과 같은 의미로 쓰일 수 있다.

은 하나님을 하나님으로서 영화롭게 하는 것이다. 그런 존경을 표현하는 방법은 그의 뜻의 계시(啓示)에 의해 규정된다. 그러나 신적인 본질은 그 자체로 종교적 예배의 직접적인 원인은 아니다. 이성적 피조물의 지성(mind)이 직접적으로 영향을 받는 것은 이런 본질과 이 본질의 탁월성들이 드러나는 것을 통해서이다. 이렇게 드러나게 될 때 이성적인 피조물들은 마땅히 돌려야 할 종교적인 영예와 예배를 하나님께 드리게 된다. 그리고 그들의 예배는 그것들과 이 드러남과의 관계를 필수적으로 전제한다. 이렇게 드러나게 될 때 이것을 느낄 수 있는 지적 본성을 가진 모든 피조물은 필수불가결하게 하나님께 모든 신적인 영예와 영광을 돌려야 한다.

이렇게 나타남이 가능하게 되는 유일한 방법은 외적인 행동들과 결과들을 통해서이다. 신적인 본질은 그 자체로 모든 살아 있는 피조물로부터 감추어져 있으며, 어느 피조물도 접근할 수 없는 빛 가운데 거하시기 때문이다. 그러므로 하나님은 먼저 모든 것을 무(無)에서 창조하심으로써 자신을 드러내셨다. 이성적이며 지적인 본성의 원리들과 하나님에 대한 자신의 종속을 증거하고 있는 양심을 가지고 있는 인간의 창조와 하나님의 지혜와 선하심과 능력의 영광을 선포하고 있는 다른 모든 것의 창조는 모든 자연 종교의 직접적인 근거였으며 지금도 계속해서 그러하다. 그리고 그것의 영광은 신적인 존재와 본질과 탁월성들과 속성들을 드러내는 수단들과 방법들과 상응한다. 그리고 이런 나타남이 경멸되고 무시되는 곳에서는 사도가 크게 다루었듯이 하나님 자신도 그렇게 취급되신다(롬 1:18-22).

그러나 신적인 탁월성들의 모든 결과들 중에서 새 창조의 기초로서, "경건의 신비"로서 그리스도의 위격의 구성은 가장 영광스럽고 말로 다 표현할 수 없는 것이었다. 나는 여기에서 절대적인 측면에서 그의 신적인 위격에 대해 말하고 있지 않다. 그의 구분된 위격성(personality)과 위격(subsistence)은 아버지의 위격 안에서 신적인 본질의 내적이며 영원한 행동에 의해, 곧 신적 본질에 속하는 영원한 낳아지심(eternal generation)에 의해 존재하셨으며, 이것으로 말미암아 외적으로 어떤 새로운 것이 생겨나거나 존재하지 않았기 때문이다. 이런 의미에서 볼 때 그는 과거에나 지금이나 하나님의 지혜와 능력의 결과가 아니라, 하나님 자신의 본질적 지혜요 능력이셨다. 그러나 우리는 지금 오직 성육신하신 대로, 그가 스스로 우리의 본성을 자신의 위격 안으로 취하신 대로 그에 대해 이야기하고 있다. 그가 동정녀의 자궁 속에 잉태되셨다는 것은, 그래서 참된 인간의 본성을 지니셨다는 것은 기적과 같은 하나님의 능력의 결과였다. 그리스도가 잉태되실 때 그의 인성이 스스로 독립된 위격으로 존재하지 않고 하나님의 아들과 위격적으로 연합하여 한 위격을 형성했다고 하는 것은 기적 중의 기적이며, 기적이라는 이름으로 다 설명될 수 없다. 그것은 모든 창조와 섭리의 질서를 뛰어넘는 신비였으며, 최상의 기적이라고 할 수 있는 것들의 범위를 전적으로 초월한다. 여기에서 하나님은 무한한 지혜와 은혜와 지극히 뛰어나신 방법으로 활동하는 신적인 본질의 모든 속성을 영화롭게 하신다. 이것의 신비의 깊이는 오직 그의 이해가 무한하신 분에게만 열려져 있으며, 어떤 피조된 이성도 이것을 다 이해할 수 없다. 다른 모든 것은 하나님으로부터 외적으로 나오는 능력의 방출에 의해 생산되고 결과가 나왔다. 그가 "빛이 있으라" 하시매 "빛이 있었다". 그러나 이렇게 우리의 본성을 하나님의 아들과의 한 위격 안에서의 본질적인 연합으로 취하는 것은, 이렇게 신성과 인성이라는 무한히 구분된 본성을 하나이며 똑같은 개별적 위격을 구성하여, 이것을 통해 영원이 시간이 되고, 무한이 유한이 되고, 불멸이 소멸되는 것이 되었지만, 계속해서 영원과 무한과 불멸을 유지하고 있다는 것은 하나님의 지혜와 선하심과 능력으로 말미암은 놀라운 결과일 뿐 아니라, 하나님은 이것을 통해 영원히 경배를 받고 영광을 받으셔야 한다. 여기에서 모든 첫 번째 창조에 변화가 생겼다. 이것을 통해 축복을 받은 천사들이 높임을 받게 되었고, 사단과 그의 활동들이 파괴되었으며, 인류는 비참한 배교의 상태에서 회복되었으며, 모든 것이 새롭게 되었고, 하늘에 있는 것들과 땅에 있는 모든 것이 화해되고 한 머리 아래로 모여지게 되었으며, 하나님께 영원히 영광을 돌리는 길이 열리게 되었으며, 자연의 질서를 따라 첫 번째 창조가 하나님께 드릴 수 있는 것보다 비교할 수 없는 것을 드릴 수 있게 되었다.

　이런 신비에 대해 성경에는 우리가 그 깊이를 알 수 없도록 때때로 베일로 가려진 채 표현되어 있다. 그러므로 그의 동정녀 탄생에 대해, 이것을 통한 그의 연합에 대해 "지극히 높으신 이의 능력이 너를 덮으리니"라고 기록하고 있을 뿐이다(눅 1:35). 그것은 지극히 높으신 이의 일이었다. 그러나 그것은 본질상 사람의 눈에는 숨겨져 있는 일이었다. 그리고 그 자체로 어떤 위격(subsistence)을 가지고 있지 않던,

마리아에게서 태어나신 거룩한 존재가 하나님의 아들이라고 불리고, 그와 한 위격이 되신다는 것은 우리가 탐구해서 알 수 있는 대상이 아니다. 성경은 때때로 그것을 신비의 위대함으로, 우리가 찬미해야 할 대상으로 표현한다. "크도다 경건의 비밀이여 그렇지 않다 하는 이 없도다 그는 육신으로 나타나신 바 되시고" (딤전 3:16).[4] 그것은 신비이며, 어떤 피조물도 다 이해할 수 없는 차원의 것들에 속한다. 때때로 성경은 두 본성의 차이를 지적하면서 한 위격의 영광을 표현하기도 한다. "말씀이 육신이 되어 우리 가운데 거하시매"(요 1:14). 그러나 여기에서 말씀은 누구를 의미하는가? 그는 태초부터 계신 분이시고, 하나님과 함께 계신 분이시며, 그 말씀은 하나님이시고, 지음 받은 모든 것이 그가 없이는 된 것이 없는 분이시고, 빛이시며 생명이신 분이시다. 이 말씀이 육신이 되신 것은 자신의 본질 혹은 존재의 어떤 변화를 통해서도, 신성을 인성으로 본질을 바꾸어서도, 원래 있었던 자신의 상태를 그쳐서도 아니다. 그것은 원래 자신이 아니었던 상태가 되심으로써, 곧 우리의 본성을 자신의 것으로 취하셔서 자신의 것으로 삼으시고 이것을 통해 우리 가운데 거하심으로써 이루어진 것이다. 이 영광스러운 말씀, 곧 하나님이시며, 창조와 섭리의 사역에서 자신의 영원성과 전능성을 드러내신 분이 인성의 가장 낮은 상태와 조건을 나타내는 "육신"이 되셨다. 이런 경건의 신비가 위대하다는 것은 논란의 여지가 없다. 그리고 그가 눈에 보이도록 육체로 나타난 상태에서 위로부

---

4) 역자주 - 원문은 "Without controversy, great is the mystery of godliness: God was made in the flesh."로 표현되어 있다.

터 주어진 눈을 가지고 있는 사람들은 그의 영광 곧 아버지의 독생자의 영광을 보았다. 이런 하나님의 지혜와 은혜의 영광에 대해 가장 작은 부분이라도 어떤 마음이 생각할 수 있으며, 어떤 혀가 표현할 수 있겠는가? 그러므로 이것은 또한 다음과 같이 제시된다. "이는 한 아이가 우리에게 났고 한 아들을 우리에게 주신 바 되었는데 그 어깨에는 정사를 메었고 그 이름은 기묘자라, 모사라, 전능하신 하나님이라, 영존하시는 아버지라, 평강의 왕이라 할 것임이니라"(사 9:6). 그는 먼저 기묘자라고 불리신다. 그리고 그런 칭호는 당연한 것이다(잠 30:4). 전능하신 하나님이 태어나신 아기시라는 것, 영원하신 아버지가 우리에서 주어진 아들이시라는 사실은 그에게 기묘자라는 이름이 붙는 것을 당연한 것으로 만든다.

우리 중 어떤 사람은 만약 하나님의 아들의 성육신과 중보 이외에는 교회의 구속과 구원을 위한 다른 방법이 없었다면, 그것을 계획하는 데 어떤 지혜도 있을 수 없다고 말한다. 그런 허황된 주장을 하는 사람은 사실 지혜 있는 것 같지만, 매를 맞아가며 길들여지는 야생 당나귀와 같다. 구속에 대한 계획이 결과로 나타났을 때 모든 피조된 지혜를 다 모아 찬미밖에 할 수 없는 것에 지혜가 없다니? 모든 허황된 생각을 버리도록 하자. 그렇게 하지 않으면 사람의 아들들에게 남아 있는 것은 그리스도의 신적인 위격을 거절하고 이것으로 말미암아 파멸에 이르는 것뿐이다. 차라리 그리스도의 성육신에 나타난 하나님의 무한한 지혜와 은혜의 신비를 겸손히 찬양하자. 그리고 하나님의 지혜의 가장 경배 받아야 할 결과로서 하나님의 아들의 성육신을 찬미하며 살지 않는 사람들이 실제로 그것을 믿는다고 판단하기 위해서는 정말로 큰 자비가 필요할 것이다.

그리스도의 성육신의 신비의 영광은 다른 곳에서도 증거되고 있다. "하나님이 아들로 우리에게 말씀하셨으니……저로 말미암아 모든 세계를 지으셨느니라 이는 하나님의 영광의 광채시요 그 본체의 형상이시라 그의 능력의 말씀으로 만물을 붙드시며 죄를 정결케 하셨도다"(히 1:1-3). 사도는 그가 우리의 죄를 자신의 죽음과 하나님께 드린 자신의 희생으로 정결케 하셨다는 것을 인정하고 있다. 그리고 그는 이것이 세상을 만드신 분이시요, 하나님의 영광의 본질적 광채시요, 아버지의 위격의 드러난 형상이신 분이시요, 자신의 능력의 말씀으로 모든 것을 붙들고 다스리고 유지하시는 분에 의해 행해졌다는 것과 그에 의해 하나님이 교회를 자신의 피로 사셨다는 것(행 20:28)을 인정한다. 그리고 이것으로 말미암아 그가 영원토록 찬미를 받으셔야 한다고 고백한다. 빌 2:6-9을 보라.

이사야 6장에는 보좌 위에 앉아 계시면서 성전을 자신의 영광으로 가득 채우고 계신 분에 대한 묘사가 나온다. 이렇게 묘사된 분은 신성의 충만함이 육체로 그 안에 계실 때 자신의 인성의 성전을 자신의 신성의 영광으로 가득 채우고 계신 하나님의 아들이시다. 그리고 여기에서 그를 시중드는 천사(스랍)는 여섯 날개를 가졌는데, 두 날개로는 그의 성육신의 영광스러운 신비를 바라볼 수 없기 때문에 얼굴을 가리고 있다(2, 3절, 요 12:39-41, 2:19, 골 2:9). 그러나 하늘 보좌에서 세상을 통치하고 다스리시는 그의 섭리를 시중드는 스랍(세라핌)이라는 이름을 가진 똑같이 섬기는 영들은 단지 네 날개를 가졌고 자신들의 얼굴을 가리지 아니하고 끊임없이 그것의 영광을 바라본다(겔 1:6, 10:2, 3).

이것은 기독교의 영광이요, 기독교의 모든 구조를 받쳐주는 기초요 기반이며, 기독교가 자라는 뿌리이다. 이것은 기독교의 생명이요 영혼이다. 여기에서 기독교는 다른 거짓 종교가 주장하는 것과 다르며 상상할 수 없을 만큼 우월하다. 종교는 순수하고 부패하지 않은 처음 상태를 유지하고 있었을 때 질서가 있고 아름다우며 영광스러웠다. 하나님의 형상대로 피조함을 입은 인간은 그를 하나님으로서 영화롭게 하기에 적합했고, 영화롭게 할 수 있었다. 그러나 하나님이 아무리 자신의 완벽함을 우리의 본성에 전달해 주셨다고 하더라도, 그가 우리의 본성을 자신과 위격적 연합으로 연합시키지 않으신 상태에서 종교의 전체는 재빨리 땅에 떨어져 버렸다. 이런 기초의 부족은 종교를 파멸로 이끌었다. 하나님은 이것을 통해 자신과 우리의 본성 사이의 어떤 은혜로운 관계도 우리의 본성이 자신과 위격적인 연합과 위격으로 취해지지 않는다면 안정되고 영원할 수 없다는 것을 드러내셨다. 그리스도의 위격은 교회와 하나님과의 관계의 유일한 반석이고 확실한 기초이며, 그것은 결코 전적으로 무너질 수 없다. 우리의 본성은 그와의 연합에서 영원히 안전하게 되며, 우리 자신도 (우리가 계속해서 살펴볼 것처럼) 그렇게 될 것이다. 골 1:17, 18은 "만물이 그 안에 서 있다"라고 말한다. 그러므로 하나님과 인간 사이의 관계에, 인간에 의한 만물과 하나님과의 관계에 아무리 아름다움과 영광이 있었다고 할지라도 - 자연

종교는 이런 관계의 보존에 놓여 있다 - 하나님이 육신으로 나타나셨다는 것 곧 하나님이 신성과 인성을 한 똑같은 개별적 위격으로 나타나셨다는 것과 비교해 볼 때 그것은 아무런 아름다움도 영광도 가지고 있지 못하다. 그리고 하나님이 그런 상태의 사람에게 "바다의 고기와 공중의 새와 육축과 온 땅과 땅에 기는 모든 것을 다스리게" 하셨을 때(창 1:26), 그것은 사도가 선포하듯이 그리스도 안에서 우리의 본성이 높여지는 것을 희미하게 드러내는 것에 불과했다(히 2:6).

세상에는 타락 이후에 율법이 주어지거나 주어지기 전에 참된 종교, 곧 하나님의 계시 위에 세워진 종교가 있었다. 그리고 그것의 외적인 영광은, 곧 성막과 성전에서 행해지는 의식에서 드러난 영광은 복음에 비해 더 탁월한 것처럼 보였다. 그러나 기독교와 우리의 복음적인 고백과 이 고백 위에 세워진 교회의 모습은 그런 종교의 모습이 가질 수 있는 것보다 훨씬 더 영광스럽고 아름답고 완벽하다. 그리고 이 것을 통해 우리는 하나님이 교회에 대한 자신의 지혜와 은혜와 사랑 안에서 과거의 상태를 제거하시고, 그 대신에 오늘의 상태를 주셨다는 것을 분명히 안다. 사도는 이것을 이런 목적을 위해 쓰여진 히브리서에서 여러 가지로 증명하고 있다. 이전의 종교에는 두 가지 내용이 있었다. 첫째는 약속인데, 그것은 종교의 생명이었다. 둘째는 율법 아래 주어진 제사제도인데, 그것은 종교의 외적인 영광과 아름다움이었다. 그리고 이 둘은 그리스도, 곧 육체로 나타나신 하나님에 대해 제안하고 나타내려는 것이 아니었다면 아무것도 아니었거나, 그 안에 아무것도 가지고 있지 않은 것이었다. 약속은 그에 대한 것이었으며, 예배

제도는 바로 그를 나타낸 것이었다. 그러므로 사도는 그것을 선포한다 (골 2:17). 그러므로 타락 이후에 세상에 있던 모든 종교는 때가 되었을 때 성취될 하나님의 이 일에 대한 약속 위에 세워졌다. 그러므로 기독교의 기초는 그 약속의 실질적인 성취이며, 이 성취는 이전에 있었던 모든 것보다 종교에 더 탁월성을 제공한다. 그러므로 사도는 다음과 같이 표현한다. "옛적에 선지자들로 여러 부분과 여러 모양으로 우리 조상들에게 말씀하신 하나님이 이 모든 날 마지막에 아들로 우리에게 말씀하셨으니 이 아들을 만유의 후사로 세우시고 또 저로 말미암아 모든 세계를 지으셨느니라 이는 하나님의 영광의 광채시요 그 본체의 형상이시라 그의 능력의 말씀으로 만물을 붙드시며 죄를 정결케 하는 일을 하시고 높은 곳에 계신 위엄의 우편에 앉으셨느니라"(히 1:1-3).

모든 거짓 종교는 자기들 안에 언제나 신비적인 것들이 있는 것처럼 가장한다. 그리고 사람들은 혹은 마귀들은 자신들이 만들어 낸 것 안에 무시무시한 것들이 더 많이 들어 있으면 있을수록 더욱 존경을 받고 명성을 얻을 수 있을 것이라고 생각한다. 그러나 사단이 계략으로 꾸미고, 사람들이 상상력을 동원해 만들어 낸 것들은 그리스도의 위격에 나타난 신비에 조금이라도 미치지 못한다. 그리고 사도가 딤전 3:16에서 이방인들 사이에서 크게 인기와 명성을 얻고 있던 엘레시니안(Eleusinian) 신비들이 헛된 것임을 의식하며 정죄하고 있다고 판단하는 것은 잘못된 추론이 아니다.

그리스도의 위격에 대한 고려를 제거해보라. 그러면 우리는 기독교로부터 모든 영광을 빼앗는 것이며, 기독교의 진리는 이슬람교가 거짓으로 주장하는 것이나 유대교가 즐기는 것으로 타락해 버릴 것이다.

이런 신비에 대한 믿음은 이 신비가 자리를 잡고 있는 마음을 귀하게 만들어 줄 것이며, 영적이고 거룩하게 만들어 줄 것이며, 하나님의 형상으로 바꾸어 줄 것이다. 바로 여기에 영혼의 다른 모든 능력들과 행동들보다도 우월한 믿음의 탁월성이 있다. 영혼은 믿음으로 자신의 본성이 절대적으로 이해할 수 없는 것들을 받아들이고, 동의하고, 붙잡는다. 그것은 "보이지 않는 것들의 증거($\dot{\varepsilon}\lambda\varepsilon\gamma\chi\sigma\varsigma$ $\dot{\sigma\dot{\upsilon}}$ $\beta\lambda\varepsilon\pi\sigma\mu\dot{\varepsilon}\nu\omega\nu$)"이다(히 11:1). 그것은 앞에서 증명한 것처럼 감각으로 붙잡을 수 없고, 이성으로 이해할 수 없는 것들을 분명히 자신의 것으로 받아들이는 것이다. 우리가 믿는 것들이 더 장엄하고 영광스러울수록, 감각과 이성으로 접근할 수 없으면 없을수록, 우리는 더욱더 그것들에 대한 믿음으로 말미암아 하나님의 형상으로 변해간다. 그러므로 우리는 믿음의 이렇게 놀랍고 영광스러운 결과가, 혹은 하나님의 형상으로의 마음의 변화가, 세상의 지혜의 눈으로 볼 때 최고의 자연적인 총명으로 자신들의 향상된 이성을 즐기고 있는 사람들에게서보다 합리적인 이해의 능력들이 부족하고 경멸을 받는 많은 사람에게서 더 실질적이고 분명하고 탁월하게 드러나는 것을 발견한다. "하나님은 세상의 가난한 자를 택하여 믿음에 부요하게 하시고 나라를 유업으로 받게 하시기" 때문이다(약 3:5). 그들이 아무리 가난하고, 다른 사도가 말하는 것처럼 아무리 "어리석고 약하고 천하고 멸시를 받는다고" 할지라도(고전 1:27, 28), 그들로 하여금 하나님의 신비들에 동의하고 붙잡을 수 있도록 하는 믿음은 그들을 하나님과 닮도록 하여 하나님이 보시기에 부요하게 만든다.

어떤 사람들은 우리가 믿어야 하는 모든 것은 절대적으로 우리의 이성과 이해에 맞아야 한다고 주장한다. 그리고 이런 주장은 오늘날 기독교의 기초를 흔들고 있다. 그들은 우리의 구원에 어떤 것에 대한 믿음이나 지식은 필수적이며, 이성으로 그것을 분명하게 이해할 수 없다면, 그것을 완벽하고 명확한 성경의 계시로 받아들일 수 없다고 말한다. 이런 그들의 주장은 하나님과 우리 자신에 대한 무지(無知)에서 자연스럽게 나온 교만의 결과일 뿐 아니라, 종교를 타락시키려고 만들어낸 공작품이며, 복음의 모든 주요 신비들에 대한, 특히 삼위일체와 하나님의 아들의 성육신의 신비들에 대한 교회의 믿음을 전복시키려는 수단이다. 그러나 참으로 하나님에게서 나온 믿음은 영혼으로 하여금 자신의 역할에 맞게 활동하도록 하며, 하나님을 닮아가도록 한다. 또한 그것은 하나님의 계시로 말미암아 자신에게 제시된 가장 불가해한 신비들을 묵상하고 찬미하도록 한다.

그러므로 철학적이며 이성적인 것들은 세상에서 마땅히 자신들이 받아야 할 환영을 받는다. 사람들은 그것들을 판단할 수 있는 기능을 부여받았으며, 자신들의 이성의 원리들에 따라 그것들을 적당히 평가한다. 그러나 영적이며 하늘에 속한 신비들에 대한 사람들의 사고(思考)는 그들이 처음에 제시될 때부터 대부분 뒷걸음질치며, 부지런히 그것들을 탐구하고자 하는 자극을 받지 않는다. 오히려 사람들은 일반적으로 그것들을 어리석은 것으로 간주하며, 그렇지 않다면 적어도 그것들에 관심을 기울이지 않는다. 그 이유는 사도가 다른 경우에 제시했던 것처럼 "모든 사람이 믿음을 가지고 있지 않기" 때문이다(살후 3:2). 그렇기 때문에 사람들은 그것들을 자기의 묵상의 적당한 대상으로 삼기보다는 어리석고 비합리적인 것으로 간주해 버린다. 그러나 믿음이 있는 곳에서는 상황이 다르다. 믿음은 그 신비들을 받아들이고, 그 신비들의 위대함은 믿음의 효력을 강화시켜 영혼에 복된 결과들을 가져오게 한다. 이 신비 중의 신비는 바로 그리스도의 위격의 구성이며, 이 안에서 하나님의 모든 거룩하고 완벽한 속성들의 영광이 나타나며 빛이 난다. 그러므로 사도는 "우리가 거울을 보는 것 같이 주의 영광을 보매 저와 같은 형상으로 화하여 영광으로 영광에 이른다"라고 말한다(고후 3:18). 우리가 보는 이 영광은 예수 그리스도 안에 있는 하나님의 얼굴의 영광이거나, 그리스도의 위격 안에서 그가 영광스럽게 나타나는 것이다. 이것에 대해 우리는 후에 다룰 것이다. 이 영광이 우리에게 나타나는, 곧 우리가 보고 묵상할 수 있도록 제시되는 거울은 복음 안에 있는 하나님의 계시이다. 우리는 여기에서 오직 믿음으로만 그것을 본다. 그리고 자신들의 눈이 견고하고, 믿음으로 그것을 풍성하게 묵상하는 사람은 이것을 통해 "저와 같은 형상으로 바뀌어 영광으로 영광에" 이르거나, 혹은 더욱더 하나님의 형상으로 갱신되고 변화되어 하나님의 모습을 나타내게 될 것이다.

마지막으로, 완벽하게 우리를 하나님과 닮도록 하고, 영원한 축복을 누리도록 하는 것은 보는 것이다. "우리가 그와 같을 줄 아는 것은 그의 계신 그대로를 볼 것임이라"고 요일 3:2은 말한다. 여기에서 믿음은 보는 것으로 후에 완성될 것을 시작한다. 그러나 "우리는 믿음으로 행하고 보는 것으로 하지 아니한다"(고후 5:7). 그리고 비록 믿음으로 사는 것과 보면서 사는 것이 정도에 있어, 혹은 어떤 사람이 생각하는 것처럼 종류에 있어 차이가 있음에도 불구하고, 그것들은 둘 다 똑같은 대상과 똑같은 활동을 가지고 있으며, 그것들 사이에 큰 연관이 있다. 보는 것의 대상은 하나님의 존재와 뜻의 모든 신비이며, 그것의 활동은 하나님과 완벽하게 일치하는 것, 곧 그와 같아지는 것이며, 바로 여기에 우리의 축복이 있다. 믿음은 그것의 정도와 범위에 있어서 똑같은 대상과 똑같은 활동을 가지고 있다. 하나님의 존재와 하나님의 지혜와 뜻의 크고 불가해한 신비들은 믿음의 적절한 대상이며, 우리와 관련된 믿음의 활동은 그와 일치하고 같아지는 것이다. 그리고 믿음은 특별히 예수 그리스도의 얼굴에 있는 하나님의 영광을 묵상함으로 이 일을 행한다. 그리고 이것을 통해 우리는 보면서 사는 것과 그 결과에 가장 가까이 나아간다. "그리스도의 얼굴에 있는 하나님의 영광을 보는 데서 우리는 저와 같은 형상으로 화하여 영광으로 영광에 이르기" 때문이다. 그리고 이것의 완벽한 완성은 영광 중에서 눈으로 보는 데서 이루어진다. 이 땅에서 믿음으로 사는 것은 다른 어떤 의무보다도 마음을 더 완벽하게 만들어 주며, 마음으로 하여금 거룩한 하늘의 생각과 열망을 가지도록 만들어 준다.

하나님께 가까이 나아가는 것과 그를 닮는 것은 똑같은 것이다. 언제나 하나님과 함께 있는 것과 우리의 본성의 능력에 맞게 완벽하게 그를 닮는 것은 영원히 축복을 받는 것이다. 믿음으로 그리스도 안에 있는 하나님의 영광을 묵상하며 사는 것은 이 두 가지 상태로 들어가는 문인데, 이것은 우리가 이 세상에서 할 수 있는 것이다. 사람들이 자연에서, 창조와 섭리의 사역에서, 좀 더 크고 작은 세계의 일들에서 하나님의 영광을 묵상하고 나열하려고 노력하는 것은 마땅히 칭찬을 받아야 할 일이다. 그리고 성경은 여러 곳에서 우리로 하여금 그렇게 할 것을 요구하고 있다. 그러나 만약 어떤 사람이 그리스도 안에 있는 하나님의 영광보다 더 귀하고 영광스런 묵상의 대상을 찾을 계획을 가지고 그 안에 머물러 있다면, 그는 그 계시를 통해 자신을 드러내신 하나님의 지혜를 경멸하는 것이며, 우리로 하여금 이것을 묵상하여 하나님과 같아지도록 하는 변화시키는 믿음의 효력이 부족한 것이다. 그것은 오직 믿음에 속한 것이며, 자연적인 어떤 지식이나, 본성의 가장 은밀한 것들에 대한 어떤 지식에도 속하지 않기 때문이다.

나는 단지 믿음의 이런 대상들에 대해 관심이 없는 사람들은, 그들의 생각이 그리스도의 위격의 구성과 같이 불가해한 것들에 대해 찬미하고 받아들이기를 기뻐하지 않는 사람들은, 모든 것을 자신들의 이해의 수준으로 끌어내리거나, 그렇지 않다면 의도적으로 자신들이 이해할 수 없는 것들은 무시해 버리는 사람들은 우리의 축복이 놓여 있는 것들을 영광 속에서 바라볼 준비가 되어 있지 않다고 생각한다.

더욱이 그리스도의 위격의 구성은 가장 찬미 받아야 하고, 말로 다 표현할 수 없는 하나님의 지혜와 은혜와 능력의 결과이다. 그러므로 그리스도의 위격만이 경건의 신비의 모든 구조의 무게를 견디어 낼 수 있는 유일한 것이며, 교회의 모든 성화와 구원은 바로 그리스도의 위격에 달려 있고, 믿음은 오직 그리스도의 위격에서만 안식과 평화를 찾을 수 있다. "이 닦아 둔 것 외에 능히 다른 터를 닦아 둘 자가 없으니 이 터는 곧 예수 그리스도라"(고전 3:11). 하나님과의 안식과 평화는 우리가 찾고 있는 것이다. "우리가 어찌 하여야 구원을 받을꼬?"라는 질문과 관련해서 우리는 그 대답을 복음서에서 처음 제시되고 있는 그리스도의 중보자로서의 활동에서, 특별히 그의 수난(oblation)과 중보(仲保, intercession)에서 찾을 수 있다. 이 수난과 중보를 통해 그는 자신에 의해 하나님께 나아오는 자들을 한 명도 빠짐없이 구원하실 수 있다. 구약에서도 죄에 대한 수난들과 죄인들에 대한 중보가 있었다. 그러나 이에 대해 사도는 이런 수난과 중보는 이것들을 통해 하나님께 나아오는 자들을 완전하게 할 수 없었으며, 양심이 죄에 대해 정죄하는 것을 제거할 수 없었다고 말한다(히 10:1-4). 그러므로 우리에게 안식과 평안을 줄 수 있는 것은 이런 수난과 중보 자체가 아니라, 그리스도의 위격과 그것들과의 관계이다. 다른 어떤 수난과 중보도 우리를 구원하지 못할 것이다. 그러므로 우리의 믿음의 안전을 위해 우리는 "하나님이 자기 피로 교회를 구속하셨다"는 것을 기억해야 한다(행 20:28). 하나님이신 그 분이 육체로 나타나심으로써 그렇게 하셨다. 자신을 영원한 성령을 통해 하나님께 드린 그의 피만이 오직 우리의 양심을 죽은 행실에서 깨끗하게 할 수 있다(히 9:14). 그리고 사도가 우리의 죄책에 대한 우리의 안식을 위해 우리로 하여금 중보와 화목을 생각하라고 요청할 때, 그는 특별이 그것들을 행하신 그리스도의 위격에 대해 우리에게 상기시키고 있다. "만일 누가 죄를 범하면 아버지 앞에서 우리에게 대언자가 있으니, 곧 의로우신 예수 그리스도시라 저는 우리 죄를 위한 화목제물이니"라고 요일 2:1, 2은 말한다. 그리고 우리는 이 과정을 다음과 같은 순서로 생각해 볼 수 있다.

1. 우리는 이 경우에 양심이 죄에 대해, 하나님으로부터의 배교에 대해 느끼도록 각성되어야 한다고 생각한다. 우리는 일반적으로 이런 일들에 대해 큰 관심이 없으며, 어떤 사람들은 이것들을 비난하고, 대부분의 사람들은 편리할 때 이 문제에 관심을 가지면 된다고 쉽게 생각한다. 그러나 하나님이 이것들에 대해 싫어하신다는 것을 영혼에 깨닫게 하실 때 너무 늦지 않았다면 사람들은 이것들에서 구원받기를 열망한다.

2. 구원의 방법은 복음에 제시되어 있다. 그리고 그것은 오직 그리스도의 죽음과 중보(仲保, mediation)이다. 이들을 통해 하나님과의 평화가 획득되어야 하며, 그렇지 않다면 그것은 영원히 사라질 것이다.

3. 그러나 어떤 사람이 배교한 죄인이 죄 사함과 거룩하게 된 자들과 더불어 유업을 받게 되었다는 것이 얼마나 위대한 일인지를 실제로 알게 되었을 때 불신앙의 능력을 통해 끊임없는 반대들이 일어나 그를 불안하게 할 것이다.

4. 그러므로 그에게 안식과 평화와 만족을 주기에 원칙적으로 적합한 것은 그리스도의 위격의 구성에 있는 하나님의 지혜와 선하심의 이 무한한 결과를 올바르게 고려하며 이것를 믿는 데 있다. 이것은 처음부터 마음으로 하여금 "믿을 수만 있다면 모든 것이 가능하다"는 결론에 이르게 할 것이다. 이것을 통해 의도되었던 어떤 목적이 성취되지 않을 수 있겠는가? 하나님에게 너무 힘드신 것이 있는가? 하나님이 지

금까지 이와 같은 일을 하신 적이 있으신가, 아니면 그런 수단을 어떤 다른 목적을 위해 사용하신 적이 있으신가? 이것에 대해 어떤 반대도 제기될 수 없다. 그에 대해 이렇게 생각할 때 믿음은 그리스도를, 참으로 그가 그러하시듯이, 모든 믿는 자에게 구원을 주시는 하나님의 능력이요, 하나님의 지혜로서 붙잡는 것이며, 그 안에서 평화의 안식을 발견하는 것이다.

제 4 장
하나님의 모든 작정의 기초인 그리스도의 위격

그리스도의 위격은 교회를 부르시고, 거룩하게 하시고, 구원하시는 것을 통해 자신의 영원한 영광을 나타내고자 하시는 하나님의 모든 작정의 기초이다. 내가 지적한 것은 다음과 같이 사도가 표현한 것이다. "그 뜻의 비밀을 우리에게 알리셨으니 곧 그 기쁘심을 따라 그리스도 안에서 때가 찬 경륜을 위하여 예정하신 것이니 하늘에 있는 것이나 땅에 있는 것이 다 그리스도 안에서 통일되게 하려 하심이라"(엡 1:11). "하나님의 뜻의 비밀, 곧 그 기쁘심을 따라 그가 예정하신 것"은 이 땅에서 교회를 거룩하게 하시고 구원하셔서 위에 있는 것들과 연합하여 자신의 영원한 영광을 나타내고자 하시는 그의 작정들이다. 이것의 절대적인 원천은 그의 선하신 뜻, 혹은 그의 지혜와 뜻의 주권적(主權的)인 행동에 있다. 그런데 이 모든 것은 그리스도 안에서 성취된다. 사도는 이것을 두 번 반복한다. 그는 "모든 것을 머리되신 그리스도 안에서, 바로 그 안에서", 오직 그 안에서 모으실 것이다.

그러므로 잠언 8:22, 23은 그의 미래의 성육신과 중보의 사역과 관련하여 그에 대해 주께서 그의 조화(造化)의 시작, 곧 태초에, 그의 일을 시작하시기 전에 그를 가지셨으며, 그는 만세 전부터, 처음부터, 땅이 생기기 전부터 세우심을 입었다고 말하고 있다. 이 표현은 내가 다른 곳에서 증명했듯이 하나님의 아들의 영원한 위격적 실존을 전제하고 있다. 이런 위격적 실존이 없이는 그에 대해 말한 어떤 것들도 인정이 될 수 없다. 그러나 이 표현은 그의 미래의 성육신과 이것을 통한 하나님의 작정들의 성취에 대한 고려가 들어 있다. 이것과 관련해서 하나님은 "그를 자신의 길의 시작에서 소유하셨으며, 그를 영원부터 세우셨다." 하나님은 그리스도를 영원히 그의 본질적 지혜로서 소유하셨다. 그리스도는 언제나 아버지의 품 안에서, 아버지와 아들이 서로 간의 말로 다 형언할 수 없는 사랑으로, 성령의 영원한 띠로 계셨으며 계시기 때문이다. 그러나 그는 "자신의 길의 시작에서", 곧 자신의 모든 외적인 조화의 사역에서 그를 사역적인 측면에서 자신의 지혜로서 소유하셨다. "하나님의 조화의 시작", 곧 그의 사역 이전에 이 일에 대한 그의 작정들이 있었다. 이것은 마치 우리가 미래의 일에 대해 계획을 세우고 일을 하는 것과 같다. 그리고 그는 그를 만세 전부터 자신의 뜻의 모든 작정의 기초로 세우시고, 그것들이 그 안에서, 그에 의해 실행되고 성취되도록 하셨다.

그러므로 "내가 그 곁에 있어서 창조자가 되어 날마다 그 기뻐하신 바가 되었으며 항상 그 앞에서 즐거워하였으며 사람이 거처할 땅에서 즐거워하며 인자를 기뻐하였었느니라"고 잠언 8:30, 31은 말하고 있다. 그리고 이것은 창세 전에, 혹은 땅의 가장 뛰어난 부분, 곧 사람이 피조되기 전에 있었다고 더해진다. 아버지의 즐거움이 그 안에 있었을 뿐 아니라, 그의 즐거움은 세상이 창조되기 전에 사람이 거처할 땅에, 사람들 중에 있었다. 그러므로 여기에는 사람의 자녀들을 위해 그가 하셔야 했던 일들에 대한 영원한 전망이 들어 있다. 그 안에서, 그와 더불어 하나님은 사람의 자녀들을 향한 자신의 사랑에 대한 모든 자신의 작정들의 기초를 놓으셨다. 그리고 여기에는 두 가지 내용이 관찰될 수 있다.

1. 여기에서 아들의 위격이 "세워지고" 높임을 받으셨다는 것이다. 이것은 절대적인 측면에서 아들 자신의 위격에 대해 말하는 것일 수 없다. 신성은 그렇게 세워질 수 없기 때문이다. 그러나 아버지께서 자신의 뜻에 대한 모든 작정을 아들에 의해 실행되도록 하셨을 때 아들의 위격에 속하는 특별한 영광과 영예가 있다. 그러므로 아들은 이것들이 실행될 수 있도록 다음과 같이 기도하셨다. "아버지여 내가 창세 전에 아버지와 함께 가졌던 영화로써 지금도 아버지와 함께 나를 영화롭게 하옵소서"(요 17:5). 주 그리스도가 이 기도에서 신성의 속성들이 인성에 실질적으로 전달되어 인성을 무한하며 전지하며 어떤 공간에도 제한을 받지 않는 것이 될 수 있도록 요청하셨다고 추측하는 것은, 그가 인성을 높이신 것이 아니라 파괴시키기를 위해 기도하셨다고 생각하는 것이다. 그런 추측에 따르면 인성은 필연적으로 그 자체가 가지고 있는 모든 본질적인 속성을 잃을 뿐 아니라, 결과적으로 자기의 존

재 자체를 잃어버리기 때문이다. 그는 또한 종의 형체에 가려 있는 자신의 신성을 드러내시기 위해 기도하신 것 같지 않다. 그는 자신의 신성을 드러내시기 위해 "창세 전에 자신이 아버지와 함께 가졌던 영광"을 나타내 달라고 기도하실 필요가 없으셨다. 그는 창세 전에 어떤 특별한 방법으로 그것을 가지신 것이 아니라, 영원부터 매순간 똑같이 그것을 가지고 계셨기 때문이다. 그는 창세 전에 아버지와 더불어 자기 자신의 특별한 영광을 가지고 계셨다. 그러므로 그가 요청하신 것은 교회의 구원을 위한 하나님의 작정들의 기초로서 그가 "만세 전에 세워지실 때" 가지셨던 그 특별한 영광 이외에 다른 어떤 것이 아니다. 아버지와 아들 사이에 그의 성육신과 중보와 관련되어 영원한 언약이 맺어졌을 때, 그가 아버지의 지혜와 은혜의 영원한 작정들을 실행하시고 성취하겠다고 하셨을 때 아들이 그와 함께 가지셨던 특별한 영광, 곧 "그가 창세 전에 아버지와 함께 가졌던 영광"이 있었다. 이것을 드러내 달라고, 그가 아버지의 작정들을 특별히 실행하시는데 그의 선하심과 은혜와 사랑의 영광이 나타나게 해달고 그는 지금 기도하고 계시는 것이다. 그리고 이것이 복음의 주요한 계획이다. 그것은 하나님 아버지의 은혜에 대한 선포일 뿐 아니라, 교회의 구원을 위한 하나님의 작정들을 창세 전에 성취하시기로 떠맡으신 아들의 사랑과 은혜와 선하심과 긍휼에 대한 선포이기도 하다. 그리고 이것에 의해 그는 땅의 기둥들을 붙들고 계시며, 이런 열등한 피조물을 지지하고 계시는데, 그렇지 않다면 땅에 거하는 것들과 더불어 그것은 죄로 말미암아 해체되었을 것이다. 그리고 그가 성육신하시기 이전에 하나님의 형상으로 영원한 신적인 선존재(先存在)를 가지고 계셨다는 것을 거부하는 사람들을 그에게서 그가 창세 전에 아버지와 함께 가지고 계셨던 영광을 명확히 빼앗는 것이다. 그러므로 우리는 여기에서 우리의 모든 계획을 가지게 된다. "그의 조화의 시작 곧 태초에 그의 일을 시작하시기 전에", 곧 그가 사람의 자녀들과 교회의 거룩과 교회들에 대한 영원한 작정들을 세우실 때 하나님은 아들을 자신의 영원한 지혜로서 소유하셨고 기뻐하셨다. 그 작정들은 그 안에서 그와 더불어 놓여졌으며, 그 안에서 그에 의해 실행이 되며, 그의 기쁨은 사람의 아들에게 있었다.

2. 이렇게 그가 세워지고 높여지는 데 아버지와 아들 사이에 말로 다 표현할 수 없는 기쁨이 있었다. 그는 "나는 날마다 그의 기쁨이었고, 언제나 그 앞에서 즐거워했다"고 말한다. 여기에서 의도하고 있는 기쁨은 절대적인 측면에서 존재하는 아버지와 아들의 상호적이고 영원한 기쁨, 곧 각각 위격에 있는 똑같이 완전한 신적인 속성들에 의해 일어나는 기쁨이 아니다. 이것은 하나님의 지혜이고 능력이신 분에 의해 사람들의 구원에 대한 하나님의 작정들이 세워졌을 때 나온 기쁨이다. 이런 평화의 작정은 본래 여호와와 가지, 곧 아버지와 성육신하실 아들 사이에 맺어졌다(슥 4:13). 이 작정에서 그는 창세 전에 그를 통해 하나님의 모든 작정이 성취되는 구원자요, 구세주로서 미리 정해지셨다(벧전 1:20). 그리고 아버지와 아들 사이에 맺어진 이 작정들에서 교회의 구원에 대한 기초가 놓여졌다. 그러므로 "영생은 세상이 시작되기 전에 약속이 되었다"고 딛 1:2은 말하고 있다. 비록 최초의 형식적인 약속은 타락 이후에 주어졌지만, 은혜와 영생에 대한 준비는 이 하

나님의 작정들 속에 들어 있었기 때문이다. 신실하신 하나님은 은혜와 영생을 우리에게 전달하고자 하시는 불변의 목적을 가지고 계셨다. "거짓말하실 수 없는 하나님은 세상이 시작되기 전에 우리의 구원을 약속하셨다." 아버지와 함께 영생이 있었다. 곧 영생은 그리스도 안에서 세워지고, 그리스도 안에서 후에 우리에게 나타난 그의 작정에 있었다 (요일 1:2). 그리고 하나님의 실질적인 약속이 오류가 없이 결과를 낸다는 것과, 이 약속이 실질적으로 성취된다는 것과, 그의 목적과 작정이 안전하다는 것을 보여주기 위해 "은혜가 그리스도 안에서 세상이 시작되기 전에 주어졌다"고 딤후 1:9은 기록하고 있다.

이런 작정들을 하나님은 기뻐하셨다. 혹은 하나님은 이런 계획들 안에 있는 자신의 영원한 지혜로서, 그의 미래의 성육신에서 그들의 성취의 수단으로서 그리스도의 위격을 기뻐하셨다. 그러므로 그는 그리스도에 대해 증거하신다. "내가 붙드는 나의 종, 내 마음에 기뻐하는 나의 택한 사람을 보라"(사 42:1). 그는 또한 그가 육체를 입으셨을 때 하늘에서 그에 대한 똑같은 기쁨을 선포하신다(마 3:17). 그는 교회의 구속과 구원에서 자신의 영광을 드러내시기 위한 하나님의 모든 작정이 놓여지고, 세워진 분으로서 하나님의 기쁨이셨다. "너는 야곱의 지파들을 일으키며 이스라엘 중에 보전된 자를 돌아오게 하고, 이방의 빛이 되고, 나의 구원을 베풀어 땅 끝까지 이르게" 함으로써 "내 영광을 나타낼 나의 종"이다(사 49:3, 6).

우리는 하나님의 작정들의 결과와 이것들의 성취에서 나오는 영광에 대해 고려하지 않을 때 이것들을 올바로 생각하고 있는 것이 아니다. 그것들 모두가 그의 영광과 관련이 되어 있고, 그의 영광은 영원까지 드러나게 된다는 것은 틀림없이 사실이다. 하나님의 영원한 영광은 그의 거룩한 작정들의 성취의 결과이다. 천국은 교회의 거룩과 구원과 관련된 하나님의 모든 작정이 실질적으로 성취된 상태이다. 그러나 사람과 하나님은 경우가 다르다. 사람의 작정들은 아무리 현명하다고 하더라도 완벽하게 만족스러울 수 없는데, 이는 사건과 결과에 대한 그들의 추론이 불확실하기 때문이다. 그러나 하나님의 모든 작정은 모든 피조된 이해를 훨씬 뛰어넘어 오류가 없고 변함이 없이 완벽하게 성취된다. 그러므로 하나님은 이런 작정들 안에서 크게 만족해 하시며 즐거워하시고 기뻐하신다.

하나님은 자기의 일들이 실질적으로 성취되는 것을 정말로 기뻐하신다. 그는 이 세상이나 그 안에 있는 어떤 것들도 그 자체를 위해 만들지 않으셨다. 더욱이 그는 이 땅을 사람들이 자기의 정욕을 채우는 극장이 되도록 만들지 않으셨다. 지금 이 세상은 고통으로 신음하고 있다. 그러나 그는 "자신을 위해 모든 것을" 만드셨다(잠 16:4). 그는 "그들을 자신의 기쁨을 위해 만드셨다"(계 4:11). 곧 그는 주권적인 행동에 의해서 뿐 아니라, 자신의 기쁨과 만족을 위해 그들을 만드셨다. 그리고 그는 창조의 사역들에 대해 다음과 같이 두 가지 증거를 제시하셨다. (1) 그는 모든 것을 둘러보시고 이에 대해 승인하셨다, "하나님이 그 지으신 모든 것을 보시니 보시기에 심히 좋았더라"고 창 1:31은 말한다. 그가 지으신 모든 것에는 그의 신적인 지혜와 능력과 선하심이 베어 있었으며, 그의 영광을 드러내고 있었다. 이에 대해 그는 크게 기뻐하셨다. 또한 그의 영광을 이해할 수 있는 모든 피조물도 즉시 이에 대해 크게 기뻐 찬미를 드렸다(욥 38:6, 7). (2) 그는 자기 일을 다 마치신 후 안식하셨다(창 2:20). 이 안식은 그가 일에 지쳐 쉬신 안식이 아니라, 자신이 하신 일에 대한 만족과 기쁨에서 나오는 안식이었다.

그러나 하나님의 처음 만족과 기쁨은 그의 영원한 작정들에 있었다. 하나님이 자신의 사역에서 가지시는 기쁨은 처음 그 일에 대해 작정하실 때 드러났던 신적인 속성들의 결과일 뿐이기 때문이다. 특히 교회의 구속과 구원에 관련된 아버지와 아들의 작정들은 더욱 그러하다. 그들은 이 작정들에 대해 기뻐하시고, 이 일에 대해 서로 즐거워하셨다. 그들은 모두 하나님의 무한한 지혜와 선하심과 사랑의 영원한 행동들이며, 그 속에 있는 즐거움과 만족은 하나님의 복되심의 적지 않은 부분이다. 우리는 이런 일들을 절대적으로 생각할 수 없으며, 말로 다 설명할 수도 없다. 그러나 우리가 하나님의 존재와 탁월성들에 대해 가지고 있는 개념들과 하나님이 자신에 대해 드러내신 계시를 통해 볼 때 하나님이 자신의 지혜와 선하심과 사랑으로 영원 속에서 하신 행동에는 무한하신 기쁨이 있었을 것이라는 것이 확실하다. 그리고 우리의 이성은 이런 일들을 이해하기에는 비록 연약하고 어둡지만, 우리는 분명히 하나님의 복되심에 적지 않게 참여할 수 있을 것이다. 하나님의 복되심에 대해 우리가 가지게 되는 주요한 개념은, 그는 존재에 있어서 무한히 자존하시고, 따라서 모든 일에 있어 자충족적이시고, 따라서 자기만족적이시라는 것이다.

1. 하나님은 그리스도 안에서 세워진 자신의 모든 영원한 작정들을

기뻐하신다. 그것들은 하나님의 무한한 지혜의 행동들이며, 그의 무한한 지혜 자체가 드러난 최상의 경우들이기 때문이다. 그러므로 이것들이 성취되는데 있어서 그리스도는 "하나님의 지혜"이시며(고전 1:24), 그 안에서 하나님의 지혜의 작정이 성취된다. 그리고 그 안에서 하나님의 다양한 지혜가 알려진다(엡 3:10). 무한한 지혜는 하나님의 본질의 속성으로 이것을 통해 하나님의 모든 행위는 그의 영광에 맞게 그의 모든 신적인 탁월성들을 드러내며 배치되고 통제된다. 심지어 그들의 지혜가 하나님의 지혜와 비교될 때 어리석음 그 자체인 사람들도 자신들의 지혜로써 세운 목표대로 행동할 때를 제외하고는 자신의 본성의 원리에 맞는 실제적인 기쁨을 누리지 못한다. 하나님은 무한히 완벽한 자신의 지혜를 따라 자신의 본성의 모든 영광스러운 탁월성들이 나타난 행동을 하시기로 영원 속에서 작정하셨을 때 얼마나 기뻐하셨겠는가! 그것은 예수 그리스도를 통한 교회의 구원에 대한 그의 작정들이었다. 그것들은 그 안에서 그와 더불어 놓여졌기 때문에, 그는 "세상이 존재하기 전에 계속해서 그의 즐거움"이셨다고 언급된다. 이런 사실은 우리의 찬미의 대상이 된다(롬 11:33-36).

2. 하나님의 모든 작정은 무한한 선하심의 행동들이다. 이것들에 대해 하나님의 본성은 무한히 기뻐하지 않으실 수 없다. 지혜가 하나님의 모든 행동의 방향을 지시하는 원리(directive principle)라면, 선은 하나님의 모든 행동에 전달되는 원리(communicative principle)이다. 그는 선하시며, 그는 선을 행하신다. 그는 선하시기 때문에 선을 행하시며 다른 어떤 이유도 없다. 그는 본질의 필요성 때문이 아니라, 자신

의 뜻에 따른 자유로운 행동으로 선을 행하신다. 그의 선하심은 절대적으로 무한하며 본질적으로 완벽하다. 그런데 만약 우리가 그것이 하나님 밖에 있는 어떤 것에 본질적이며 필연적으로 전달되어야 한다고 주장한다면, 그것은 인정이 될 수 없다. 하나님은 본성적으로 자신의 선하심에 대해 영원히 만족하신다. 그리고 그 선하심은 자신의 뜻의 자유로운 행동에 의해 선을 다른 존재에 전달하실 때 그 모든 선의 원천이 된다. 그러므로 모세가 그의 영광을 보기를 바랐을 때 하나님은 그에게 "내가 나의 모든 선한 형상을 네 앞으로 지나가게 하고 나는 은혜 줄 자에게 은혜를 줄 것이라"고 말씀하신다(출 33:19). 하나님 자신을 은혜롭게 전달하시는 하나님의 모든 행위는 그의 선하심에서 그의 뜻의 자유로운 행동에 의해 나온다. 그리고 하나님의 뜻이 가장 크게 드러나는 곳은 예수 그리스도를 통한 교회의 구원에 대한 하나님의 거룩한 작정들이다. 그의 선하심이 드러난 다른 모든 것은 그의 선하심에서 나온 것이지만, 여기에서 그는 친히 인간의 본성을 취하셔서 자기 자신을 주셨기 때문이다. 그러므로 인간이 타락한 이후에 그의 어리석음과 감사치 못하는 모습을 보시고 하나님이 "보라 이 사람이 우리 중 하나와 같이 되었다"고 표현하신 것(창 3:22)과는 달리, 우리는 모든 겸손함과 감사함으로 우리의 회복의 수단에 대해 "보라 하나님이 우리 중 하나와 같이 되셨다"고 바울이 말한 것처럼(빌 2:6-8) 표현해야 한다. 신실한 선은 본성상 심지어 가장 낮은 상태일지라도 다른 본성들의 모든 습관과 원리를 뛰어넘어 그것을 행하고 그 결과를 전달할 때 마음에 기쁨과 만족을 준다. 선한 사람은 선을 행하면서 기뻐하고, 선을 행하는 것에 대해 풍성한 보답을 받는다. 그리고 우리는 우리가 할 수 있는 가장 최상의 일에서 역사하고 있는 영원하고, 절대적이고, 무한하며, 완벽하고, 혼합되지 않은 선에 대해 무엇을 생각할 수 있겠는가? 하나님의 아들의 성육신과 이것을 통한 교회의 구원에 대한 하나님의 작정들에는 바로 그런 선이 들어 있다. 자신의 본질적인 선을 완벽하게 표현하신 이 작정들 속에서 거룩하고 복되신 하나님이 가지셨던 기쁨은 어떤 마음으로도 생각할 수 없고, 어떤 혀로도 표현할 수 없는 것이다. 관대한 사람은 자신이 그렇게 하고 싶기 때문에 관대한 일을 계획하는 것일까? 선한 사람은 자신의 본성에 맞지 않는 천하고, 약하고, 불완전하고, 혼합된 선을 행하는 데서 은밀한 즐거움과 만족을 가질 수 있을까? 선함이 자신의 본질에 속하는 속성이신, 곧 선이 자신의 존재에 속하고 그것이 자신을 다른 사람들에게 전달하는 직접적인 원리이신 분은 자신의 신적인 지혜가 인도한 최상의 일을 하시는 데 무한한 기쁨을 느끼지 않으실까?

미래의 영광을 위한 하나님의 이런 영원한 작정들의 결과는 믿는 자들을 위해 보류되었다. 그리고 여기에서 하나님 자신의 영광은 그들에게 가장 가깝게 나타날 것이다. 그는 그의 성도들 안에서 영광을 받으실 것이고, 믿는 모든 자들 안에서 영원히 찬미를 받으실 것이다. 그러나 하나님의 복된 기쁨과 만족은 이 작정들 안에 있었고, 지금도 있는데, 이는 그것들이 그의 무한한 지혜와 선하심의 행동들이기 때문이다. 자신 안에 이 모든 작정이 놓여지고, 자신을 통해 그것들 모두가 성취된다는 데에 창세 이전부터 계속되는 우리 주 예수 그리스도의 기쁨이 있다. 그의 위격의 구성은 하나님의 지혜와 선하심이 인간에게 전달되는 유일한 방법이었다. 그리고 바로 이런 행동에 신적인 존재, 곧 하나님의 영원한 기쁨과 만족이 있었다.

3. 사랑과 은혜는 지혜와 선하심과 마찬가지로 하나님의 작정들에 똑같은 영향을 미친다. 그리고 이런 일들에 대한 성경적 개념에서 그것들은 선하심에 그것들의 대상이 죄인들이며 무가치한 존재들이라는 것을 고려하도록 더한다. 하나님은 자신의 선하심을 자신의 모든 피조물에게 보편적으로 전하신다. 그러나 믿는 자들에게는 특별한 선하심을 전하신다. 그러나 그의 사랑과 은혜에 대해 그것들은 그의 택자들, 곧 창세 전에 그리스도 안에 선택된 교회에 특별히 적용이 될 뿐 아니라, 본래 죄로 말미암아 잃어버리고 파멸의 상태에 있는 그들을 전제한다. "우리가 아직 죄인 되었을 때에 그리스도께서 우리를 위하여 죽으심으로 하나님이 우리에게 대한 자기의 사랑을 확증하셨느니라"(롬 5:8). 사도는 "하나님은 사랑이시라"고 말한다. 그의 본성은 본질적으로 그러하다. 그리고 거룩한 사람들의 자연적이며 내적인 행동들과 관련된 최상의 개념은 사랑이며, 이 사랑의 모든 행위는 기쁨으로 가득 차게 된다. 이 사랑은 소위 하나님의 모든 영원한 작정들의 모태(母胎)이며, 그 작정들 안에 있는 그의 만족을 말로 다 형언할 수 없도록 만든다. 그러므로 그는 교회를 향한 자신의 사랑의 행위들과 관련된 자신의 기쁨과 만족을 다음과 같이 매우 놀랍게 표현하신다. "너희 하나님 여호와가 너의 가운데 계시니 그는 구원을 베푸실 전능자시라 그가 너로 인하여 기쁨을 이기지 못하여 하시며 너를 잠잠히 사랑하시며 너

로 인하여 즐거이 부르며 기뻐하시리라"(습 3:17). 교회의 구원에 대해 그가 즐거이 부르시며 기뻐하시는 이유는 - 하나님의 만족에 대한 최상의 표현 - 그가 자신의 사랑 안에 안식하시기 때문이다. 그리고 그는 그것들을 행하는 데 있어서도 마찬가지로 기뻐하신다.

그러나 우리는 "이 모든 하나님의 작정들이 특별히 어떻게 그리스도의 위격에 놓여 있는가?" 하는 문제로 돌아와야 한다. 이를 위해 다음과 같이 구분해서 생각을 해 볼 것이다.

1. 하나님은 처음에 모든 것을 선하게, 놀랍도록 선하게 만드셨다. 그가 만드신 모든 것은 완벽한 조화와 아름다움과 질서를 유지하고 있었으며, 하나님이 그들 안에 계획하셨던 그의 영광을 완벽하게 드러내고 있었다. 그리고 모든 것은 자신들의 존재에 맞는 각자의 실존과 활동을 지니고 있었으며, 자신들의 본성과 활동에 맞는 목적과 안식과 축복을 가지고 있었다. 또한 그들은 다양하게 서로의 필요를 공급하고, 후원하고, 협력하면서 자신들의 궁극적 존재의 목적인 하나님의 영원한 영광에 기여하고 있었다. 그것들은 그들의 존재에 있어서 무한한 능력의 결과이었던 것처럼, 그들 상호 간의 관계나 그들의 목적들은 무한한 지혜로 배열이 되었기 때문이다. 그들의 존재와 그들의 질서와 조화에는 각각 하나님의 영원한 능력과 지혜가 영광을 받고 있었다. 인간은 그로 하여금 모든 비인격적인 세상을 다스리도록 하여 하나님이 영광을 받으시고자 만드신 피조물이었다. 땅에 있는 것들은 인간이 사용하도록, 하늘에 있는 것들은 인간으로 하여금 묵상을 하도록 피조되었다. 이것이 원래 우리가 피조된 존재의 목적이었다. 우리는 그

리스도 안에서 이런 목적을 달성하도록 회복된다(약 1:18, 시 104:24, 86:5, 롬 1:20).

2. 하나님은 위에 있는 하늘과 땅에 있는 하늘에 죄가 들어오고 이 것을 통해 이 모든 질서와 조화가 동요되는 것을 허락하기를 기뻐하셨 다. 그러나 창조의 사역들에는 그들의 존재와 뗄 수 없는 하나님의 능 력과 지혜와 선하심이 여전히 머물러 있다. 원래 그들에 의해 하나님께 돌려졌던 영광은 - 특별히 이곳 아래에 있는 모든 것과 관련해서 - 그 들이 종속되어 있는 사람의 순종에서 나오는 것이었다. 그들의 상태는 사람들이 그들을 자연의 순리대로 사용하는 데 있었다. 이것은 사람이 하나님께 도덕적으로 순종하도록 되어 있는 것과 같다(창 1:26, 28, 시 8:6-8). 사람은 앞에서도 언급했듯이 그로 하여금 모든 비인격적인 세 상을 다스리도록 하여 하나님이 영광을 받으시고자 만든 피조물이다. 이것은 원래 그들을 만드신 목적이었다. 우리는 그리스도 안에서 바로 이런 목적을 달성하도록 회복된다(약 1:18). 그런데 죄의 유입은 이 모 든 질서를 혼동에 빠뜨렸으며, 이곳 아래에 있는 모든 것에게 저주를 가져왔다. 이것을 통해 그들은 심히 좋았던 그들의 상태를 박탈 당하 고, 헛된 상태에 던져지게 되었다. 그들은 이제 무거운 짐 아래서 신음 하고 있으며 끝까지 그럴 것이다(창 3:17, 18, 롬 8:20, 21). 이런 문 제에 대해 우리는 후에 다시 살펴볼 것이다.

3. 하나님의 지혜는 이런 재난에 결코 놀라지 않으셨다. 하나님은 영원부터 모든 것을 죄로 말미암아 잃어버렸던 것보다 더 낫고, 더 영 원한 상태로 회복하기 위한 계획들을 작정해 놓으셨다. 이것은 모든 것

을 다시 살리는 것(ἀνάψυξις)이요, 다시 세우는 것(ἀποκατάστασις πάντων)이며(행 3:19, 21), 하늘과 땅에 있는 모든 것을 새로운 머리이신 그리스도 예수께로 모으는 것(ἀνακεφαλαίωσις)이었다(엡 1:10). 우리는 이런 하나님의 작정들의 방법과 순서와 이것들의 구체적인 실행에 대해 자세히 조사하여 교훈을 얻기보다 호기심을 품을 수 있다. 그러나 하나님의 무한한 지혜와 전지와 불변성을 생각할 때 그가 그 어떤 것에 대해서도 놀라지 않으셨으며, 창조의 사역에 일어나는 어떤 일 때문에 새로운 작정들을 세우시지 않으셨다는 것은 필수적이다. 모든 것은 하나님에 의해 궁극적으로 틀림없이 그의 영광에 기여하도록 영원부터 길과 방법이 정해져 있다. 그런데 우리는 자신의 모든 도덕적 행동의 원인으로서 사람의 의지의 자유가 침해되지 않도록 하나님의 영원한 작정들과 그의 섭리의 실질적인 활동들에 대해 주의 깊게 서술해야 한다. 이와 마찬가지로 우리는 또한 하나님이 피조물의 어떤 행동에 의해 깜짝 놀라시거나, 강요를 받으시거나, 변화되셔야 한다는 식으로 피조물들의 의지에 그런 신성모독적인 자유를 부과하지 않도록 주의해야 한다. "그에게 창세 전부터 그의 모든 일이 알려져 있으며", 그에게는 "변함이나 회전하는 그림자도 없으시기" 때문이다.

4. 그러므로 모든 것을 교회의 거룩과 구원을 통해 자신의 영광을 위해 새롭게 질서를 부여하시고자 하시는 하나님의 영원한 작정들이 있다. 그리고 이것들에 대해 두 가지가 고려될 수 있다. (1) 그것들의 기원과, (2) 그것들의 성취에 대한 계획이다.

(1) 그것들의 최초의 원천 혹은 기원은 어떤 외적인 동인(動因)과 관

련이 없는 오직 하나님의 뜻과 지혜이다. 이 작정들에는 오직 하나님의 뜻 이외에 다른 어떤 이유도, 어떤 원인도 주어지거나 부여될 수 없다. 그러므로 그것들은 "모든 일을 마음의 원대로 자신의 기쁘심을 따라 역사하시는 자의 뜻을 따라 그리스도 안에서 작정된 것들"이라고 불려지거나 기술된다(엡 1:9, 11). "누가 주의 마음을 알았느뇨? 누가 그의 모사가 되었느뇨? 누가 주께 먼저 드려서 갚으심을 받겠느뇨? 이는 만물이 주에게서 나오고 주로 말미암고 주에게로 돌아감이라"(롬 11:34-36). 그리스도의 성육신과 이에 기초한 그의 중보는, 성경이 계속 선언하는 것처럼, 하나님의 이 영원한 작정들을 획득하는 원인이 아니라 그것들의 결과들이었다.

그러나 (2) 그것들의 성취의 계획은 오직 아들의 위격에 놓여 있었다. 그가 하나님의 본질적 지혜이셨기 때문에 모든 것은 최초로 그에 의해 창조되었다. 그러나 죄로 말미암아 모든 것이 파괴될 것이라는 것을 미리 보신 하나님은 그 안에서, 그에 의해서 – 그가 성육신하도록 작정하심으로써 – 모든 것을 회복하시기를 원하셨다. 그러므로 하나님의 모든 작정은 이런 목적을 성취하기 위해 오직 그 안에 중심을 두게 되었다. 그러므로 그것들의 기초가 그 안에 놓여졌다고 올바로 언급되고, 사도에 의해 그렇게 선포되고 있는 것이다(엡 1:4). 교회의 거룩과 구원의 원천은 하나님의 선택에 놓여 있으며, 이 선택은 이것들에 대한 그의 작정들로 구성되어 있다. 하나님은 처음부터 "성령의 거룩하게 하심을 통해 우리를 구원으로 택하셨다"(살후 2:13). 후자는 그가 계획하신 목적이며, 전자는 그가 이것을 이루시는 수단과 방법이다. 그러나 그는 이것을 그리스도 안에서 하셨다. "그는 우리를 창세 전에 그 안에서 우리로 그 앞에서 사랑으로 거룩하고 흠이 없게 하시려고", 곧 "성령의 거룩하게 하심을 통해 구원하시려고 택하셨다". 우리는 창세 전에 실질적으로, 혹은 믿음에 의해 그 안에 없었다. 그러나 우리는 우리의 거룩과 구원에 대한 하나님의 모든 작정을 실행하는 유일한 기초로서 그 안에서, 그 때 선택되었다.

그러므로 모든 것이 하나님의 본질적인 지혜이신 그에 의해 원래 만들어지고 창조되는 것처럼, 모든 것은 하나님의 섭리적 지혜이신 그의 성육신 안에서, 그의 성육신에 의해서 갱신되고 회복된다. 그러므로 이것들은 그의 영광을 위해 모여지고 비교된다. "그는 보이지 아니하시는 하나님의 형상이시요 모든 창조물보다 먼저 나신 자니 만물이 그에게 창조되되 하늘과 땅에서 보이는 것들과 보이지 않는 것들과 혹은 보좌들이나 주관들이나 정사들이나 권세들이나 만물이 다 그로 말미암고 그를 위하여 창조되었고 또한 그가 만물보다 먼저 계시고 만물이 그 안에 함께 섰느니라 그는 몸인 교회의 머리라 그가 근본이요 죽은 자들 가운데서 먼저 나신 자니 이는 친히 만물의 으뜸이 되려 하심이요"(골 1:15-18).

주 그리스도에 대한 계속되는 논의의 기초가 되는 두 가지 내용이 다음과 같이 15절에서 제시된다. (1) 그는 "보이지 아니하시는 형상"이시라는 것이다. (2) 그는 "모든 창조물보다 먼저 나신 자"이시라는 것이다. 이 둘은 외관상 서로 아주 먼 거리가 있는 것처럼 보이지만, 그리스도의 위격 안에서 영광스럽게 연합되었다.

(1) 그는 "보이지 아니하시는 하나님의 형상"이시다. 혹은 그는 다른 곳의 표현을 따르자면 "하나님의 모양(form)", 곧 신성에 다른 모양이 없다는 의미에서 하나님의 본질적인 모양이시며, "영광의 광채이시고, 아버지의 위격의 표현된 형상"이시다. 그리고 그는 여기에서 절대적으로 자신의 본질에 대해, 비록 그것이 사실이지만 – 신적 본질은 절대적으로 보이지 않으며, 아버지 혹은 아들 안에서 똑같은 것으로 간주되기 때문에 – "보이지 아니하시는 하나님"으로 불리는 것이 아니라, 그의 작정들과 그의 뜻과 그의 사랑과 그의 은혜와 관련해서 그렇게 불린다. 어느 누구도 어느 때든지 그를 본 사람이 없으나 아버지의 품에 계신 독생하신 아들이 그를 선언하시기 때문이다(요 1:18). 그는 보이지 아니하시는 하나님의 본질적이며 영원한 형상으로서 하나님의 지혜요 능력이시다. 그러므로 첫 번째 창조와 창조된 것들의 효율은 그에게 돌려진다. "만물이 그에게 창조되되 하늘과 땅에서 보이는 것들과 보이지 않는 것들이 다 그로 말미암았다"(골 1:16). 그리고 그 당시 세상에 있던, 특별히 사도가 이 편지에서 고려하고 있는 유대인들이 하늘 위에 있는 창조물의 보이지 않는 부분의 위대함과 영광에 대해 가지고 있던 개념들과 이해들 때문에 그는 그들을 어떤 사람이 그들에게 줄 수 있거나 주었던 것보다도 더 영광스러운 칭호들을 사용하여 언급한다. "보좌들이나 주관들이나 정사들이나 권세들이나 다 그로 말미암고 그를 위하여 창조되었다"(골 1:16). 이와 유사하게 절대적으로 하나님께만 사용되는 표현들을 사용하고 있는 예로는 롬 11:36, 계 4:11이 있다. 또한 요 1:1-3, 히 1:1-3에서도 이와 똑같은 목적으로

사용되고 있는 표현들이 있다. 그러므로 우리는 영적인 광신에 빠져 있지 않는 한, 그리스도의 신성을 거부하고 있는 사람들 안에 있는 불신앙의 힘과 사람들의 맹목과 사단의 계교에 대해 놀라지 않을 수 없다. 사도는 창조물들이 자신들을 만드신 분의 영원한 능력과 신성을 분명히 드러내고 있을 뿐 아니라, 자연의 빛으로 볼 때 모든 것은 하늘에 속한 것이든 땅에 속한 것이든 그리스도에 의해 만들어지고 창조되었다는 것을 직접적으로 명확히 빈번하게 증거하고 있기 때문이다. 그러므로 그의 신적인 존재와 능력을 믿지 않는 것은 하나님의 빛과 가르침에 위배되는 가장 큰 반역이다.

(2) 또한 그는 "모든 피조물보다 먼저 나신 자이다"라는 표현이 더해지는데, 이는 18절에서 선언이 되듯이 우선적으로 새로운 창조를 가리키는 것이다. "그는 몸인 교회의 머리라 그가 근본이요 죽은 자들 가운데서 먼저 나신 자니 이는 친히 만물의 으뜸이 되려 하심이다". 그 안에서 하나님의 모든 작정이 그의 성육신을 통해 모든 것을 자신과 회복시키시기 위해 놓여졌기 때문이다. 그리고 사도는 이어지는 구절에서 하나님의 이 모든 작정이 그를 통해 성취된다고 선언하고 있다. 그리고 이것들은 이곳에서 서로 연결되어 구성된다. 하나님 아버지는 자신의 영원한 지혜로서 그가 없이는 처음 창조에서 아무것도 하지 않으시는 것처럼(요 1:3, 히 1:2, 잠 8), 새 창조 혹은 모든 것을 자신의 영광을 위해 회복시키는 데서 성육신하실 그 안에서가 아니면 아무것도 하지 않으시기로 계획을 세우셨다. 그러므로 그의 위격에 교회를 거룩하게 하시고 구원하시기 위한 하나님의 모든 작정의 기초가 놓여졌

다. 여기에서 그는 처음 창조된 이래로 모든 것이 본래의 상태를 유지하고 있었더라면 그에게 주어졌을 모든 영광보다 더 뛰어난 방식으로 영광을 받으신다.

그러므로 그의 위격은 교회의 기초이며, 경건의 위대한 신비이고, 우리가 고백하는 종교의 기초이며, 모든 영적인 진리의 모든 생명이며 영혼이다. 이것은 교회의 구속과 소명과 거룩과 구원을 위한 하나님의 지혜와 은혜와 선하심의 모든 작정이 그 안에 놓여졌고, 그에 의해 모든 것이 성취되도록 되어 있었다는 점에서 그러하다.

제 5 장
하나님과 그의 뜻의 위대한 현현(顯現)이신 그리스도의 위격

하나님에 대해 알려질 수 있는 것은 그의 뜻의 거룩한 작정들과 그의 본질과 존재이다. 그것들이 우리에게 나타나는 것이 모든 종교의 기초이며, 그와 우리가 일치되는 수단이다. 바로 여기에 우리의 현재의 의무와 미래의 축복이 놓여 있다. 하나님을 아는 것이, 이것을 통해 그를 닮는 것이 사람의 으뜸가는 목적이기 때문이다. 이것은 오직 그리스도의 위격 안에서 완벽하게 이루어지며, 다른 모든 수단은 이것에 종속되며, 이와 똑같은 본성을 가진 다른 어떤 것도 없다. 말씀의 목적 자체가 우리에게 그리스도 안에서 하나님을 알 수 있도록 가르치는 것이다. 그러므로 내가 이제 증명하려고 하는 것은 그리스도에 대한 우리의 믿음의 모든 국면들이 분리될 수 없는 그의 위격과 중보 안에서 하나님의 본성의 영광스러운 속성들과 그의 뜻의 거룩한 작정들이 우리에게 복되게 나타났다는 것이다. 이것들 중 첫 번째 것에 대해 나는 이 장에서 논의할 것이다. 그리고 다른 것들은 계속되는 장에서 논의할 것이다. 나는 그곳에서 모든 신적(神的)인 진리들이 그리스도의 위격을 어떻게 중심으로 하고 있는지를 다룰 것이다. 그리고 이에 대해 설명하기 위해 다양한 고려가 필요할 것이다.

1. 하나님은 그의 본질에 있어서 절대적으로 불가해(不可解)하다. 그의 본질은 무한하며, 그의 모든 거룩한 속성들은 본질적으로 무한하기 때문에 어떤 피조물도 그것들을 혹은 그것들 중 어떤 것을 직접적으로나 완벽하게 알 수 없다. 무한한 것을 완벽하게 알려는 존재는 자신이 무한해야 한다. 그러므로 하나님은 오직 자신에게만 완벽하게 알려지신다. 우리가 그를 안다고 할 때 우리는 그에 대해 얼마나 적은 부분만을 알고 있는가! 그러므로 그는 "볼 수 없는 하나님"이시라고 불리시며, "접근할 수 없는 빛" 가운데 거하신다고 언급된다. 구분된 세 위격 안에 그의 가장 단일하고 단순한 본성은, 비록 계시 안에서는 믿음을 불러일으키고 이것을 귀하게 만들지만, 그것을 묵상하고 신뢰해야 할 이성을 훨씬 뛰어넘는다. 그러므로 진리의 길에서 벗어나서 다른 안내를 찾는 사람들은 점점 더 방황하게 된다. "본래 하나님을 본 사람이 없으되 아버지 품속에 있는 독생하신 하나님이 나타내셨느니라" (요 1:18, 딤전 6:16).

2. 그러므로 우리는 신적인 본질이나 속성들에 대해 어떤 직접적이고 직관적인 개념이나 이해를 가질 수 없다. 그런 지식은 우리에게 너무 놀랍다. 영광의 빛 안에서 하나님의 본질을 지적(知的)으로 보는 것을 무엇이라고 주장하든지 간에 어느 누구도 그것에 대해 직접적이며

완전한 이해를 가질 수 있다고 주장할 수 없다. 그러나 우리의 현재 상태에서 하나님은 모세에게 자신의 모든 영광을 외적으로 드러내셨을 때 그러하셨던 것처럼 우리에게 "짙은 어두움 속에" 계신다(출 20:21). 사람들의 마음에 모든 합리적인 개념들은 그들이 직접 절대적으로 광대하며 영원하며 무한한 것에 접하게 될 때 완전히 삼켜 사라져 버리고 만다. 우리가 그것을 그렇다고 말할 때 우리는 우리가 무엇을 말하는지 알지 못하고, 단지 그것이 다른 것이 아니라는 것을 알 뿐이다. 우리는 우리가 하나님에 대해 무엇을 부정해야 하는지 어느 정도 알지만, 우리가 무엇을 긍정해야 하는지 알지 못한다. 우리는 단지 우리가 믿고 찬미하는 것을 선언할 뿐이다. "우리는 그에 대한 감각도, 환상도, 의견도, 생각도, 지식도 가지지 못한다"라고 디오니시우스(Dionysius)는 『하나님의 이름에 대해(De Divin. Nomine)』 1장에서 말한다. 우리는 육체적인 것이든 혹은 지적인 도구나 능력이든 그를 이해할 어떤 수단도 가지고 있지 못하다. 그리고 어떤 다른 피조물도 이런 수단을 가지고 있지 못하다. "신적인 존재 곧 하나님의 본질은 선지자들도, 천사들도, 천사장들도 보지 못했기 때문이다. 만약 당신이 그들에게 묻는다면, 당신은 하나님의 본질에 대해 아무것도 듣지 못할 것이며, 단지 그들이 '지극히 높은 곳에서는 하나님께 영광이요'라고 말하는 것만 듣게 될 것이다. 만약 당신이 체루빔과 세라핌에게 묻는다면, 당신은 단지 '온 땅에는 그의 영광이 충만하도다'라는 거룩의 찬미만을 듣게 될 것이다"라고 요 1:18에 대해 크리소스톰은 말한다. 하나님이 본질적으로 우리에게 절대적으로 불가해하다는 것은 그와 우리의 무한한 거리의 필연적인 결과이다. 그러나 그가 외적으로 자기 자신을 우리에게 나타내실 때 그의 속성들의 결과들에 의해 우리 안에 생성되는 개념들을 통해 그에 대한 우리의 개념들이 생겨난다(시 19:1, 롬 1:20). 이것은 모세의 "내가 당신께 간구하오니 내게 당신의 영광을 보이소서"라는 요구에 주어진 대답에서도 선포된다(출 33:18). 모세는 자신에게 말하는 목소리를 들었으나 말하시는 분이 "짙은 어두움 속에" 계셔서 그를 보지 못했다. 하나님은 자신의 위엄이 있는 임재에 대한 영광스러운 증거들을 주셨지만, 자신의 본질이나 위격에 대해 어떤 모습도 나타내 보이지 않으셨다. 모세는 자신의 영혼의 완전한 만족을 위해 이것을 원했다. 어떤 사람이든 하나님께 가까이 가면 갈수록 그를 완전히 보고자 하는 더 간절한 열망을 가지게 된다. 그는 자신이 보았던 하나님의 임재와 능력의 증거들 속에 나타난 피조된 영광이 아니라, 그의 본질과 존재에 대한 피조되지 않은 영광을 보고자 했다. 그는 하나님에 대한 사랑으로 땅에 있지만 하늘에 있기를 열망했다. 아니, 그가 만약 자신의 육적인 눈으로 하나님의 본질을 보기를 원했다면, 그것은 그가 하늘 그 자체가 제공할 수 있는 것보다 더한 것을 열망했다는 것을 의미한다. 이런 요구에 대한 대답으로 하나님은 그에게 그가 자신의 얼굴을 보고 살 수 없다고 말씀하셨다. 그리고 어느 누구도 신적인 존재를 육체적인 눈으로 보거나, 직접적인 정신적 직관을 가질 수 없다. 그러나 나는 다음과 같은 것을 할 것이라고 하나님은 말씀하신다. "내가 나의 모든 선한 형상을 네 앞에 지나게 하고 네가 내 등을 볼 것이라"(출 33:18-23). 하나님은 마치 우리가 자신의 뒷모습만을 보이며 지나가는 사람에 대해 알 수 있는 것과 같이 그렇게 외적으로 자신을 드러내신다. 그는 자신의 이름을 선포하시고, 자신의 영광을 피조물을 통해 드러내신다. 이것이 하나님이 인정하시는 모든 것이다. 그러나 하나님의 존재와 위격의 삼위일체 안에서 그의 본질에 대해 우리는 어떤 직접적인 직관도 가질 수 없으며, 더욱이 그들을 완전히 이해할 수 없다.

3. 그러므로 하나님과 그의 본성의 영광스러운 속성들에 대한 우리의 관념들은 신적인 계시의 행위 아래 다른 사물들에 나타난 그의 영광과 그것들에 배어 있는 신적인 속성들에 대한 묵상을 통해 생성이 되고 규정이 된다. 그러므로 그의 보이지 않는 것들, 곧 그의 영원한 능력과 신성이 피조된 것들에 분명히 보이고 나타나서 알게 된다(롬 1:20). 그러나 어떤 피조물도, 위에 있는 천사들이나 하늘의 하늘이라도 하나님의 존재와 속성들을 완전히 만족할 만큼 우리에게 드러낼 수 있도록 자신들에게 신적인 탁월성이 드러나는 것을 받을 수 없다는 것은 인정이 되어야 한다. 그들은 모두 유한하며 제한적이므로 무한하고 광대한 것을 적합하게 드러낼 수 없다. 그리고 이것이 그들에 대한 모든 예배나 종교적인 경배가 우상숭배인 참 이유이다. 그러나 그들에게는 우리가 탐구해서 완전히 이해할 수 없을 정도의 하나님의 영광이 나타나 있으며, 그의 탁월성이 배어 있다. 우리는 천사들의 본질과 영광과 능력에 대해 얼마나 조금 알고 있는가! 우리는 하나님의 피조되지 않은 영광에 대한 직접적인 이해와 너무 멀리 떨어져 있으며, 심지어 유한하고 제한된 피조물에 배어 있는 것조차 완전히 이해하고 올바르게 생각할 수 없다. 그러므로 사람들은 옛적에 그들이 천사를 보았을 때 신적

인 완벽함이 자신들에게 너무 많이 나타나서 이것으로 말미암아 자신들이 죽을 것이라고 생각했다(사 13:21, 22). 그러나 천사들은 하나님을 완벽하게 나타내기에는 무한히 부족하다. 그리고 다른 어떤 피조물이라도 이것과 다를 수는 없다.

4. 인간은 언제나 창조나 섭리의 작품들에 나타난 것보다 더 가까이, 더 충만히 자신들에게 하나님이 나타내실 필요가 있다는데 대해 공통된 인식을 가져온 것 같다. 사실 하늘이 그의 영광을 선포하며, 궁창이 그의 솜씨를 드러내고 있다. 그의 영원한 능력과 신성의 보이지 않는 것들이 계속해서 피조된 것들에 의해 알려지고 있다. 그러나 사람들은 일반적으로 사도가 선포하고 있는 것처럼 그들을 잘못 사용하고, 그들을 묵상하는 데서 빗나갔다(롬 1). 그들은 여전히 보다 더 가깝고, 더 분명한 하나님의 나타나심이 있어야 한다는 일반적인 가정에 영향을 받고 있기 때문이다. 창조와 섭리의 작품을 통해 드러난 하나님의 모습은 그들을 그에게로 인도하기에 충분하지 못하다. 그러나 이것을 추구하는 과정에서 그들은 전적으로 자신들을 망가뜨린다. 그들은 하나님이 하지 않으신 것을 하기를 원한다. 사람들의 일반적인 동의에 따라 그들은 자신들 멋대로 하나님의 모습을 만들어 낸다. 그리고 그들은 그것에 정신없이 취하여 창조의 작품 속에 나타난 하나님을 통해 자신들이 받을 수 있는 유익을 전적으로 잃어버리고, 가장 어리석은 상상으로 빠져들어가고 만다. 그들은 이것들이 새겨져 있는 피조물들에서 하나님의 존재와 그의 무한한 지혜와 능력과 선하심을 배울 수 있지만, "보이지 아니하시는 하나님의 영광을 썩어질 사람과 금수와 버러지 형

상의 우상으로 바꾸어 버리기" 때문이다(롬 1:23). 그러므로 비록 하나님이 조금이라도 자신을 드러내지 않으시면 우리가 하나님에 대한 올바른 감각을 가질 수 있는 어떤 방법도 없다는 일반적인 가정은 사실이지만, 그 계시는 오히려 사단의 간교함과 사람들의 마음의 어리석은 미신적인 행위에 의해 세상에서 모든 우상숭배와 극악무도한 사악함의 기회가 되고 말았다. 그러므로 사단이 이방인들을 현혹하기 위해 사용한 신에 대한 이 모든 형상이나 모양은, 그리고 이방인들이 고안해낸 모든 방법은 하나님을 인간의 차원이나 인간과 비슷한 수준으로 끌어내리는 것 이외에 다른 것이 아니다. 그러므로 하나님이 자기 자신과 자신의 생각과 뜻을 나타내신 모든 계시에서, 그는 자신을 나타내는 형상이나 모양을 만들지 말라고 아주 엄격히 금지하신 것이다. 그리고 그는 이것을 분명히 다음과 같은 두 가지 이유 때문에 그렇게 하셨다.

(1) 그것은 하나님이 일하시는 지혜에 대해 대담하고도 어리석은 도전이 된다. 그는 자신을 영광의 형상과 모양으로 나타내시기를 계획하고 계셨다. 그 계획은 어떤 피조된 지혜가 생각해 낼 수 있는 것보다 무한히 뛰어난 것이었다. 그러나 모세가 산에 올라갔을 때 그들은 그가 돌아오는 것을 기다릴 수 없었다. 그래서 그들은 하나님 대신에 송아지를 만들었다. 인간은 하나님이 자신의 영광스러운 형상을 실제로 드러내시기 위해 준비하신 것을 기다리기를 거부하고, 곧 그의 지혜와 주권을 침해하고, 자기 자신들이 생각해 낸 것을 만들었다. 이런 이유 때문에 하나님은 매우 진노하셔서 그들을 어리석고 어두운 상태로 내버려 두셨다. 그들은 자신들이 생각한 것을 통해 자신들의 지혜로움을

보여주고, 하나님을 자신들과 더 가까이 있도록 만들려고 했다. 그러나 그들은 너무나 어리석은 짓을 한 것이었다. 그들은 자신들의 본성을 부패시키고 자신들의 귀한 모든 영혼의 기능들을 지옥으로 던져버렸으며, 자신들이 가까이 데려오기를 원했던 하나님으로부터 가장 멀어지고 말았다.

(2) 사람들이 상상해서 만들어 낸 모든 것이 하나님을 잘못 나타내는 것일 뿐 아니라, 결국 그 대신에 우상으로 대체해 버리는 것이다. 하나님이 직접 만드신 작품들에는, 비록 계시의 빛이 없이는 우리에게 애매하며 분명히 읽혀지지는 않지만, 하나님의 탁월성들이 놀랍게 배어 있다. 옛적에 그는 눈으로 볼 수 있는 예배 제도를 통해서, 비록 자신의 존재는 아니지만, 자신의 임재를 나타내셨다. 그러나 하나님이 만드신 자연이나 예배 제도가 아닌, 사람들이 이런 목적을 위해 만든 모든 것은 하나님을 거짓으로 나타내는 것이며, 따라서 그에 의해 저주를 받는다.

우리는 하나님이 자신의 창조와 섭리의 작품들 속에 자신의 탁월성들을 새겨놓으셨다는 것을 인정한다. 그러나 이것들 중 어떤 것들도 사람의 영혼이 완전히 획득할 수 있거나, 혹은 그로 하여금 그를 올바른 방법으로 예배하고 경배할 수 있도록 그에 대한 개념들을 획득할 수 있도록 그에 대해 나타내지 못한다. 나는 그것들은 그것들이 보여주고, 그것들이 가르쳐 주는 모든 것을 가지고도 하나님을 우리의 영혼의 애정과 믿음과 신뢰와 사랑과 두려움과 순종의 완벽한 대상으로 삼아서 그에게 영광을 돌리고, 우리로 하여금 영원히 그로 말미암아 열매를 맺을 수 있도록 해 줄 수 없다고 말한다. 이것에 대해 나는 전에도 말했다.

5. 그러므로 신적인 본성과 속성들에 대해 실질적으로 그것들을 나타내지 않고, 그것들을 단지 외적으로, 교리적으로 드러내는 것으로는 자신을 나타내시려는 하나님의 목적을 달성하기에 충분하지 않았다. 그런데 이것에 대한 해결의 열쇠를 제공하는 것이 바로 성경이다. 그러나 모든 성경은 신의 본성이 우리에게 실질적으로 나타나셨다는 이 한 가지 기초, 혹은 전제 위에 세워져 있다. 성경은 바로 그것을 선포하고 기술하고 있다. 그리고 모든 사람의 마음속에는 하나님께 더 가까이 나아가려면 그에 대한 어떤 나타내심이 있어야 한다는 생각들이 있다. 이것은 그 어느 것으로도 메울 수 없는 신의 본성과 자신들의 본성 사이에 존재하는 무한한 차이로 말미암아 생긴 것이다. 그런데 하나님은 친히 자신이 계획하신 방식으로 자신을 드러내실 것을 선언하셨다.

6. 이 모든 것은 그리스도의 위격 안에서 행해졌다. 그는 신적인 존재와 탁월성들의 완전한 형상이시며 완전한 나타내심이시다. 나는 이것을 절대적인 면에서가 아니라, 하나님이 자신을 우리의 믿음과 신뢰와 순종의 대상으로 제시하셨다는 면에서 말한다. 그러므로 주님이 "나를 본 자는 아버지를 보았느니라"고 말씀하신 것처럼(요 14:9), 그 안에서, 그에 의해서 특별히 나타내지신 분은 바로 아버지로서 하나님이시다.

그런 나타내심에는 두 가지가 필요하다. (1) 신적인 본성의 모든 속성이 그 안에 표현되고 우리에게 나타나야 한다. 그것에 대한 지식은 우리의 현재의 순종과 미래의 축복을 위해 필수적이다. (2) 그 안에는 우리가 받을 수 있도록 우리를 향한 신적인 본성의 가장 가까운 접근이 있어야 한다. 그리고 이 둘은 그리스도의 위격 안에서, 오직 그 안에서만 발견된다.

그리스도의 위격과 관련해서 우리는 그의 본질의 연합 안에 있는 위격의 구성과, 그의 위격과 위격의 구성의 목적인 그의 중보사역과의 관계에 대해 생각한다.

(1) 이렇게 생각할 때 그리스도의 위격에는 우리를 향하신 하나님의 본성의 모든 거룩한 속성들, 곧 그의 지혜와 능력과 선하심과 은혜와 사랑과 의와 진리와 거룩과 자비와 인내가 복되게 나타나 있다. 우리는 오직 그리스도의 얼굴에 보이고 알려진 이 모든 속성에 대해, 그리고 이 속성들을 통해 드러난 하나님의 영광에 대해 전체적으로 논의할 수 있는 반면에, 성경의 개별적인 증거들에 기초해서 특별히 하나씩 구분해서 다룰 수도 있다. 그러나 나는 여기에서 전체의 주장에 대해 다룰 것이다.

(2) 여기에는 신의 본성이 우리에게 다가온 가장 불가해한 접근이 있다. 이것을 이해하는 것은 지금까지 선포된 것처럼 사람들의 모든 상상력을 동원한다고 해도 무한히 부족하다. 우리의 본성을 자기 자신과 인격적인 연합으로 취하심으로, 그리고 이것을 통해 신자들이 이것을 믿음으로 자신과 연합되게 하심으로 신적 존재의 우리를 향한 가장 가까운 접근이 이루어진 것이다. 우리는 아버지가 아들 안에 계시고, 아들이 아버지 안에 계신 것처럼 아버지와 아들 안에서 하나가 된다(요

17:21, 22). 이 두 목적을 성취할 수 있도록 사람이 만들어 낸 모습은 그 어느 것 하나 만족시키지 못하고 전적으로 실패하고 만다. 그것은 하나님의 본성의 영광스러운 속성들 중에서 어느 하나를 나타내지도 못하고, 오히려 그것을 망가뜨리고 모독하고 사람들의 마음에 잘못된 관념으로 가득 채우게 되기 때문이다. 그리고 그것은 하나님을 그들에게 더 가까이 오도록 하는 대신에, 그들을 그와 도덕적으로 무한한 거리를 유지하도록 만든다. 그러므로 나의 계획은 성경에서 우리가 주장하는 것들을 확증하는 것이다.

"그는 보이지 아니하시는 하나님의 형상이시다"(골 1:15). 이런 칭호 혹은 "보이지 아니하시는" 속성을 사도는 여기에서 우리에게 하나님의 형상 혹은 나타내심이 얼마나 필요한지를 보여주기 위해 하나님께 부여한다. 이런 나타내심이 없다면 하나님의 뜻의 작정들은 우리에게 드러나지 않는다. 우리는 하나님의 본질을 절대적으로 볼 수 없을 뿐 아니라, 그는 본질적으로 우리에게 알려지지 않기 때문이다. 그러므로 전에 관찰한 것처럼 사람은 이 보이지 아니하시는 하나님을 보이는 것을 통해 나타내려는 경향이 있다. 이는 그들이 어리석게 상상한 것처럼 그들을 통해 그를 묵상하고 그를 자신들과 함께 있도록 하고자 함이다. 사단은 이런 인간의 성향을 간교하게 이용하여 세상에 우상숭배가 생겨나게 하고 우상숭배를 퍼트린다. 그럼에도 불구하고 이 보이지 아니하시는 하나님은 그에 대한 어떤 형상으로든 우리에게 나타나야 한다. 그래야 우리는 그를 알 수 있고, 그는 자신의 생각과 뜻에 따라 예배를 받으실 수 있기 때문이다. 그러나 이것은 하나님 자신의 계획에 따른 것이어야 하며, 자신의 무한한 지혜의 결과이어야 한다. 그러므로 전에 그 이유를 언급한 것처럼, 그는 자신에 대해 사람들이 만들어 낸 모든 형상과 표현을 절대적으로 거절하시고, 이것을 통해 사람들이 자신에게 돌릴 것이라고 생각하는 영예는 자신에게 주어지는 것이 아니라, 사단에게 주어진다고 선언하신다. 그는 자신의 거룩한 목적을 성취하시기 위해 자신이 친히 제공하신 아들이 모든 면에서 인정되도록 하신다. 그는 "모든 사람이 아버지를 공경하는 것처럼 아들을 공경하기를" 원하시기 때문이다. 그러므로 "아들을 공경하지 아니하는 사람은 그를 보내신 아버지를 공경하지 아니하는 것이다"(요 5:23).

그러므로 이 형상은 그리스도의 위격이다. 그는 "보이지 아니하시는 하나님의 형상"이시다. 이것은 먼저 절대적으로 신적인 위격을 의미하는 것인데, 이는 그가 아버지의 본질적인 형상이시기 때문이다. 이것에 대해 간단히 선포되어야 한다.

1. 아들은 "아버지 안에(ἐν Πατρί)", 아버지는 아들 안에 계신다고 때때로 언급된다. "나는 아버지 안에 있고 아버지는 내 안에 계신 것을 네가 믿지 아니하느냐?"(요 14:10) 이것은 그들의 본성의 단일성 혹은 동일성에서 온다. 그와 아버지는 하나이시기 때문이다(요 10:30). 그러므로 아버지가 가지신 것은 모두 그의 것이다(요16:15). 그들의 본성은 하나이며 똑같기 때문이다. 아버지가 아들 안에 있고, 아들이 아버지 안에 있는 신적인 본질을 절대적으로 생각할 때 우리는 아들은 아버지의 형상이라고 말할 수 없다. 그와 아버지는 하나이시며, 하나이며 똑같은 것은 하나인 그 자체의 형상이 될 수 없기 때문이다.

2. 우리는 아들은 똑같은 본성의 단일성 안에서 아버지 안에(ἐν Πατρί) 계시다고 말할 수 있을 뿐 아니라, 그의 위격의 구분에 있어서 "아버지와 혹은 하나님과 함께(πρὸς τὸν Πατέρα or Θεὸν)" 계시다고 말할 수 있다. "이 말씀이 하나님과 함께 계셨으니 이 말씀은 곧 하나님이심이라"(요 1:1). 말씀은 구분되는 위격으로서 하나님과 함께 계셨다. 말씀 곧 아버지와 구분되는 것으로서 아들의 위격은 하나님 혹은 아버지와 함께 계셨다. 그리고 이런 면에서 그는 이곳에서, 그리고 히 1:3에서 불리신 것처럼 아버지의 본질적인 형상이셨다. 그리고 그는 아버지와 더불어 모든 똑같은 신적인 속성들에 참여하고 계시기 때문에 그렇게 불리신다.

그러나 다른 한편으로, 아버지는 아들의 모든 본질적인 신적인 속성들에 참여하고 있음에도 불구하고 아들의 형상이라고 서술되지 않는다. 여기에서 형상의 속성은 사물 그 자체를 고려하는 것이 아니라, 사물이 참여하는 방식을 고려하고 있기 때문이다. 그런데 아들은 아버지로부터 모든 것을 받으시지만, 아버지는 아들로부터 아무것도 받지 않으신다. 아들의 위격으로서 아들의 위격에 속한 것이 무엇이든지, 그는 그 모든 것을 영원한 낳아지심에 의해 아버지로부터 받는다. "아버지께서 자기 속에 생명이 있음같이 아들에게 생명을 주어 그 속에 있게 하셨다"(요 5:26). 그러므로 그는 아버지의 본질적인 형상이다. 신적인 본성의 모든 속성이 아버지로부터 위격성과 더불어 그에게 전달되었기 때문이다.

3. 자신의 성육신에서 아들은 우리에게 하나님을 나타내시는 형상

이 되셨다. 그는 자신의 위격으로 볼 때 영원한 낮아지심에 의해 아버지의 본질적인 형상이셨다. 그의 신적인 본성과 탁월성들을 우리의 이해로 접근할 수조차 없는 보이지 아니하시는 하나님이 그 안에서 자기자신과 자신의 본성의 모든 영광스러운 탁월성들을 우리의 믿음과 영적으로 감각하도록 나타내시고, 드러내셨다.

그러므로 우리는 우리 주 예수 그리스도, 곧 하나님의 아들을 세 가지 방법으로 생각할 수 있다.

1. 단지 그의 신적인 본성과 관련해서 생각할 수 있다. 이것은 아버지의 것과 하나이며 똑같다. 이런 면에서 아들은 아버지의 형상이 되실 수 없다. 이 둘은 똑같기 때문이다.

2. 아버지의 아들로서, 독생하신 하나님의 영원하신 아들로서 그의 신적인 위격과 관련해서 생각할 수 있다. 이런 면에서 볼 때 그는 자신의 위격성뿐 아니라, 모든 신적인 탁월성들을 아버지로부터 받으신다. 그러므로 그는 아버지의 위격의 본질적인 형상이시다.

3. 그는 자신의 중보사역을 위해 우리의 본성을 자신에게, 우리의 본성을 자신과의 위격적 연합에 의해 취하셨다. 이런 면에서 그는 우리에게 하나님을 유일하게 나타내시는 형상(representative image)이시다. 오직 그 안에서 우리는 모든 신적인 탁월성들을 보고 알고 배운다. 그 결과 하나님을 위해 살게 되고 그를 즐거워하게 된다. 이 모든 것을 그는 자신을 통해 가르치신다.

이것은 그가 바리새인들에게 그들의 어두움과 무지의 결과로 말미암아 그들이 하나님의 목소리를 어느 때고 들을 수 없었으며, 그의 형상을 보지도 못했다고 지적하실 때 반영이 되어 있다(요 5:37). 그리고 이것에 대한 반대로 그는 자신의 제자들에게 그들은 아버지를 알고 그를 보았다고 말씀하신다(14:7). 그리고 그 이유는 그를 안 자들은 또한 아버지를 알기 때문이라고 그는 제시하신다. 그리고 이 신비에 대해 충분히 깨닫지 못한 한 제자가 "주여 아버지를 우리에게 보여 주옵소서 그리하면 족하겠나이다"라고 응답했을 때(8절) 그의 대답은 "내가 이렇게 오래 너희와 함께 있으되 네가 나를 알지 못하였느냐 나를 본 자는 아버지를 보았거늘 어찌하여 아버지를 보이라 하느냐"라는 것이었다(9절).

이런 주장을 정당화하기 위해 세 가지가 필요하다.

1. 그가 아버지와 똑같은 본성과 존재를 가지고 계셔야 한다는 것이다. 그렇지 않다면 그를 본 자는 또한 아버지를 보았다는 결론이 나오지 않기 때문이다. 이렇게 주장하는 근거를 그는 다음 절에서 선언하신다. "나는 아버지 안에 있고 아버지는 내 안에 계신다". 곧 그들은 본질과 존재상 하나이기 때문이라는 것이다. 신적인 본성이 그들 모두 안에 단순히 똑같기 때문에, 신적인 위격들은 그 본성이 하나임을 통해 서로 안에 계신다.

2. 그는 그와 구분이 되신다는 것이다. 그렇지 않다면 그를 봄으로써 아버지를 보는 것이 있을 수 없기 때문이다. 아버지는 자신에 의해 나타내진 존재로서, 자신의 형상으로서, 말씀으로서, 아버지의 아들로서, 자신과 함께 있는 존재로서 아들 안에서 보이신다. 본성의 단일성과 위격들의 구분이 우리 구주께서 "나를 본 자는 또한 아버지를 보았

느니라"고 말씀하신 근거이다.

3. 그러나 더 나아가서 주 그리스도는 자신의 중보사역을 감당하시기 위해 성육신하신 분으로서 다루어져야 한다. "내가 이렇게 오래 너희와 함께 있으되 네가 나를 알지 못하였느냐?"(요 14:9)라고 주님은 말씀하셨다. 그가 그들과 함께 계시고, 그들 사이에 머무르시고, 그들과 더불어 대화하시는 동안 그는 그들에게 하나님의 영광을 나타내는 위대한 대표자이셨다. 그리고 이런 특별한 실수들에도 불구하고, 그들은 그 당시 그의 영광, 곧 "아버지의 독생자의 영광"을 보았다(요 1:14)". 그리고 그 안에서 아버지의 영광이 나타났다. 그는 "보이지 아니하시는 하나님의 형상"이시다. 그 안에 하나님이 계시고, 그 안에 그가 머무르시며, 그 안에서 그가 알려지시고, 그 안에서 그가 자신의 뜻에 따라 예배를 받으시고, 그 안에서 지금까지 사람의 마음에 생각할 수 있도록 들어온 것보다 더 가까운 신적인 본질의 우리를 향한 접근이 있다. 그의 위격의 구성을 통해, 본성적으로 무한히 구분되고 분리된 두 본성들의 구성을 통해, 하나님의 지혜와 능력과 사랑과 은혜와 자비와 거룩과 신실하심이 우리에게 나타났다. 이것은 보이지 아니하시는 하나님의 유일한 복된 형상이시다. 이곳에서 우리는 하나님의 모든 신적인 완전한 속성들을 배우고 묵상하고 경배한다.

똑같은 진리가 히 1:3에도 증거되고 있다. 하나님은 "하나님의 영광의 광채시요 그의 위격의 표현된 형상"이신 아들 안에서 우리에게 말씀하셨다. 그의 신적인 본성은 그것이 없으면 우리를 향해 하나님을 완벽하게 나타낼 수 없다는 의미에서 여기에 포함되어 있다. 사도는 그에 대해 세상이 그에 의해 창조되었고, 그의 능력의 말씀으로 모든 것을 붙잡고 있는 분으로 언급하고 있기 때문이다. 그러나 그는 자신이 하나님이셨다는 차원에서 자신에 대해 절대적으로 말씀하고 계신 것이 아니라, 우리의 죄를 사하시고 하늘 보좌 우편에 앉으신 분으로서, 곧 자신의 전인격적인 차원에서 말씀하고 계신다. 이런 의미에서 그는 신적인 영광의 광채($\dot{\alpha}\pi\alpha\dot{\upsilon}\gamma\alpha\sigma\mu\alpha$ $\tau\tilde{\eta}\varsigma$ $\delta\acute{o}\xi\eta\varsigma$)이시며, 이 안에서 신적인 영광은 우리에게 명확히 빛을 발한다. 그리고 이 똑같은 신비를 더 자세히 설명하기 위해 그에게 아버지의 위격의 "나타난 형상"이라는 표현이 더해진다. 하나님의 모든 영광스러운 속성들이 그에게 새겨져 있었으며, 이것으로 말미암아 믿는 자들은 그것들을 읽어 낼 수 있게 되었다.

그러므로 똑같은 사도는 다시 그가 "하나님의 형상"이시라는 것을 인정한다(고후 4:4). 여기에서 우리는 그가 어떤 의미에서, 어떤 목적으로 "우리가 예수 그리스도의 얼굴에서 하나님의 영광을 아는 지식을 가진다"(6절)라고 선포하는지 물을 수 있다. 우리는 그 안에 본질적으로 존재하시는 하나님의 영광을 여전히 볼 수 없으며, 이해할 수 없다. 그러나 그를 위해 살고, 그를 즐거워하기 위해 우리는 그것에 대한 지식이 필요하다. 이것을 우리는 오직 그리스도의 얼굴 혹은 위격($\dot{\varepsilon}\nu$ $\pi\rho\sigma\acute{\omega}\pi\omega$ $\tau\sigma\tilde{\upsilon}$ $X\rho\iota\sigma\tau\sigma\tilde{\upsilon}$)에서 얻는다. 그 안에서 그 영광이 우리에게 나타나기 때문이다.

이것은 사도가 예수께서 그의 육체의 날에 그들 중에 거하셨을 때 그에 대해 주었던 증거였다. 그들은 "그의 영광 곧 은혜와 진리가 충만한 아버지의 독생자의 영광"을 보았다(요 1:14). 신적인 영광이 그 안에 나타났고, 그 안에서 그들은 아버지의 영광을 보았다. 그러므로 똑같은 사도는 다시 다음과 같이 증거한다. "이 생명이 나타내신 바 된지라 이 영원한 생명을 우리가 보았고 증거하여 너희에게 전하노니 이는 아버지와 함께 계시다가 우리에게 나타내신 바 된 자니라"(요일 1:2). 아버지 안에, 아버지와 함께 계시던 그 영원한 생명이 성육신을 통해 우리에게 나타나셨다.

이것에 대해 성경 그 자체가 하나님을 우리에게 선포하려는 목적을 달성하기에 충분하기 때문에 그를 나타낼 다른 어떤 것들이 필요하지 않으며, 이런 주장은 사람들로 하여금 성경에서 하나님의 마음과 뜻을 배우도록 하지 않고 모든 것을 그리스도의 위격 안에서만 찾도록 할 위험이 있다는 주장이 제기될 수 있다. 그러나 이런 주장을 하는 참된 목적은 사람들로 하여금 이것이 계시되어 있고, 선포되어 있는 성경을 부지런히 연구하도록 하기 위함이다. 그리고 성경은 올바른 목적으로 사용이 될 때 완벽하고 충분한 책이다. 그것은 "하나님의 말씀"이다. 그러나 그것은 하나님의 내적이고 본질적인 말씀이 아니라, 그에 의해 선포된 외적인 말씀이다. 그러므로 그것은 본질적인 것이든, 혹은 나타난 것이든 하나님의 형상이 아니며, 형상일 수 없다. 그것은 하나님의 형상을 우리에게 계시하고 선포하는 것이며, 따라서 그것이 없이 우리는 하나님의 형상에 대해 알 수 없다.

그리스도는 보이지 아니하시는 하나님의 형상이시며, 아버지의 위격의 표현된 형상이시다. 그리고 모든 성경, 특별히 복음의 일차적인 목표는 그가 그런 분이시며, 어떻게 그런 분이신가를 선포하는 것이다. 하나님은 거룩한 성경에서 자신의 선지자들을 통해 복음에 완전히 선포되어 있는 자신의 아들 그리스도를 약속하셨다(롬 1:1-4). 복음은 그리스도를 "하나님의 능력과 하나님의 지혜"로서(고전 1:23, 24), 혹은 그의 위격과 중보를 통해 하나님을 우리에게 분명하게 나타내는 분으로서 선포하는 것이다(갈 3:1). 그러므로 여기에서 세 가지가 고려되어야 한다.

1. 이 문제에 있어서 우리의 믿음의 실질적이고 본질적인 대상(Objectum reale et formale fidei)이 고려되어야 한다. 이것은 지금까지 살펴본 대로 성육신하신 하나님의 아들이시며, 우리에게 하나님의 영광을 나타내는 형상이신 그리스도의 위격이다.

2. 이 대상에 대한 인식과 지식이 우리의 마음에 전달되는 계시의 수단(Medium revelans) 혹은 객관적인 빛(lumen deferens)이 고려되어야 한다. 이것은 복음이다. 이것은 우리가 그 속에서 하나님의 형상에 대해 알게 되기 때문에 거울에 비유된다(고후 3:18). 그러나 이것이 없이, 이것에 의하지 않고 다른 수단을 사용해서 우리는 하나님의 이 형상에 대해 아무것도 볼 수 없다.

3. 우리를 준비시키고, 고양시키고, 움직이도록 하는 빛(Lumen praeparans, elevans, disponens subjectum)에 대해 고려해야 한다. 이것은 성령의 구원하는 조명을 통해 우리 안에 일어나는 마음의 내적인 빛이며, 이 빛을 통해 우리는 영적으로 그리스도의 얼굴에 있는 하나님의 영광을 보고 식별할 수 있게 된다(고후 4:6).

이 빛을 통해 혹은 이 빛의 여러 활동을 통해 우리의 영혼은 우리의 믿음의 실질적인 대상이시요 하나님의 형상이신 그리스도로부터 그와 똑같은 형상으로 변화되고, 그와 일치되도록 변화시키는 능력을 얻는다. 그리고 이런 변화는 바로 우리에게 예정된 것이다. 그러나 우리는 하나님의 영광과 우리의 의무와 관련된 몇몇 예들을 통해서 이 문제에 대해 좀 더 생각해 볼 수 있다.

1. 하나님의 지혜의 영광은 높여져야 되는 반면에, 사람의 상상의 오만은 낮아져야 한다. 그리고 우리 영혼 속에 있는 모든 종교의 실질적인 기초는 이 관계 속에 놓여 있다. 하나님은 자신과 자신의 뜻을 이런 식으로 나타내시기로 계획하셨으며(고전 1:29, 31), 우리를 이런 상태로 부르신다(사 2:22, 슥 2:13). 이런 마음의 상태가 우리에게 지속될 때 다른 모든 은혜들은 빛이 나며 흥왕하게 된다. 그리고 우리의 모든 의무들은 이런 상태에 영향을 받게 되며, 그것들은 하나님께 열납이 되게 된다. 그리고 우리에게 이것보다 더 도움이 되는 진리는 없다. 우리는 하나님이 우리로 하여금 자신의 본성의 영광스러운 탁월성들을 묵상하고, 자신이 우리에게 가까이 다가오고, 우리와 함께 거하실 수 있도록 자신을 일부나마 명확히 나타내셔야 한다는 것을 인정한다. 그런데 사람들을 이것을 자기 스스로 성취하려고 시도했다. 그러나 이것은 오직 하나님만이 하시는 것이며, 하실 수 있다. 그리고 이런 목적을 성취하기 위해 지금까지 몇몇 방법들이 제시되어왔다. 하나님이 친히 하신 방법은 그의 무한한 지혜와 선하심을 높이는 것이었던 반면에, 사람들이 시도했던 방법은 자신들의 사악함과 어리석음을 극도

로 드러낸 것에 불과했다. 우리가 전에 선언했던 것처럼 하나님은 오직 그리스도 안에서만 그렇게 하셨다. 그리고 여기에서 그가 자신의 무한한 지혜와 선하심의 풍성하심과 보물들을 높이셨고 나타내셨다는 것은 복음과 성령과 교회가 증거하고 있는 것이다. 하나님이 우리에게 이런 방식으로 자신의 신적인 지혜와 선하심을 나타내신 것보다 더 영광스러운 결과와 나타내심은 없었으며, 앞으로도 없을 것이다. 똑같은 목적을 위해 사람들이 만들어 낸 것들은 신적인 본성의 완벽한 속성들을 올바로 나타내기에는 너무 부족해서 그것들 모두 우리가 고려할 만한 가치가 없다. 사람들이 만들어 낸 하나님이 자신을 우리에게 나타내시는 방법들보다, 곧 가장 나쁘고 가장 사악한 우상숭배보다 인간의 본성이 어둡고 어리석으며 부패한 상태에 있다는 것을 더 잘 드러내고 있는 것은 없기 때문이다(시 115:4-8, 사 44, 계 9:19, 20). 사람들의 이런 교만과 어리석음은 세상에서 하나님에 대한 모든 지식과 그에 대한 순종을 잃어버리도록 하는 것이었다. 십계명은 단지 자연의 빛과 법을 복사한 것에 불과하다. 이것들 중 첫 번째 계명은 하나님이, 유일하고 참되신 하나님이, 모든 것의 창조주이시며 통치자이신 분이 인정이 되셔야 하고, 예배을 받으셔야 하고, 순종을 받으셔야 할 것을 요구하는 것이었다. 그리고 두 번째 계명은 우리가 우리를 위해 그에 대한 형상이나 모양을 만들지 말아야 한다는 것이었다. 그는 자신을 어떤 모습으로든 나타내실 수 있다. 그러나 그는 우리가 우리를 위해 그에 대한 어떤 형상이나 모양을 만드는 것을 엄격히 금지하셨다. 그리고 여기에서 하나님으로부터 세상의 배교가 시작되었다. 그들은 절대적으로 하나님을 거절하지 않았으며, 따라서 자연법의 첫 번째 근본적인 계명을 버리지 않았다. 그러나 그들은 하나님의 지혜와 권위에서 나온 그 다음 계명에 복종하지 않았다. 그들은 자신들을 위해 그의 형상들과 모양들을 만들었다. 그리고 그들은 이렇게 자신들이 만든 것들을 가지고 그를 모욕했으며, 그 다음에는 자신들을 마귀의 규칙에 드리고 그에게 봉사함으로써 그를 버렸다. 그러므로 하나님이 무한한 지혜로써 자신을 우리에게 나타내시기 위해 찾으신 방법이 처음 배교에서 우리를 회복시키는 유일한 수단인 반면에, 똑같은 목적을 위해 사람들이 만든 방법은 인류를 우리의 본성이 할 수 있는 한 하나님으로부터 가장 멀리 새롭게 배교하도록 내던지는 수단에 불과하다. 그리고 하나님께 예배를 드리고, 그의 영광을 찬미하기 위해 우리가 만든 모든 계획은, 비록 우리에게 귀하고 필수적인 것처럼 보일지라도, 똑같은 종류의 것들일 뿐이다. 그러므로 이것은 우리로 하여금 우리의 부패하고 타락한 본성에 대한 올바른 자각과 더불어 하나님의 지혜와 은혜를 지속적으로 찬미하도록 인도해야 한다. 우리에게는 자신들의 인간적인 생각으로 하나님을 우리에게 나타내 보이려는 어리석고 사악한 죄악에 빠진 자들보다 더 낫거나 현명한 것이 없기 때문이다. 우리는 우리의 상태를 생각하면 할수록, 믿음과 신뢰와 하나님에 대한 기쁨을 가지고 그를 더욱더 두려워하고 공경하게 될 것이다. 우리는 하나님의 은혜와 사랑을 느끼는 것과 더불어 더욱더 겸손하게 될 것이다.

2. 하나님이 이렇게 자신을 나타내신 것이 영적인 효력을 가지고 있는 특별한 근거가 있다. 그가 창조와 섭리의 사역에서 자기 자신과

자신의 본성의 영광스러운 속성들에 대해 나타내신 계시들은 그 자체로 분명하고 명확하다(시 19:1, 2, 롬 1:19, 20). 그리스도 안에서 나타난 계시들은 장엄하며 신비롭다. 그러나 우리가 그리스도 안에서 우리에게 나타내신 분으로서 그에 대해 가지는 지식은 우리가 만든 모든 계시의 방법을 통해 얻을 수 있는 것보다 훨씬 더 분명하고, 확실하며, 안정적이고, 효과적이며, 활동적이다. 그 이유는 그리스도와 복음 안에서 하나님과 그의 작정들과 그의 뜻은 창조와 섭리의 모든 사역에서 보다 더 완전하고 크게 나타나기 때문일 뿐 아니라, 이런 하나님의 계시는 오직 이성으로만 받아들여지는 것들과는 달리 오직 믿음에 의해서만 받아들여지기 때문이다. 그리고 우리 안에 있는 영적인 빛과 생명의 원리는 바로 믿음이다. 믿음에 의해 받아들여진 것은 생명이신 하나님이 세운 모든 목적을 성취할 수 있도록 역사한다. 우리는 이후에는 눈으로 보면서 살겠지만, 이 땅에서는 믿음으로 살기 때문이다. 우리는 이성만으로는, 특별히 타락하고 부패한 상태의 이성만으로는 그리스도를 통해 나타난 하나님의 영광을 전혀 식별할 수 없다. 복음에서 이야기되고, 선포된 것들은 모두 다 어리석게 여겨질 뿐이다. 그러므로 빛과 안내와 행동이 없이 이성적으로만 복음을 이해하고 이것을 믿는다고 생각하고 사는 사람들은 그리스도의 얼굴에 나타난 하나님의 영광을 실제로 보지도 못하고, 볼 수도 없으며, 이 계시는 그들의 영혼에 어떤 효력도 나타내지 못한다. 자연의 빛에 의한, 창조와 섭리의 사역을 통한 그에 대한 계시만이 그들의 이성에 적합한 것으로 받아들여진다. 그리스도 안에서 나타난 계시는 이스라엘 사람들이 하늘에서 내려온 만나에 대해 "이것이 무엇이냐?"라고 물었던 것처럼 이해가 되지 않기 때문이다. 그것은 오직 믿음에 의해서만 받아들여진다. 그러나 모든 사람이 믿음을 가지고 있는 것이 아니다. 그리고 하나님이 마음에 빛을 비추어 주셔서 믿음을 가질 수 있도록 해주시는 곳에서만, 우리는 유리에 비친 것처럼 그의 얼굴에 나타난 하나님의 영광을 볼 수 있으며, 그에 대한 지식을 가질 수 있다. 아무리 비천한 신자라고 할지라도 그리스도에 대한 실질적인 믿음을 가지고만 있다면, 세상에서 가장 박식하고 현명한 사람이 이성을 활용해서 얻을 수 있는 것보다 더 하나님과 그의 지혜와 선하심과 은혜와 그의 모든 영광스러운 탁월성들에 대한 더 영광스러운 이해를 가질 수 있다. 사도는 이것에 대해 고린도전서 1장에서 잘 말하고 있다. 그러므로 그리스도에 대한 믿음은 하나님에 대한 참된 지식을 가지는 유일한 수단이다. 그리고 이것을 통해 그와 그의 탁월성들에 대해 발견된 것들만이 우리로 하여금 그의 형상과 모양과 일치되도록 할 수 있다. 그리고 이것이 왜 사람들이 복음을 계속해서 듣고 고백함에도 불구하고 복음에 영향을 거의 받지 않는가에 대한 이유이다. 그것은 내적으로 그들에게 영향을 끼치지 못하며, 그것은 그들 안에서 복된 결과를 생산해 내지 못한다. 그들은 창조와 섭리의 사역에서, 하나님의 통치에서, 자연적인 양심의 활동에서 하나님의 능력을 약간은 느낀다. 그러나 이것을 넘어서 그들은 그에 대한 실제적인 인식을 가지지 못한다. 그 이유는 그들이 믿음을 가지고 있지 않기 때문이다. 오직 믿음을 통해서만 그리스도 안에서 하나님에 대해 나타난 것, 곧 복음 안에서 선포된 것만이 사람의 영혼에 실질적인 영향을 끼친다.

3. 그러므로 사람들이 하나님의 본질과 탁월성들을 복음 안에서 계시되고 선포된 대로 그리스도의 위격에서 찾지 않고 자연에서 찾는 것으로 자신들을 만족시키려 하는 것은 기독교의 신비에서 크게 멀어지는 것이다. 우리는 이성이 하나님의 지혜와 능력의 외적인 사역들을 고려하면서 하나님의 존재와 통치에 대해 주거나 얻는 증거들은 어느 정도 유익이 있다고 고백한다. 그러나 그리스도 안에서 하나님이 자신에 대해 나타내신 더 완전하고, 완벽하며, 분명한 지식에까지 이르지 못하고 여기에 머물러 있는 것과, 이것을 우리가 하나님에 대해 얻을 수 있는 가장 완벽한 최고의 지식으로 평가하는 것은 우리의 불신앙을 선언하는 것이며, 복음을 실질적으로 버리는 것이다. 이것은 많은 사람이 일반적으로 그리스도의 신적인 위격을 분명히 거절하면서 단지 자연종교로 전락하는 원천이다. 그리스도의 신적 위격에 대한 올바른 사용이 거절된 상태에서 그 개념이 유지될 만한 어떤 근거도 없기 때문이다. 그러나 그리스도의 신적인 위격을 전제하는 것이 이 책의 근거이다. 만약 그가 자신의 신적인 위격의 측면에서 아버지의 본질적인 형상이 아니셨다면, 그는 우리에게 성육신하셔서 하나님을 우리에게 나타내시는 형상이 되실 수 없으셨다. 만약 그가 단지 인간이셨다면, 아무리 기적적으로 태어나시고, 영광스럽게 높임을 받으셨다고 하더라도, 위에 있는 천사들과 영광스러운 하늘과 하나님의 보좌들이 창조의 능력과 지혜의 산물인 다른 결과들과 더불어 하나님의 영광을 그 안에서 나타내는 만큼 나타낼 수 있었을 것이기 때문이다. 그러나 그것들

은 어디에서도 연합되든 분리되든 "보이지 아니하시는 하나님의 형상"
이요, "그의 영광의 광채"요, "그의 위격의 나타낸 형상"이라고 불리지
않았다. 그리고 하나님은 자신의 영광에 대한 지식을 그것들의 얼굴을
통해 우리 마음속에 비취지 않으셨다. 오히려 이런 주장은 우리의 육체
적인 마음이 얼마나 하나님과 그의 지혜의 모든 결과들에 대해 싫어하
는가를 잘 보여준다. 우리는 하나님이 자신을 나타내신 영광스러운 형
상과 모습을 좋아하지 아니하며, 그것을 묵상하기 싫어하며, 오히려 그
것을 경멸하고 무시하며, 그것과 비교될 수조차 없는 것들을 기뻐한다.

4. 하나님은 그렇게 알려지지 않으시기 때문에 그에 대한 그런 지식
은 세상에서 열매를 맺지 못한다. 이방작가들이 하나님의 존재와 그의
권위와 통치에 대해 제시해 온 수많은 증거들이 있다. 그러나 그런 지
식을 갖는다고 해서 어떤 결과들이 있는가? 사도가 증거한 것처럼 그
것들은 우리를 우상숭배에 빠져들도록 하는 것일 뿐 아니라, 우리를 사
악함에서 건져내지 못한다(롬 1). 그리고 그것들의 유익조차도 분명히
그것들이 제공하는 하나님에 대한 지식에서 나오는 것이 아니라, 다른
원인에서 나온다. 유대인들은 구약의 문자를 통해 하나님에 대한 지식
을 가지고 있었다. 그러나 그리스도 안에서 하나님을 알지 못했으며,
율법과 그리스도 안에서 표현된 하나님의 존재에 대해 알지 못함으로
써 그들은 모두 육체적이고 완고하고 사악한 백성이 되었다. 그들은 자
신들 속에 이방인들의 유익도, 참된 종교의 능력도 가지지 못했다. 이
런 상태는 과거뿐 아니라 지금도 지속되고 있다. "저희가 하나님을 시
인하나 행위로는 부인하니 가증한 자요, 복종치 아니하는 자요, 아무것

도 깨끗한 것이 없는 자이니라"(딛 1:16). 오늘날 세상에서 그리스도인 이라고 불리는 사람들 중에도 그런 사람들이 있다. 그들은 하나님에 대해 많은 지식을 가지고 있는 척하지만, 사실 이방인들보다 더 파렴치한 죄와 악함을 지니고 있다. 사람들의 영혼으로 하여금 실질적으로 그리스도와 일치하도록 하는 능력이 있는 것은 오직 "그리스도 안에 있는 하나님"에 대한 지식뿐이다. 예수 그리스도의 얼굴에서 하나님의 영광을 보는 사람들만이 똑같은 형상으로 변하며 영광에서 영광에 이른다.

ΧΡΙΣΤΟΛΟΓΙΑ:

OR,

A DECLARATION OF THE GLORIOUS MYSTERY

OF

THE PERSON OF CHRIST — GOD AND MAN

제 6 장
거룩한 진리의 위대한 보고(寶庫)인 그리스도의 위격

하나님의 초자연적인 진리는 사도에 의해 "경건에 속한 진리"라
고 불린다(딛 1:1). 그러므로 그리스도의 위격이 경건의 위대한 신비
라고 할 때 우리가 물어야 할 다음 질문은 "그것과 영적인 초자연적인
진리와의 관계는 무엇인가?" 하는 것이다. 그리고 나는 이 질문을 이
전의 장에서 다루었던 주제 곧, 그리스도는 교회를 향한 하나님과 그
의 거룩한 속성들과 그의 뜻의 작정들의 위대한 현현이라는 내용에 이
어 다룰 것이다.

모든 신적인 진리는 두 가지로 나누어 취급될 수 있다. 첫째는 본
질적인 차원에서 다루는 것이며, 둘째는 선언적인 차원에서 다루는 것
이다.

첫째로, 하나님 자신이 첫째가는 유일하게 본질적인 진리이시다.

그의 존재와 본질 안에 모든 진리의 원천이 놓여 있다. 어떤 진리이든지, 그것이 진리인 한, 그로부터 나온다. 이런 의미에서 그는 영원한 진리의 원천이시다. 존재와 진리와 선은 하나님의 주요한 개념이다. 그리고 그 안에서 그것들은 모두 똑같다. 그리고 이것이 그리스도 안에서 어떻게 나타나는가는 이미 선포되었다. 스스로 아버지의 본질적인 형상이신 그 분이 성육신하심으로 우리를 향해 하나님을 나타내시는 형상이 되셨다.

둘째로, 하나님의 작정들은 선언적인 차원에서 모든 진리의 원천이며 원인이다. 신적인 진리는 "하나님이 정하신 것들을 선포하는 것"이다(행 20:27). 이것들 중에서 그리스도의 위격은 거룩한 보고(寶庫)이다. 그 안에서 그것들은 세워지며, 그것들 모두의 효력과 효용은 그것들의 그와의 관계에 의존한다. 그는 모든 차원의 진리, 곧 신적이며 영적이며 초자연적인 진리의 핵심이며 총체이시다. 그리고 이 진리의 아름다움은 오직 그의 얼굴 혹은 위격에서만 우리에게 제시된다. 우리는 하나님이 우리의 마음에 이 진리를 아는 빛을 비추지 아니하시면 이 진리를 보지도 못하고, 이 진리를 알지도 못한다(고후 4:6).

그러므로 그는 자신에 대해 "나는 진리이다"라고 증거하신다(요 14:6). 그는 진리의 하나님이신 아버지와 하나이시기 때문에 본질적으로 진리이시다(신 32:4). 그는 또한 오직 그에 의해서만 진리가 완전히 효율적으로 선포되기 때문에 효과적으로 진리이시다. "본래 하나님을 본 사람이 없으되 아버지의 품속에 있는 독생하신 하나님이 나타나셨기" 때문이다(요 1:18). 그는 한편 구약의 모형들과 그림자들과 달리

실체적으로 진리이시다. 그 안에 "신성의 모든 충만이 육체로 거하시기" 때문이다(골 2:9). "몸은 그리스도의 것이다"(17절). 더 나아가서 그는 하나님의 구원시키는 지식과 관련된 모든 신적인 진리들이 그 안에 소중히 쌓여있기 때문에 주제적으로 진리이시다. "그 안에는 지혜와 지식의 모든 보화가 감취어 있느니라"(3절). 사도는 교회의 소명과 거룩과 구원에 대한 그의 작정들 속에 나타난 하나님의 지혜와 지식을 다음과 같이 찬미한다. "깊도다 하나님의 지혜와 지식의 부요함이여" (롬 11:33). 그리고 그것들은 시편기자가 언급했듯이 두 가지 차원에서 보물들이라고 불린다. "오 주여, 당신의 생각은 내게 얼마나 소중한 것이며, 그것의 크기는 얼마나 큰지요!" 그것들은 가치로 따질 수 없을 만큼 소중하기 때문에 보물들이다. 그것들은 일반적으로 사람들이 가장 소중한 것으로 평가하는 땅의 모든 보물보다 더 소중한 것으로 평가된다(잠 3:14, 15). 그리고 그것들은 측량할 수 없는 그것들의 크기 때문에 보물들이다. 그러므로 그것들은 또한 "측량할 수 없는 풍성함" 으로 불린다(엡 3:8). 이 하나님의 지혜와 지식의 소중하고 측량할 수 없는 보물들은, 곧 모든 신적인 초자연적인 진리들은 그리스도 안에서 감추어져 있으며, 혹은 안전하게 보관되어 있으며, 오직 그 안에서만, 그로부터만 그것들은 배우고 받아들일 수 있다.

그러므로 우리는 예수 안에 있는 대로 진리를 배운다고 언급된다 (엡 4:21). 그리고 모든 복음적인 거룩한 진리에 대한 지식은 성경에서 아주 빈번히 그에 대한 지식으로 말미암아 표현이 된다(요 8:19, 17:3, 고후 2:14, 4:5,6, 엡 1:17, 빌 3:8, 10, 요일 1:1,2, 2:4,13,14,

5:20, 벧후 2:20).

우리가 전에 설명하고 증명한 것들, 곧 하나님의 모든 작정이 그리스도의 위격에 그 기초가 놓여졌으며, 그것들은 말로 다 형언할 수 없는 그리스도의 위격의 구성에 나타났다는 것을 배제하고, 나는 모든 초자연적인 진리들과 그와의 관계에 대해 몇몇 사례를 제시할 것이다. 이것을 통해 나는 그에 대한 올바른 고려가 없이는 우리는 그것들을 배울 수도, 알 수도 없다는 것을 드러낼 것이다.

1. 진리의 영광에는 두 가지가 있다. (1) 그 빛이며, (2) 그 빛의 효력 혹은 능력이다. 그리고 모든 초자연적인 진리들은 이 둘을 그들과 그리스도와의 관계에서 얻는다.

(1) 어떤 진리도 그리스도가 없다면 마음에 어떤 영적인 빛도 가져오지 못한다. "그 안에 생명이 있었으니 이 생명은 사람들의 빛이라"(요 1:4). 그는 "참 빛 곧 세상에 와서 각 사람에게 비취는 빛"이셨다(9절). 그러므로 진리는 조명(照明)의 유일한 수단인 반면에, 그것은 그리스도에게서 나오는 광선이 없다면 마음에 아무런 빛도 전달하지 못한다. 진리는 그 기초에서 나오는 것을 전달하는 기관이기 때문이다. 진리는 그리스도와 분리될 때 어떤 실질적인 영적인 빛이나 이해를 그 안에 가지고 있지 않으며, 그것을 사람들의 영혼에 전달할 수 없다. 성경이 증거하고 있는 것처럼, 모든 빛이 본래 그 안에 있다면 어떻게 그와 떨어져서 빛이 나올 수 있겠는가? 마음은 의(義)의 태양이시며 모든 영적인 빛의 복된 원천이신 그리스도 자신으로부터 나오고, 그에게로 인도되는 하늘의 진리를 받을 때만 이 진리에 의해 빛을 받게 된다. 사람

들이 설령 성경이 교리적으로 제시하고 있는 신적인 진리들에 대해 어떤 개념적 지식을 가졌다고 할지라도, 만약 그들이 하나님의 작정들의 기초로서 그리스도의 위격과 관계에서 그것들을 알지 못한다면, 만약 그들이 그것들이 어떻게 그에게서 나왔으며 그를 중심으로 하고 있는지를 식별하지 못한다면, 그것들은 그들의 이해에 어떤 영적이며 구원받는 빛을 가져다주지 못할 것이다. 모든 영적인 생명과 빛은 그 안에 있으며, 오직 그에게서 나오기 때문이다. 우리는 유대인들에게서 이런 경우를 발견한다. 그들은 그 안에 모든 신적인 진리들이 계시되어 있고 표현되어 있는 구약성경을 가지고 있으며, 이 모든 진리들을 부지런히 연구한다. 그러나 그들의 마음들은 그 안에 포함되어 있는 진리들로 말미암아 전혀 조명을 받거나 빛을 받지 못하며, 그들은 지독한 어두움 속에서 살고 걷는다. 그리고 그들이 이렇게 행동하는 유일한 이유는 그들이 모든 신적인 진리들과 그리스도와의 관계를 알지 못하고, 오히려 이것을 거절하기 때문이다. 이것이 없는 그들은 자신들에게 빛을 주는 모든 능력을 상실한 것이다.

(2) 효력 혹은 능력은 신적인 진리의 두 번째 속성이다. 그리고 이런 효력의 목적은 우리로 하여금 하나님을 닮도록 만드는 데 있다(엡 4:20-24). 하나님의 생명으로 우리의 모든 영역을 세우는 것, 곧 죄를 죽이며, 우리의 본성을 새롭게 하며, 우리의 생각과 마음과 감정을 거룩하게 하며, 우리의 영혼을 위로하는 것이 하나님이 자신의 진리로써 이루고자 계획하신 것이다(요 17:17). 이것을 통해 하나님은 "우리를 능히 든든히 세우사 거룩하게 하심을 입은 모든 자 가운데 기업이 있

게" 하셨다(행 20:32). 그러나 그들이 가지고 있는 이런 능력과 효율은 바로 그들과 그리스도의 위격과의 관계에서 나온다. 그들은 그의 은혜를 사람들의 영혼들에 전달하는 것이 아니라면, 그런 능력과 효율을 가질 수 없기 때문이다. 요일 1:1, 2을 보라.

그러므로 진리를 고백하는 사람들이 그리스도와 실질적으로 연합되어 있지 못하고 분리되어 있다면 시든 가지들일 뿐인 것처럼, 고백된 진리들은 그리스도와 그와의 관계에서 교리적으로 분리되어 있다면 사람들의 영혼들에 어떤 살아 있는 능력이나 효력을 행사할 수 없다. 그리스도가 진리들로 말미암아 마음에 형성이 될 때, 그리스도가 진리들의 활동을 통해 영혼에 풍성히 거하실 때 바로 그 때만이 진리들은 제대로 된 힘과 효력을 발생한다. 그렇지 않다면, 진리들은 원천에서 분리된 물 같아서 곧 말라버리거나 악취가 나는 웅덩이가 되고 말 것이며, 태양에서 차단된 광선과 같아서 곧 빛을 잃고 말 것이다.

2. 모든 신적인 영적 진리들은 우리에게 하나님의 은혜와 사랑을 선언하거나, 그를 향해 우리가 해야 할 의무와 순종과 감사를 선포한다. 그런데 이런 것들에 대해 그리스도는 모든 것이며, 모든 것 안에 계신다. 그러므로 그리스도에 대한 믿음이 없이 우리는 하나님의 은혜와 사랑에 대한 올바른 이해도, 믿는 자들에게 말씀이 계시하고 드러내고 있는 신적인 진리들에 대한 어떤 이해도 가질 수 없다. 오직 그 안에서, 그에 의해서, 그로부터만 그것들은 우리에게 제시되며, 우리는 그것들에 참여할 수 있기 때문이다. 우리는 모든 은혜를 그의 충만함에서 받는다. 우리는 그와 분리된 어떤 신적인 진리도 상상할 수 없다. 그는 모

든 신적인 진리들의 생명이요 영혼이다. 그가 없다면 말씀에 기록된 진리들은 단지 죽은 글자에 불과할 뿐이며, 그 속에서 우리는 어떤 실질적인 하나님의 사랑과 은혜도 읽어낼 수 없다. 그리고 그로부터 받는 은혜의 도움이 없다면, 우리는 우리가 하나님께 돌려야 할 의무도 순종도, 감사도, 그 어떤 것도 제대로 행할 수 없다. 그가 없이는 아무것도 할 수 없기 때문이며(요 15:5), 신적인 진리를 행하는 사람만이 그 진리를 이해할 수 있기 때문이다(요 7:17). 그리스도에 대한 실질적인 관심이 없이도 우리가 제대로 된 방법으로 의무를 감당할 수 있다고 말하고 있는 어떤 성경구절도 없다. 우리는 오직 그로부터 의무를 감당할 능력을 부여받으며, 우리의 의무는 오직 그 안에서, 오직 그를 통해 하나님께 받아들여진다.

3. 신적인 영적 진리의 모든 증거와 이것들에 실질적으로 참여하여 유익과 위로를 얻는 모든 기초는 그것들과 그리스도와의 관련에 의존한다. 우리는 여러 신적인 진리들 중에서 그리스도와 가장 관련이 없을 것처럼 보이는 한 가지 교리를 예로 들 수 있는데, 그것은 죽은 자의 부활이다. 그러나 그것은 죽음에서 부활하신 그리스도의 위격을 통해 주어진 증거와 예가 없다면 제대로 믿어지거나 이해될 수 없는 교리이다. 그리고 어떤 사람도 영광 중에 올리움을 받을 교회의 머리로서 그리스도와의 신비적인 연합에 의하지 않고는 복된 부활에 실질적으로 참여하기를 평안 속에서 기대하거나 믿을 수 없다(빌 3:11). 사도는 이둘에 대해 고전 15장에서 폭넓게 다루고 있다. 그리고 다른 모든 신적인 진리들도 마찬가지이다.

그러므로 성경에서 계시된 모든 신적인 초자연적인 진리들은 그 기초가 그리스도의 위격에 놓여 있는 하나님의 작정들을 선포하는 것 이외에 다른 것이 아니다. 그리고 그것들 모두는 우리를 향하신 하나님의 사랑과 지혜와 선하심과 은혜를 표현하거나, 그에 대한 우리의 순종과 의무를 가르치는 것이다. 그것들 모두는 또한 우리를 향하신 하나님의 모든 행위와 그를 향한 우리의 모든 행동은 오직 그 안에, 오직 그를 통해 존재한다. 그리고 신적인 지혜를 표현하는 이 진리들의 모든 생명과 능력은, 그것들의 연합과 결합에 존재하는 그것들의 모든 아름다움과 균형과 조화는 모두 그로부터 나온다. 그는 모든 체계 전반에 걸쳐 빛을 발하는 살아 있는 영으로서 그것을 움직이며, 그것에 생명을 불어넣는다.

우리는 진리와 지혜와 지식의 모든 보화가 그 안에 감추어 있다고 말할 수 있다. 그리고 우리는 이것과 관련해서 몇 가지 생각해 볼 수 있다.

1. 그러므로 그리스도의 신적인 위격을 거절하는 사람들, 곧 그것을 믿지 아니하고, 그 안에 있는 하나님의 지혜와 은혜와 사랑과 능력을 식별하지 못하는 사람들은 하나님의 다른 모든 영적인 진리들을 계속해서 거절하거나 부패시킨다. 그리고 그것은 다른 것일 수 없다. 그들은 오직 경건의 신비, 곧 "육체로 나타나신 하나님"과의 관계에서 그 의미를 가질 수 있기 때문이다. 이것이 제거되면, 기독교의 다른 모든 내용들 안에 있는 진리는 즉시 땅에 떨어지고 만다. 우리는 그 예를 소시누스주의자들에게서 발견한다. 비록 그들은 사람들의 마음에 지워

질 수 없도록 심겨진 신적 본성의 단일성과 존재에 대한 일반적인 개념들은 받아들이지만, 특별히 기독교에 속한 진리들 중에서 그들이 거절하거나 내용을 부패시키지 않는 진리가 하나도 없다. 그들은 하나님과 그의 본질적 속성들에 대한 많은 것을, 가령 그의 불변성과 편재성과 전지성을 크게 왜곡시켰다. 사도 유다가 말했던 것들이 그들 안에서 이루어졌다. "이 사람들은 무엇이든지 그 알지 못하는 것을 훼방하는도다 또 저희는 이성 없는 짐승 같이 본능으로 아는 그것으로 멸망하느니라"(유 1:10). 그들은 자신들의 본능에 따라 행동을 하면서 자신들이 알지 못하는 복음적인 진리들에 대해 훼방하고 조소한다. 그들은 거룩한 삼위일체를 모독하며, 하나님의 아들의 성육신을 조소하며, 그의 순종과 고난의 충족과 공로와 더불어 그의 수난과 중보로 이루어지는 그의 구속사역을 거절한다. 그들은 타락으로 말미암은 우리의 본성의 부패와, 성령으로 말미암는 그들의 회복을 거절한다. 그들은 우리의 신앙의 다른 모든 내용을 왜곡하고 부패시킨다. 그들의 허물 혹은 배교는 그리스도의 신적인 위격을 믿지 않는 데서부터 시작한다. 이 진리가 거부되면 다른 모든 거룩한 진리들은 그들에게 통일성과 조화를 주는 기초와 핵심에서 멀어지게 된다. 그렇게 되면 그것들은 사람들의 마음에서 요동치게 되며 현혹하는 다양한 색깔로 나타나게 되어 오해가 되거나 불신을 받게 된다. 그것들은 사람들이 이해할 수 있도록 직접적이면서도 바르게 표현이 될 수가 없다. 그것들이 아름다운 형체를 유지하도록 중심을 잡아 주고, 서로 연결시켜 주고, 조화를 맞추어 주는 것이 사라지게 되면, 그것들의 형태가 일그러지고 파괴되어 예전에 가졌던 아름다움과 조화를 상실하게 된다. 이것은 모든 교리에 똑같이 해당된다. 복음적인 진리의 모든 체계도 마찬가지이다. 그것들에게서 그리스도의 위격을 제거해보라. 그리스도의 위격과의 관련된 그것들의 조화를 제거해보라. 그러면 우리는 그것들에 대한 신앙과 고백에서 더 이상 머리를 붙잡을 수 없게 되며, 사람들의 마음은 그것들 사이의 부조화에서 그것들을 건져낼 수 없게 된다. 그렇게 되면 그것들 중 어떤 것은 거부되게 되고, 그것들 중 어떤 것은 부패되게 되는데, 이는 그것들이 본래 가지고 있던 빛과 아름다움을 잃게 되기 때문이다. 그것들은 그리스도 안에서가 아니면 다른 어느 곳에서도 일치될 수도, 일관성을 유지할 수도 없을 것이다. 그러므로 기독교의 기원에서 살펴볼 때 우리는 그리스도의 신성을 거부하고 복음적인 진리를 어느 것 하나도 순수하고 타락하지 않은 상태로 유지할 수 있는 예를 찾아볼 수 없다. 그리고 나는 우리가 그리스도의 위격에 대해 믿는 것이 우화(寓話)로 평가된다면, 우리가 믿는 거룩한 삼위일체와, 하나님의 영원한 작정들과, 그리스도의 중보의 효력과, 그의 충족과 공로와, 우리가 교회의 거룩과 칭의와 구원을 소유할 수 있는 방법들 또한 우화들로 평가를 받게 될 것이라고 고백한다.

2. 그렇게 되면 진리에 대한 지식과 고백은 아무리 많을지라도 열매를 맺지 못하고, 효력을 발생하지 못하며, 쓸모없게 된다. 그리스도와 관련해서 알려지고, 이해되고, 믿어지지 않은 진리는 모두 그렇게 된다. 오직 그리스도를 기초로 해서만 진리는 영혼에 빛과 능력을 전달한다. 사람들은 자신들이 진리를 안다고 고백하지만, 그것을 올바른 질서

와 조화와 용도 속에서 알지 못할 수 있다. 그것은 그들을 그리스도께로 인도하지 못하며, 그리스도를 그들에게로 데려오지 못한다. 그러므로 그것은 생명이 없고 쓸모가 없는 것이 되어버린다. 그러므로 우리는 성경의 교리들에 대해 많은 개념적인 지식을 가지고 있는 사람들보다 하나님의 생명에서 더 멀리 떨어진 사람이 없다는 것을 종종 발견하게 된다. 교리적 지식들이 영혼 속에서 그리스도를 형성하도록 하고, 전 인격을 그의 모양과 형상으로 바꾸어 가도록 하지 않는다면, 그것들은 모두 쓸모없는 것이 되며 남용이 되기 때문이다. 그리스도와 관련해서 이해되지 않고, 그리스도를 계시로서 그 안에서 나타난 하나님의 뜻과 지혜의 신비와 더불어 받아들이고 배우지 않는 교리적 지식들은 영향을 끼치지 못한다. 그가 우리의 생명이시며, 오직 그 안에서 우리는 하나님을 향해 살기 때문이다. 우리는 그 안에 살 뿐 아니라, 그가 또한 우리 안에 살며, 우리는 그를 믿는 믿음으로 육체 안에 산다. 그러므로 우리는 그 안에서만, 그에 의해서만, 그로부터만 영적인 생명의 원리와 능력을 받는다. 우리가 진리에 대해 어떤 지식을 가지고 있다고 하더라도, 만약 그것이 그와 우리의 영혼들의 연합에 아무런 영향을 끼치지 못한다면, 그것은 우리에게 아무런 생명을 주지 못하고 아무런 유익도 주지 못한다. 우리 안에 있는 하나님의 형상을 새롭게 할 수 있는 것은 오직 그리스도 안에서 받아들여진 진리뿐이다(엡 4:21-24). 사람들이 아무리 복음적인 진리에 대한 개념들을 가지고 있다고 하더라도 그것들을 통해 그리스도를 알지 못한다면, 그들이 무엇이라고 고백하든지 관계없이, 실제로 조사해보면 그것들은 그들에게 아무런 유익을 끼치

지 못하며, 그들의 영혼들과 하나님 사이에 있는 것들은 모두 자연적
인 빛과 일상적인 가정 위에 세워진 것일 뿐이다.

제 7 장
교회의 구원을 위해 그리스도의 위격에서 그리스도의 사역에 전달된 능력과 효력

우리가 구속을 받고, 거룩하여지고, 구원을 받은 것은 바로 교회의 왕이요, 제사장이요, 선지자로서 그리스도가 감당하신 사역에 의해서이다. 이것을 통해 그는 모든 복음의 유익을 우리에게 즉시 전달하셨으며, 우리로 하여금 이 땅에서는 은혜로, 이후에는 영광으로 하나님께 나아갈 수 있도록 해주셨는데, 이는 그가 하나님과 사람 사이의 중보자로서 우리를 구원하시기 때문이다. 그러나 여기에서 "초자연적이고 영원한 목적과 관련해서 그가 이런 사역을 감당하실 수 있는 힘과 효력이 어디에서 나왔는가?"라는 질문이 제기될 수 있다. 그의 사역과 그 결과는 하나님의 영광의 모든 주요한 수단이며, 사람들의 영혼이 관심을 가져야 할 유일한 것이기 때문이다. 그리고 나는 이 힘과 효력이 바로 그의 거룩하고 신비로운 위격에서 나왔으며, 오직 그곳에서 모든 힘과 효력이 나와서 그의 사역 곧 그가 감당하셔야 할 모든 사역에 전달되었다고 말한다.

바로 이것을 선포하고 증명하는 것이 성경 히브리서 전체의 주요한 목적이었다는 것은 중요한 진리이다. 그리스도의 위격의 영광스러운 탁월성이 그로 하여금 자신의 사역의 목적들을 감당할 수 있도록 해주셨으며, 이런 사역은 비록 똑같은 임무가 부여되었더라도 다른 어느 누구도 감당할 수 없다는 것이 히브리서의 교리적 부분의 요약이며 핵심이다. 그러므로 우리는 여기에서 우리가 묵상하고 관심을 기울여야 할 내용을 발견하게 된다. 그렇다면 우리가 모든 생명과 능력이 나오는 그리스도의 위격에 대한 실질적인 믿음을 가지지 못한다면, 그의 사역을 통해 어떤 선도, 유익도, 열매도 얻을 수 없다는 것이 분명하기 때문이다.

하나님은 옛적에 교회에게 왕들과 제사장들과 선지자들을 주셨다. 그는 그들에게 기름을 부어 사역을 감당하도록 하셨으며, 그들이 사역을 감당하는 동안 그들과 함께 계셨고, 그들의 사역을 받아주셨다. 그러나 그들 중 어느 것을 통해서나, 그들 모두를 합해서도 교회는 초자연적으로 계몽이 되거나, 내적으로 통치를 받거나, 영원히 구원을 받지 못했으며, 그렇게 될 수도 없었다. 그들 중 일부는, 특별히 모세의 경우는 어느 누구도 참여할 수 없는 하나님의 능력과 임재를 경험했다. 그러나 그는 자신의 사역을 통해 교회의 구원자가 될 수 없었으며, 모형적으로 혹은 일시적으로만 그렇게 될 수 있었을 뿐이었다. 그들 모두의 사역은 자신의 능력으로는 도달할 수 없는 목표에 종속되어 있었다.

그러므로 교회의 구속과 구원은 하나님이 한 분을 자신의 사역으로 교회를 구속하시고 구원하시기 위한 왕이요, 제사장이요, 선지자로서 주셨다는 것에 의지할 뿐 아니라, 이런 목적을 위해 우리에게 주어지신 그 분의 위격에 의지하고 있다는 것이 분명하다. 이것은 사 9:6, 7에 잘 증거되어 있다. 이를 명확히 하기 위해 다음과 같은 것이 선포되어야 한다.

그리스도가 일반적으로 교회를 구원하시는 사역을 감당하실 수 있기 위해서는 반드시 두 가지가 필요하다. 그리고 이 두 가지는 어떤 지혜로도 헤아릴 수 없는 하나이며 똑같은 그리스도의 위격의 구성에 놓여 있다. 그러므로 여기에서 하나님의 무한한 지혜가 가장 영광스럽게 나타난다.

1. 이것들 중 첫 번째 것은 그가 본래 자신의 것이 아닌 본성을 제공받으셔야 했다는 것이다. 그의 신성만을 생각한다면, 그는 자신이 대신하여 사역을 감당해야 할 사람과 관련을 맺을 수 없기 때문이다. 그는 자신의 사역의 유익을 제공하고, 사역의 주요한 목적을 성취하기 위해 사람들과 필연적으로 관계를 맺으셔야 했다. 하나님은 신성으로는 죽으실 수도, 부활하실 수도, 왕과 구원자가 되시기 위해 높임을 받으실 수도 없다. 신성과 우리의 본성 사이에는 우리에게 이것을 통해 유익을 줄 수 있는 그런 특별한 연합이 없었다.

그리스도가 사역을 감당하신 것은 바로 사람을 위해서였다. 그는 천사들을 위해 사역을 감당하신 것이 아니었다. 그러므로 그는 그들의 본성을 취하시지 않으셨다. 그는 천사들의 본성을 취하지 않으셨는데(

히 2:16), 이는 그가 그들을 위한 중보자나, 그들의 구원자가 아니셨기 때문이다. 천사들 중 일부는 죄를 짓고 영원한 형벌을 받게 된 반면에, 본래의 의(義)를 보유하고 있는 천사들은 구속이 필요 없었다. 그러나 하나님은 사람을 위해 육체, 곧 인간의 본성을 준비하셨다(히 10:5). 그가 여자의 씨에서 나오리라는 약속은 교회의 기초였다. 곧 그는 이 약속 안에서, 이 약속에 의해 교회를 위한 기초가 되셨다(창 3;15). 이 약속을 성취하기 위해 그는 "여자에게 나셨으며", "율법 아래 나셨고"(갈 4:4), "자신에게 아브라함의 씨를 취하셨다". 자녀들이 혈과 육에 참여하고 있었기 때문에 "그 또한 한 모양으로 혈육에 함께 속하셨기" 때문이다(히 2;14). "그가 하나님의 일에 자비하고 충성스런 대제사장이 되어 백성의 죄를 구속하시기 위해 범사에 형제들과 같이 되심이 마땅하셨기" 때문이다(17절). 그리고 앞에서 언급한 두 가지 이유 때문에 그가 사역을 감당하시는 데 이것이 절대적으로 필요하셨다.

(1) 교회의 거룩과 구원이 전적으로 달려 있는 그의 사역들은 이런 본성 안에서, 이런 본성에 의하지 않고서는 이루어질 수 없었다. 오직 이 안에서만 그는 율법이 우리 안에서 성취될 수 있도록 율법에 순종하실 수 있으셨는데, 이런 순종이 없이 우리는 하나님의 심판대 앞에 설 수 없다. 롬 8:3, 10:3, 4을 보라. 오직 이 안에서만 그는 축복이 우리에게 임하도록 우리를 위해 율법의 저주를 감당하실 수 있으셨으며, 우리를 위한 저주가 되실 수 있으셨다(갈 3:13, 14). 그는 제사장으로서 죄를 구속하기 위해 반드시 하나님께 드려야 할 무엇인가 자신의 것을 가지고 계셔야 했다(히 8:3). 우리는 이 땅에서 그의 모든 사역에 대

해서도, 곧 그의 성육신의 모든 결과에 대해서도 똑같이 말할 수 있다.

(2) 바로 이 본성에 교회가 그의 중보사역에 참여할 수 있는 연합이 전적으로 달려 있다. 이것을 통해 그는 우리를 위한 화목제물(goel)이 되셨기 때문이다. 화목제물이 되신 그에게 구속의 권리가 속해 있고, 오직 그에게서 우리는 우리의 잃어버린 상태에서 구원을 얻을 수 있다. 사도는 이것을 히 2:10-18에서 신적인 영감으로 자세히 다루고 있다. 나는 이 장에 대한 나의 강해집에서 이 내용과 교회와 대제사장과의 연합의 필요성과 유익에 대해 자세히 다루었기 때문에 더 이상 이것을 다루지는 않을 것이다.[5] 똑같은 목적을 가지고 엡 5:25-27을 보라. 그러므로 만약 그가 우리의 본성을 취하지 않으셨다면, 그가 우리의 본성을 입고 사역을 하지 않으셨다면, 우리는 아무런 유익을 얻을 수 없었을 것이며, 영원히 멸망했을 것이다. 그러므로 그의 사역과 관련해서 그의 위격의 이런 구성은 필수적이었다.

2. 그러나 그가 올바른 목적대로 사역을 감당하시기 위해 필요한 것이 또 있다. 만약 그가 단지 인간이셨더라면, 그가 우리의 본성 이외에 다른 본성을 가지지 아니하셨더라면, 그가 하신 어떤 사역도 목적을 이루지 못했을 것이다. 나는 그의 신적인 위격의 영광을 위해, 그리고 이것을 믿음으로 우리가 얻을 유익을 위해 특별히 이것을 세부적으로 다룰 것이다.

(1) 그는 아무리 탁월하고 영광스럽다고 하더라도 단지 인간이셨더

---

5) 역자주 - 오웬은 히브리서에 대한 방대한 주석을 썼다. 이 책은 그의 전집 17-24권에 걸쳐 실려 있다.

라면, 교회의 위대하고 유일한 선지자가 되지 못하셨을 것이다. 그 이유로 우리는 다음과 같은 세 가지를 생각할 수 있다.

[1] 그는 모든 우주적 교회의 선지자이셔야 했다. 곧 그는 모든 시대 모든 장소에서, 세상의 시작에서 끝까지 하나님의 모든 택자, 곧 구원받을 모든 사람의 선지자이셔야 했다. 그는 땅에 계시는 동안 교회를 가르치시기 위해 개인적인 사역을 하셨다. 그러나 그의 선지자적인 사역은 그것에 국한되지 않는다. 그것은 한 나라에 국한되었으며 (마 15:24, 롬 15:8), 오직 잠시뿐이었기 때문이다. 그러나 교회는 선지자, 곧 교회에 하나님의 뜻을 드러내고 가르치는 분이 없이는 결코 존재하지 않았으며, 이것은 모든 것이 완성될 때까지 계속될 것이다. 그분은 오직 그리스도이시다. 그 이유는 다음과 같다.

① 나는 처음부터, 처음 약속을 주실 때부터 하나님의 아들은 하나님의 지혜와 뜻과 은혜를 따라 세워진 목적을 위해 교회를 특별한 방식으로 돌보셨다는 것을 인정한다. 그리고 나는 다른 곳에서 이 문제를 자세히 증명했기 때문에 이것을 당연한 것으로 인정한다. 그의 사역은 이 목적을 달성하기 위해 아버지와 자신 사이에 맺어진 영원한 언약에 기초한 것이었다. 하나님의 뜻을 가르치고, 그 뜻을 깨닫게 하여 구원받도록 하고, 영적인 지혜를 소유하도록 하는 것은 매우 중요한 사역이다. 이것이 없이 우리는 다른 어떤 축복도 참여할 수 없기 때문이다. 이렇게 가르치고 깨닫게 하는 것이 바로 그리스도의 선지자로서의 사역이다.

② 우리는 그가 심지어 성육신하시기 전에 자신의 사역을 받으셨

기 때문에 이 일을 하시기 위해 하나님에게서 보내심을 받으셨다고 말한다. "이스라엘을 다스릴 자, 그의 근본은 상고로부터 태초로부터이다"(미 5:2). 여기에서 그의 나오심은 아버지의 한 개별적인 영원한 행동으로 말미암은 그의 영원한 낳아지심을 의미하는 것이 아니라, 교회를 위한 그의 능력과 관심이 나타나고 행해진 것을 의미한다. 다음과 같은 표현들은 그가 태초에 그의 영원하신 작정들 속에서 교회의 기초가 되셨음을 의미한다. "만군의 여호와께서 이같이 말씀하시되 너희를 노략한 열국으로 영광을 위하여 나를 보내셨나니⋯⋯내가 손을 그들 위에 움직인즉 그들이 자기를 섬기던 자에게 노략거리가 되리라 하셨나니 너희가 만군의 여호와께서 나를 보내신 줄 알리라"(슥 2:8, 9). 보냄을 받으신 분이 자신을 "만군의 여호와"로 부르시며, 자신이 자신의 손을 흔들어 열국을 멸할 것을 선포하신다. 이 분은 하나님 자신 이외에 다른 어떤 분이실 수 없다. 곧 성육신하실 분은 다음 구절에서 선포되듯이 바로 하나님의 아들이셨다. "시온의 딸아 노래하고 기뻐하라 이는 내가 임하여 네 가운데 거할 것임이니라 그 날에 많은 나라가 여호와께 속하여 내 백성이 될 것이요 나는 네 가운데 거하리라 네가 만군의 여호와께서 나를 네게 보내신 줄 알리라"(10, 11절). 그는 자신이 백성들 가운데 거하실 것을 약속하셨는데, 이것은 "말씀이 육신이 되어 우리 가운데 거하실 때"(요 1:14) 성취되었다. 이 때는 이방인들을 불러 많은 민족들을 주께 결합시킬 때이며, "그들은 나의 백성이 될 것이다"라고 말한 것처럼 부름을 받은 사람들은 그의 백성들이라고 불려질 것이다. 그리고 "네가 만군의 여호와께서 나를 네게 보내신 줄을 알리라"고 말한 것처럼 이 모든 것을 통해 그가 만군의 여호와께로부터 보내심을 받았다는 것이 알려질 것이다. 그러므로 그가 교회를 향해 자신의 사역을 받으신 것과 관련해서 우리는 아들이신 만군의 여호와께서 아버지이신 만군의 여호와에 의해 보내심을 받았다고 말한다. 그는 성육신하시기 전에 교회의 선지자로서 교회를 가르치시고, 교회에 영적이며 구원받는 빛을 전할 목적으로 아버지로부터 계획이 되셨으며 보내심을 받으셨다. 그러므로 그는 유대인들에게 자신에 대해 "아브라함이 있기 전에 내가 있었다"라고 증거하셨다(요 8:58). 이것은 자신이 성육신하시기 전에 존재하셨다는 것을 명확히 증거하시는 것일 뿐 아니라, 자신이 아브라함이 존재하기 전부터 교회의 선지자이셨음을 증거하시는 것이다. 그는 아브라함이 존재하기 전부터 선지자로서 처음부터 늘 교회를 돌보아 오셨다. 그리고 그는 이 사역을 네 가지 방법으로 감당하셨다.

㈎ 그는 사람의 모양으로, 사람의 본성을 지닌 모습으로 인격적으로 나타나셨는데, 이는 그의 미래의 성육신을 나타내는 것이며, 그는 이런 모습으로 교회를 교훈하셨다. 그는 내가 전에 증명한 것처럼 아브라함과 야곱과 모세와 여호수아에게 그렇게 나타나셨다. 그리고 신자들을 교훈하기 위해 아들의 위격이 이렇게 특별히 나타난 것은 교회를 돌보는 사역이 그에게 특별한 방식으로 부여되었다는 것을 분명히 증거하고 있는 것이다. 그리고 나는 비록 이것을 증명하기에 약간의 어려움이 있다는 것을 알지만, 하나님이 우리에게 다가오시기 위해 인간의 감정을 취하셔서 계속해서 사람들을 다루고 계신 구약 전체가 아들

의 위격에서 나왔으며, 그의 미래의 성육신을 준비하고 기대하고 계신 것이라는 생각이 없지 않다.

㈏ 그는 천사들의 사역을 통해 이 사역을 감당하셨다. 그가 교회를 위해 하나님과의 중보자가 되기로 하셨을 때 천사들은 특별한 방식으로 그에게 의지하도록 주어졌다. 그가 모든 창조 세계의 새롭고 직접적인 머리가 되셨기 때문이다. 이것은 우리가 전에 다루었던 것처럼 "창세 전에" 그가 아버지와 함께 가지셨던 그 특별한 영광에 속하는 것이었다. 모든 것은 "하늘에 있는 것들과 땅에 있는 것들"의 머리가 되시는 그에게 새롭게 모여지게 되었다(엡 1:10). 그리고 그는 "모든 피조물보다 먼저 나신 자"가 되셨으며, 그들의 주요 소유자가 되셨다. 그러므로 모든 천사들의 사역은 그에게 종속되었으며, 그들을 통해 교회에 제공되는 하나님의 생각과 뜻에 대한 모든 교훈은 교회의 위대한 선지자이신 그로부터 직접 나왔다.

㈐ 그는 하나님이 자신을 드러내시는 선지자들에게 자신의 거룩한 영을 보내셔서 그들에게 영감을 주시고, 활동하게 하시고, 그들을 인도하게 하심으로 이 사역을 감당하신다. 하나님은 "세상이 시작한 이래로 자신의 거룩한 선지자들의 입을 통해서" 그들에게 말씀하셨다(눅 1:70). 그러나 그들 안에서 말하게 하시고, 교회의 구속과 구원과 관련된 일들을 계시하신 분은 그리스도의 영이셨다(벧전 1:11, 12). 그리고 이 영에 의해 그는 지금은 자신들의 불순종으로 말미암아 옥에 있는 노아의 시대에 불순종했던 자들에게 친히 설교하셨다(벧전 3:19, 20). 그는 멸망하고 불신하는 세상에 언제나 다양한 교훈을 주시는 교회의

선지자이셨기 때문이다. 그러므로 그는 "세상에 온 모든 사람"을 비추시는 분으로 언급된다(요 1:9). 그는 여러 방법으로 그들에게 하나님의 생각과 뜻을 밝히 알리신다. 비록 어두움이 깨닫지 못하더라도, 그의 빛이 어두움에, 곧 죄로 말미암아 사람의 마음을 뒤덮고 있는 어두움에 비취었기 때문이다(5절).

㈑ 그는 자신의 영으로 행동하고 움직이는 거룩한 사람들의 사역을 통해 이 사역을 감당하신다. 그는 그들을 통해 교회에 믿음과 순종의 한 영원한 규칙을 기록된 말씀으로 제공하셨다.

그러므로 교회를 가르치고 조명하는 사역과 일은 오직 처음부터 그의 손에 달려 있었으며 그에 의해 실행되었다. 이것은 단지 사람이신 분이 감당할 수 있는 일이 아니었다. 그의 인성은 마지막 날이 될 때까지, 곧 때가 찰 때까지 존재하지 않았다. 그러므로 그것은 이전에는 활동하여 아무런 영향도 끼칠 수 없었다. 그리고 사도가 하나님이 아들 안에서 말씀하시는 것과 선지자들 안에서 말씀하시는 것을 서로 반대되는 것으로 구분하였을 때, 그는 그것을 유대인의 교회에 대한 그의 개인적인 사역과 관련해서 그렇게 하신 것이지, 그가 모든 시대의 모든 교회에 생명과 빛의 특별한 원천이시라는 점에서 그렇게 하신 것이 아니다.

우리가 복음 아래 그리스도의 선지자적인 사역에서 구약 아래 즐겼던 것보다 훨씬 더 많은 말로 다 형언할 수 없는 유익들을 누리고 있다는 것은 사실이다. 그러나 그는 모든 시대에 똑같이 교회의 선지자이셨다. 오직 그만이 하나님의 생각에 대한 지식을 다양한 정도와 척도로 제공하셨다. 그리고 가장 완벽한 지식은 여러 가지 이유 때문에 복음 시대로 유보되어 있었는데, 그것의 총체는 하나님이 그리스도를 그의 개인적인 사역을 통해 모든 것 위에 뛰어나도록 계획하셨다는 것이다.

만약 "어떤 사람이 어떻게 주 그리스도가 인간의 몸을 입고 우리 가운데 거하시기 전에 교회의 선지자가 되실 수 있으셨는가?"라고 묻는다면, 나는 또한 그에게 "어떻게 세상을 떠나셔서 하늘로 올라가신, 우리가 더 이상 볼 수도, 들을 수도 없으신 그리스도께서 교회의 선지가가 되실 수 있는가?"라고 반문할 것이다. 만약 그들이 그가 그의 성령으로, 그의 말씀으로, 그가 임명한 사역으로 그렇게 하신다고 말한다면, 나는 그는 또한 성육신하시기 전에도 그렇게 선지자이셨다고 말할 것이다. 그리스도의 사역들을 그들의 가치와 힘과 효력과 관련해서 오직 복음 시대로 국한하는 것은 그 위에 세워진 은혜언약과 더불어 처음 약속을 전적으로 무너뜨리는 것이다. 그리고 그리스도가 성육신하셨을 때부터 믿음과 사랑과 신뢰와 교훈으로 받아들일 수 있는 그와 교회와의 관계가 시작되었다고 추측하는 사람들은 그리스도의 신적인 위격에 대한 불신앙에 의해 은밀히 영향을 받은 것이다.

[2] 어떤 피조물도 교회의 거룩과 구원과 관련된 하나님의 영광에 대한 그의 생각과 뜻과, 그의 모든 신적인 작정들을 즉시 완전히 알 수 없다. 그러나 교회의 선지자가 되실 분은, 곧 진리와 생명과 지식의 기초가 되실 분은 이것을 완전히 알아야 했다. 그러므로 그의 이름은 "기묘자요 모사"이셨다. 그는 하나님의 모든 영원한 작정들에 참여하셨다. 성육신하신 그분 안에 하나님의 지혜와 지식의 모든 보화가 감

추어져 있었다(골 2:3). 오직 그 안에서 이것은 있을 수 있었다. 그 안에 생명이 있었으며, "그 생명은 사람들의 빛이었다"(요 1:4). 하나님은 자신의 생각과 뜻을 천사들과 사람을 통해 드러내셨다. 그러나 그는 다양한 때에, 다양한 내용으로 그렇게 하셨다. 교회는 그것을 정당하게 받았을 뿐 아니라, 그것을 전달할 수 있었다. 하나님의 작정들은 모두 이해될 수 없다. 그러므로 그것들 중 선포되지 않은 것도 있다. 심지어 천사들도, 그들이 하나님의 얼굴을 보며 그 앞에 머물고 그로부터 받은 모든 영광스러운 소식들에도 불구하고, 그리스도의 위격적인 사역과 그 안에 나타난 하나님의 작정의 신비들에 대해 자신들이 전에 알았던 것보다 더 많은 것을 배웠다(엡 3:8, 9, 11, 벧전 1:12). 그리고 그들이 하나님의 작정을 다 알 수 없기 때문에 "하나님은 자신의 천사들을 어리석다고 책망하셨다"(욥 4:18). 또한 가장 뛰어난 선지자들도 하나님의 진리를 부분적으로만 받았으며, 그에게 나타난 계시들의 깊이를 다 이해하지 못했다(벧전 1:11, 12).

이런 이유 때문에 요 1:18에서는 "본래 하나님을 본 사람이 없으되 아버지 품속에 있는 독생하신 하나님이 나타내셨느니라"고 증거하고 있다. 본래 하나님을 본 사람이 없다고 할 때 여기에는 선지자들 전부가 포함된다. 다음과 같은 구절에서는 선지자들 중에서 으뜸인 모세와 주 그리스도 사이의 반정립이 잘 나타나 있다. "이는 율법은 모세를 통해 주어졌으나 은혜와 진리는 예수 그리스도를 통해 왔다". 그러므로 어느 누구도, 선지자이든 다른 어떤 사람이든, 어느 때고 하나님을 보지 못했다. 곧 교회에 선포된 대로 하나님의 작정들과 그의 생각과 뜻을 완전히 이해한 사람은 없었다. 이것은 아버지의 품속에 있는 독생하신 아들의 특권이었다. 그는 아버지의 영원한 기쁨이요, 사랑이셨을 뿐 아니라, 그의 모든 은밀한 작정들을 아시는 분이시요, 그의 친구요, 그의 품속에 있는 모든 생각에 참여한 분이시다.

그는 "나보다 먼저 온 자는 다 절도요 강도니 양들이 듣지 아니하였느니라"고 말씀하신다(요 10:8). 어떤 사람들은 경건치 못하게 이들을 구약의 선지자들에게 적용했다. 그러나 그가 여기에서 의도한 사람들은 스스로를 메시야요, 양의 목자인 척하는 거짓 선지자들이었다. 자신이 택한 양들은 그들에게 순종하지 않을 것이라고 그는 말씀하신다. 그러나 그 이전에 있던 사람들은, 각자이든 혹은 그들 모두를 합하든, 사실 그를 완전히 교회에 선포할 만큼 하나님에 대한 지식을 가지고 있지 못했다.

마치 모하메드가 자신과 자신의 코란에 대해 거짓으로 꾸며냈던 것처럼, 그리스도가 육체로 계실 때 하늘에 올리셔서 그곳에서 복음의 교리를 배우셨다는 소시누스주의자들의 주장은 그의 신적인 위격에 대한 자신들의 불신앙과 미움을 감추기 위해 만들어 낸 가장 어리석고 사악한 상상에 불과하다. 그가 하나님에 대한 완벽한 지식을 소유하게 된 완벽한 이유와 기초는 그가 자신의 인성을 하늘로 올렸기 때문이 아니라, 아버지의 품속에 계신 독생하신 아들이셨기 때문이다.

이런 이유 때문에 우리는 "하늘에서 내려온 자 곧 인자 외에는 하늘에 올라간 자가 없느니라"는 요 3:13과 같은 예수님 자신의 증거를 가지고 있다. 그가 여기에서 다루고 있는 내용은 하늘의 것들을 드러내는 것이었다. 다른 하늘의 신비와 비교해 볼 때 분명하고도 명확한 중생의 교리와 필요성에 대해 니고데모가 이해하지 못하고 있는 것을 발견하고, 그는 니고데모에게 "내가 땅의 일을 말하여도 너희가 믿지 아니하거든 하물며 하늘의 일을 말하면 어떻게 믿겠느냐"라고 물으셨기 때문이다(12절). 그러나 여기에서 그가 어떻게 그들이 전에 들어보지도 못했고, 어느 누구도 말해주지 않았던 하늘의 일들에 대해, 특별히 앞에서 말한 것에 대해 알게 되었는지 질문이 제기될 수 있다. 그는 "우리는 아는 것을 말하고 본 것을 증거하노라"고 대답한다. 그는 이것을 다음과 같이 설명한다. 지금까지 하늘에 올라간 자가 없다는 것은 어느 누구도 하나님의 모든 신적인 하늘의 작정들에 대해 알고 있는 사람이 없다는 것을 암시한다. 그 자신을 제외하고 어느 누구도 이런 하늘의 것들에 대해 완전한 이해를 가지고 있는 사람은 없었다. 그리고 그는 자신에 대해 두 가지 설명을 제시한다. 먼저, 그는 하늘에서 내려오셨다는 것이다. 다음으로, 그가 그렇게 하셨을 때에도 그는 여전히 하늘에 계속해서 계셨다는 것이다. 이 두 가지 속성은 그리스도가 하나님의 모든 작정을 완전히 소유하고 계신 분이시라는 것을 보여준다. 그는 성육신하심으로 하늘에서 내려오셔서 사람의 아들이 되셨다. 그러나 그는 동시에 자신의 신적인 본성의 본질과 영광으로 여전히 하늘에 계셨다.[6] 이것이 우리가 주장하는 것의 전체이다. 그리스도의 선지

---

6) 역자주 - 이것은 오웬이 그리스도가 인간의 몸을 입으셨을 때 이 땅에서 시공의 제약을 받고 계시지만, 신성으로는 여전히 시공의 제약을 받지 않으시고 하늘에서 다스리고 통치하고 계신다는 칼빈의 사상을 그대로 인정하고 있다는 것을 의미한다. 이런 사상을 일반적으로 extra calvinisticum이라 불린다

자로서의 직책은 바로 교회를 부르시고, 거룩하게 하시고, 구원하시는 것과 관련된 하늘의 신비들에 대한 지식과 계시에 놓여 있다. 그는 하늘에서 내려오신 분인 동시에 하늘에 계신 분이라는 것을 적극적으로 주장하신다. 이것이 우리가 논의하고 있는 그 영광스러운 위격이다. 자신의 신성의 영광과 본질 속에서 언제나 하늘에 계신 분이 하늘에서 내려오셨다는 것은 그가 지역적으로 자신이 머무시는 장소를 바꾸셨다는 의미가 아니라, 그가 자신과의 위격적인 연합으로 우리의 본성을 취하셨다는 것을 의미한다. 오직 그분만이 하나님의 뜻의 작정들의 영원한 신비들을 나타내시는 교회의 선지가 되실 수 있다. 오직 그 안에 "지혜와 지식의 모든 보화가 숨겨져 있었는데"(골 2:3), 이는 오직 그 안에만 "신성의 충만함이 육체로 거하셨기" 때문이다(9절).

나는 이것을 통해 전지(全知)와, 무한한 이해와 지혜와 지식이 그리스도의 인성에 주입이 되었다고 말하지 않는다. 그리스도의 인성은 유한하고 제한된 피조물이었고 피조물이다. 그리고 그것은 절대적으로 무한하고 편재한 속성들을 지닐 수 없다. 그것은 피조물이 수용할 수 있는 한 최대로 빛과 지혜에 의해 채워졌다. 그러나 이것은 신적인 본질이나 존재로 바뀌어서가 아니라, 성령이 그것에 한량없이 부어지심으로 그렇게 된 것이었다. 주의 영, 곧 지혜와 이해의 영, 모략과 재능의 영, 지식과 여호와를 경외하는 영이 그에게 머물렀으며, 그로 하여금 주를 경외함으로 주의 뜻을 즉시 이해하도록 만드셨다(사 11:2, 3).

[3] 그 안에 계셔서 자신의 은혜들과 은사들을 충만히 주시는 하나님의 영은 그에게 신성의 전지(全知)보다는 낮지만 모든 피조물의 이해

보다 더 뛰어난 이해를 특별히 주셨다. 그러므로 사람으로서 그는 자신에게 계시로 주어진 것이 아니면(계 1:1) 알지 못한 것들이 있었다(막 13:32). 그러나 그는 자신의 전 위격으로 교회의 선지자이셨으며, 하늘에서 아버지 품속에 있던 분으로서 하나님의 작정들을 드러내셨다. 하나님의 작정들에 대한 계시에 대해 사람을 신뢰하는 사람, 곧 육체를 의지하여 자신의 팔로 삼는 사람에게는 저주가 있다. 이 문제에 대해 선지자로서 그리스도를 의지하는 데 교회의 안전과 안보와 영광이 있다. 하나님과 하늘의 것들을 무시하는 사람들의 어두움은 얼마나 심각한 것인가! 우리의 처음 조상이 하나님으로부터 떠난 이래로 사람들은 얼마나 헛되고 비참한 길에서 방황해 왔는가! 하늘의 빛이 없는 사람들의 생각과 길보다 더 공포와 혼란이 가득 찬 것은 지옥 이외에 없다. 어리석은 상상에 사로잡혀 있으면서도 자신이 현명하다고 생각하는 사람의 상태는 얼마나 비참한 것인가! 의심과 불확실과 허영과 거짓에 사로잡혀 있으면서 하나님의 본성과 뜻과 자신들의 상태와 의무와 행복을 찾으려는 사람들의 시도는 얼마나 슬픈 일인가! 무한히 선하시고 자비로우신 분은 처음부터 이런 슬픈 상태에 있는 사람들에게 자신이 생각하기에 자신의 뜻을 받고 전달하기에 적합한 선지자들을 통해 자신의 뜻을 부분적으로 드러내셔서 그들에게 약간의 구원을 제공하셨다. 그는 그들을 통해 빛을 세워 밤의 별빛처럼 어두운 곳에서 빛나게 하셨다. 그러나 땅을 덮고 있는 어두움과 사람들을 덮고 있는 칠흑과 같은 어두움은 오직 의(義)의 태양이 떠오를 때 제거되었다. 지혜와 지식의 모든 보화가 감추어져 있고, 아버지의 품속에 계신 하나님의 아들의 신적인 위격이 우리에게 모든 거룩한 진리에 대한 완벽한 개념과 확실성을 제공하시고, 보이지 아니하고 영원한 것들에 대한 완전한 확신을 제공함으로써 이제 교회에 모든 것을 알리셨다.

우리가 신적인 빛 혹은 진리의 유익과 위로를 받을 수 있기 위해서는 세 가지가 필요하다. ① 그것이 충만히 드러나야 하며, ② 그것이 흠이 없어야 하며, ③ 그것의 출처가 권세가 있어야 한다.

① 우리가 알 필요가 있는 어떤 것이 유보되거나 숨겨져 있다는 두려움에서 우리를 자유롭게 하기 위해서 그것은 충만해야 한다. 이것이 없이 사람의 마음은 결코 진리를 아는 데서 안식을 얻을 수 없다. 계시되지 않아서 알지도, 행하지도 못한 것으로 말미암아 자신이 아는 모든 것이 자신에게 쓸모없이 될 수도 있다.

② 그것은 또한 오류가 없어야 한다. 우리가 다루고 있는 것들이 눈에 보이지 않는 신적인 진리들, 곧 인간의 이성의 범위를 뛰어넘는 하늘의 영원한 신비들에 대한 것이기 때문에 계시자가 절대적으로 오류가 없지 않다면, 그것들은 사람의 마음에 순종하도록 하거나 확신을 줄 수 없다. 그리고 그 똑같은 진리가 우리의 부패한 본성상 우리의 성향과 관심과 위배되는 의무를 요구할 때 우리의 의지가 생각에 있는 그것을 받아들이려면, 그것은 주권적인 권위를 가지고 있어야 한다. 이 모든 것은 교회의 위대한 선지자의 신적인 위격에서 절대적으로 그 안전을 보장받는다. 그의 무한한 지혜와 그의 무한한 선하심과 그의 본질적인 진실함과 그의 모든 것에 대한 주권적인 권한은, 우리에게 선포된 것 안에 유보되거나 잘못될 가능성이 있는 것이 없으며, 우리가 받

은 진리 명령들 중에 순종하지 말아야 할 것이 가장을 하고 숨어 있을 수 없다는 것에 대해, 피조된 이성이 가질 수 있는 한 가장 큰 확신을 우리에게 준다. 이것은 영혼에 "눈으로 볼 수 없고, 귀로 들을 수 없고, 사람의 마음으로 생각할 수 없는" 것들을 믿을 수 있도록 확실한 안식과 평강을 준다. 오직 이런 진리에 대한 확신 위에서 영혼은 모든 현재적인 만족들과 욕구들보다 뛰어난 보이지 않고 영원한 것들을 기쁨으로 선호하게 된다. 이런 확신에서 영혼은 현재의 가장 큰 즐거움을 뛰어넘고, 현재의 가장 극한 어려움을 극복하게 된다. 곧 그것은 현재의 일에서 미래의 보상을 선택하게 된다. 그리고 교회의 위대한 선지자이신 예수 그리스도의 신적인 위격을 믿지 않는 사람은 자기 자신의 유익이나 하나님의 영광을 위해 복음을 믿는 사람이 아니다. 그리고 그런 데서 자신의 영혼의 안식을 발견하는 사람은 하나님의 생각과 관련된 가르침에서 그와 함께 할 수 있는 어떤 것도 받아들이지 않는다.

③ 만약 그가 교회의 이 위대한 선지자의 사역을 감당하시려면, 그는 신적인 진리의 계시들이 사람들의 마음에 역사하도록 하시는 성령을 보내시는 능력과 권세를 가지고 계셔야 한다. 그가 가르치셔야 할 교회는 무지와 객관적인 빛이나 신적인 계시들의 부족으로 어두움 가운데 있을 뿐 아니라, 영적인 진리들이 계시되었을 때 그것들을 올바른 방법으로 받아들일 수 있는 능력이 없기 때문이다. 선지자의 사역은 우리의 외적이며 직접적인 빛인 진리의 교리들을 알리고 선포하는 것뿐 아니라, 우리가 실제로 그들을 붙잡을 수 있도록 우리 마음에 빛을 주는 것이었다. 그러므로 교회의 선지자로서 그리스도의 신적인 위격을

무시하면서도 자신들에게 외적으로 제시된 영적인 진리들과 하나님의 일들을 올바른 방식으로 받아들일 수 있다고 생각하는 사람들은 다른 마음을 품고 있는 사람들이다. 그러나 그들은 사도가 믿었던 것처럼 복음의 생명과 능력을 결코 경험할 수 없을 것이다(고전 2:9-12). 그런데 진리를 알 수 있도록 사람들의 마음에 내적으로 빛을 비추어 주는 것은 오직 하나님의 거룩한 영이 하시는 사역이시다(고전 1;17-19, 고후 3:18). 그러므로 성령을 보내셔서 사람들의 마음에 구원의 빛을 비추어 자신의 교리를 받아들이도록 할 수 있는 능력을 가지신 분이 아니시라면, 어느 누구도 교회의 선지자가 될 수 없다. 그리고 그것은 오직 성령이 나오신 그만이 할 수 있는 것이며, 그렇기 때문에 그는 자주 자신이 성령을 보내시겠다고 약속하셨다.

이런 일들에 대한 고려 없이 우리는 실제로 그리스도의 선지자적 사역의 구원하는 유익들과 열매들에 참여할 수 없다. 그리고 우리는 그의 사역의 생명과 효력이 나오는 영원한 원천으로서 그의 신적인 위격을 믿을 때만 그렇게 할 수 있다.

교회의 선지자로서 그에 대해 하나님이 주신 명령은 "이는 내 사랑하는 아들이요 내 기뻐하는 자라 그의 말을 들으라"는 것이었다. 우리가 실질적으로 그를 믿음으로 하나님의 독생자로 받아들이지 않는다면, 우리는 우리가 배워야 할 진리를 배울 수 없을 것이다. 그러므로 그의 신적인 위격을 거절하는 사람들은, 비록 그들이 그를 교회의 선생으로 인정하는 척함에도 불구하고, 그에게서 아무런 진리를 배우지 못하고, 그 대신에 치명적인 오류들을 붙잡는다. 소시누스주의자들과 그를 따르는 사람들이 바로 그런 사람들이다. 그들이 그리스도의 다른 사역을 받아들이지 않고 선자자로서의 사역만을 받아들일 때 그들은 그리스도를 하나님의 생각을 가르치기 위해 보내심을 받았고, 자신의 고난을 통해 자신의 가르침을 확증하셨고, 그로 말미암아 후에 하나님께 높임을 받으신 사람으로만 취급하여, 결과적으로 그에게서 올바른 방법으로 아무것도 배우려 하지 않기 때문이다.

그러나 그리스도의 위격에 대한 올바른 고려는 우리로 하여금 하나님의 생각과 뜻을 알 수 있도록 하는 데 필수적인 모든 높은 자질들을 우리 안에 생성시킬 것이다. 그곳에서 우리의 존경과 겸손과 믿음과 기쁨과 확신이 일어나고 흘러나오기 때문이다. 이것에 대한 지속적인 고려가 없이 자신의 최선의 노력을 통해 하나님의 뜻을 알기를 바란다고 할지라도 이것은 쓸모없는 것이다. 그리고 이것을 고려하지 않는 것이 많은 사람 사이에서 복음의 가르침이 생명력이 없고 거룩한 지식이 되지 못하는 원인이다. 그들은 그리스도에게서 진리를 배우지 못하므로 그의 신적인 능력에서 나오는 모든 가르침을 기대할 수 없다. 그러므로 그들은 영혼으로 하여금 자신들이 알고 있는 것들을 사랑하고 기쁨으로 행하도록 하는 그리스도의 아름다움이나, 능력으로 마음을 그의 형상이나 모양으로 바꾸어 놓는 진리를 결코 알 수 없다.

(2) 우리는 그리스도의 왕으로서의 사역과 능력과 관련해서도 똑같은 것을 말할 수 있다. 그러나 나는 이것을 다른 곳에서, 곧 히 1:3의 주석에서 똑같은 목적을 가지고 자세히 다루었다. 그러므로 나는 여기에서 이것을 크게 다루지는 않을 것이다.

어떤 사람은 그리스도의 교회를 향한 왕으로서의 능력은 그가 임명한 통치자들에게 순종할 것을 요구하시는 오직 복음과 율법에 의한 외적인 통치에만 해당된다고 생각하는 것 같다. 이것도 또한 그의 왕으로서의 권한과 통치에 속한다는 것은 사실이다. 그러나 그것이 오직 여기에만 속한다고 추측하는 것은 그의 신적인 위격을 거부하는 데서 나온 것이다. 만약 그가 모든 것 위에 계신 하나님이 아니시라면, 그에게 어떤 말을 붙여놓더라도 그는 그런 능력과 통치를 행사할 수 없으시다. 그러나 사실 왕으로서 그의 어떤 사역도 그의 신적인 위격에 대한 고려가 없이는 올바르게 생각될 수도, 이해될 수도 없다. 나는 이것을 증명하기 위해 일반적인 차원에서 두 가지 예를 들 것이다.

[1] 그의 능력과 통치의 범위가 이 사실을 증명한다. 그것은 하나님의 모든 피조물이다. "하늘과 땅에 있는 모든 권세가 그에게 주어지셨다"(마 28:18). "만물을 저의 발아래 두셨다"(고전 15:27). 그리고 그는 "만물 위에 교회의 머리"가 되셨다(엡 1:22). 그는 마지막 날에 거룩한 천사들처럼 외적인 법의 규칙을 넘어선 존재들과, 귀신들처럼 그 모든 규칙을 버린 존재들뿐 아니라, 본질상 외적인 법이나 규칙에 복종할 능력이 없는 하늘과 땅과 바다와 같은 비생명체들과, 그들 안에 혹은 그들 아래 있는 모든 것과, 사람들의 죽은 육체들을 부활시킬 것이다.

온 피조물에 대한 이런 능력은 그것을 다스리고 통치하는 도덕적인 권한뿐 아니라, 그것은 자신의 뜻에 따라 움직이고 질서를 잡고 처리할 수 있는 힘 혹은 전능한 능력을 수반하고 있기 때문이다. 그러므로 사도는 시편 말씀을 인용하면서 히 1:10-12에서 다음과 같이 서술한다. "주여 태초에 주께서 땅의 기초를 두셨으며 하늘도 주의 손으로 지은 바라 그것들은 멸망할 것이나 오직 주는 영존할 것이요 그것들은 다 옷과 같이 낡아지리니 의복처럼 갈아입을 것이요 그것들이 옷과 같이 변할 것이나 주는 여전하여 연대가 다함이 없으리라". 그는 왕으로서 사역을 감당하시기 위해, 곧 모든 것을 처음에 창조하시고 그들 모두를 사람이 옷을 갈아입는 것처럼 마지막에 바꾸실 수 있기 위해 능력이 필요하시다. 이렇게 일하기 위해서는 영원성과 불변성과 더불어 전능성이 필요하다.

이런 능력이 아무리 영광을 받고 높임을 받는다고 하더라도 단순한 피조물에게 있을 수 있다고 생각하는 것은 헛된 망상에 불구하다. 그것은 모든 본질적인 신적인 속성들과 일치하며 그것과 분리될 수 없다. 그리고 하나님의 속성들이 있는 곳에 하나님의 본성이 있다. 그의 본성과 속성들은 하나이며 똑같기 때문이다.

만약 주 그리스도가 교회의 왕으로서 단지 사람이실 뿐이며 오직 사람으로만 간주가 되신다면, 아무리 그가 높임을 받으시고 영광을 받으신다고 하더라도, 아무리 그가 영광과 위엄과 권위를 부여받으신다고 하더라고, 그는 자기가 있는 곳을 벗어나서 즉시로, 직접적으로 어떤 실질적인 물리적 힘을 행사할 수 없으실 것이다. 그렇게 되면 그의 사역은 오직 하늘에서만으로 국한되게 될 것이다. 성경은 만유가 회복될 때까지 하늘이 그를 받아 둘 것이라고 말하고 있기 때문이다(행 3:21). 이렇게 볼 때 그의 통치와 능력은 이 땅에 있는 교회에 가장 큰 불이익이 될 것이다. 가령 교회가 하나님 아버지의 통치 아래 있다고 생각해 보라. 그는 자신의 전능과 편재, 전지와 무한한 지혜를 가지고 우리 모두와 언제나 동행할 수 있으시며, 우리의 모든 부족을 아시고, 자신의 뜻의 작정을 따라 즉시 위로를 주신다. 이것이 믿음의 안정된 기초이며 영원한 위로의 원천이다. 그러나 이제 모든 능력과 모든 판단과 모든 통치가 아들에게 전달되어 아버지께서 그 안에, 그에 의해서가 아니면 교회를 향해 아무것도 하실 수 없다고 한다면, 만약 그가 그와 똑같은 신적 능력과 속성들을 가지고 있지 않다고 한다면, 교회의 신앙의 기초는 무너지고 교회의 위로의 원천은 전적으로 말라버리고 말 것이다.

나는 스스로 임재하셔서 사람들의 마음속에 자신이 원하시는 변화를 일으키실 수 없으시고, 하나님의 모든 피조물 속에서 나를 건져내시고 보존하시고 구원하시고, 나의 육체를 마지막 날에 일으키실 수 없는 분을 나의 하늘의 왕으로 믿을 수 없다.

교회의 왕이요 머리로서 주 그리스도가 언제나 모든 피조물을 구원하실 수 있는 무한한 신적 능력을 가지고 계시지 않다고 추측하는 것은 전적으로 모든 믿음과 희망과 기독교 전체를 버리는 것이다. 그는 하나님의 피조물의 전체나 일부를 바꾸어서라도 그렇게 하실 수 있다. 그는 불이 타지 않도록 하시거나, 물이 넘치지 않도록 하시거나, 고통을 겪고 있는 사람들의 고통을 단번에 그들의 생각이나 능력에서 제거하실 수 있다. 그들이 고통을 겪는 것은 그가 언제나 지혜가 부족해서도 아니며 능력이 부족해서도 아니다.

그러므로 왕으로서 사역을 감당하시는 주 그리스도께 외적인 수단의 도움을 받아 법과 규칙으로 다스리는 도덕적인 힘만을 인정하고,

그로부터 모든 피조물 안에서, 모든 피조물에 대해 자신의 뜻에 따라 행하실 수 있는 편재와 전지와 무한한 신적인 능력을 제거해 보라. 그러면 당신은 모든 그리스도인의 신앙과 희망을 땅에 떨어뜨리게 될 것이다.

주 예수 그리스도가 자신의 신적인 능력과 임재를 가지고 놀라고 두렵고 위험한 상황에서, 부름을 받은 시련이나 의무에서, 싸워야 할 어려움 속에서 즉시 그들을 도우시고 건져내실 수 있다는 믿음이 없이 세상을 이길 있는 수 있는 참된 신자는 있을 수 없다. 그리고 이런 일들을 그의 신적인 본성에 대한 고려 없이 기대한다는 것은 슬프게도 우리 자신의 영혼들을 속이는 것이다. 이것은 하나님이 하시는 일이기 때문이다.

[2] 교회의 왕으로서 그리스도의 통치는 믿는 모든 사람의 마음과 영혼과 양심에 미치는 내적이며 영적인 것이다. 어떤 신자도 세상에서 어느 때이고 그리스도의 왕권의 영향과 지도를 받지 않고는 죄와 반대되는 의무를 감당할 수 없다. 나는 모든 신자가 공통된 믿음과 공통된 그 믿음에 대한 영적인 감각과 경험을 가지고 있다고 생각한다. 그들은 자신들의 영적인 삶에서 자신들 안에서 살아서 은혜로운 행동을 일으키시는 효율적인 원인은 바로 그이며, 그가 없이는 자신들이 아무것도 할 수 없다는 것을 안다. 그들은 자신들의 가장 은밀한 은혜의 행동일지라도 그의 눈 아래 그의 도우심에 의해 행해졌다는 것을 안다. 매 순간 그들은 자신들의 마음의 내적인 활동에서 즉시 그분을 자신들보다 더 가까이 계신 분으로 바라보며, 그의 지혜와 능력에서 자신들이

조금이라도 떨어져 있다고 생각하지 않는다. 그리고 이렇게 되기 위해서는 두 가지가 필요하다.

① 그가 세상에 있는 모든 신자의 모든 구조와 성향과 사고와 내적인 활동들에 대해 모든 시간에, 모든 순간에 실질적으로 알고 있어야 한다($\kappa\alpha\rho\delta\iota\circ\gamma\nu\acute{\omega}\sigma\tau\eta\varsigma$)는 것이다. 이것이 없이 그는 그들의 영혼과 양심에 우리가 서술한 그런 통치를 행사할 수 없으시며, 그들은 매사에 그에 대한 믿음을 행사할 수 없다. 어떤 사람도 자신의 마음의 모든 생각과, 자신의 영혼의 은밀한 탄식과 한숨과, 죄를 이기고 그리스도를 본받고자 하는 자신들의 영혼의 모든 내적인 수고를 그리스도가 지속적으로 보고 알고 있다는 확신이 없다면, 그에 대한 믿음으로 살 수도, 그의 주권적인 능력을 의지할 수도 없을 것이다. 그러므로 모든 것이 그의 눈 앞에 벌거벗은 것처럼 드러날 것이라고 언급된다(히 4:13). 그리고 그는 자신을 사람의 뜻과 마음을 살피는 자, 곧 아는 자라고 말씀하신다. 그리고 만약 이런 것들이 신성의 특별한 속성들이 아니라면, 나는 그렇게 평가받을 수 있는 것에 대해 아무것도 알지 못한다.

② 이를 위해 그는 신자들의 영혼의 모든 행위에 영향을 미칠 수 있는, 곧 그들이 의무를 감당할 때나 시험을 당할 때 그들에게 친밀하면서도 실질적으로 영향을 미칠 수 있는 능력을 가지고 있어야 한다. 이 모든 것은 교회의 왕이요, 머리이신 그에게서 찾아지고, 기대되고, 받게 된다. 이것 또한 신적이며 무한한 능력의 결과이다. 그리고 주 그리스도에게서 이것들을 거부하는 것은 기독교의 기초를 무너뜨리는 것이다. 그에 대한 믿음도, 그에 대한 사랑도, 그에 대한 의존도, 그의 권

위에 대한 순종도, 그가 모든 믿음의 사람들 안에서 일어나는 하나님의 모든 생명의 역사에 실질적으로 영향을 미칠 뿐 아니라, 모든 사람의 마음과 뜻과 생각을 직접적으로 감찰하신다는 확신이 없이는 한순간도 유지될 수 없다. 그리고 이것에 대한 믿음의 부족은 많은 사람의 마음에서 그에게서 멀어지게 하는 것이며, 구원하는 능력을 가지고 있는 기독교 대신에 생명이 없는 무덤과 같은 기독교를 만들어 낸다.

(3) 그의 제사장으로서의 직분과 그 모든 사역에 대해서도 똑같이 언급될 수 있다. 그가 자신을 우리를 위한 희생제물로 드리신 것은 바로 인성 안에서, 인성에 의해서이다. 그는 무언가 자신이 드려야 할 것이 계셨으며(히 8:3), 이 목적을 위해 그를 위해 몸이 준비되었다(5:5). 그러나 자신을 한번 드림으로써 온 교회의 죄를 사하고, 거룩하게 된 그들을 영원히 완전하게 하는 것은 사람의 사역이 아니었다(히 10:14). 하나님은 자신의 교회를 "자신의 피로써" 값을 주고 사셨다(행 20:28). 그러나 이것 또한 나는 다른 곳에서 자세히 다루었다.

다음과 같은 것이 우리가 주장하는 것의 총체이다. 우리는 만약 그리스도의 신성에 대한 믿음이 실질적으로 전체의 기초로서 행사되지 않는다면, 그의 사역들에 대한 올바른 이해도 가질 수 없으며, 그것들로 말미암은 어떤 유익도 받을 수 없으며, 그것들과 관련된 혹은 그것들 중 어느 하나와 관련된 어떤 의무도 제대로 행할 수 없다. 그의 신성이 그의 사역들의 모든 영광과 능력과 효력이 나오는 원천이기 때문이다. 그러므로 우리가 그의 통치와 관련하여 무엇을 하든지, 그의 성령과 은혜의 전달을 통해 무엇을 받든지, 우리가 그의 성령의 가르침을 통해 그의 말씀에서 무엇을 배우든지, 우리가 우리를 대신한 그의 희생과 중보를 통해 어떤 유익을 믿고 기대하고 받든지, 그것들 모두에 대한 우리의 믿음은 최종적으로 그의 신적인 위격에 달려 있다. 교회는 그의 사역들에 의해 구원을 받는다. 그것들은 그의 사역이기 때문이다. 다음과 같은 것이 하나님 우리 아버지가 그에 관해 주신 증거의 실체이다. 하나님은 자기 아들에 대해 "또 증거는 이것이니 하나님이 우리에게 영생을 주신 것과 이 생명이 그 아들 안에 있는 그것이라"고 증거하셨다(요일 5:10, 11). 영생은 우리를 대신하신 그리스도의 중보사역을 통해 획득되어 우리에게 주어진다. 그러나 그것은 본래 그 안에 있었으며, 우리는 그에게서 그의 사역을 통해 그것을 받는다. 이 생명이 하나님의 아들 안에 있었기 때문이다. 그러므로 그리스도의 신적인 위격을 거부하는 모든 사람은 그리스도로 하여금 자신의 사역을 통해 교회를 구원하기에 전적으로 불가능하도록 만드는 사람들이다.

ΧΡΙΣΤΟΛΟΓΙΑ:

OR,

A DECLARATION OF THE GLORIOUS MYSTERY

OF

THE PERSON OF CHRIST — GOD AND MAN

제 8 장
구약 아래서 그리스도의 위격에 대한 교회의 믿음

구약 아래서 그리스도의 신적인 위격에 대한 교회의 믿음에 대한 간단한 점검은 우리가 지금 하고 있는 대화를 마무리짓고, 또 다른 우리의 의무가 따라오는 다음 주제로 넘어갈 수 있는 길을 준비해 줄 것이다.

모든 신자의 믿음이 태초에 그와 관련되어 있었으며, 그것을 거부하는 것은 구약과 신약을 거부하는 것임을 나는 후에 증명할 것이다. 그러나 그들의 믿음이 원칙적으로 그의 위격과 관련이 되어 있다는 것은 여기에서 선포될 것이다. 그들은 그 안에서 자신들의 구원과 거룩에 대한 하나님의 작정들의 기초가 놓여 있었다는 것을 알고 있었다. 그렇지 않았다면, 그들은 그의 사역에 대해, 혹은 그가 교회를 구속하시는 방법에 대해 명확히 알지 못했을 것이다. 사도 베드로는 "주는 그리스도시요 살아 계신 하나님의 아들이시니이다"라는 그에 대한 자신의 고백에서(마 16:16), 곧 그는 교회의 구속주요 구원자시라는 고백에서 그가 메시야에 대한 약속을 그리스도께 적용시켰다는 점에서 구약의 믿음을 넘어섰다. 그럼에도 불구하고 그 당시 그는 그가 어떻게 그렇게 되실 수 있는지에 대한 방법에 대해서는 거의 알지 못했다. 그러므로 그리스도가 자신의 제자들에게 자신이 고난을 받으시고 죽임을 당하실 것이라고 선포하셨을 때 그는 이를 받아들이지 않고 "주여 이 일이 결코 주에게 미치지 아니하리이다"(22절)라고 말했다. 그가 그분을 그리스도시요 살아 계신 하나님의 아들이라고 고백했을 때, 이는 "혈과 육"으로, 곧 자신의 이성과 이해로 된 것이 아니라, 하늘에 계신 아버지께서 그렇게 할 수 있도록 하신 것이었다. 마찬가지로, 그가 그리스도가 자신의 죽으심으로 교회를 구속하고 구원하실 것이라는 것을 믿기 위해서는 똑같이 전능하신 손에서 신선한 도움을 받아야 했다. 그러므로 그는 위로부터 내적인 도움을 받기 전까지 그리스도가 친히 말씀하신 자신의 고난과 죽음에 대한 외적인 계시와 명제를 받아들일 수 없었다. 그리고 우리가 지금 그리스도 혹은 그의 죽음에 대해 다른 조건으로 믿음을 가질 수 있다고 생각하는 것은 우리가 전혀 믿음을 가지고 있지 않다는 것을 증거하는 것이다.

그러므로 구약 아래서 성도들의 믿음은 원칙적으로 그리스도의 위격과 관련이 있었다. 그들은 그가 어떤 분이시며, 때가 차서 그가 여자의 씨에서 나오게 될 때 어떤 모습을 하실 것이며, 그의 특별한 사역은 무엇이며, 하나님의 지혜와 은혜에서 나오는 그를 통한 교회의 구속의 신비는 무엇인지에 대한 믿음을 가지고 있었다. 그들은 그에 의해 자신들이 자신들의 모든 원수들의 손에서, 하나님께 대한 처음 범죄와 배교로 말미암아 그들에게 떨어진 모든 악에서 구원을 받을 것이라고 믿었다.

하나님은 실질적으로 그들에게 그의 직분과 사역을 나타내는 예표들과 모형들을 주셨다. 그는 율법의 대제사장들과 성막과 그와 관련된 모든 봉사의 내용들을 통해 그렇게 하셨다. 모세가 하나님의 집에서 성실한 종으로서 했던 모든 것은 단지 "후에 이야기될 것들에 대한 증거"였을 뿐이다(히 3:5). 그럼에도 불구하고 사도는 이 모든 것은 단지 "장차 오는 좋은 일의 그림자요 참 형상은 아니다"라고 말했다(히 10:1). 그리고 비록 그들이 지금 우리에게는 그리스도의 중보사역에 대해 분명히 드러내며 빛과 교훈으로 가득 찬 것으로 나타나지만, 그 당시 그들에게는 그렇지 않았다. 지금은 그들을 덮고 있던 천이 제거되어 복음을 통해 그들 안에 있던 하나님의 작정들이 분명히 나타났기 때문이다. 그러므로 가장 비천한 신자라고 할지라도 이제 구약의 선지자들이나 지혜자들이 알았던 것보다도 구약의 모형들을 통해 그리스도의 사역에 대해 더 많은 것을 발견할 수 있다. 그러므로 구약의 선지자들과 지혜자들은 언제나 간절하게 그들이 성취될 것을, 새벽 날개를 치고 날이 밝아 의의 태양이 떠올라 어두움이 제거되고 그 실체가 분명히 나타날 것을 열망했다. 그럼에도 불구하고 그들은 그리스도의 위격에 대한 영광스러운 계시들을 가지고 있었으며, 그에 대한 그들의 믿음은 그들의 모든 순종의 생명이었다.

하나님과 사람 사이에 새로운 교제를 수립했던 첫 번째 약속은 그의 성육신과 관련된 것이었다. 그것은 그가 여자의 후손이 될 것이라는(창 3:15), 곧 하나님의 아들이 "여자에게서, 율법 아래서 나실 것"이라는 약속이었다(갈 4:4). 이 약속을 주신 이래로 모든 교회의 믿음은 하나님이 그들을 구속하시고 구원하시기 위해 우리의 본성으로 보내실 그에게 고정되어 있었다. 이 약속에 대한 믿음 이외에 그에게 용납이 되는 다른 어떤 것도 제공되거나 선포되지 않았다. 이 약속에 나타난 하나님의 계획은 구세주가 되도록 약속이 되신 분에 대한 믿음 이외에 다른 어떤 방법도 받아들이지 않을 것이다. 이 약속은 교회가 던져진 죄와 배교의 상태에서 인간을 구원하기 위해 하나님이 자신의 지혜와 은혜로 계획하신 유일한 방법이었다. 사람들이 이 약속을 통해 주어진 하나님에 대한 믿음을 버리고 창조와 섭리의 행위를 통해 주어진 교훈들에 참여함으로써 구원을 받을 수 있다고 생각하는 것은, 그들이 무엇을 믿고 구원을 받아야 하는지에 대해 무지하거나 잊어버리고 있지 않은 한, 더 이상 사람들의 마음을 사로잡을 수 없는 상상에 불과하다.

아브라함에게 주신 위대한 약속은 하나님이 그 후손으로 말미암아 땅의 모든 민족이 복을 받게 하실 것이라는 것이었다(창 12:3, 15:18, 22:18). 이 약속은 사도에 의해 설명이 되고 그리스도께 적용이 되었다(갈 3:8). 아브라함이 여호와를 믿으니 여호와께서 이것을 의로 여기셨는데(창 15:6), 이는 그가 그리스도의 날을 보고 즐거워하였기 때문이다(요 8:56). 야곱이 자기 아들들에게 교훈한 믿음은 실로가 오실 것이며, 그에게 민족들이 모여들 것이라는 것이었다(창 49:10). 욥의 믿음은 자기의 구속자가 살아 계신 분이시며, 그가 마지막 날에 땅 위에 서실 것이라는 것이었다(욥 19:25). 다윗에게 주신 계시들은 주로 그의 위격과 그의 영광에 대한 것이었다. 시 2, 45, 68, 72, 110, 118편을 보라. 특히 시 45편과 72편을 비교해 보라. 이 시편들을 그에 대한 기자들의 이해를 제시하고 있다. 다니엘의 믿음은 하나님이 자신을 위해 자비를 보여주실 것이라는 것이었다(단 9:17). 모든 선지자들의 믿음은 "구속자가 시온에 임하며 야곱 중에 죄과를 떠나는 자에게 임하리라"는 것이었다(사 59:20). 구약 아래서 그가 개인적으로 나타나신 것들은 모두 똑같은 본성을 가지고 있다. 특별히 그에 대해 가장 잘 묘사하고 있는 것은 이사야 6장과 그의 영광스러운 이름을 나타내신 11장 6절이다.

사실 이들과 다른 선지자들은 또한 그의 고난에 대한 계시들을 가지고 있었다. "그들 속에 계신 그리스도의 영이 그 받으실 고난과 후에 얻으실 영광을 미리 증거하셨기" 때문이다(벧전 1:11). 우리는 이것에 대한 증거를 시 22편과 사 53장에서 발견할 수 있다. 그럼에도 불구하고 그에 대한 그들의 개념들은 어둡고 애매했다. 그들의 믿음은 주로 그의 위격과 관련된 것이었다. 그러므로 그들은 그의 오심 혹은 그의 육체로 나타나심에 대한 열망과 기대로 가득 차 있었다. 하나님은 교회가 궁핍과 어려움을 겪을 때 약속을 새롭게 하심으로써 교회를 새롭게 하셨다. 그리고 이것을 통해 하나님은 백성들로 하여금 자신들의 육체를 신뢰하거나 자신들의 현재의 특권들을 자랑하지 못하도록 하셨다.

시간이 흘러가면서 이스라엘의 교회에 효과적으로 나타났던 이 믿음은 생명력이 없는 의견으로 전락되어 결국 교회의 파괴로 끝이 났다. 그들이 실질적으로 모든 영적인 대적자들 속에서 교회의 구원자요 구속주로서, 죄를 끝내시고 영원한 의를 가져오실 분으로서, 자신들의 모든 현재의 규율들이 달려 있고 그것들을 인도하시는 분으로서 그에 대한 믿음을 가지고 사는 동안, 그들은 모든 은혜의 사랑과 열정과 인내로써 그 약속이 성취되어 자신들 속에 풍성히 나타나기를 기다렸다. 그러나 시간이 지나면서 그들은 점점 육체적이 되어 자신들의 의(義)와 자신들이 율법을 통해 얻은 특권들을 신뢰하게 되었다. 그 결과 그리스도의 위격에 대한 그들의 믿음은 그는 단지 시간적인 왕이요 구원자이실 뿐이시며, 의와 구원을 위해 자신들은 자신들과 율법을 신뢰해야 한다는 부패하고도 완고한 의견으로 전락해 버리고 말았다. 그리고 사실 하나님의 약속들의 모든 은혜를 버린 이런 왜곡된 견해는 그들의 전적인 파멸을 불러왔다. 그가 계속되는 기대 속에서 그렇게 오랜 세월이 지난 후 육체로 오셨을 때 그들은 그를 자신들이 바라던 모양과 아름다움을 가지지 못한 분으로 거절하고 경멸하였기 때문이다. 이것은 다른 교회들에서도 마찬가지이다. 처음에 뿌려졌을 때 참으로 영적이고 복음적이었던 믿음은 계속되는 시대를 거치면서 생명이 없는 의견으로 전락해 버리고 말았다. 똑같은 진리들이 여전히 고백되고 있지만, 그 고백은 똑같은 원인에서 나오지 않으며, 사람들의 마음과 삶에서 똑같은 결과를 낳지 못한다. 어떤 교회들은 그들이 처음에 가졌던 것과 똑같은 육체의 모습을 계속해서 가지고 있지만, 살펴보면 그 안에 살리는 은혜의 영이 거하시지 않는 생명이 없고, 숨을 쉬지 않는 시체와 같다. 그리고 교회가 이전에 고백된 진리들을 부패시키고 그들을 현재의 정욕과 사람들의 성향에 맞도록 바꿀 때, 그 교회가 어떤 교회 이든지 유대인들의 교회와 마찬가지로 파멸될 것이다.

ΧΡΙΣΤΟΛΟΓΙΑ:
OR,
A DECLARATION OF THE GLORIOUS MYSTERY
OF
THE PERSON OF CHRIST — GOD AND MAN

제 9 장
그리스도의 위격에 돌려야 할 영예 – 그 본질과 원인들

그리스도의 위격의 영광과 영예와 관련해서 앞에서 다룬 주제들과 마찬가지로 종교의 모든 기본적인 교리들에 대해 똑같이 많은 것이 고려될 수 있다. 그리고 우리의 의무는 이 모든 교리들에서 "우리의 도리의 사도시며 대제사장"이신 분, 곧 "우리의 신앙의 저자시요 완성자"이신 분에 대해 고려하는 것이다. 이제 나는 더 이상 머뭇거리지 않고 그를 향한 우리의 의무를 직접적으로 요구하는 진리들을 다룰 것이다. 부지런히 이 진리들을 살피지 않으면서도 그리스도인들이라는 이름을 가지고 있는 것은 쓸모없다. 그리고 우리가 주장하고자 하는 것은 다음과 같이 요약될 수 있다.

"기독교의 영광과 생명과 힘은, 곧 사람들의 영혼에 자리를 잡고 있으면서 사람들로 하여금 특별히 기독교적인 행동을 하게 하고, 기독교적인 의무를 요구하고, 기독교를 통해 모든 혜택과 특권을 누리도록 하며, 이것을 통해 하나님께 영예와 영광을 돌리도록 하는 것은 본질적으로든, 원인적으로든 모두 그리스도의 위격과 관련이 되어 있다. 그리고 이와 다르게 생각하는 사람은 그리스도인이 아니다".

이 문제를 확증하기 위해 "그리스도의 위격이 종교에 무슨 소용이 있는가?"라는 질문에 대한 대답이 주어져야 한다. 우리 중에 어떤 사람들이 교회가 신앙으로 오랜 세월 동안 방해받지 않고 고백했던 문제에 대해 이와 같은 도전을 제시했기 때문이다. 그들의 견해에는 종교에 그리스도의 위격이 전혀 쓸모없다는 전제가 깔려 있다. 그러나 그것은 쓸모없는 상상에 불과하며, 유일하신 중보자에 의해 하나님과 인간 사이의 모든 실질적인 교제를 파괴시키는 것일 뿐이다.

종교의 모든 행위에서 그리스도의 위격과 관련해서 우리가 감당해야 할 의무는 네 가지로 정리된다. I. 영예, II. 순종, III. 일치, IV. 모든 복음적인 특권들, 곧 모든 은혜와 영광을 얻고 받기 위해 우리가 그에게 해야 할 의무들. 그리고 여기에 기독교적이며 복음적인 우리 종교의 모든 것이 들어 있다.

I. 그리스도의 위격은 신적인 영예를 받으시고 예배를 받으셔야 할 대상이다. 그것이 형식적인 영예와 예배의 대상이 되는 이유는 그것의 신성과 그 신성의 본질적 탁월성들 때문이다. 모든 합리적인 피조물들은 신적인 존재에 그의 계시와 활동에 의해 마땅히 영예와 예배를 드려야 한다. 그러므로 그리스도의 위격은 그것의 신적인 본질과 탁월성들로 말미암아 우선적으로 신적인 영예와 예배의 대상이 된다. 그리고

그 안에 있는 그런 본성을 거부하면서 그에게 신적이며 종교적인 경배로 예배를 드리는 척하는 사람들은 자신들의 손으로 만든 금송아지를 예배하는 것일 뿐이다. 그렇게 되면 그리스도는 더 이상 모든 것 위에 있지도, 영원히 축복된 하나님도 아니시기 때문이다. 그리고 어떤 피조물도 직접적으로 정당한 예배의 대상이 될 수 없다. 설령 신적인 본질의 탁월성들이 그에게 전달되거나 주입된다고 하더라도, 그 때 그것은 더 이상 피조물이기를 그치게 되는데, 이것은 그 자체가 모순을 함축한다. 예배는 그 대상 안에 있는 신적인 탁월성들을 서술하는 것에 불과하기 때문이다.

그러나 우리는 이제 주 그리스도를 그의 전체 모든 위격 안에서, 성육하신 하나님의 아들로서 곧 "육체로 나타나신 하나님"으로서 고려한다. 우리의 본성을 취하심으로써 그가 무한히 낮아지신 것은 그에게서 결코 그의 본질적인 신적인 탁월성들을 소멸시키지 않았다. 그가 "자기를 비어 종의 형체"를 가지셨을 때 그것은 얼마 동안 사람들의 눈에 가려 있었다. 그러나 그는 "비록 하나님과 동등됨을 취할 것으로 여기지 아니하셨으나", 계속해서 영원히, 변하지 않는 "하나님의 형상"으로 존재하셨다(빌 2:6, 7). 그는 하나님이시기를 그칠 수 없는 것처럼 낮아지심 혹은 비하(卑下)의 행동으로 실질적으로, 본질적으로 하나님이시기를 그칠 수 없다. 그러므로 그가 우리의 본성을 입으신 것은 그에게 마땅히 돌려야 할 신적인 예배의 참된 원인에서 아무것도 훼손시키지 않고, 오히려 그에게 신적인 예배를 돌려야 할 유효적인 동기를 더한다. 그러므로 그는 내적이며 외적인 종교의 모든 의무들의 직접적인 대상이시다. 그리고 하나님의 경륜에서 우리를 향한 어떤 것도 그에 대한 고려 없이 올바른 방법으로 행해질 수 없다.

그러므로 먼저 모든 신적인 영예가 성육신하신 하나님의 아들, 곧 그리스도의 위격에 돌려져야 한다는 것이 확증될 수 있다. "이는 모든 사람으로 아버지를 공경하는 것 같이 아들을 공경하게 하려 하심이라 아들을 공경하지 아니하는 자는 그를 보내신 아버지를 공경하지 아니하느니라"(요 5:23). 이것이 아버지의 뜻이었다. 이런 하나님의 증거에 대해 잠시 생각해 보는 것은 우리의 입장을 확증시켜 줄 것이다. 모든 심판이 보내심을 받은 아들에게 다 맡겨졌다고 말할 때(22절), 이것은 자신의 전 위격으로 중보자의 직을 수행하시는 성육신하신 아들을 지칭하는 것이다. 그리고 하나님의 생각이 특별이 드러나는 것은 바로 이것과 관련된 것이다. 하나님이 모든 사람이 아버지를 공경하는 것처럼 아들을 공경하도록 하는 자신의 뜻을 드러내시는 방법은 모든 능력과 권세와 심판을 그에게 맡기는 것을 통해서였다. "아버지께서 아들을 사랑하사 자기의 행하시는 것을 다 아들에게 보이시고 또 그보다 더 큰 일을 보이사 너희로 기이히 여기게 하시리라 아버지께서 죽은 자들을 일으켜 살리심 같이 아들도 자기의 원하는 자들을 살리느니라 아버지께서 아무도 심판하지 아니하시고 심판을 다 아들에게 맡기셨다"(20-22절). 이것들은 그에게 주어져야 할 신적인 영예의 형식적인 이유나 원인이 아니다. 오히려 그것들은 그가 하나님의 아들이시라는 증거들을 나타내어 그에게 신적인 영예를 들리도록 하는 원인이나 동기이다.

그러나 "아들이 아버지와 마찬가지로 참여하고 있는 신적인 본질이 그에게 신적인 영광을 돌리는 유일한 원인이요 이유라고 한다면, 아버지께서 자신의 뜻과 주권적인 기뻐하심으로 아들에게 이렇게 영예를 돌리도록 개입하실 필요가 있으셨을까?" 하는 질문이 제기될 수 있다. 이것에 대해 나는 대답한다.

(1) 그는 이 명령에서 절대적으로 하나님으로서 그리스도에 대한 영예와 예배를 의도하신 것이 아니라, 구분하여 아들로서 그것을 의도하신 것이다. 아들로서 그에 대한 특별한 예배는 구약 아래서는 알려지지 않았지만, 모든 능력과 권세와 심판을 그에게 맡기심으로써 이제는 필수적인 것으로 선포되었다. 이것이 우리가 이야기하고 있는 영예이다.

(2) 그는 어느 누구도 자신이 이제 아버지에게서 보내심을 받으셨고 종의 형체를 가지셨음으로 그에게 돌려야 할 영예를 돌리지 않아도 된다고 생각하지 못하도록 그렇게 하신다. 그러나 세상은 그 당시 제대로 깨닫지 못했으며, 두렵게도 지금도 많은 사람이 똑같은 생각을 가지고 있다. 그러므로 그는 우리가 아버지를 영예롭게 하는 것과 마찬가지로(καθὼς) 아버지의 뜻에 따라 우리에 의해 영예를 받으셔야 한다.

[1] 그는 아버지와 똑같은 영예, 곧 신적이며, 거룩하고, 종교적이며, 최고인 영예를 받으셔야 한다. 아버지와 다른 영예로 그에게 영예를 돌리는 것은 그를 불명예스럽게 하는 것이다. 사람들이 하나님께 참으로 신적이지 않은 영광과 영예를 돌리려고 한다면, 그것은 우상숭배이다. 우리가 돌려야 할 참된 영예는 모든 무한한 신적인 탁월성들을 그에게 돌리는 것이어야 하기 때문이다. 그러므로 사람들이 그에게 그렇지 않은 것을 돌릴 때 그들은 자신들이 상상한 것들을 예배함으로써

우상숭배에 빠지게 된다. 이것은 금송아지를 만들어 놓고 하나님께 영광을 돌린다고 생각하고, 여호와께 제사를 드린다고 생각했던 이스라엘 사람들의 경우와 같다(출 32:5). 그리고 사도가 선언한 것처럼 하나님에 대한 온갖 형상들을 만들어 놓고 이것들을 통해 하나님께 영광을 돌린다고 생각했던 이방인들도 마찬가지이다(롬 1:23-25). 이것은 모두 피조물에게 오직 하나님께만 속해 있는 신적인 탁월성을 돌리는 우상숭배이다. 그리고 우리는 하나님과 아들에게 서로 다른 종류의 영예를 돌리지 않는다. 만약 그렇게 한다면, 그것은 우리가 아버지께 영예를 돌리는 것과 같은($\kappa\alpha\theta\grave{\omega}\varsigma$) 영예를 돌리는 것이 아니며, 그것은 무한히 다른 방식으로 그렇게 하는 것이다.

[2] 그는 언제나, 무슨 일에서나, 무슨 종교의 행동과 의무에 있어서나 아버지와 똑같은 방식으로, 곧 똑같은 믿음과 사랑과 존경과 순종으로 영예를 받으셔야 한다. 이런 구분된 영예는 본래 본질상 하나이신 아버지의 명령에 의해 아들에게 주어졌다. 그리고 여기에서 우리는 우리가 그렇게 해야 할 가장 강력한 요구를 받는다. 아들에게 영예를 돌리지 않는 사람은 아버지께 영예를 돌리지 않는 사람이다. 아들을 부인하는 자는 아버지를 가지고 있지 않으나, 아들을 시인하는 사람은 아버지를 가지고 있다(요일 2:22-23). "또 증거는 이것이니 하나님이 우리에게 영생을 주신 것과 이 생명이 그의 아들 안에 있는 그것이라 아들이 있는 자에게는 생명이 있고 하나님의 아들이 없는 자에게는 생명이 없느니라"(5:11, 12). 만약 이것이 없다면, 우리가 어떤 흉내를 내더라도 우리는 전혀 하나님을 예배하거나 그에게 영예를 돌리

는 것이 아니다.

그리고 이 우리의 종교의 위대한 근본적인 원칙이 세상에서 비록 불신을 당하지 않는다고 할지라도 주목받지 못하는 것에 주의를 기울이고 두려워해야 할 이유가 있다. 신적인 존재와 그에 대한 예배를 고백하는 많은 사람이 자신들의 종교에서 아들의 위격에 대해 거의 고려하지 않고 있는 것 같다. 비록 그들이 관습적으로 자신들의 종교적인 예배에서 그의 이름을 언급하기는 하지만, 그에게 아버지와 똑같은 그러면서도 구분된 영예를 돌리는 것을 이해하지도 행하지도 않기 때문이다. 그럼에도 불구하고 우리와 우리가 하는 의무들이 받아들여지는 것은 모두 "우리가 아버지를 영예롭게 하는 것처럼 아들을 영예롭게 해야 한다"는 이 한 가지 조건에 달려 있다. 우리가 아버지를 영예롭게 해야 하는 것처럼 아들을 영예롭게 해야 한다는 것은 우리로 하여금 그리스도인들이 되도록 하는 것이며, 다른 어떤 것도 그렇게 할 수 없다.

그리스도의 위격의 이런 영예는 의무들과 이 의무들이 나오는 원리나 생명 혹은 원인으로 구분해 생각될 수 있다. 우리가 그리스도께 신적인 영예를 기술하고 표현하는 의무들은 두 가지로 구분될 수 있다. ① 첫째는 경배(敬拜)이며, ② 둘째는, 간구(懇求)이다.

① 경배는 그의 신적인 탁월성들을 시인하고, 그것들을 그에게 돌리며, 하나님으로서 그 앞에 영혼이 엎드리는 것이다. 이것은 구약에서 히쉐타하바(הִשְׁתַּחֲוָה)로 표현이 되는데, 이것은 우리 자신 혹은 우리 영혼이 하나님께 겸손이 엎드려 절하는 것이다. 칠십인역(LXX)에서 그것은 계속해서 프로스쿠네오(προσκυνέω)로 표현이 되는데, 이것은

신약에서 똑같은 목적으로 사용된다. 라틴 사람들은 그것을 보통 아도로(adoro)로 표현했다. 그리고 이 단어들은 비록 어원은 다르지만 히브리어 단어와 똑같은 의미를 가지고 있다. 그리고 그것들 모두는 내적인 존경을 외적으로 드러내는 표시나, 기꺼이 그리하겠다는 것을 포함한다. 그러므로 "그가 절하고 예배했다"는 표현이 나온 것이다(창 24:26). 또한 시 95:6을 보라. 그리고 이런 외적인 표현들은 두 가지가 있다. 첫째로, 자연적인 것이며 경우에 따라 표현되는 것과, 둘째로, 엄숙하게 표현되거나 제도화된 것이다.

첫 번째 종류에는 그를 생각하면서 우리의 눈이나 손을 하늘을 향해 드는 것과, 때때로 우리의 온몸을 그 앞에 던지는 것이 있는데, 이것은 그에 대한 깊은 존경을 표현한다. 이렇게 내적인 경배를 외적으로 표현하는 관습적인 표시에는 복음적인 예배에서 사용되는 모든 의식들이 해당된다. 우리는 그것들 안에서 혹은 그것들을 사용해서 그에 대한 우리의 내적인 존경을 엄숙하게 고백하고 표현한다. 이 똑같은 목적으로 다른 것들이 만들어 질 수도 있지만, 성경은 그것들을 알지 못하며 오히려 이것들을 정죄한다. 교황주의자들이 그에 대한 형상들을 만들어 놓고, 그에 대한 존경을 표하며, 그에게 경배하는 척하는 것이 바로 그런 것이다.

이런 경배는 마땅히 중보의 직책을 감당하신 분으로서 그리스도의 위격에 계속해서 돌려져야 한다. 모든 합리적인 피조물들은 마땅히 그에게 경배를 드려야 한다. 위에 있는 천사들도 그에게 경배를 돌려야 한다. 하나님은 첫아들을 세상에 데리고 오셨을 때 "하나님의 모든 천사들아 그를 예배하라($\Pi \rho o\sigma \kappa v\nu \eta \sigma \acute{a}\tau \omega \sigma \alpha v \ \alpha \grave{v}\tau \hat{\varphi} \ \pi \acute{a}\nu \tau \varepsilon \varsigma$ $\mathring{a}\gamma \gamma \varepsilon \lambda o\iota \ \Theta \varepsilon o\hat{v}$; הִשְׁתַּחֲווּ־לוֹ כָּל־אֱלֹהִים)"(시 97:7), 그에게 경배하고 그 앞에 절하라(히 1:6)고 말씀하셨기 때문이다. 히브리서 1장 전체는 그리스도의 위격에 돌려야 할 신적인 영예를 그 근거와 더불어 표현하고 있다. 이것은 또한 교회에게 주는 명령이기도 하다. "그는 너의 주시니 너는 그를 예배하라"(시 45:11).

이것에 대한 영광스러운 모습이 - 위에 있는 교회에서든 혹은 이땅에 있는 교회에서든 - 우리에게 다음과 같이 주어졌다. "내가 또 보니 보좌와 네 생물과 장로들 사이에 어린 양이 섰는데 일찍 죽임을 당한 것 같더라 일곱 뿔과 일곱 눈이 있으니 이 눈은 온 땅에 보내심을 입은 하나님의 일곱 영이더라 어린 양이 나아와서 보좌에 앉으신 이의 오른손에서 책을 취하시니라 책을 취하시매 네 생물과 이십사 장로들이 어린 양 앞에 엎드려 각각 거문고와 향이 가득한 금대접을 가졌으니 이 향은 성도들의 기도들이라 새 노래를 노래하여 가로되 책을 가지시고 그 인봉을 떼기에 합당하시도다 일찍 죽임을 당하사 각 족속과 방언과 백성과 나라 가운데서 사람들을 피로 사서 하나님께 드리시고 저희로 우리 하나님 앞에서 나라와 제사장을 삼으셨으니 저희가 땅에서 왕 노릇 하리로다 하더라 내가 또 보고 들으매 보좌와 생물들과 장로들을 둘러 선 많은 천사의 음성이 있으니 그 수가 만 만이요 천 천이라 큰 음성으로 가로되 죽임을 당하신 어린 양이 능력과 부와 지혜와 힘과 존귀와 영광과 찬송을 받으시기에 합당하도다 하더라 내가 또 들으니 하늘 위에와 땅 위에와 땅 아래와 바다 위에와 또 그 가운데 모든 만물이 가로되 보좌에 앉으신 이와 어린 양에게 찬송과 존귀와 영광과 능력을 세세토록 돌릴지어다 하니 네 생물이 가로되 아멘 하고 장로들은 엎드려 경배하더라"(계 5:6-14).

신적인 경배의 특별한 대상과 그것의 동기와 그것의 본질이 바로 여기에 선언되어 있다. 그것의 대상은 아버지와 분리되지 않았지만 구분되어 있으며, 그와 더불어 계신 그리스도이시다. 그리고 그는 먼저 죽임을 당한 어린 양으로서, 곧 자신의 성육신과 수난을 통해 중보의 사역을 감당하신 분으로서 제시된다. 다음으로 그는 "하나님의 보좌에 계신 분으로서", 곧 영광스럽게 올리심을 받으신 분으로서 제시된다. 옛적에 이방인들이 기독교에서 관찰해 내었던 가장 으뜸가는 것은 그 속에 "하나님께 드리는 것처럼 그리스도께 찬양이 드려졌다"는 것이었다. 이런 경배의 동기는 우리가 그의 중보를 통해 받은 말로 다 표현할 수 없는 유익들이다. "당신은 합당하시도다. 이는 당신이 죽임을 당하시고 우리를 하나님께로 구속하였음이라". 여기에 하나님 아버지께 드려진 것과 똑같은 영광과 똑같은 영예가 그에게 드려진다. "보좌에 앉으신 이와 어린 양에게 찬송과 존귀와 영광과 능력을 세세토록 돌릴지어다".

이런 경배의 본질에는 세 가지 내용이 있는 것으로 기술된다. 첫째로, 엄숙하게 엎드려지는 것이다. "네 생물이 가로되 아멘 하고 이십사 장로들은 영원히 살아 계신 분에게 엎드려 경배하였다". 마찬가지로 4:10, 12에서도 기록되어 있다. 둘째로, 5:11-13에 기록되어 있는 것처럼 모든 신적인 영예와 영광이 그에게 돌려졌다는 것이다. 셋째로, 이 경배가 영혼들의 찬양을 통해 표현이 되었다는 것이다. 그들은 새 노래, 곧 찬양을 불렀다. 이것들은 새 노래라는 목록이 붙은 모든 시편들과 맥락을 같이 한다. 그리고 이런 것들에, 곧 영혼이 하나님의 탁월성들을 시인하면서 엄숙하게 엎드리고 그에게 찬양으로 영광과 영예를 돌리는 것에 종교적인 경배가 놓여 있다. 그리고 이런 경배는 마음으로 어린 양께 이렇게 엄숙하게 경배할 준비가 되어 있지 않으며 매사에 그렇게 하지 않는 사람들에게, 그들이 위에 있든 혹은 땅에 있든, 속해 있지 않다.

그리고 그리스도께 대한 이런 경배는 절대적인 면에서 고려되고, 아버지로서 고려되는 하나님에 대한 경배와 그 본질에서가 아니라, 그 특별한 동기들 때문에 다르다. 절대적인 면에서 고려되는 하나님께 대한 경배의 주요한 동기는 창조의 사역이다. 그는 그 속에 자신의 영광을 드러내셨으며, 그의 모든 능력과 선하심이 그 안에 배어 있다. 그러므로 "우리 주 하나님이여 영광과 존귀와 능력을 받으시는 것이 합당하오니 주께서 만물을 지으신지라 만물이 주의 뜻대로 있었고 또 지으심을 받았나이다"라는 고백이 나온 것이다(계 4:11). 그리고 아버지로서 하나님을 경배하고 예배하는 주요한 동기는 그가 특별한 방식으로 영원한 사랑과 은혜와 선하심의 원천이시라는 것이다. 그러나 그리스도를 경배하는 주요한 동기는 구속사역이다. "죽임을 당하신 어린 양이 능력과 부와 지혜와 힘과 존귀와 영광과 찬송을 받으시기에 합당하도다"(계 5:12). 그 이유는 9, 10절에서 주어진다. "당신은 일찍 죽임을 당하사 각 족속과 방언과 백성과 나라 가운데서 사람들을 피로 사서 하나님께 드리시고 저희로 우리 하나님 앞에서 나라와 제사장을 삼으셨도다". 그에게 드려지는 경배는 13절에 나온 것처럼 똑같다. "보좌에 앉으신 이와 어린 양에게 찬송과 존귀와 영광과 능력을 세세토록 돌릴지이어다". 그러나 그것의 직접적인 동기들은 그 대상들이 다른 것처럼 서로 다르다.

여기에 기독교의 생명의 적지 않은 부분이 놓여 있다. 주 그리스도 앞에서 우리의 영혼이 그의 구속 사역을 통해 얻은 축복들과 그의 신적인 탁월성들을 인식하고 겸손히 그에게 감사와 영광과 영예와 찬송을 돌리는 것은 믿음의 생명력을 위해 계속해서 행해져야 한다. 그리고 우리는 만약 이 땅에서 그에게 이런 예배를 드리지 못한다면, 하늘에서 그에게 영원히 영광과 찬양을 드리는 데 놓여 있는 그 축복에 참여할 것이라는 증거를 가지지 못한다.

② 간구는 아버지에게 마땅히 드려야 하는 것처럼 아들에게도 드려야 할 신적인 영예의 두 번째 일반적인 부분이다. 이것은 신적인 믿음의 첫 번째 행위, 곧 영적인 생명의 숨을 쉬는 것이다. 그리고 그것은 두 가지 부분을 가지고 있다. 첫째로, 우리가 간구하는 분에게 모든 신적인 속성들과 탁월성들을 돌리는 것이다. 이것은 기도의 본질에 속하는 것이며, 이것이 없이 기도는 중언부언하는 것에 불과하다. 하나님께 나아가는 자는 "그가 계신 것과 자기를 찾는 자들에게 상 주시는 이심을 믿어야 한다"(히 11:6). 둘째로, 그 안에는 또한 우리가 부르는 분을 향해 우리의 뜻과 감정과 우리의 영혼의 열망이 그의 무한한 신적인 탁월성들 덕택으로 응답받고 구원받을 것이라는 기대와 더불어 나

타나 있다. 그리고 이것을 통해 그리스도의 위격에 영예를 돌리는 것이 우리의 의무이다.

그가 육체로 죽으셨을 때 그는 자신의 영혼을 간절한 간구와 더불어 아버지의 손에 맡기셨다. "아버지여 내 영혼을 아버지 손에 부탁하나이다"(시 31:5, 눅 23:46). 그리고 우리가 아버지께 영예를 돌리는 것처럼 아들에게 영예를 돌리는 것이 아버지의 뜻이라는 것을 증거하기 위해 그는 자신의 영혼을 간절한 간구와 더불어 아버지의 손에 의탁하셨다. 그는 육체로 계실 때 아들이라도 아버지께 영예를 돌림으로써 우리의 모범이 되셨다. "저희가 돌로 스데반을 치니 스데반이 부르짖어(ἐπικαλούμενον) 가로되 주 예수여 내 영혼을 받으시옵소서"라고 간구했다. 그리고 믿음과 기도로 자신의 영혼을 안전하게 주 예수께 맡긴 후, 그는 자신을 죽인 사람들을 위해 "주여 이 죄를 저들에게 돌리지 마옵소서"라는 간구를 더했다(60절). 여기에서 그는 가장 극한 상황 속에서 그리스도의 이름으로 특별히 간구함으로써 그에게 신적인 영광을 돌렸다. 그는 자신의 영혼을 의탁한 첫 번째 간구에서 그리스도께 신적인 전지와 편재와 사랑과 능력을 돌렸다. 그리고 두 번째 간구에서 그는 그리스도께 자신의 원수들의 죄의 용서를 부탁하는 신적인 권위와 자비를 돌렸다. 그의 예에서 우리는 신적인 능력과 자비를 얻기 위해 그리스도께 어떻게 간구해야 하는지 배울 수 있다.

그러므로 사도는 교회 혹은 신자들을 다른 모든 것과 구분하기 위해 그들을 "우리 주 곧 저희와 우리의 주되신 예수 그리스도의 이름을 부르는 자들"이라고 말한다(고전 1:2). 주 예수의 이름을 부른다는 것은 종교적인 예배의 방식으로 엄숙하게 간구하는 것이다. 유대인들은 하나님의 이름을 불렀다. 다른 사람들은 자신들의 방식으로 자신들의 신들의 이름을 불렀다. 이것이 교회가 그들 모두와 구별되는 것이다. 교회는 우리 주 예수 그리스도의 이름을 부른다.

그는 우리가 하나님 곧 아버지를 믿는 것처럼 그를 또한 믿어야 할 것과 우리가 아버지께 영예를 돌리는 것처럼 아들에게도 영예를 돌려야 할 것을 요구한다(요 14:1). 이런 믿음이 무엇이며, 그것이 그리스도께 어떻게 행해지는가에 대해서는 나중에 다룰 것이다. 그러나 이런 간구의 본질과 효력을 다루면서 사도는 우리가 믿지 않은 분을 부를 수 없다고 주장한다(롬 10:14). 그러므로 정반대로 우리가 믿는 그분을 우리가 부르는 것은 우리의 의무라는 결론이 나온다. 그러므로 성경은 "주 예수여 오시옵소서"라고 주 그리스도에 대한 믿음을 표현하면서 그에 대한 간구로 끝을 맺는다(계 22:20).

이렇게 그리스도께 간구하는 것이 우리가 해야 할 필수적인 의무가 아니라면 우리가 기도해야 할 어떤 이유도, 동기도, 그 기도의 효력에 대한 어떤 고려도 없다. 일반적으로 간구의 의무를 합법적이고 쓸모 있게 만들려면 두 가지가 필요하다. 첫째로, 그것은 올바른 대상을 가져야 한다. 둘째로, 그것은 그렇게 해야 할 분명한 동기와 격려를 가져야 한다. 이 두 가지를 결합한 것이 일반적으로 모든 종교적인 예배와 특별히 기도의 형식적인 이유와 근거이다. 그러므로 그들은 모든 종교의 기초로서 제시된다(출 20:2, 3). "나는 너의 하나님 여호와로라"는 모든 종교적인 예배의 올바른 대상이 누구인지를 나타낸다. "너를 애

굽 땅 종 되었던 집에서 인도하여 낸"은 하나님이 주시는 모든 유익들이 시간적인 것이든, 영적인 것이든, 영원한 것이든 우리가 그에게 간구할 동기가 된다는 것을 모형적으로 요약해서 표현하고 있다. 이 두 가지가 없이 드리는 간구는 그들이 성도들이든, 천사들이든, 어떤 피조물이든 쓸모없을 뿐 아니라 우상숭배이다. 그러나 이 둘은 그리스도의 위격과 우리를 향하신 그의 행위에서 놀랍게 결합된다. 신성의 모든 완벽한 속성들이 그 안에 있다. 그러므로 그는 종교적인 간구의 올바른 대상이시다. 이런 이유 때문에 그가 교회 안에서, 교회를 향해서 언약의 위대한 사자로서 일하셨을 때 하나님은 백성들에게 모든 종교적인 예배에서 그를 주목하고 그에게 순종하도록 가르치셨다. "너희는 삼가 그 목소리를 청종하고 그를 노엽게 하지 말라 그가 너희 허물을 사하지 아니할 것은 내 이름이 그에게 있음이니라"(출 23:21). 하나님의 이름이 그 안에 있기 때문에, 곧 죄를 처벌하거나 용서할 수 있는 주권적인 권위와 더불어 신성이 그 안에 있기 때문에 그에게 마땅히 모든 종교적인 순종이 돌려져야 한다. 그것이 없이는 그에게 간구할 수 있는 어떤 동기도 부족하다. 주 그리스도가 우리를 위해 하신 모든 것과 그가 그렇게 하신 것에서 나온 사랑과 은혜와 긍휼과 능력의 모든 원리들이 이런 본성에 속한 것이다. 그리고 그것들은 우리로 하여금 그와 관계를 맺도록 격려하고 요구한다. 이런 의무를 제거해보라. 그러면 기독교가 가지고 있는 특별한 유익들이 사라져 버릴 것이다.

우리는 지금까지 살면서 기독교가 빠질 수 있는 가장 극단적인 오류들을 목격해왔다. 어떤 사람들은 성도들과 천사들에게 간구하는 것을 간절하게 우리의 의무라고 주장한다. 그리고 어떤 사람들은 그 결과 그리스도를 부르는 것이 합법적이라는 것을 인정하지 않을 것이다.

소시누스주의자들은 일반적으로 우리가 그리스도를 부르는 것이 합법적이라는 것을 인정한다. 그러나 그들은 아무 때든 우리가 그렇게 하는 것이 우리의 의무라는 것을 거절한다. 그러나 그들이 그것이 우리의 의무가 아니라고 주장하면서 그렇게 하는 것이 합법적이라고 하는 것은 원리상 모순이다. 그의 신적인 위격을 거부하면서 그들은 그를 기도의 정당한 대상이 되지 못하도록 만든다. 우리가 간구하는 분에게 전지, 편재, 전능과 같은 신적인 탁월성들을 돌리지 않고 기도한다고 하는 것은 쓸데없이 중언부언하는 것이며, 이것은 참된 기도의 본질과 아무런 관계가 없는 것이고, 본질상 하나님이 아닌 분에게 그런 속성들을 돌린다고 하는 것은 우상숭배가 되기 때문이다.

교회에게 일상적으로 드려지는 엄숙한 예배와 신자들이 가정과 골방에서 개인적으로 드리는 예배에는 특별한 지침과 안내가 있다. 능력과 은혜와 자비의 영원한 원천으로서 아버지의 위격은 우리의 기도의 형식적인 대상이며, 우리의 간구는 그에게 드려진다. 앞에서 살펴보았듯이 신적인 본질은 자연적인 예배와 간구의 대상이다. 그런데 복음적인 예배와 간구의 올바른 대상은 아버지의 위격 안에 있는 똑같은 신적인 본질이다. 그러므로 우리 구주는 우리에게 아버지의 이름과 개념으로, 곧 자신의 하나님이시요 우리의 하나님으로서(마 6:9), 자신의 아버지이시요 우리의 아버지로서(요 20:17) 하나님을 부르도록 가르치셨다. 그리고 이런 간구는 성령의 도우심을 통해 아들 예수 그리스도의 이름으로 행해져야 한다. 그는 여기에서 하나님과 인간 사이의 중보자로서 간주되신다. 성령은 우리들이 의무들을 올바로 감당할 수 있도록 실질적으로 은혜를 주시는 분이다. 이것이 하나님이 영광을 받으시는 방법이다. 우리가 아버지와 아들과 성령의 위격으로 자신을 나타내시는 하나님의 지혜와 은혜의 경륜을 따라 그를 예배한다는 것은 우리의 종교의 신비이다. 그렇지 않고는 그는 영예도, 예배도 받으실 수 없을 것이다. 그리고 자신들의 예배나 간구에서 거룩한 삼위일체의 구분된 위격 속에서 하나님의 섭리에 대한 고려 없이 절대적인 측면에서 고려된 신적인 본질에 접근하려고 시도하는 사람들은 복음의 신비와 그 모든 유익을 거절한다. 그리고 그것은 많은 사람에게 있어서도 마찬가지이다. 그리고 하나님께 크게 헌신하는 척하는 적지 않은 사람들이 성령의 도우심을 거절하고 자신들의 상상으로 그리스도를 성도들과 천사들과 같은 다른 것들로 대체시켜 버린다.

그러나 이것이 일상적으로 엄숙한 복음적 간구의 본성이며 방법이다. 그러므로 "저로 말미암아 우리가 한 성령으로 아버지께 나아간다"라고 선포되어 있다(엡 2;18). "이러하므로 하늘과 땅에 있는 각 족속에게 아름을 주신 아버지 앞에 무릎을 꿇고 비노니"(3:14-16)라고 표현이 되어 있는 것처럼 우리가 나아가는 분, 곧 우리가 특별히 간구하는 분은 아버지이시다. 그러나 우리가 아버지께 이렇게 나아가는 것은 그를 통해, 곧 자신의 중보사역을 감당하시는 분으로서 그리스도를 통해서이다. 우리는 그의 이름으로, 그를 위해 요청한다(요 14:13, 14, 16:23, 24). 그들은 우리가 지금 가지고 있는 그런 분명한 믿음은 아니라고 할지라도 옛날에도 그렇게 했다. "우리 하나님이여 지금 들으시고 주를 위하여 자비를 내려 주옵소서"(단 9:17). 이 모든 것을 우리는 한 영 곧 은혜와 간구의 영의 도우심과 후원으로 할 수 있게 된다(롬 8:26, 27). 그러므로 기도는 아들의 영으로 "아바 아버지"라고 부르짖는 것이다(갈 4:6). 이것은 더 나아가 히 4:15-16, 10:19-22에 선포되어 있다. "그리스도로 말미암아 너희 믿음과 소망이 하나님께 있게 하셨느니라"(벧전 1:21)에서 주 그리스도는 절대적으로 신적인 위격과 관련되어서가 아니라, 그의 사역과 관련되어서 고려된다.

그러므로 앞에서 증명했듯이 그리스도의 이름을 특별한 방법으로 부르는 것이 우리의 의무이기 때문에, 그리고 이것이 교회의 일상적으로 엄숙한 예배의 방식이기 때문에 우리는 어떤 경우에, 어느 때에 자신의 신적인 위격으로 우리의 하나님이시며 동시에 우리의 대언자이신 그리스도께 간구해야 하고, 응답을 가장 잘 받을 수 있는지 고려할 수 있을 것이다.

㈎ 첫째로, 유혹과 실패로 우리의 양심이 크게 괴로울 때가 특별한 간구로 그리스도께 나아가야 할 때이다. 시편기자가 말한 것처럼 영혼에 억눌림이 있는 사람들은 계속해서 긍휼과 구원을 갈망한다. 그들은 종종 자신과 똑같은 상태에 있는 사람의 동정과 긍휼을 통해 약간의 안심과 회복을 얻거나, 혹은 성경의 빛을 통해 자신의 상태 속에서 하나님에 대한 두려움을 발견한다. 자신들의 불평이 무시되고, 종종 돌팔이 의사들이 그러하듯이, 자신들의 고통이 스스로 느끼고 있는 것들과는 다른 원인들로 말미암은 것으로 지적을 받을 때 그들의 고통과 슬픔

은 더 커진다. 그리고 그들은 상담이나 기도를 통해 구원을 받으려는 모든 신실한 노력을 크게 평가한다. 이런 상태와 조건에서 주 그리스도는 복음서에서 긍휼이 가득 차 있는 분으로, 오직 그들을 구원할 수 있는 분으로 제시된다. 스스로 고난을 받으시고, 유혹을 받으신 분으로 그는 우리의 연약함을 느끼시고 길에서 벗어난 자들에게 어떻게 긍휼을 베풀어야 하는지 아신다(히 2:18, 4:15, 5:2). 그러므로 그는 오직 그들을 돕고 위로하고 구원하실 수 있는 분이시다. "그는 시험받는 자들을 능히 도우시느니라"(2:18). 여기에서 그들은 자신의 긍휼과 능력으로 그들을 다루시는 분에게 기도로 나아갈 것을 요청받고 격려 받는다. 이 때가 바로 이런 의무를 꼭 감당해야 할 때이다. 그리고 이것을 통해 수많은 영혼들이 위로와 회복과 구원을 받는다. 시련의 시기는 특별히 믿음으로 그리스도께 나아갈 시기이다. 그러므로 그리스도는 친히 "너희는 마음에 근심하지 말라 하나님을 믿으니 또 나를 믿으라"는 교훈을 주신다(요 14:1). 그리스도께 믿음으로 나아가는 것은 환란 속에서 후원을 받고 구원을 받을 수 있는 큰 수단이다. 그리고 이것은 우리 자신을 쏟아붓는 특별 간구를 통해 이루어진다.

우리는 사도 바울에게서 시련과 이에 수반되는 고통과 관련된 한 예를 발견한다. 그는 "육체에 가시" 곧 그를 "치는 사단의 사자"를 가지고 있었다. 이 두 표현은 그가 자신이 받은 시련과 그 시련에 수반되는 역경에 대해 가지고 있는 깊은 감각을 나타낸다. 이것으로 말미암아 "그는 이것이 떠나기 위해 세 번 주께 간구하였다"(고후 12:7, 8). 그는 이것이 제거되도록 간절히 세 번 기도했다. 그가 간구한 대상은 주, 곧 주 예수 그리스도이셨다. 주라는 이름은 본문에 어긋나지만 않는다면 하나님 아버지뿐 아니라, 아들로 해석될 수 있기 때문이다. 고전 8:6은 말한다. "우리에게는 한 하나님 곧 아버지가 계시며 또한 한 주 예수 그리스도가 계신다". 그리고 본문의 정황을 살펴볼 때 주는 분명 그리스도를 지칭한다. 그가 자신의 간구를 통해 받은 대답은 "내 은혜가 네게 족하도다 이는 내 능력이 약한데서 온전하여짐이라"는 것이었다. 그리고 그는 그를 부르시고, 그에게 능력을 주시고, 네 능력이 약한데서 온전하여 질 것이라는 대답을 주신 분에게 다음과 같이 대답한다. "크게 기뻐함으로 나의 여러 연약한 것들에 대하여 자랑하리니 이는 그리스도의 능력으로 내게 머물게 하려 함이라".

(ㄴ) 둘째로, 우리 안에서 그리스도의 영광과 우리를 향한 사랑을 은혜로 발견했을 때가 우리가 간구를 해야 할 때이다. 그리스도의 영광은 그의 위격과 사역 속에서 언제나 똑같으며, 성경 속에서 그것에 대해 나타난 계시는 다양하지 않다. 그러나 우리의 마음과 생각이 특별한 방식으로 영향을 받는 그것에 대한 우리의 감각과 인식에 대해서는 신자들이라면 누구나 아는 분명한 때가 있다. 때때로 그것에 대한 감각은 그리스도가 한편으로는 우리의 눈 앞에서 분명히 십자가에 달리시고, 다른 한편으로는 그가 영광스럽게 올리심을 받는 말씀의 경륜 속에서 얻어진다. 때때로 그것은 기도와 명상과 묵상을 통해 얻어진다. 그러므로 도마는 부활하셔서 능력으로 하나님의 아들이심을 선포하신 (롬 1:4) 그리스도의 신적인 영광과 능력을 이해하고 그 증거를 보았을 때 "나의 주 나의 하나님"이라고 외쳤다(요 20:28). 그의 말에는 그

리스도에 대한 자신의 믿음의 고백과 간절한 간구가 있었다. 그러므로 우리가 그리스도의 영광을 실질적으로 발견했을 때 우리는 그에게, 그에 대해 "이사야가 말한 것은 주의 영광을 보고 주를 가리켜 말한 것이라"고 말하지 않을 수 없다(요 12:41). 그리고 스데반은 분노한 군중들 속에서 주의 영광을 보았을 때 즉시 "보라 하늘이 열리고 인자가 하나님 우편에 서신 것을 보노라"고 증거했다. 그리고 그는 이것을 통해 "주 예수여 내 영혼을 받으시옵소서"라고 그의 이름을 간절히 부를 준비가 되어 있었다(행 7:56, 59). 그러므로 그가 선지자들의 책을 열기 위해 자신의 영광을 드러내며 어린 양으로 나타나셨을 때 하늘과 땅과 땅 아래에서 그 외에 어느 누구도 그 책을 열어 볼 수 있는 사람이 없다는 것을 알고 있던(계 5:3) "이십사 장로들은 그 앞에 엎드려" 성도들의 모든 기도를 상징하는 향이 가득한 금 대접을 들고 그에게 찬양의 "새 노래를 불렀다"(8-10). 그리스도의 영광을 발견했을 때 그에게 간구와 찬양을 드리는 것이 우리의 의무이다. 우리는 이것을 통해 우리의 마음이 새롭게 되고 유익을 얻게 된다.

이것은 또한 그의 사랑에도 똑같이 해당된다. 그리스도의 사랑은 교회에 언제나 똑같고 공평하게 나타난다. 그럼에도 불구하고 신자들이 영혼에 그것이 특별히 나타나고 적용이 되어 느껴지는 때가 있다. 이것은 성령이 이 사랑을 그들의 마음에 증거하시거나, 혹은 부으실 때 나타난다. 그 때 우리는 우리를 위해 죽으시고 부활하신 분을 위해 살게 된다(고후 5:14, 15). 그리고 그리스도를 향한 우리의 영적인 삶에서 그에게 간구하는 것은 적지 않은 부분이다. 우리는 우리 자신과 우리 자신이 가지고 있는 관심에서 부족한 것을 느끼면 느낄수록 더 자주 그의 사랑에 대해 느낄 수 있다. 비록 그 사랑을 우리에게 주시고 느끼도록 하는 것은 하나님의 주권적인 은혜이지만, 우리의 마음으로 하여금 그것을 받을 수 있도록 하는 것은 우리의 의무이기 때문이다. 우리가 감정을 부패시키고, 마음에 헛된 생각으로 가득 차게 하는 그런 모든 "더러움과 넘치는 무지"를 부지런히 버리면 버릴수록, 우리의 마음으로 하여금 하나님의 사랑에 대한 감각에서 멀어지게 하는 세상에 대한 사랑에서 멀어지게 하면 할수록, 우리는 더욱더 그리스도와 그의 영광을 묵상하게 되며, 우리는 지금 느끼는 것보다 더 자주 죄를 이기도록 하는 그의 사랑을 누릴 수 있게 된다. 그러므로 그리스도는 친히 다음과 같이 말씀하신다. "볼지어다 내가 문 밖에서 서서 두드리노니 누구든지 내 음성을 듣고 문을 열면 내가 그에게로 들어가 그로 더불어 먹고 그는 나로 더불어 먹으리라"(계 3:20). 그는 우리를 향한 자신의 사랑과 친절을 언급하신다. 그러나 종종 우리는 그가 말씀하실 때 그의 목소리를 듣지 못하며, 우리의 마음을 그에게 열지 못한다. 그러므로 우리는 그가 "내가 그로 더불어 먹고 그는 나로 더불어 먹으리라"는 약속에서 표현하신 그 은혜롭고 새 힘을 주는 그의 사랑에 대한 감각을 잃어버린다. 어떤 혀도 이 약속에서 언급된 저 하늘의 축복된 교제와 사귐에 대해 표현할 수 없다. 그러므로 그 표현은 은유적인 것이다. 그러나 이 표현된 은혜는 실질적인 것이며, 이것을 경험한 사람들에게 있어서 온 세상보다 더 가치가 있는 것이다. 그리스도의 사랑에 대한 이런 느낌과 그와 기도와 찬양을 통해 사귀는 데서 오는 이 사랑의 열매들은 아가서에서 신적으로 잘 표현되어 있다. 그 속에서 교회는 그리스도의 신부로 나타나고, 신실한 신부로서 교회는 언제나 그의 사랑을 갈망하며, 그 사랑 안에서 즐거워한다. 그리고 신부가 그 사랑을 얻었을 때 그녀는 간구와 찬미와 찬양으로 가득 차게 된다. 그의 사랑을 느끼고 말로 다 표현할 수 없는 그 사랑의 열매를 경험할 때 신약의 교회도 똑같이 행동한다. "우리를 사랑하사 그의 피로 우리 죄에서 우리를 해방하시고 그 아버지 하나님을 위하여 우리를 나라와 제사장으로 삼으신 그에게 영광과 능력이 세세토록 있기를 원하노라"(계 2:5-6). 그러므로 이 때가 우리가 간구해야 할 또 다른 때이다.

(다) 셋째로, 그의 이름을 위해 복음을 고백하다가 고난을 받을 때가 그리스도를 특별히 불러야 할 또 다른 때이다. 그런 때에 신자들에게는 두 가지가 나타날 것이다.

㉮ 첫째는, 그들의 생각이 새롭게 그를 향하게 되고 그와 대화하게 될 것이다. 그들은 자신들을 위해 고난을 받으신 분에 대해 계속해서 생각하고 묵상하지 않을 수 없다. 그들처럼 그렇게 하지 않고는 어느 누구도 올바른 근거로, 순전한 목적으로, 올바른 방법으로 고난을 받았다고 말할 수 없다. 그들이 그를 위해 고난을 받지 않을 수 없는 이유는 그의 위격과 사랑과 은혜와 권위에 대한, 곧 그가 어떤 분이시며, 그가 그들을 위해 어떤 일을 하셨으며, 그가 모든 것에 대해 어떤 권리를 가지고 계신가에 대한 지속적인 경험에서 나온다. 광야와 감옥에서 그들은 그리스도와 그의 사랑으로 가득 찰 수 있다. 그리고 과거에 많은 사람이 자신들의 고난 속에서 주 예수 그리스도와 친밀하고도 거룩한 교

제를 가졌다. 그리고 어느 때든 이런 상태에 들어가는 사람은 누구나 이 문제에 있어서 자신들의 경험을 증거할 수 있을 것이다.

㉯ 둘째는, 그런 사람들은 자신들이 처한 상태에서 자신들을 돕고 구원하시기 위해 그리스도가 자신들에게 보이신 특별한 관심에 대해 깊고도 확실한 인식을 가지고 있다. 그들은 자신들의 모든 고통 속에서 그가 고통을 받으시며, 자신들의 모든 고난 속에서 그가 고난을 받으시고, 자신들의 핍박 속에서 그가 핍박을 받으시며, 자신들 모두 안에서 그가 자신들을 향해 사랑과 자비와 말로 다 표현할 수 없는 긍휼로 가득 차 계시며, 그의 은혜가 그들에게 충분하며, 그의 능력이 자신들의 약함 속에서 온전하게 되며, 자신들을 자신들의 모든 고통에서 그와 자신들의 영광으로 인도할 것을 알고 생각한다. 이런 상황에서 성령의 활동 아래 있는 사람들이 하나님의 은혜와 사랑과 자비와 위로와 영적인 회복을 계속해서 구하지 않는다는 것은 불가능하다. 그러므로 이런 상태에서 그리스도께 간구하는 것은 참으로 그를 믿는 자들에게 영혼의 피난처요 닻줄이 된다. 옛적에 모든 거룩한 선지자들에게 그러했으며, 이후에도 그럴 것이다.

이 교리와 의무는 편안한 자들을 위한 것이 아니다. 고난을 받는 자, 유혹을 받는 자, 핍박을 받는 자, 영적으로 안식이 없는 자가 기도를 통한 위로를 상급으로 받을 것이며, 기도하게 될 것이다. 그리고 오랜 세월에 걸쳐 복음을 고백한 이유로 믿을 수 없는 고통을 받아온 모든 거룩한 영혼들이 이 의무를 감당하여 유익을 얻었다고 증거하고 있다. 그들이 그 속에서 발견한 위로는 그들이 받은 모든 고난의 무게를 충분히 상쇄하는 것이었으며, 그들로 하여금 "말로 다 표현할 수 없는 즐거움과 충만한 영광"으로 고난 속에도 즐거워할 수 있도록 했다. 이 것은 온갖 시련과 위험에 처해 있는 교회를 위해 준비된 것이었다. 신 자들은 자신의 손에 모든 권세를 가지고 계시며, 그들을 향해 말로 다 형언할 수 없는 사랑과 긍휼이 충만하신 분께 특히 그를 위해 고난을 받을 때 자유롭게 나아갈 수 있는 반면에, 그들은 자신들이 겪는 시련 들에 대한 정복자들 이상이다.

㈃ 넷째로, 우리가 그리스도 안에 있는 놀라우신 어떤 은혜의 행위 에 대해 바로 이해하게 될 때, 그리고 이 은혜에 대해 자신이 잘 모르 고 있다는 것을 깊이 느끼게 될 때 바로 이 때가 그 은혜를 더해 달라고 기도로써 그에게 특별히 나아갈 때이다. 모든 은혜는 그리스도 안에서 똑같이 거한다. 그리고 그것들은 모두 그 안에서 완벽하게 존재한다. 그리고 그는 그것들 모두를 하나하나 정확한 때 정확한 방법으로 사용 하신다. 그러나 외적인 원인과 환경은 때때로 그것들 중 어느 하나가 다른 것들보다도 더 탁월하고 두드러지게 나타나도록 하기도 한다. 가 령, 그리스도가 고통 속에서 말로 할 수 없을 정도로 자신을 낮추시고, 자기를 부정하시고, 인내하셨을 때가 바로 그런 경우이다. 사도는 이 런 상태에 대해 빌 2:5-8에서 기록하고 있다. 그런데 모든 신자는 모든 은혜와 그것을 누리는 데 있어서 예수 그리스도를 닮아야 한다. 그는 모든 일에 있어서 그들의 모범이시다. 그러므로 그들이 그리스도 안에 서 나타나는 어떤 은혜의 영광을 보았을 때, 그리고 그것이 자신들 안 에 없다고 느낄 때 그들은 그 은혜를 자신들에게 충만하게 부어달라고

간절하게 간구하지 않을 수 없다. 그리고 이렇게 간구의 의무를 제대로 행했을 때 우리의 부족과 그 은혜의 영광은 서로 커가게 된다. 우리 자신 안에 어떤 은혜가 부족하다는 것을 올바르게 느꼈을 때 우리는 그리스도 안에 있는 그 은혜의 영광을 갈망하게 된다. 그리고 그 안에 있는 어떤 은혜의 영광스러운 모습에 대해 올바로 보고 묵상할 때 우리는 그것에 대한 우리의 부족함을 보게 될 것이다. 이 두 가지를 느낄 때 우리는 바로 그리스도께 기도를 통해 나아가게 되고, 은혜 안에서 자라고, 그를 닮아가게 된다. 이것보다 그에게서 은혜의 공급을 끌어내고, 구원의 우물에서 물을 길어 낼 더 효과적인 방법이나 수단은 없다. 그 안에서, 그에 의해 놀랍게 행해진 어떤 은혜에 대해 거룩하게 찬미하고, 간절히 사랑하고, 이 은혜에 우리가 부족하다는 것을 느낄 때 우리는 믿음으로 그에게 그것을 요청하게 되고, 그는 우리의 요청을 거절하지 않으실 것이다. 그러므로 제자들은 자신들이 감당하기 위해서는 온전한 믿음이 요구되는 어려운 임무 앞에서 자신들이 이 은혜의 부족함을 느꼈을 때 즉시 "주여 우리의 믿음을 더해주소서"라고 기도했다 (눅 17:5). 그리고 우리도 마찬가지로 우리가 유혹을 받게 될 때 주님의 도우심을 똑같이 구해야 한다.

(㉫) 다섯째로, 자연적인 것이든 혹을 그를 위해 당하는 것이든 죽음의 시기는 우리가 특별히 그에게 간구해야 할 때이다. 그러므로 스데반은 자신의 영혼을 그의 손에 부탁하면서 간절히 기도했다. "주 예수여 나의 영혼을 받아 주소서"라고 그는 말했다. 수많은 그의 신실한 순교자들도 그와 마찬가지로 불 가운데서, 칼 아래서 똑같이 기도했다.

셀 수 없이 많은 거룩한 영혼들이 자신들의 죽음의 순간에 똑같이 믿음으로 그렇게 기도한다. 그리고 살아 있는 동안 우리가 믿음으로 그를 의지하면 할수록, 우리는 죽음이 다가오는 순간에 더욱더 안전하게 그에게 자신을 맡기게 된다. 그리고 이와 똑같은 경우들에 대해 더욱 많이 제시될 수 있다.

지금까지 우리가 주장한 것과 관련해서 제기될 수 있는 한 질문에 대한 대답을 제시하면서 이 장을 마치고자 한다. 그 질문은 "주 예수 그리스도께서 중보자로서 아버지께 우리를 위해 중보하신다면, 우리는 그에게 우리를 대신해서 중보해 달라고 요청을 해야 하는가? 이런 요청이 우리가 그에게 드리는 간구 혹은 기도에 포함되어야 하지 않는가?" 하는 것이다.

대답 1. 성경에 그런 일이 있었다든가 그렇게 기도했다는 선례나 예가 없다. 그리고 우리가 성경에 제시되어 있지 않은 것들을 하는 것은 안전하지 못하다. 그리고 성경에 예가 없는 것이 우리가 꼭 해야 할 의무인 경우는 있을 수 없다. 2. 그리스도께 대한 간구에서 우리는 "우리가 아버지를 영예롭게 했던 것처럼 아들을 영예롭게 한다". 그러므로 우리의 간구에서 그의 신적인 위격이 우리의 믿음의 형식적인 대상이다. 우리는 우리의 간구에서 그를 우리를 향한 중보의 사역을 하시는 분으로서가 아니라, 우리가 기도하는 모든 선한 것을 처리하실 수 있는 절대적인 능력과 권위를 가지고 계신 분으로서 고려한다. 그리고 그에게 드리는 우리의 간구에서 우리의 믿음은 그의 위격에 고정되어 있고, 그의 위격에서 끝이 난다. 그러나 "우리의 믿음과 소망은" 중보의 사역을 감당하시는 분으로서 그를 통해 "하나님 안에 있다"(벧전 1:21). 한 위격 속에서 하나님이시며 사람이신 중보자 예수 그리스도는 모든 신적인 영예와 예배의 대상이시다. 그러므로 그의 위격과, 그 위격 안에 있는 그의 본성들은 종교적 예배의 대상이다. 이것이 우리가 여기에서 증명한 것이다. 그럼에도 불구하고 신적인 예배의 형식적인 이유와 대상은 그가 중보의 사역을 감당하신 것이 아니라 그의 신적인 본성이다. 예배는 우리가 예배하는 분에게 무한한 신적인 탁월성들과 속성들을 돌려드리는 것이기 때문이다. 그리고 신적인 본성 때문이 아니라, 다른 이유로 그렇게 하는 것은 그 자체로 모순이며 우상숭배를 하는 것이다. 하나님의 아들은 설령 성육신하지 않으셨더라도 모든 신적인 예배의 대상이셨다. 그리고 하나님과 우리 사이에 하나님이 아닌 어떤 중보자가 있을 수 있다면, 그는 어떤 신적인 예배나 간구의 대상이 될 수 없었을 것이다. 그러므로 한 위격 안에서 하나님이시며 사람이신 중보자 그리스도는 모든 것에 있어서 우리가 아버지께 영예를 돌리는 것처럼 영예를 받으셔야 한다. 그러나 그것은 낮아지신 중보자로서가 아니라, 아버지와 동등된 하나님으로서이시다. 그의 신적인 위격과 관련해서 우리는 그에게 간구하며, 중보자와 관련해서 우리는 그의 이름으로 아버지께 간구한다. 우리는 그에 대한 믿음의 다른 행위들과 관련해서 이와 같은 구분이 사용되는 것을 다음 장에서 보게 될 것이다.

제 10 장
그리스도의 위격에 신적인 영예를 돌려드리는 원리인 그에 대한 믿음

그리스도의 위격에 경배와 간구를 통해 신적인 영예를 돌려드리는 원리와 원천은 그에 대한 믿음이다. 그리고 이것은 죄가 들어온 이래로 세상에서 받아들여질 수 있는 모든 종교의 기초였다. 하나님께 대한 예배나 그를 순종하는 자들의 칭의(稱義)와 구원을 위해 처음부터 그리스도에 대한 믿음이 필요했다는 것을 거부하는 사람들이 있다. 그들은 사도가 히 11장에서 인류의 역사 이래로 예를 들어 증명했듯이 "믿음이 없이는 하나님을 기쁘시게 할 수 없다"는 것을 인정하면서도, 여기에서 의도되고 있는 믿음은 그리스도에 대한 어떤 고려도 없는 하나님에 대한 일반적인 믿음을 의미하는 것이라고 주장하기 때문이다. 그런데 이렇게 주장하는 사람들과 논쟁을 하거나, 그들의 어리석은 의견들과 오류들을 일일이 반박하는 것이 나의 의도는 아니다. 내가 관심을 가지고 싶은 것은 기독교의 근간을 뒤흔드는 그들의 주장이다. 그들은 이렇게 주장함으로써 우리에게서 구약에서 얻는 수 있는 모든 빛과 진리를 빼앗아가기 때문이다. 나는 그리스도에 대한 구약의 성도들의 믿음에 대해 전에 약간 언급을 하였다. 그러므로 나는 여기에서는 단지 복음의 신앙에 근본이 되는 몇몇 원리를 제시함으로써 그 진리를 확증할 것이다.

1. 하나님애 의해 제시된 원시복음(Πρωτευαγγέλιον)이라고 불리는 첫 번째 약속은 우리의 최초의 부모들과 그들의 모든 후손들이 죄로 말미암아 처해 있는 하나님으로부터의 배교 상태와 그 모든 결과들에서 벗어나는 유일한 수단을 포함하고 표현하고 있다(창 3:15). 이 약속에는 구원자로 말미암아 사단과 그의 일이 파괴될 것이라는 내용이 들어 있다. 이 약속은 바로 교회의 신앙의 근본을 나타내는 것이었다. 그러므로 그것이 거부된다는 것은 교회를 향한 하나님의 경륜 혹은 섭리가 처음부터 거부된다는 것을 의미한다. 구약의 모든 가르침과 이야기는 쓸모없는 것으로 거부되고 하나님의 진리를 위한 신약의 어떤 기초도 남아 있지 않게 된다.

2. "여자의 후손"이라는 이름 아래 약속되었던 것은 바로 그리스도의 위격과 그의 성육신과 중보사역이었으며, 그가 행하실 일은 자신의 고난을 통해 능력으로 뱀의 머리를 밟으실 것이라는 것이었다. 이것은 하나님이 사단의 일을 멸하시기 위해 때가 찼을 때 자기의 아들을 육신을 입은 채로, 죄된 육체의 모양으로 보내셨을 때 성취되었다. 우리는 갈 3:13, 4:4, 히 2:14-16, 요일 3:8에서 그렇게 해석되어 있는 것

을 볼 수 있다. 그리고 우리의 이런 해석은 다음과 같은 이유들 때문에 거부될 수 없다.

(1) 이 하나님의 계시에는 인간과 뱀들 사이에 자연적인 적대감 이외에 다른 어떤 것도 의도되지 않았다는 것이다. 그러나 계속해서 이 약속이 메시야를 지시하는 것으로 이해해 온 유대인들이 잘못되었다고 생각하는 것은 매우 어리석은 것이다. 이런 해석은 우리의 최초의 부모들이 지은 죄의 본성과 결과와 그 죄에 대해 하나님이 싫어하시는 것과 관련된 모든 진리를 무너뜨린다. 그리고 이 약속에는 하나님이 계속해서 그들과 그들의 후손을 어떻게 다루실 것인가를 분명히 표현하고 있는데, 그런 해석은 그것을 어리석게도 인간의 삶에 관계가 없는 것으로 만들어 버려서 그 근거를 뿌리채 흔들어 버린다. 그런 해석은 인간과 뱀들 사이의 적대관계가 있다는 것을 전제하는데, 이에 대해 백만 명 중 한 사람도 제대로 알지 못하는 것이기 때문이다. 이것은 하나님의 계시 위에 세워진 모든 종교에 무신론의 도끼를 놓는 것일 뿐이다. 더욱이 이런 주장에 따르면, 우리 부모들은 자신들의 죄와 배교로 말미암아 처한 상태에서 하나님으로부터 구원을 받을 것이라는 어떤 위로도 이 말씀 속에서 찾을 수 없다. 그렇다면 그들은 타락한 천사들과 마찬가지로 절대적으로 저주 아래 있을 수밖에 없다. 이것은 말씀에서 모든 종교를 뿌리 채 뽑아내는 것이다. 어떤 치료책이 없이 절대적으로 저주 아래 있는 사람들은 지옥 이외에는 있을 곳이 없기 때문이다.

(2) 여기에서 제시되고 약속된 구원의 방법이 그리스도에 의한 것

이 아니고 다른 것을 의미한다는 주장이다. 이 약속에서 제시된 "여자의 후손"이 우리가 믿는 그리스도가 아니라 다른 것을 의미한다는 것이다. 이런 주장은 모든 성경을 우화로 만드는 것이다. 이 첫 번째 약속에서 그리스도를 얻어내지 못한다면, 성경 전체는 일관성이 없는 교리적 진리로 전락하기 때문이다.

3. 희생제사 제도를 통해 이 약속은 확증이 되었고, 교회가 구원을 받는 방식이 선포되었다. 하나님은 희생제사 제도를 통해 "피흘림이 없이는 죄 사함이 없으며", 죄에 대한 구속은 대리적 충족을 통해 이루어진다는 것을 처음부터 선포하셨다. 이 제도와 관련해서 그리스도는 자신을 희생제물로 드리심으로써 세상 죄를 지고 가는 "하나님의 어린양"으로 불리셨다(요 1:29). 우리는 "오직 흠 없고 점 없는 어린 양 같은 그리스도의 보배로운 피로 구속을 받기" 때문이다(벧전 1:19). 이 구절에서 성령은 처음부터 희생제사 제도와 그 제도의 본질에 대해 언급하고 계신다. 그리고 그는 하늘에서 "죽임을 당하신 어린 양"으로 나타나신다(계 5:6). 여기에서 하늘의 영광은 그의 희생의 열매와 결과에서 일어난다. 그리고 이전의 모든 희생제사들도 그를 나타내기 때문에 그는 "창세 이후로 죽음을 당한 어린 양"으로 표현된다. 그리고 그리스도의 대속적 희생을 거부하지 않는 사람이 이 희생제사들의 기원이 하나님으로부터 나왔는지, 혹은 사람이 인위적으로 만든 것인지를 의심하는 것은 나에게 이상하게 여겨진다. 그리고 그것은 다음과 같은 이유 때문에 그러하다.

(1) 만약 그들이 이전에 어떤 신적인 계시가 없이 사람들의 자발적

인 관찰에 의해 발견된 것이었다면, 이것은 세상에서 받아들일 만한 모든 종교는 하나님의 지혜와 권위와 의지가 아니라, 사람들의 지혜와 의지로 만들어졌다는 것을 의미한다. 심지어 율법이 주어지기 전에도 다른 모든 종교적인 의무들의 중심이요, 증거로서 종교의 위엄이 희생제사 제도에 있었다는 것은 거부될 수 없기 때문이다. 그리고 이런 주장에 따르면 율법을 주실 때 하나님은 자신이 만든 제도를 확증하시고 수립하신 것이 아니라, 사람이 만든 것을 인정하시는 방식으로 일하셨다는 결론이 나온다. 그러나 이것은 자연적인 빛과 성경의 모든 계시에 위배되는 것이다.

(2) 모든 대속적인 희생제사는 처음부터 그리스도의 희생을 상징하고 나타내었다. 그리고 사람들 사이에서 그것들의 용도와 효력과 유익은, 곧 하나님이 희생제사들을 받아주시는 것은 모두 그리스도의 희생에 의존했다. 희생제사들에서 이런 생각을 제거해보라. 그러면 희생제사들은 이성적인 피조물이 이해할 수 없으며, 신성에 어울리지 않는 비합리적인 의식으로 전락해 버릴 것이다. 그것들은 오직 그리스도의 희생과 관련되는 한에 있어서만 과거와 마찬가지로 오늘날도 합리적인 제사가 된다. 일반적인 지식을 가지고 있는 사람들이 어떻게 그것들이 하나님을 영화롭게 할 수 있는 올바른 제사라고 생각할 수 있겠는가? 더욱이 모든 대속적인 희생제사는 율법이 주어지기 전이나, 이후나 똑같은 본성으로 똑같이 사용되었다. 그러나 이 모든 것이 후에 그리스도의 희생을 상징하는 것이었다는 것을 사도는 히브리서에서 자세히 증거하였다.

여기에서 "세상 죄를 지고 가는 하나님의 어린 양으로서 주 그리스도와 그의 희생에 대한 이런 복된 예표들이 하나님의 지혜와 선하심과 의지의 결과인가, 아니면 사람의 의지와 구상의 결과인가?"라는 질문이 제기될 수 있다. 이것과 관련해서 우리는 주 예수 그리스도와 그의 희생에 대한 놀라운 예표들을 만들어 낸 것으로 여겨지는 사람들조차도 실질적으로 그것들에 대해 거의 알지 못했거나 전혀 알지 못했다는 것을 기억해야 한다. 첫 번째 약속에서 그리스도를 발견할 수 없다고 생각하는 사람들은 모든 건전한 사고의 규칙에서 멀어진 사람들이다. 이 첫 번째 약속에는 그리스도와 그의 희생에 대한 예표가 제시되어 있었으며, 하나님은 그것을 4천 년 동안이나 모든 신자의 신앙을 세우기 위한 중요한 수단으로 인정하고 허락하셨다. 만약 그들이 건전한 사고를 하는 사람들이라면, 그들은 이 약속에서 하나님이 정해 놓으신 방법을 발견하고 인정했을 것이다. 이 제도에서 하나님의 지혜를 보지 못하는 사람은 이것을 신중히 고려하지 않은 것이다. 그러나 나는 다른 곳에서 이런 희생제사들의 원인들과 기원들에 대해 살펴보았기 때문에 여기에서는 더 이상 그 문제들을 살펴보지 않을 것이다.

4. 우리의 최초의 부모들과 그들의 모든 거룩한 후손들은 이 약속을 믿었거나, 혹은 그것을 죄의 저주와 죄의 상태에서 자신들을 구원할 수 있는 유일한 방법과 수단으로 붙잡았다. 그리고 그들은 하나님 앞에서 그것으로 말미암아 의롭다 칭함을 받았다. 나는 우리가 아벨과 에녹과 노아와 그 외 몇몇 사람들처럼 성경에서 언급된 사람들을 제외하고는 처음 약속을 믿어 의롭다 하심을 받은 사람이 없다는 주장에 대

해 분명한 확신을 가지고 있지 못하다고 고백한다. 우리의 처음 부모들과 그와 같은 믿음을 가지고 있던 다른 사람들의 구원에 대해 의심을 품는 것은 어리석고 불경스러운 짓이다. 소시누스주의자들은 처음 약속을 믿어 의롭다 하심을 받은 사람은 아무도 없었으며, 자연의 빛에 따라 걷고 일시적인 것들에 대해 특별히 순종한 사람들만이 구원을 받았다고 주장했다. 나는 이런 그들의 어리석은 주장에 대해 다른 곳에서 이미 반박했다. 우리의 최초의 부모들과 그들의 후손들은 처음 약속을 믿었어야 했다. 만약 그렇지 않았다면, 그들은 저주 아래 있거나, 혹은 그곳에서 벗어날 수 있는 다른 방법을 가지고 있어야 했다. 첫 번째 것을 생각하는 것은 경건치 못한 것인데, 이는 사도가 그들은 하나님을 기쁘시게 하는 자라는 증거를 받았다고 말하고 있기 때문이다(히 11:5). 그런 상태에 있는 사람은 그 누구도 저주 아래 있을 수 없는데, 이는 하나님이 싫어하시는 것이기 때문이다. 그리고 같은 곳에서 그는 그들의 믿음으로 말미암는 칭의를 "구름같이 둘러싼 허다한 증인들"의 예를 들어 확증하고 있다(히 12:1). 두 번째 것을 인정하는 것은 근거가 없는 것이다. 그것은 사람들로 하여금 알지도 못하는 것을 받아들이게 하여 신적인 계시에서 나타난 하나님의 지혜와 은혜와 권위를 버릴 것을 제안하고 있다. 이 약속에는 하나님이 자신의 지혜와 은혜로 그들의 구원을 위해 제공한 방법이 표현되어 있다는 것을 우리가 이미 증명했기 때문이다. 이 방법을 버리고 하나님이 언급하시지도, 계시하시지도 않은 다른 방법을 취하는 것은 그의 권위와 은혜를 거절하는 것이다.

다른 방법을 취하고자 하는 사람들은 다음과 같은 세 가지를 반드시 증명해야 한다.

(1) 최초의 약속에서 계시되고, 선포되고, 제시된 것 이외에 죄인들의 구원과 칭의를 위한 다른 방법, 곧 다른 수단이 있다는 것을 증명해야 한다. 그리고 이것이 증명이 된 후에 그들은 처음 약속이 어떤 목적으로, 어떤 전제로 주어졌는지 제시해야 한다. 그들의 의견에 따르면 그것의 목적 자체가 사라지기 때문이다.

(2) 만약 하나님이 이 약속에서 우리가 죄의 저주와 상태에서 구원을 받는 방법과 수단을 계시하셨다면, 사람들이 그들을 안내할 초자연적인 계시가 없이 이것을 버리고 다른 방법을 취하는 것이 합법적이라는 것을 증명해야 한다. 그들이 그렇게 하지 못한 상태에서 약속을 버리는 것은, 최초의 죄가 자연의 작품들 속에 나타나신 하나님의 계시를 버리는 것이었던 것처럼, 은혜의 방법으로 하나님이 자신을 나타내신 것을 거부하는 것이 되기 때문이다. 이것은 한편으로는 내적인 원리에 의해 나타난 계시를 버리는 것일 뿐 아니라, 다른 한편으로는 외적인 선언에 의해 나타난 원리를 거부하는 것이다. 이것 외에 다른 것은 있을 수 없다.

(3) 이 약속에 대한 믿음, 곧 이 약속에 약속된 분에 대한 믿음 이외에 그것의 유익에 참여할 다른 방법이 있다는 것을 증명해야 한다. 사도는 어떤 약속도 그 분에 대한 믿음이 없이는 어떤 유익도 줄 수 없다고 선언하고 있기 때문이다(히 4:2). 이것들이 분명히 증명이 되지 않는다면 – 그것들은 결코 증명이 될 수 없을 것이다 – 사람들이 자연의 자료에 있는 보편적이고 객관적인 은총에 대해 무엇이라고 말하든지,

그것은 오직 헛된 상상에 불과할 것이다.

5. 율법이 주어지기 전에 이 약속을 그 본질과 목적과 더불어 선포하는 것은, 그것이 확증된 희생제사와 더불어, 우리의 최초의 부모들과 그들의 거룩한 후손들에게 주어진 일상적인 사역의 수단이었다. 그리고 이것은 그들 중에 하나님이 일으키신 선지자들의 특별한 사역의 수단이기도 했다. 하나님은 세상의 처음부터 자신의 거룩한 선지자들의 입을 통해 그리스도로 말미암는 우리의 구속에 대해 말씀하셨기 때문이다(눅 1:70). 자연의 빛과 하나님의 분명한 계시에 비추어 볼 때, 그들이 자신들과 관련이 있는 사람들에게 이 약속에 대한 지식을 전달하는 것보다 더 큰 의무는 있을 수 없다. 이 약속을 받았던 최초의 부모들과, 이 약속을 하나님이 자신들을 받아주시고 저주에서 건져내 주시는 유일한 기초로 여기면서 이것을 선포했던 사람들이 이것을 선포하고 설교하는 것을 게을리했을 것이라고 생각하는 것은 그들을 야만인들로 만드는 것이며, 그들을 하나님으로부터 두 번째로 배교한 사람들로 만드는 것이다. 자연의 빛과 계시에는 모두 똑같은 원리가 제시되고 있다. 에녹은 이 약속의 성취와 더불어 일어날 일에 대해 예언을 했으며(유 14), 노아는 믿음으로 의롭다 하심을 받았을 뿐 아니라(히 11:7), 이것을 통해 의(義)의 전파자가 되었기 때문이다(벧후 2:5).

6. 구약에서 하나님이 율법이 주어지기 전이나 이후에 주신 모든 약속들은, 그가 특별한 사람들이나 혹은 모든 회중들과 맺은 언약들은 모두가 처음 약속, 곧 여자의 후손인 아들이 자신의 중보로 뱀의 머리를 부수고 사람들을 구원할 것이라는 것을 선포하고 확증하는 것이었

다. 이 대부분의 약속들은 명백히 그에 대한 것이었던 것처럼, 그 모두는 하나님의 작정 속에서 그 안에서 확증되었다(고후 1:20). 그리고 구약 성경에는 그에 대해 우리가 다 헤아릴 수 없는 깊이 있는 내용들이 들어 있으며, 그와 그의 위격에 대해 셀 수 없이 많은 이야기가 들어 있다. 그리고 모든 성경의 주요한 계획은 그와 그의 은혜를 선포하는 것이었다. 사실 이것과 다르게 생각하는 사람들에게 이것은 아무런 유익이 없다. 현세적인 일들과 관련하여 다양한 경우에 다양한 약속들이 이 생명과 은혜의 위대한 영적인 약속에 더해졌다. 그리고 그리스도의 위격과 중보를 반대하는 사람들은 오직 현세적인 것들과 관련된 약속들을 믿고 순종할 때 의롭다고 인정을 받는다고 주장한다. 그러나 이 모든 계시들과 약속들이 처음 약속의 은혜와 자비 위에 세워지지 않았으며, 그 안에 포함되어 있지 않았다고 추측하는 것은 그것들을 축복이 아니라 저주로 만드는 것이며, 그것들을 통해 얻을 수 있는 무한히 더 나은 은혜를 빼앗아가 버리는 것이다. 사실 그것들은 처음 약속에 더해진 것들이었으며, 그것을 확증한 것들이었다. 그리고 이런 전제가 없다면 그것들 안에는 어떤 영적으로 선한 것이 거하지 않는다. 이것들 중 어떤 약속들은 처음 약속의 본질을 더 온전히 드러낼 때, 그것들이 구체적으로 사람들에게 적용이 될 때 은혜가 더 커진다. 아브라함에게 주신 약속이 그런 것에 속하는데, 이 약속은 사도가 증명한 것처럼 그리스도와 직접적으로 연관이 있었다(갈 3장, 4장).

7. 하나님과 그의 은혜를 경멸하고 자발적으로 이 약속에 대한 지식과 믿음에서 떨어져 나간 사람들은 즉시 혹은 점차적으로 죄에 대한

사랑으로 이전에 있던 상태보다 더 나빠진다. 그들은 계시와 고백에 있어서 기독교에서 멀리 떨어져 나가 배교의 상태가 된다. 그리고 이것이 바로 시간이 경과함에 따라 홍수 이전이든 혹은 이후든 사람들이 처하게 된 일반적인 상태이었다. 그러므로 자발적으로 하나님이 구원을 위해 계시하시고 제공하신 유일한 방법을 거부한 사람들 중에서 구원의 수단을 찾는다는 것은 헛된 것이다. 하나님은 "지나간 세대에는 모든 족속으로 자기의 길들을 다니게 묵인하셨다"(행 14:16). 그는 곧 그들을 회개로 부르지 않으셨다(17:30). 그렇다. 그는 그들을 "그 마음의 강퍅한 대로 버려두어 그 임의대로 행하게 하였다(시 81:12). 그리고 하나님 자신이 제공하신 유일한 구원의 방법, 곧 처음 약속에 계시된 것처럼 그리스도를 믿음으로 말미암는 구원의 방법을 거부한 사람들에게 다른 구원의 방법을 인정할 것이라고 상상하는 것보다 더 그의 지혜와 거룩에 위배되는 것은 없다.

8. 의심할 수 없는 진리의 원칙들인 이것들을 고려할 때 우리는 다음과 같은 두 가지 분명한 사실을 얻을 수 있다.

(1) 세상이 시작된 이래로 처음 약속에 선포된 대로 오직 예수 그리스도에 의하지 않는 어떤 칭의와 구원의 방법도 계시되고 제시되지 않았다.

(2) 약속된 분에 대한 믿음이 아니고는 이 약속의 유익 혹은 그의 중보사역의 유익에 참여할 어떤 방법도 없었다. 그러므로 태초부터, 곧 죄가 들어온 때부터 그에 대한 믿음이 필요했다. 그리고 이 믿음이 어떻게 그의 위격에 관여하는지는 전에 선포되었다. 그런데 그의 중보

사역과 목적과 관련해서 약속된 분으로서 그에 대한 믿음과 실질적으로 그 일을 성취하신 분으로서 그에 대한 믿음은 본질적으로 똑같으며, 단지 하나님이 자신의 뜻대로 정하신 시간의 경륜에 대해서만 다르다. 그러므로 그의 중보의 효력은 과거에 믿은 사람이나, 그가 실질적으로 육체로 나타나신 이후에 믿은 사람이나 똑같다. 그러나 우리가 그에게 의무로 돌리는 신적인 영예의 기초로서 그에 대한 믿음은 구약에서보다 복음 혹은 신약에서 훨씬 더 분명하게 나타났다. 그 안에서, 곧 그의 성육신을 통한 위격의 구성에서, 또한 그가 처음부터 택함을 받은 사람들을 위해 약속된 일을 실질적으로 성취하신 일에서 하나님의 지혜와 은혜의 신비는 분명히 충만하게 드러났다. 엡 3:8-11을 보라. 이제 그리스도에 대한 믿음의 여부는 우리가 가진 신앙이 복음적인 것인지 아닌지를 결정하는 기준이 된다. 그를 믿는 것, 곧 그의 이름을 믿는 것이 우리가 복음적인 신앙을 가지고 있기 위해 지금 요구되는 특별한 의무이다.

그러므로 그리스도의 위격에 신적인 영예를, 곧 경배와 간구를 실질적으로 드리는 근거는 그에 대한 믿음이다. 그렇기 때문에 그는 눈을 뜨게 해 준 소경에게 "네가 하나님의 아들을 믿느냐?"고 물었다(요 9:35). 그리고 그는 "주여 내가 믿나이다"라고 대답하고 그에게 경배했다(38절). 모든 신적인 예배나 경배는 결국 믿음의 결과요 열매이다. 또한 간구도 마찬가지이다. 저희가 믿지 아니하는 이를 부를 수 없기 때문이다(롬 10:14). 우리는 우리가 믿는 분에게 경배를 돌리고 간구를 해야 한다. 이것이 신적인 믿음이 일하는 주요한 방법이기 때문이다. 우리가 믿지 아니하는 분을 경배하거나 그에게 간구하는 것은 우상숭배이다.

그리스도의 위격에 대해 이런 믿음을 가지는 것은 우리의 의무이다. 이것은 어떤 다른 의무보다 우리의 영원한 상태가 달려 있는 의무이다. "아들을 믿는 자는 영생을 가졌고 아들을 믿지 아니하는 자는 생명을 보지 못하고 하나님의 진노가 그에게 머물러 있다"고 계속해서 성경은 우리에게 제시하고 있기 때문이다(요 3:36). 그러므로 우리는 "이 믿음이 무엇이며, 이 믿음이 어떻게 일하는가?"를 조사해야 한다.

먼저, 하나님의 생각과 뜻이 계시된 사람들을 향한 믿음이 있다. 출 14:31은 이스라엘 사람들에 대해 "그들이 여호와와 모세를 믿었다"고 기록하고 있다. 이는 곧 그들이 그가 하나님에게서 보내심을 받았고, 속이는 사람이 아니며, 그가 하는 말이 그를 통해 하나님이 자신들에게 계시하신 말과 뜻으로 믿었다는 것을 의미한다. 또한 "너희는 너희 하나님 여호와를 신뢰하라 그리하면 견고히 서리라 그 선지자를 신뢰하라 그리하면 형통하리라"고 대하 20:20은 기록하고 있다. 여기에서 믿음의 대상이 되는 것은 선지자들의 위격들이 아니라 그들의 메시지이다. 이것은 그들이 말하고 있는 것을 하나님에게서 나온 것으로 믿는 것이지, 그들이 마치 하나님인 것처럼 믿는 것이 아니다. 한편으로 사도가 "아그립바 왕이여 선지자를 믿으시나이까 믿으시는 줄 아나이다"라고 말했을 때, 이것은 그가 선지자들이 하나님에게서 보내심을 받았으며, 그들이 한 말은 하나님에게서 나왔으며, 그렇지 않다면 그렇게 오래전에 죽은 자들을 믿을 필요가 없다는 의미였다.

    그런데 어떤 사람들은 이런 논리를 이상하게 그리스도께 대한 믿음에 적용하여 이상한 결론을 도출한다. 그들은 그리스도를 믿는 것은 그를 통해 계시된 복음의 교리를 믿는 것일 뿐이라고 말한다. 그들은 어떤 사람이 그가 세상에 와서 복음을 통해 하나님의 생각을 선포하시기 전에 그를 믿을 수 있다는 것을 거절한다. 그들은 그리스도를 통해 계시된 복음의 진리에 동의하는 것이 우리에게 요구되는 예수 그리스도에 대한 믿음의 전부라고 주장한다. 사실 복음의 신비를 믿지 못하도록 사람들의 마음에 퍼져 있는 모든 독들 중에서 오늘날 그리스도를 믿는 것은 복음의 교리를 믿는 것 이외에 다른 어떤 것이 아니라고 상상하는 것보다 더 파괴적인 독은 없다. 물론 우리는 그리스도를 믿는 것에는 복음의 교리를 믿는 것이 포함되어 있다는 것을 인정한다. 그러나 그들의 주장은 그의 신성을 고려하지 않고 오직 선지자로서의 사역 이외에 다른 사역을 허락하지 않는 것일 뿐 아니라, 그와 교회의 관계와 그에 의한 구원의 모든 기초를 무너뜨리는 것이다.

    내가 이 주장과 관련해서 현재 증명하려고 하는 것은 우리가 그를 믿을 때 필요한 믿음의 첫 번째 주요한 대상은 바로 그리스도의 위격이라는 것이다. 우리가 그를 믿는다고 할 때, 우리는 그에 의해 계시된 교리의 진리에 동의할 뿐 아니라, 자비와 위로와 보호를 위해, 의와 생명과 구원을 위해, 복된 부활과 영원한 보답을 위해 그를 신뢰한다. 나는 먼저 이것을 진리에 기초한 몇몇 증거들을 살펴봄으로써 제시할 것이다. 그런 다음에 나는 이런 믿음의 근거와 본질과 행위를 살펴볼 것이다.

우리는 먼저 이 진리를 확증하는 증거들과 관련해서 우리 주 예수 그리스도에 대한 믿음이 요구되는 곳마다 일반적으로 절대적인 하나님으로서 "그를 믿는다", "그의 이름을 믿는다"라고 표현되어 있다는 것을 주목해야 한다. 만약 이 증거들에서 그에 의해 계시된 교리에 대한 믿음 이외에 더 이상의 것이 의도되지 않았더라면, 우리는 교리의 내용을 믿을 때 비로소 그들을 믿거나 혹은 그들의 이름을 믿는다고 말할 수 있다. 가령 우리가 사도 바울의 교리, 혹은 그에 의해 계시된 것들을 믿어야 한다고 할 때, 우리가 그들을 믿지 않는다면 우리의 영원한 복지에 위험이 생길 것이다. 그러나 여기에서 우리가 바울을 믿는다고 말한다면 이것은 바로 바울 자신이 거부한 것이다(고전 1:13, 15). 요 1:12, 3:16, 18, 36, 4:29, 35, 7:38, 39, 행 14:23, 16:31, 19:4, 24:24, 26:18, 롬 3:26, 9:33, 10:11, 벧전 2:6, 요일 5:10, 13을 참고하라. 이 구절들 중 앞에서 제시된 주장을 충분히 확증해 줄 수 있는 구절은 단 한 구절도 없다. 우리는 여기에서 언급되지 않은 구절에서도 똑같은 증거를 발견할 수 있다.

"너희는 하나님을 믿으니 또한 나를 믿으라"(요 14:1). 이 구절에서 하나님과 그리스도는 구별되고 있으며, 하나님이라는 이름은 아버지의 위격에만 적용되고 있다. 그리고 믿음은 하나님과 그리스도 둘 모두에게 구분이 되어 요구가 된다. 그런데 이 구절이 단순하게 말하고 있는 것처럼 여기에서 요구되는 믿음은 방법상 똑같은 종류의 믿음이다. 이 구절은 두 개의 믿음, 곧 아버지 하나님에 대한 믿음과 그리스도에 대한 또 다른 믿음을 요구하고 있는 것은 아니다.

그러므로 신적인 믿음은 아버지의 위격에 고정이 되어 있고, 이것으로 끝이 나는 것처럼 아들의 위격에도 똑같이 해당된다. 그리스도가 자기 제자들에게 이것을 명령하신 것은 자신이 신성을 지니고 있다는 것을 증명해주며, 이 신성은 바로 그들이 그에 대한 믿음을 가져야 될 근거요 이유가 된다. 그는 더 나아가서 9절과 10절에서 이것을 다시 증거한다. 이런 믿음은 고난과 두려움과 불안에 빠진 그들의 영혼에 위로를 준다. "너희는 마음에 근심하지 말라 하나님을 믿으니 또 나를 믿으라". 고난 속에서 우리의 영혼의 위로를 위해 그를 믿는 것은 복음의 교리에 동의하는 것일 뿐 아니라, 우리가 보호받고 구원을 받을 수 있는 은혜의 공급과 하나님의 능력의 역사를 위해 그를 신뢰하는 것이다. 그리고 우리는 여기에서 우리가 주장하는 것의 전부를 가진다. 신적인 믿음은 그리스도의 위격에 행해지며 그에게서 끝이 난다. 그로부터 우리는 하나님의 능력의 역사를 통해 은혜와 자비를 공급받는다.

그러므로 그는 마르다에게 "나는 부활이요 생명이니 나를 믿는 자는 죽어도 살겠고 무릇 살아서 나를 믿는 자는 영원히 죽지 아니하리니 이것을 네가 믿느냐?"라고 말씀하셨다. 이 질문에 마르다는 "주여 그러하외다 주는 그리스도시요 세상에 오시는 하나님의 아들이신 줄 내가 믿나이다"라고 대답했다(요 11:25-27). 그의 위격은 그녀의 믿음의 대상이었으며, 그에 대한 그녀의 믿음은 모든 영적이며 영원한 자비들에 대해 신뢰하는 것을 포함했다.

나는 다음으로 한 가지 더, 곧 그런 믿음의 실체와 그 근거에 대해 말할 것이다. 갈 2:20은 "이제 내가 육체 가운데 사는 것은 나를 사랑하사 나를 위하여 자기 몸을 버리신 하나님의 아들을 믿는 믿음 안에서 사는 것이라"고 말하고 있다. 그가 여기에서 주장하는 믿음은 우리의 영적인 생명, 곧 우리가 육체 가운데 사는 동안 지금 눈으로 보이지 않고 누리지 못할지라도 우리를 하나님께로 인도하는 생명의 원인이다. 하나님의 아들은 바로 이런 믿음의 저자요 대상이시다. 여기에서 지적하고 있는 것은 믿음의 대상으로서 하나님의 아들에 대한 것이다. 그리고 여기에서 표현된 믿음의 원인이나 동기를 살펴보면 이것은 분명해진다. 나는 계속해서 이런 믿음을 가지고 사는데, 이는 그가 "나를 사랑하시고 나를 위해 자신을 주셨기 때문이다". 이것이 우리 마음에 강력하게 영향을 미쳐서 우리로 하여금 그에 대한 믿음을 가지도록 하는 것이다. 그리고 우리가 사랑하는 분이 바로 우리가 믿는 분이다. 만약 그의 위격이 그의 사랑의 자리라면, 그것은 우리의 믿음의 대상이다. 그리고 이런 믿음은 우리의 의무일 뿐 아니라 우리의 생명이다. 그것을 가지지 않은 사람은 하나님이 보시기에 죽은 사람이다.

나는 여기에서 예수 그리스도를 믿는 것은 아들의 위격을 믿는 것이며, 그에 대한 다른 믿음을 가질 수 없다는 것을 증명하기 위해 계속해서 장황하게 여러 증거들을 나열하기를 원하지 않는다. 나는 이것을 확증하기 위해 두 가지를 고려할 것이다.

첫째는, 우리는 우리가 그리스도께 진지하게 간구하기 위해 우리가 증명한 것 이상으로 하나님의 아들이신 그리스도의 위격이 신적인 믿음의 올바르고 구분된 대상이라고 하는 것을 증명할 필요가 없다. 사도가 "저희가 믿지 아니하는 이를 어찌 부르리요"라고 말했기 때문이다.

이것은 두 가지 모두에 해당된다. 우리는 우리가 믿지 않는 분을 믿을 수 없다. 우리는 우리가 믿지 않아도 되는 분을 불러야 할 필요가 없다. 그러므로 만약 그리스도의 이름을 부르는 것이 우리의 의무라면, 그리스도의 위격을 믿는 것은 우리의 의무이다. 그리고 만약 그리스도를 믿는 것이 단지 그가 계시하신 복음의 교리를 믿는 것 이외에 다른 것이 아니라면, 우리는 그의 교리를 믿어야 되고 그의 교리를 불러야 한다. 그리고 이런 근거에서 우리는 예수 그리스도의 이름뿐 아니라, 선지자들과 사도들의 이름을 불러야 할 것이고, 이것을 통해 구원을 받아야 할 것이다. 그러나 간구 혹은 기도가 믿음에서 나오며, 그리고 기도는 자비와 은혜와 생명과 영원한 구원을 구하는 것이기 때문에 믿음은 그것들을 우리에게 주실 수 있는 분에게 고정되어 있어야 한다. 그렇지 않다면, 그 기도는 헛된 것이 될 것이다.

둘째는, 우리는 예수 그리스도의 이름으로 세례(침례)를 받아야 하는데, 이는 우리가 아버지와 구분된 위격으로 그의 위격에 대한 믿음을 반드시 가져야 한다는 충분한 증거가 된다. 우리는 이 의식에서 우리의 영혼을 그에게 드리게 되며 그를 의지하게 되기 때문이다. 우리가 우리를 그에게 맡기면서, 혹은 우리가 그의 이름으로 세례(침례)를 받으면서 그를 믿지 않는 것은, 그의 이름을 믿지 않는 것은, 곧 그의 위격을 믿지 않는 것은 실질적으로 그를 거부하는 것이다. 그리스도에 대한 믿음은 이것을 통해 교회가 그와 연합되고, 그와 신비적인 한 몸을 이루게 되는 은혜이다. 바로 이것을 통해 그는 우리 안에 거하시게 되고, 우리는 그 안에 거하게 된다. 오직 이것을 통해서만 모든 은혜의 공급들이 그에게서 나와 온몸으로 전달된다. 그의 위격이 이런 믿음의 올바르고 직접적인 대상이라는 것을 거부하라. 그러면 이 모든 것은, 곧 교회의 모든 영적인 생명과 영원한 구원은 전적으로 무너지게 될 것이다.

더 나아가서, 경배하고 간구하여 신적인 영예를 돌리는 근거가 되는 그리스도의 위격에 대한 이런 믿음은 두 가지 면에서 고려가 될 수 있다. 첫째로, 절대적으로 그의 위격과 관련해서만 고려하는 것이다. 둘째로, 그의 중보의 사역과 관련해서 고려하는 것이다.

1. 첫 번째 의미에서 믿음은 아버지의 위격에 대해서와 마찬가지로 절대적이며 궁극적으로 그리스도의 위격에 놓여진다. 그는 여기에서 아버지와 똑같은 것을 강도짓으로 여기지 아니하신다. 그 이유는 신성 그 자체가 이 믿음과 믿음의 모든 행동의 올바르고 직접적인 대상이기 때문이다. 이것은 성령의 위격에 대해서와 마찬가지로 아버지와 아들의 위격에 대해서도 똑같다. 여기에는 두 가지가 따라온다. 첫째는, 각 위격이 믿음의 형식적인 이유와 대상인 신성에 똑같이 참여하기 때문에 똑같이 믿음의 대상이라는 것이다. 둘째는, 어떤 한 위격에 믿음을 행사하고, 이것과 더불어 그에게 신적인 영예를 돌릴 때 다른 위격들은 배제되지 않고 포함된다는 결론이 나온다. 똑같은 본성의 연합 안에 있는 신적인 위격들의 상호 교제 때문에 모든 영적인 예배의 대상은 구분되지 않는다. 그러므로 성경은 "아들을 본 자는 아버지를 보았고 아들을 영화롭게 하는 자는 아버지를 영화롭게 하나니 이는 저와 아버지는 한 분이심이라"고 표현하고 있는 것이다.

그리고 우리의 현재의 계획을 분명히 하기 위해 신성이 그 모든 본질적인 속성들과 더불어 신적인 믿음의 형식적인 이유요 유일한 근거라는 데서 다음과 같이 세 가지가 제시될 수 있다.

(1) 주 그리스도는, 만약 하나님의 본성에 참여하지 않으시고, 하나님의 형상을 가지고 계시지 않으시고, 그와 똑같지 않으시다면, 우리의 믿음의 절대적이고 궁극적인 대상이 되실 수 없다. 이것이 없이 그를 믿는 것은 절도이며 신성모독이다. 그의 신적인 위격을 믿지 않는 자들의 모든 외식하는 믿음도 마찬가지이다.

(2) 그리스도의 위격에 대해 특별히 믿음을 가지는 것은 아버지로부터 영예와 영광을 빼앗는 것이 아니며, 그와 성령에서 어떤 의무의 행위도 빼앗는 것이 아니다. 모든 신적인 영예는 오직 신적인 본질에만 돌려질 수 있기 때문이다. 그리고 이것은 각각의 위격에서 절대적으로 똑같기 때문에 한 위격을 영예롭게 하면 다른 모든 위격들도 똑같이 영예롭게 된다. 아들을 영예롭게 하는 사람은 이것을 통해 또한 아버지를 영예롭게 한다.

(3) 그러므로 성경이 우리가 구원을 받기 위해 반드시 가져야 한다고 말하는 것은 그리스도의 위격에 대한 우리의 특별한 믿음의 행위이다. 이것과 관련해서 세 가지가 고려될 수 있다.

[1] 그의 신적인 본성이 이런 믿음의 올바른 형식적인 대상이시기 때문에 믿음은 그에게 고정된다. 만약 당신이 나에게 왜 하나님의 아들을 믿는가라고 묻는다면, 내가 어떤 의도로, 어떤 동기로 그렇게 하느냐고 묻는다면, 나는 그가 나를 위해 하신 것 때문이라고 대답할 것이다. 사도도 갈 2:20에서 그렇게 대답한다. 만약 어떤 이유로, 어떤 근

거로, 어떤 확증으로 그를 믿으며, 그를 신뢰하느냐고 묻는다면, 나는 단지 그가 "모든 것 위에 뛰어나신 영원히 복되신 하나님"이시기 때문이며, 그가 그렇지 않으셨다면 나는 그를 믿을 수 없었을 것이라고 대답할 것이다. 그를 믿는다는 것은 그가 나를 위해 하신 것, 곧 하나님이 아니시면 하실 수 없는 것을 기대하는 것이기 때문이다.

[2] 하나님이시며 사람으로서 그리스도의 전체 인격이 우리의 믿음의 직접적인 대상이 된다는 것이다. 신적인 본질이 믿음의 이유이다. 그러나 그의 신적인 위격은 믿음의 대상이다. 우리가 그를 믿을 때 우리는 하나이며 똑같은 위격 안에서 하나님이시며 동시에 사람으로서 그를 고려한다. 우리는 그가 하나님이시기 때문에 그를 믿는다. 그러나 우리는 한 위격 안에서 하나님이시며 사람이신 분으로서 그를 믿는다.

그리고 그리스도에 대한 우리의 믿음의 행위에서 그의 위격에 대한 이런 고려는, 곧 하나님이시며 사람으로서 그의 위격에 대한 고려는 믿음을 특별하게 하며, 그것을 그의 위격에만 한정되도록 한다. 그런 위격을 가지신 분은 아버지도, 성령도 아닌 오직 그리스도뿐이시기 때문이다. 하나님이시며 사람이신 분의 위격을 그 대상으로 가지는 믿음은 오직 그리스도에 대한 믿음뿐이다.

[3] 그의 위격에 대한 믿음의 이렇게 구분되는 행위에 대한 동기들은 언제나 이 믿음을 특별한 것이 되도록 하는 것들로 간주되어야 한다. 앞에서 살펴보았듯이, 그가 우리를 위해 하신 것들은 우리의 그에 대한 믿음의 동기가 되는데, 이것은 오직 그에게서만 발견될 수 있는 것이었다(갈 2:20). 우리가 참여하는 그의 중보의 모든 사역들과 그 사

역의 열매들이 그러하다. 그러므로 하나님은 교회에게 자신에 대한 믿음과 사랑과 순종을 요구하는 첫 번째 명령을 주시기 전에 교회가 받은 은혜와 모든 영적이며 영원한 자비들을 생각하도록 하셨다(출 20:2, 3). 이 내용을 분명히 하기 위해 다음과 같은 두 가지가 고려되어야 한다.

① 우리가 믿음의 형식적인 이유와 원인인 본질과 관련해서 그리스도의 위격에 돌리는 믿음과 영예는 똑같이 아버지와 성령의 위격에 돌려진다. 그러나 하나님이시며 사람이신 분으로서 그리스도의 위격과 그의 중보의 행위와 유익에서 나타나는 믿음의 동기들과 관련해서 믿음은 특별히 그에게 고정된다.

② 그리스도에 대한 믿음의 모든 행위에는 그의 모든 것이 고려되고 영광을 받는다. 곧 그의 신적인 본질은 믿음의 형식적인 원인으로서, 하나님이시며 사람이신 그의 신적인 전체 위격은 믿음의 올바른 대상으로서, 그의 중보의 유익들은 믿음의 특별한 동기들로서 고려되고 영광을 받는다.

그리스도의 위격에 대한 이런 믿음은 우리의 영적인 삶의 샘이며 원천이다. 우리는 하나님의 아들을 믿는 믿음으로 산다. 그에 대한 믿음을 통해 믿음은 보존되고, 증가하며, 강화된다. "그는 우리의 생명이시기 때문이다"(골 3:4). 그리고 우리의 생명의 모든 공급은 그에 대한 믿음의 행위를 통해 그에게서 온다. 우리는 "그에 대한 믿음을 통해" 죄에 대해 용서를 받으며, 거룩하게 된 자들 중에 있는 유업을 받는다(행 26:18). 이것을 통해 우리는 그 안에 거하며, 그것이 없이 우리는 아무엇도 할 수 없다(요 15:5). 이것을 통해 하나님과 우리의 평화가 유지된다. "그는 우리의 평화이시기 때문이다"(엡 2:14). 그리고 우리는 그 안에서 그가 주신 약속을 따라 평화를 가진다(요 16:33). 죄를 죽이고 유혹을 이기는 모든 힘은, 은혜 안에서 우리가 자라고 성장하는 모든 것은 이런 믿음으로 그를 지속적으로 믿는 데 달려 있다. "이런 믿음을 어떻게 가질 수 있는가?" 하는 것은 우리가 지금까지 살펴본 것이다. 우리를 대신 하신 그리스도의 모든 중보사역에 나타난, 특별히 우리를 위해 자신을 주시고 자기 피로 우리를 구속하신 데 나타난 그의 사랑과 그 결과들에 대한 올바른 이해가 이런 믿음을 갖도록 하는 큰 동기이다. 마음이 이것들로 말미암아 깊이 영향을 받지 않는 사람들은 올바른 방법으로 그를 결코 믿을 수 없다. 사도는 "나는 나를 사랑하사 나를 위해 자기 몸 버리신 하나님의 아들을 믿는 믿음으로 산다"고 말한다. 만약 이것에 대한 감각이 견고히 우리의 영혼에 심겨지지 않는다면, 만약 우리가 그것에 깊이 영향을 받지 않는다면, 그에 대한 우리의 믿음은 연약하고 흔들리며 아무것도 아닌 것이 될 것이다. 복되신 예수 그리스도가 우리를 위해 하신 것과 그가 하신 것의 샘이요, 원인이요, 원천인 말로 다 표현할 수 없는 사랑을 기억하는 것이, 그가 이것을 통해 획득하신 자비와 은혜와 평화와 영광에 대해 생각하는 것이 그에 대한 우리의 믿음과 소망과 신뢰를 가지도록 하는 정복될 수 없는 큰 동기들이다.

그의 신적인 본질은 우리가 그렇게 하는 근거이며 보증이다. 이것은 그가 모든 신적인 믿음과 예배의 마땅하고도 올바른 대상이 되시는 근거이며 보증이다. 그의 신적인 본질과 그 능력에서 우리는 우리가 그를 믿을 때 추구하는 모든 것을 기대하고 받는데, 이는 하나님이 아니고는 어느 누구도 그것들을 우리에게 부여할 수 없고, 우리 안에서 그것들이 역사하도록 할 수 없기 때문이다. 그에 대한 우리의 모든 믿음의 행동에는 "나의 주, 나의 하나님"이라는 도마의 고백이 들어 있다. 하나님이시며 인간이신 분으로서, 믿음의 형식적인 대상이 되는 본성을 가진 분으로서, 믿음의 동기들이 되는 모든 것을 하신 분으로서 그의 신적인 위격은 이런 믿음의 대상이 된다. 그리고 이 믿음은 바로 이 점에서 일반적인 하나님에 대한 믿음과 은혜와 사랑과 능력의 원천으로서 아버지의 위격에 대한 믿음과 구별된다.

2. 믿음은 하나님과 인간 사이의 중보자의 형식적인 개념 아래서 그리스도께 행해진다. 그러므로 그것은 벧전 1:21에서 다음과 같이 표현된다. "너희는 저를 죽은 자 가운데서 살리시고 영광을 주신 하나님을 그리스도로 말미암아 믿는 자니 너희 믿음과 소망이 하나님께 있게 하였느니라". 그리고 그리스도를 향한 이런 믿음의 행위는 비록 전에 서술한 것과 구별이 되지만 반대되고 불일치되지 않는다. 그리스도의 위격을 두 가지 차원에서 거부하는 것은, 곧 그를 "모든 것 위에 계시고 영원히 복되신 하나님"으로서 절대적인 면에서 신적인 위격을 지니신 분으로서, 그리고 육체로 나타나셔서 하나님과 인간 사이에서 중보자의 직을 감당하고 계신 분으로서 그리스도의 위격을 거부하는 것은 복음을 부인하는 것이다. 그리고 그리스도를 어떤 면에서 보느냐에 따라 믿음의 행위도 다양하다. 가령 어떤 사람은 절대적인 면에서 그의 중

보사역을 보는 반면에, 어떤 사람은 그를 단지 중보자로서만 본다. 그리고 신자들의 생명과 후원과 위로에 이 다양성이 얼마나 필요한지 그들은 모두 어느 정도 안다. 히 1:1-3에 대해 내가 주석한 것을 보라. 때로는 믿음은 그를 보좌에 앉아 계신 분으로서, 때로는 하나님의 우편에 서 있는 분으로서, 때로는 하나님과 사람 사이의 중보자로서, 때로는 인간이신 그리스도 예수로서 본다. 때로는 그의 영광스러운 능력이, 때로는 그의 무한히 낮아지심이 신자들의 위로가 된다.

그러므로 지금까지 살펴본 의미에서 그는 "죽은 자 가운데서 자기를 살리시고 자기에게 영광을 주신" 하나님의 종으로서 간주되신다. 그러므로 우리의 믿음은 그의 위격뿐만 아니라, 그의 사역의 모든 행동에도 관여한다. 그것은 그의 피에 대한 믿음이다(롬 3:25). 우리가 하나님이 우리를 받아주시는 유일한 수단으로서, 우리의 모든 은혜와 영광의 원천으로서 그를 믿고 신뢰해야 한다는 것은 하나님의 뜻이다. 이것이 중보자에 대한 올바른 개념이다. 그러므로 하나님이 그를 통해 일하지 않으신다면 그는 우리의 믿음의 궁극적 대상이 되지 않으신다. "이는 저로 말미암아 우리 둘이 한 성령 안에서 아버지께 나아감을 얻게 하려 하심이라"(엡 2:18). 그러므로 그는 우리가 하나님께 나아가는 방법이다(요 14:6). 히 10:19-22을 보라. 그리고 이것이 그에 대한 믿음인데, 이는 그가 비록 믿음의 궁극적인 대상은 아니지만 직접적인 대상이시기 때문이다(행 26:18).

이것이 하나님에 대한 우리의 믿음을 복음적이 되도록 만드는 것이다. 이 믿음의 특별한 본질은 그리스도 안에서, 그를 통해 우리가 하나님과 관계를 맺는 데서 나온다. 그리고 여기에서 믿음은 원칙적으로 제사장의 사역을 감당하시는 분으로서 그리스도를 고려한다. 비록 다른 사역과 관련해서도 그에게 순종하는 것이 규칙이기는 하지만, 그를 통해 하나님께 우리의 믿음을 고정시키고, 우리로 하여금 그를 신뢰하도록 하는 것은 바로 그의 제사장직과 그것의 결과들이다. 우리는 하나님의 집에서 대제사장으로서, 곧 우리를 위해 성소로 들어가는 새롭고 산 길을 만들어 놓으신 분으로서 그를 통해 하나님께 나아간다.

어떤 사람도 하나님과 인간 사이의 중보자로서 그리스도에 대한 이런 믿음을 행사하지 않고는 하나님께 대한 편안하고 새롭게 하는 생각을 가질 수 없으며, 그에게 담대히 나아갈 수 있는 보증이나 확신을 가질 수 없다. 그리고 만약 그에 대한 이런 믿음, 곧 그를 통해 하나님께 가지는 이런 믿음이 모든 것을 살리고 인도하는 원리가 되지 못한다면, 기독교는 무너지게 될 것이고, 자연종교의 헛된 구름이 그 자리를 차지하게 될 것이다. 단순히 입술로만 그를 언급하는 것이 아니라, 그를 통해 실질적으로 마음으로 그에게 나아가는 것이 우리에게 요구된다. 그 때 우리의 위격이든 우리의 의무이든 하나님께 받아들여지게 될 것이다.

최근에 소시누스주의자들은 자연종교를 설명하고 칭송하는 데 큰 노력을 기울여 왔다. 그들은 마치 그것이 하나님을 향한 우리의 모든 삶의 목적을 성취하기에 충분한 것처럼 주장해왔다. 그리고 그들이 주장하는 내용들 중 대부분은 자연 그 자체에서는 얻을 수 없는 복음에서 훔쳐낸 것이었다. 그들은 그리스도의 중보에 대해 싫어하며 심지어는 그에 대한 믿음을 고백하는 것조차 싫어했다. 그리고 진리에 대한 부분적인 개념을 소유하는 것을 넘어서서 초자연적인 계시에 의해, 복음의 신비에 의해 영향을 받지 못한 사람들도, 곧 하나님의 생명의 능력을 경험해보지 못한 사람들도 그들과 마찬가지이다.

그러나 바로 여기에 우리가 가진 믿음이 참으로 복음적인지 구분하는 기준이 있다. 만약 의(義)의 태양을 꾸준히 바라보고 있다면, 그것은 참되고 위로부터 온 믿음이다. 그리고 자신들의 마음이 이것을 행하기를 꺼려하며 냉랭해 있는 사람들은 조심해야 한다. 사람들이 그리스도의 개입과 중보에 대해 지속적으로 관심을 가지며, 이 일에 자신들의 소망과 신뢰를 두지 않고 하나님의 일반적인 자비에 소망을 가지는 것으로 스스로 만족할 때, 그들의 믿음에는 침체가 있고, 이것과 더불어 다른 모든 복음적인 은혜들에도 침체가 있게 된다. 바로 여기에 세상이 대부분 싫어하는 기독교의 신비가 놓여 있다.

ΧΡΙΣΤΟΛΟΓΙΑ:
OR,
A DECLARATION OF THE GLORIOUS MYSTERY
OF
THE PERSON OF CHRIST — GOD AND MAN

제 11 장
그리스도께 순종 – 그것의 본질과 원인들

II. 내적이며 외적인 모든 거룩한 순종은 우리가 그리스도의 위격과 관련한 우리의 신앙적인 의무의 두 번째 부분으로 제시했던 것이다. 그가 자기 제자들에게 주신 큰 계명은 "자기 명령을 지키라"는 것이었다. 그리고 만약 그들이 그가 주신 계명을 지키지 않는다면, 그들은 그의 제자들이 아니다.

어떤 사람들은 주 그리스도는 율법을 주신 분이시며, 복음은 그를 통해 주어진 새로운 법이며, 그에 대한 우리의 순종은 이 새로운 법을 통해 규정된다고 말한다. 어떤 사람들은 그런 주장을 절대적으로 거부하면서 복음이 어떤 의미에서든지 새로운 법이라는 것을 인정하지 않는다. 그리고 많은 사람이 이런 것들에 대해 논쟁을 하는 동안, 순종 그 자체는 모든 면에서 일반적으로 무시된다. 그러나 이것은 우리가 여기에서 관심을 가지고 있는 주요한 주제이다. 그러므로 나는 여기에서 불필요한 논쟁에 들어가지 않을 것이다. 나는 오히려 그에 대한 우리의 순종의 본질과 필요성에 대해 간략하게 선포할 것이다.

구약 아래서 율법은 일반적으로 볼 때 두 부분을 가지고 있다. 첫째로 도덕적인 명령의 부분이며, 둘째로 때를 따라 주어진 예배의 제도들이다. 이것들은 결합 혹은 분리되어 율법이라고 불린다. 이것들 중 첫 번째 것과 관련해서 주 그리스도는 어떤 새로운 법도 주지 않으셨으며, 이것을 통해 옛 법이 폐지되지도 않았다. 만약 똑같은 목적을 위해 새로운 법이 주어졌다면, 당연히 옛 법은 폐지되었어야 했을 것이다. 만약 전자의 목적을 위해 새로운 법이 들어왔다면, 그것은 실질적으로 그것을 폐지하는 것이기 때문이다. 그리고 그는 그것에 어떤 새로운 계명들을 더하지 않으셨으며, 그것이 서술한 것을 넘어서 내용이나 방법에 있어서 의무들을 감당하기 위한 다른 조언들을 주지 않으셨다. 그런 가정을 하는 것은 율법을 주신 하나님의 지혜와 거룩에 반대되는 것이며, 율법 그 자체의 본성에도 일치하지 않는 것이다. 하나님은 율법에서 그에게 마땅히 돌려야 할 모든 것보다 덜 요구하지 않으시기 때문이다. 그리고 그의 율법의 규정은 어떤 의무든지 그 본성과 정도에 있어서 꼭 필요하도록 만드는 정황들과 원인들을 모두 포함하고 있다. 하나님을 향해 어떤 사람이 어느 때에 어떤 의무를 감당해야 한다고 할 때 그 의무는 그 본질과 정도에 있어서 율법에 의해 규정된다. 모든 것은 "너는 마음을 다하여 주 너의 하나님을 사랑하고 네 이웃을 네 몸과 같이 사랑하라"는 계명에 다 포함되어 있다. 하나님에 대한 사랑과 이웃에 대한 사랑에 의해 요구되는 것 이외에 사람들에게는 다른 어떤 의무도 있을 수 없다. 그러므로 우리 구주는 율법의 규정적인 어떤 부분에 어떤 것도 더하지 않으셨다. 그리고 그는 그것이 요구하는 것 이상의 것을 행하도록 요구하지 않으셨다.

이런 면에서 복음은 새로운 율법이 아니다. 복음에는 도덕적이고 영원한 율법의 의무들이 그것을 지켜야 할 동기들과 그것들을 성취하는 방법과 더불어 분명히 선포되어 있다. 그리고 이런 의미에서 주 그리스도는 자신을 새로운 율법을 주시는 분으로 선언하지 않으셨다. 오히려 그는 반대로 옛 법을 확증하기 위해 오셨다고 선언하셨다(마 5:17).

둘째로, 율법은 다른 조항들과 판단들과 더불어 모세에 의해 호렙에서 주어진 예배의 제도들을 포함하고 있는 것으로 생각될 수 있다. 이런 의미에서 율법은 그리스도에 의해 폐지되었다. 그것들은 내용에 있어서 새롭게 되는 때를 지시하고 있기 때문이다. 복음적인 교회의 최고의 주이시며 법을 주시는 분으로서 그는 그 안에 예배의 제도들과 규정들이 포함된 새로운 법을 주셨다. 히 3:3-6을 보라. 그리고 이것에 대한 나의 주석을 보라.

주 그리스도에 대한 순종은 다음과 같이 두 가지 차원에서 고려될 수 있다. 첫째로 그가 확증하신 도덕법이며, 둘째로 그가 주시고 정하신 복음적인 예배의 법이다. 그리고 그것의 본질을 분명히 하기 위해 몇 가지 것들이 더해질 수 있다.

1. 그리스도께 대한 순종은 단지 그가 요구하시는 것들을 하는데 놓

여 있지 않다. 지금까지 구약 아래서 교회는 모세에게 순종해야 했으며, 우리는 여전히 선지자들과 사도들에게 순종해야 한다. 이것은 특히 그의 권위에서 실질적으로 나오지 않은 것들에 대해 우리가 순종해야 할 때 나타난다. 그리스도께 대한 우리의 순종은 우리의 영혼과 양심을 그에게 분명히 복종시키는 데서 나온다.

2. 만약 주 그리스도가 본질상 하나님이 아니시라면, 도덕적인 규칙과 명령에 따라 그에게 직접적으로 종교적인 순종을 마땅히 드릴 수 없다. "나는 주 너희 하나님이라 너는 내 앞에 다른 신을 두지 말라"는 말씀에 우리가 그에게 순종해야 할 이유와 기초가 나온다. 이것은 우리의 종교적인 순종의 형식적인 이유를 포함한다. 소시누스주의자들은 그리스도께 크게 순종하는 척한다. 그러나 그들은 그리스도에게 순종하는 것을 전적으로 거부한다. 그들이 그에게 돌리는 척하는 순종은 그의 명령에 따라 단지 하나님 아버지께 순종하는 것일 뿐이다. 그러나 그들은 그의 신적인 본질을 거부함으로써 그의 위격에 대한 모든 순종의 기초를 제거해 버린다. 그리고 본질상 하나님이 아닌 어떤 존재에게 드리는 모든 종교적인 순종은 우상숭배이다. 그러므로 도덕법으로 말미암아 하나님께 드리는 모든 순종은 아버지와 성령과 더불어 영원히 복되신 한 하나님이신 그리스도의 위격과도 관계가 있다.

3. 그리스도께 드리는 모든 도덕적인 순종은 특별히 중보자로서 그리스도와 관계가 있다.

(1) 이것은 그가 교회에 대해 자신이 가지고 있는 최고의 권위로 도덕법의 모든 명령에 새로운 힘을 부여하시면서 확증하셨다는 점에서

그러하다. 그는 "이것이 나의 계명이니 너희는 서로 사랑하라"고 말씀하셨는데, 이 계명은 "네 이웃을 내 몸과 같이 사랑하라"는 도덕법의 옛 계명이었다. 그러므로 사도는 그것을 옛 계명이며 동시에 새 계명이라고 부른다(요일 2:7, 8).

이 법은 구약 아래서 교회에게 중보자의 손으로, 곧 모세의 손으로 주어졌다(갈 3:19). 그것은 우리의 창조에서 처음 주어진, 모든 인류에게 하나님께 순종해야 할 것을 요구하는 결코 잃어버리거나 사라질 수 없는 본래의 힘을 가지고 있다. 그럼에도 불구하고 교회는 보다 직접적으로 천사들을 통해 임명된 중보자의 손에 의해 주어진 법에 관심을 가져야 한다. 말 4:4을 보라. 여기에는 지금 자유롭게 된 우리가 지키기 힘들고 어려운 내용들이 많이 들어 있다. 우리는 이스라엘 백성들과 언약을 통해 중보자의 손에 의해 주어진 도덕법 그 자체와, 이것과 분리될 수 없는 다른 규정들과 판단들을 그대로 지킬 필요는 없다. 그러나 처음부터 모든 인간에게 순종하도록 요구되어 있는 법은 여전히 계속해서 그 본래의 권위와 능력을 가지고 있다.

그럼에도 불구하고 이스라엘의 교회 그 자체가 절대적인 차원에서 고려된 도덕법에 순종하는 것이 아니라, 중보자 모세의 손으로 그들에게 특별히 주어진 법을 순종하면 되었던 것처럼, 복음적인 교회는 그 법의 본래적 권위에 의해서가 아니라, 우리의 중보자의 손에 의해 우리에게 확증이 된 대로 그 법에 순종하면 된다. 이것이 우리의 모든 도덕적인 순종을 복음적인 것이 되도록 한다. 그리스도에 대한 믿음으로 말미암아, 그 안에 나타난 하나님의 사랑의 동기로 말미암아, 그를 통해 우리가 받은 중보의 유익과 은혜로 말미암는 것이 아니라면, 우리는 그것을 해야 할 의무가 없기 때문이다. 이렇게 행하지 않은 것은 무엇이든지 하나님께 받아들여지지 않는다.

그러므로 도덕적인 의무들에 대해 큰 소리로 이야기하는 사람들은 대부분 자신들과 다른 사람들을 속이고 있는 것이다. 나는 형식적인 차원에서 행하는 것들이 그것이 무엇이든지 하나님께 받아들여진다는 것에 대해 알지 못한다.

만약 그들이 주장하는 의무들이 단지 도덕법 혹은 창조의 법의 원래의 힘에만 의존하는 것들이라면, 그것들이 그런 목적으로만 행해진다면, 그것들은 결코 하나님께 받아들여지지 않을 것이다. 그러나 만약 그들이 주장하는 도덕법의 의무들이 그리스도 안에서 나타난 하나님의 사랑과 그에게서 받은 은혜로 말미암아 그를 믿음으로써 행해지는 것이라면, 그 때 그것들은 순전히 복음적이 된다. 그리고 비록 우리가 합리적인 피조물이기 때문에 우리에게 보편적인 순종을 요구하는 도덕법은 그 본래의 힘을 결코 잃어버릴 수 없음에도 불구하고, 그리스도인들로서, 신자들로서 도덕법에 대한 우리의 순종은 우리 중보자가 복음적인 교회에 그것을 확증시킨 것에 의해 직접적으로 영향을 받는다.

(2) 하나님이 주 그리스도에게 자신의 이름으로 복음을 받은 사람들에게 이것을 요구할 수 있는 모든 능력을 주셨기 때문이다. 다른 사람들은 그들이 처음 창조될 때 우리의 본성에 심겨진 대로 율법의 본래의 권세 아래 남겨져 있다. 이방인들은 이 경우에 속한다. 유대인들은 모세가 돌 판에 새긴 그대로 그 법을 지켜야 했다. 그러나 복음을 믿도

록 부름을 받은 사람들에 대해서는 그리스도의 권세가 그들의 생각과 양심에 직접적으로 영향을 미친다. "그는 여호와의 능력과 그 하나님 여호와의 이름의 위엄을 의지하고 서서" 자기 백성들을 "먹이시고" 다스리신다(미 5:4). 하나님의 모든 권세와 위엄이 그 안에, 그와 함께 있다. 옛날에 광야에서 위임된 능력으로 이스라엘 백성들과 함께 하셨던 것처럼, 하나님의 임재의 대천사이신 그리스도는 교회와 함께 있다. "내가 사자를 네 앞서 보내어 길에서 너를 보호하여 너로 내가 예비한 곳에 이르게 하리니 너희는 삼가 그 목소리를 청종하고 그를 노엽게 하지 말라 그가 너희 허물을 사하지 아니할 것은 내 이름이 그에게 있음이니라 네가 그 목소리를 잘 청종하고 나의 모든 말대로 행하면 내가 네 원수에게 원수가 되고 네 대적에게 대적이 될지라"(출 23:20-22). 하나님 아버지의 이름이 그 안에 있다. 그는 곧 그와 똑같은 본질에 참여하셨고, 그의 목소리는 아버지의 목소리였다. 하나님은 "네가 그 목소리를 잘 청종하고 나의 모든 말대로 행하면"이라고 말씀하셨다. 그럼에도 불구하고 그는 여기에서 하나님으로부터 위임된 능력과 권세를 가진 하나님의 사자로서 활동하신다. 그는 여전히 직접적으로 교회와 함께 계시며 하나님의 이름과 위엄으로 순종을 요구하신다.

(3) 이런 순종에 대한 모든 심판은 아버지에 의해 그에게 주어지셨다. "아버지께서 아무도 심판하지 아니하시고 심판을 다 아들에게 맡기셨기" 때문이다(요 5:22). 그는 "인자됨을 인하여 심판하는 권세를 그에게 주었다"(27절). 그리고 이런 심판은 하나님의 심판인데, 이는 아무도 자신의 위격으로 직접 심판하지 아니하시는 아버지께서 모든

것을 그 안에서 심판하시기 때문이다. 벧전 1:17은 "각 사람을 행위대로 판단하시는 자를 너희가 아버지라 부른다"라고 말한다. 그는 모든 심판이 맡겨지신 아들 안에서, 아들에 의해 그렇게 하신다. 그리고 우리는 그에게 우리의 모든 순종을 드려야 하고, 이 순종에 대해 그에게 설명해야 하고, 그에게 그것에 대해 판단을 받아야 된다. 이런 목적으로 사도는 "네가 어찌하여 네 형제를 판단하느뇨 어찌하여 네 형제를 업신여기느뇨 우리가 다 하나님의 심판대 앞에 서리라 기록되었으되 주께서 가라사대 내가 살았노니 모든 무릎이 내게 꿇을 것이요 모든 혀가 하나님께 자백하리라 하였느니라 이러므로 우리 각인이 자기 일을 하나님께 직고하리라"고 말한다(롬 14:10-12). 그는 우리 모두가 그리스도의 심판대 앞에 서서 그에 의해 심판을 받을 것이라는 것을, 우리가 또한 하나님에 의해 심판을 받고 그에게 우리 자신에 대한 설명을 제시할 것이라는 성경을 증거를 통해 증명한다. 그리고 이것은 그리스도가 신적인 본질을 지니셨음을 부정할 수 없도록 증명하고 확증한다. 그의 신성에 대한 믿음이 없이는 사도의 증거나 논쟁은 아무런 설득력도, 힘도 없기 때문이다. 그러므로 그는 하나님이 오직 그 안에서, 그에 의해서 우리를 판단하신다고 선언한다. 이런 면에서 볼 때 우리가 그리스도께 순종하는 것만이 하나님이 영광을 받으시는 방법이 된다.

둘째로, 신적인 예배 제도에 대해 살펴보면 모든 것이 보다 분명해진다. 신약 아래서 모든 신적인 규정들을 정하는 것은 자신의 집의 아들이시며 주로서 그리스도의 특별한 사역이다. 그리고 그것들을 지킴으로써 그에게 순종하는 것은 그가 특별히 자기 모든 제자들에게 주신 책임이다(마 28:18-20). 그리고 그것은 그에게 영혼과 양심을 바치는 것인데, 그것은 모든 신자에게 필수적으로 요구되는 것이다. 그것은 제사제도에 얽매이지 않고 자유롭게 자신들의 마음을 다해 그를 예배하는 데서 나타난다. 그런데 도덕적인 의무들에 대해서는 그렇지 않다. 도덕법의 내용들은 그리스도의 권위에 의해 강화되기 전에도 우리의 양심을 꼭 붙잡고 그것들을 지킬 것을 요구하고 있기 때문이다. 그러나 신약에서의 신적인 규정들과 관련해서 우리의 양심은 그리스도 자신의 유일하고도 직접적인 권세가 아니면 그것들을 지켜야 할 필요성을 느끼지 못한다. 만약 이것들에 대한 감각이 우리 마음속에서 사라진다면, 우리는 그의 명령을 준수할 수 없게 될 것이다.

ΧΡΙΣΤΟΛΟΓΙΑ:

OR,

A DECLARATION OF THE GLORIOUS MYSTERY

OF

THE PERSON OF CHRIST — GOD AND MAN

제 12 장
그리스도의 위격에 대한 순종의 특별한 원리인 사랑 - 그것의 진리 및 실재가 증명됨

지금까지 우리가 논의한 순종에 생기와 활력을 불어넣는 것은 사랑이다. 그리스도는 친히 이것을 모든 순종의 원천이 되도록 하신다. 그는 "너희가 나를 사랑하면 나의 계명을 지키라"고 말씀하신다(요 14:15). 그는 사랑과 순종을 구분하시면서 사랑을 순종의 원천으로 주장하신다. 그는 자신의 위격에 대한 사랑에서 나오지 않은 자신의 계명에 대한 어떤 순종도 받지 않으신다. 순종으로 열매 맺지 않는 것은 사랑이 아니다. 그리고 사랑에서 나오지 않은 것은 순종이 아니다. 그러므로 그는 이 모든 면에서 말씀하신다. "사람이 나를 사랑하면 내 말을 지킬 것"이며, "나를 사랑하지 아니하는 자는 내 말을 지키지 않을 것이다"(23, 24절).

구약에서 하나님의 사랑은 모든 순종의 생명이며 실체였다. "너는 마음을 다하고 성품을 다하고 뜻을 다하고 힘을 다하여 주 너희 하나님을 사랑하라"는 것은 율법의 총체였다. 사랑은 그 안에 모든 순종을 포함하고 있으며, 사랑이 참된 경우에 열매들을 맺을 것이고, 참되지 않을 경우에 아무리 많은 의무를 감당한다고 하더라도 받아들여지지 않을 것이다. 그러나 우리는 이것에 대해 지금 여기에서 취급하지 않을 것이다. 내가 지금 여기에서 증명하고자 하는 것은 그리스도의 위격이 그에 대한 우리의 순종의 희생에 불을 붙여주는 신적인 사랑의 특별한 대상이라는 것이다.

사도는 그를 사랑하지 않는 모든 사람에 대한 하나님의 엄격한 진노에 대해 다음과 같이 기록했다. "만약 누구든지 주를 사랑하지 아니하거든 저주를 받을지어다"(고전 16:22). 그리고 "온 백성들이 아멘하고 말할 것이다"(신 27:26)라고 기록되어 있는 것처럼 우리는 율법의 저주에 더해졌던 것을 복음의 저주에 더할 수 있을 것이다. 그러나 그는 하나님이 "신실하게 자기를 사랑하는" 모든 사람에게 은혜를 내려주실 것을 기도한다(엡 6:24). 그러므로 그리스도인의 이름을 가지기를 원하는 사람은 그 누구도 우리가 마음을 다하여 주 예수 그리스도를 사랑해야 한다는 것을 적어도 말로써 거부할 수 없다.

나는 사랑이 마치 그 자체로 우리의 순종의 일부분, 곧 우리의 순종의 가장 중요한 부분이 아닌 것처럼 순종과 구분하지는 않는다. 그리고 믿음에 대해서도 또한 마찬가지이다. 그러나 그것은 계속해서 순종과 구분이 된다. 내가 여기에서 증명하고 싶은 것은 모든 신자 안에는 그리스도의 위격에 대한 신적이며 은혜로운 사랑이 있으며, 이 사랑은 즉시 그에게 고정되어 그들로 하여금 매사에 그의 권위에 순종하도록 한다는 것이다. 많은 사람이 그리스도를 사랑하는 척했지만, 사실 그들이 그를 사랑하지 않았다는 것을 성경이 증거하고 있으며, 계속되는 경험이 이것을 선포하고 있다. 만약 이런 비난이 신실하게 그를 사랑하는 사람들에게 증거도 없이 주어졌다면, 그들은 똑같이 비난을 받는 사람들과 더불어 인내로써 견뎌야 한다. 이런 우리의 주장이 확증되기 위해서는 다음과 같은 몇 가지가 전제되어야 한다.

1. 우리는 그리스도를 거짓으로 사랑하는 척할 수 있다는 것을 인정한다. 이런 거짓은 그렇게 행동한 사람들의 영혼을 파괴시킬 뿐 아니라, 때때로 다른 사람들에게 해를 끼치고 괴롭힌다. 교회 안에는 위선자들이 있어 왔으며 아마 앞으로도 계속 있을 것이다. 그리고 거짓으로 사랑하는 척하는 것이 위선의 본질적인 모습이다. 그리스도에 대한 첫 번째 큰 위선은 그를 사랑하는 척하면서 반역을 한 것이었다. 그를 배반했던 사람은 선생이여 하고 부르며 그에게 입을 맞추었던 사람이었다. 그는 말과 행동으로는 사랑을 말하면서 마음으로는 속임수와 음모를 가지고 있었다. 그러므로 사도는 주 예수를 변함없이(ἐν ἀφθαρσία), 곧 위선이나 의심함이나 가식이나 다른 목적이나 타락한 감정의 혼합이 없이 신실하게 사랑하는 자들에게 은혜를 주실 것을 기도한다(엡 6:24). 그에 대해 그의 은혜를 모르는 자들이 그에게 거짓을 행할 것이라고, 곧 거짓으로 순종할 것이라고 예언되어 있다(시 18:44). 그에게 겉으로는 사랑을 고백하지만, 그의 십자가의 원수들이었던 자들이 바로 그런 자들이었다. 사도는 "저희의 마침은 멸망이요

저희의 신은 배요 그 영광은 저희의 부끄러움에 있고 땅의 일을 생각하는 자라”고 말한다(빌 3:18, 19). 세상에서 그리스도인들이라고 불리는 사람들은 예수 그리스도를 사랑함으로써 그 이름을 얻는다. 그러나 그리스도를 사랑하는 척하면서 그를 더욱 미워하는 사람들이 많이 있다. 이렇게 거짓된 사랑은 드러낸 미움보다 더 나쁘다. 그리고 이렇게 거짓으로 사랑하는 척하는 사람들은 마지막 날에 서지 못할 것이다. 그들이 누구이든지 간에 그들의 간청은 전혀 받아들여지지 않을 것이다. 대신에 그들은 “내게서 떠나가라 나는 너를 도무지 알지 못하노라 이 불법을 행하는 자들아”라는 책망을 듣게 될 것이다. 그러므로 그리스도가 자기의 제자들로 여겨질 사람들에게 “너희가 나를 사랑하면 나의 계명을 지키라”고 친히 규칙을 주셨기 때문에, 우리는 안전하게 그의 계명을 지키기를 게을리하는 사람들은 그들이 무슨 행동을 하거나 고백을 하든지 간에 그를 사랑하지 않는 사람들이라고 안전하게 말할 수 있다. 그리고 사람들이 그리스도에 대한 내적이며 신실한 사랑이 없이 많은 어두움과 타락한 편견으로 기독교를 고백하면서 얻는 만족은 기독교와 그들 자신의 영혼들을 파괴시키는 것일 뿐이다.

2. 그리스도를 사랑하는 척하는 것이 있을 수 있는 것처럼 그에 대한 거짓된 사랑도 있을 수 있다. 복음의 원리와 규칙을 따르겠다고 하는 사람들 중에는 어느 정도 순수하고 그리스도를 사랑하는 것 같지만, 사실 순수하고 신실하지 않은 사람들이 있을 수 있다. 많은 사람이 다른 사람들을 속이는 것처럼 어떤 사람들은 스스로도 속는다. 그들은 자신들이 그리스도를 사랑하고 있다고 생각하지만 실제로는 그렇지

않을 수 있다. 이에 대해 다음과 같은 몇 가지 실례가 제시될 수 있다.

(1) 믿음에서 나오지 않는, 곧 믿음의 열매가 아닌 사랑은 신실하고 순결한 사랑이 아니다. 실제로 먼저 그리스도를 믿지 않은 사람들은 결코 그를 신실하게 사랑할 수 없다. 그리스도와 그의 모든 성도에게 사랑으로 역사하도록 하는 것은 오직 믿음뿐이다. 그러므로 만약 어떤 사람이 자신을 그리스도와 연합시키고, 내적으로 마음을 정결하게 하고, 외적으로 효과적으로 의무들을 감당하도록 하는 믿음으로 믿지 않는다면, 그리스도의 사랑에 대해 그가 어떤 생각을 가지고 있든지 그것은 헛된 망상에 불과하다. 믿음이 죽은 곳에서 사랑은 살아 있을 수 없으며 신실할 수 없다.

(2) 그리스도에 대해 잘못된 상이나 모습에서 나온 사랑은 신실하고 순결한 사랑이 아니다. 사람들은 자신들의 마음속에 자신들이 생각한 그리스도에 대한 상을 만들고 그것을 새겨놓을 수 있다. 어떤 사람들은 그리스도를 그의 본성과 사역에 대한 이해가 없이 오직 하늘에 높임을 받으셔서 하나님의 우편에 앉아 계신 영광스러운 분으로만 생각한다. 로마 가톨릭의 선교사들은 몇몇 인디언들에게 그리스도를 그의 십자가와 고난을 숨긴 채 소개했다. 그러나 그의 위격이나 그의 은혜에 대한 모든 잘못된 개념들은 그것이 어떤 것이든지 그에 대한 사랑을 부패시킨다. 그리스도의 신적인 본성을 부인하고, 그의 인간적인 본성을 믿지 않으며, 혹은 똑같은 위격 안에서 이 두 본성의 연합을 거부하는 사람들이 그리스도를 사랑하고 있다고 생각될 수 있을까? 사람들이 상상해서 만들어 낸 거짓된 그리스도에 대해 진정으로 복음적인

사랑이 있을 수 없다.

(3) 성경에서 규정하지 않은 원인이나 동기나 척도나 목적을 가지고 그리스도를 사랑하는 것은 신실하고 순결한 사랑이 아니다. 오직 성경만이 우리에게 신실하고 영적인 사랑의 본질과 규칙과 한계를 제공한다. 우리는 우리가 상상한 것을 따라 그리스도를 경외하고 예배할 수 없을 뿐 아니라, 그를 사랑할 수도 없다. 만약 우리의 행동이나 결과가 성경의 시험을 거치지 못한다면, 그것들은 거짓이며 위선이다. 그리고 우리가 곧 살펴볼 것처럼 많은 사람이 그런 위선에 빠져 있다.

(4) 부적절한 대상에 고정된 사랑은, 곧 그리스도도 그에 대한 우리의 사랑을 전달하는 수단도 아닌 것에 고정된 사랑은 신실하고 순결한 사랑이 아니다. 로마 가톨릭 교도들이 자신들이 상상해서 그리스도에 대해 만들어 낸 형상들, 곧 십자가들과 십자가에 달린 장식들과 그를 찌른 못들과 그에 대한 미신적 형상들과 그들이 그와 관계 있는 것으로 상상해서 만들어 낸 것들에 경의를 표하면서 나타내는 모든 사랑은 이에 해당된다. 비록 그들이 엎드리고, 입 맞추고, 한숨 쉬고, 우는 것과 같은 외적인 의식을 가지고 간절히 감정을 표현하면서 그에게 예배를 드린다고 할지라도, 그들이 매달리는 것은 그리스도가 아니라 그들이 자신들의 육적인 마음을 기쁘게 하기 위해 상상해서 만든 구름에 불과하기 때문이다. 사람이 나무를 다듬어서 만든 것은 신이 아니다. 비록 그들이 그것을 신으로 여기고, 그 앞에 엎드리고 기도하며, "나를 구원하소서 당신은 나의 신이시나이다"라고 고백한다고 할지라도, 그것은 아무 소용이 없다(사 44:17). 수많은 불쌍한 사람들의 사랑을 부패시

키고 왜곡시키는 이런 미신을 만들어 낸 사람들은, 먼저 자신들의 마음속에 사람들의 자연스럽고 육적인 감정들을 사용해서 신의 모양을 상상해 내고, 그 다음에 그것을 외적인 대상으로 만들어 낸다. 그러므로 그것들 중 일부는 사람들의 육적인 마음속에 있는 애정을 불러 일으킬 수 있을 만큼 영광스럽고 달콤하게 보인다. 그러나 내가 말했듯이 이것들은 그리스도가 아니며, 그는 이런 것들과 아무런 관계가 없다.

(5) 나는 그리스도를 사랑하는 데 정당화될 수 없는 행동들이 있다는 것을 인정한다. 그것들은 몇몇 로마 가톨릭 열광주의자들이 자신들의 경험에서보다는 자신들의 생각에서 만들어 낸 것들이다. 그들은 자신들이 상상으로 만들어 낸, 이성이 무시된 열광이나 무아경, 자기부정, 맹목적인 집착과 즐거움, 쓸데없이 지껄이는 말 등을 하나님의 사랑으로 착각하도록 만든다. 그러나 이것들은 비록 특별하고 영광스럽게 보일지라도 충분한 진리의 증거를 가지고 있지 못한데, 그 이유는 다음과 같다.

[1] 그것은 성경의 모든 증거를 넘어서는 것이다. 사람들이 성경에 기록된 사도들, 곧 요한이나 바울이나 베드로나 혹은 다른 거룩한 사람들이 그리스도께 가지고 있던 사랑과는 다른, 혹은 더 강한 사랑을 자신들이 가지고 있어서 그와 더 친밀한 관계를 즐기고, 그에게서 더 큰 사랑을 받을 수 있다고 생각하는 것은 헛되고 어리석은 것이다. 성경에는 사도들과 다른 거룩한 사람들이 그들이 주장하는 것과 같은 사랑을 경험했다는 언급조차 없다. 어떤 사람이든 그들이 가지고 있던 것보다 더 강한 그리스도에 대한 사랑을 가지고 있다고 주장한다면, 그

는 사실 전혀 사랑을 가지고 있는 것이 아니다.

[2] 그것은 성경의 명령이나 약속이나 규칙에 의해 결코 지시되지도, 증거되지도, 승인 되지도 않았다. 그것은 선례가 없었기 때문에 명령도 되지 않았다. 그리고 이것을 통해 우리가 원하든 원하지 않든 우리의 모든 은혜들과 의무들은 하나님께 받아들여질지 판단을 받는다. 말씀의 지시를 넘어서는 것은 무엇이든지 안전하게 거부되어야 하며 받아들여질 수 없다. 성경의 원리를 벗어나 주장되는 어떤 열광적인 것이나 영감도 허락될 수 없다. 성경의 범위를 벗어나 주장되는 것은 무엇이든지 그 자체가 병적인 상상의 결과라는 것을 증거하고 있는 것이다. 이들을 교회로 하여금 판단하도록 맡겨도 소용이 없는 것이다. 교회는 성경이 아니고는 판단할 다른 규칙을 가지고 있지 않기 때문이다. 성경이 증거하고 있지 않는 것에 대해서는 오직 하나의 판단이 있을 뿐이다. 그것은 거부되어야 한다는 것이다.

[3] 그것을 인정하는 사람이 말하고 있는 것처럼 그것은 우리 영혼의 합리적인 기능들의 건전하고, 조용한 행동에 적합하지 않다. 하나님이 우리에게 요구하는 모든 것은 우리의 마음을 다하고 성품을 다하여 그를 사랑하라는 것인 반면에, 이 사람들은 이성적인 이해도 없이 의지와 감정으로 직접 하나님께 나아감으로써 그를 사랑한다고 주장하기 때문이다. 사랑은 사실 우리의 영혼의 모든 기능을 사용해서 하나님께 나아가는 일상적인 행동이다. 그러나 이 사람들은 자신들이 찬미하고 높이는 대상에 대해 신적인 사랑을 표현하는 데 있어서 환상에 빠져 영혼의 모든 정상적인 활동을 포기하거나, 그것을 거의 사용하지

않는다. 이렇게 그를 사랑하는 척하는 사람들 중 많은 사람이 어리석은 극단에 빠져서 자신들이 가진 사랑 그 자체가 헛된 것임을 드러낸다.

그러므로 우리는 그리스도의 위격에 대해 성경이 그 본성에 대해 증거하는 것 이외에는 다른 사랑을 주장하지 않는다. 복음이 우리에게 의무로 요구하고 있으며, 우리의 자연적인 영혼의 기능들에 조화를 이루고 있고, 은혜로 얻을 수 있는 것이 아니라면, 비록 어느 정도 신실함이 있더라도 어떤 순종도 하나님께 받아들여질 수 없다.

이런 것들이 전제가 된 후에 우리는 모든 신자 안에 그의 명령에 대한 순종과 구분이 되고 그 순종의 원인이 되는 그리스도의 위격에 대한 종교적이고 은혜로운 사랑이 있으며, 있어야 한다고 주장한다. 이 사랑은 다른 모든 명령과 구분이 되는 반면에 그 자체가 또한 의무의 방식으로 우리에게 명령되고 요구되고 있다. 성경은 교회 안에 명령으로나 구체적인 실례로나 그리스도의 위격에 대한 사랑이 있어야 한다는 것을 증거하고 있다. 그리고 참으로 믿는 모든 사람은 자신들이 그리스도에 대해 가지고 있는 믿음이나 사랑이 의심을 받아야 한다는 것을 이해하지 못한다. 그러므로 만약 우리가 우리의 능력이 허락하는 한 신자들의 마음을 사로잡고 있는 이 사랑에 대해 많이 이야기한다면, 우리는 성경의 교리들 중 중요한 부분을 놓치지 않고 다루고 있는 것이다. 그리고 이 주제만큼 내가 오래 다루고 싶은 주제도 없다. 그러나 나는 지금 이 책의 계획에 맞게 나 자신을 절제시켜야 한다. 나는 여기에서 단지 두 가지만을 증명할 것이다. 1. 그리스도의 위격이 신적인 사랑의 대상이라는 것이다. 2. 믿는 자들 안에 있는 이 사랑의 본질과 근거와 동기는 무엇인가 하는 것이다.

이것들 중 첫 번째 것과 관련해서 다음과 같은 내용들이 이 장에서 다루고자 하는 나머지 주제들이다.

그리스도의 위격은 하나님의 사랑과 그의 형상에 참여한 모든 피조물의 사랑의 주요한 대상이다. 내가 이렇게 주장하는 이유는 다음과 같은 나의 선언에 나타날 것이다.

(1) 거룩하신 하나님의 영원한 복되심의 적지 않은 부분이 성령에 의한 아버지와 아들의 상호 간의 사랑에 있다. 그는 아버지의 독생자이시기 때문에 아버지의 모든 사랑의 첫 번째이며, 필수적이고, 충분하고, 완벽한 대상이시다. 그러므로 그는 자신에 대해 "내가 그 곁에 있어 창조자가 되어 날마다 그 기뻐하신 바가 되었으며 항상 그 앞에서 즐거워하였다"고 말씀하신다(잠 9:30). 그 안에는 아버지의 사랑의 완전한 대상으로서 아버지의 말로 다 형언할 수 없고, 영원하고, 변하지 않는 즐거움과 기쁨이 있었다. "아버지의 품속에 있는 독생하신 아들"이라는 요 1:18의 그에 대한 묘사는 똑같은 것을 표현하고 있는 것이다. 그가 독생하신 아들이라는 것은 그가 신적인 모든 본질의 완전한 교류 속에서 낳아지신 아버지의 위격과 그의 영원한 관계를 선포하는 것이다. 그는 아버지의 독생하신 아들로서 아버지의 품속에, 곧 그의 영원하신 사랑을 받으면서 계셨다. 아버지는 아들 안에 있는 자신의 본질과 본질적인 형상을 사랑하시고, 사랑하시지 않을 수 없다.

바로 여기에 원천적인 하나님의 사랑이 있는데, "이는 하나님은 사랑이시기 때문이다"(요일 4:8). 이것은 영원하고 필수적인 것으로 모든 사랑의 기초이며 원형이다. 사랑의 다른 모든 행위는 여기에서 나오며, 그것의 결과들이다. 그가 선하시기 때문에 선을 행하시는 것처럼, 그는 사랑이시기 때문에 사랑하신다. 그는 아들에 대한 이 사랑에서 본질적으로, 필연적으로 사랑이시다. 그리고 다른 모든 사랑의 행위들은 단지 그의 의지의 행동들인데, 이것에 의해 그 사랑의 일부가 밖으로 표현된다. 그리고 창조 안에 있는 모든 사랑은 이 원천에서 나온 그림자이며 닮은 것이다.

사랑은 생각하는 사람들이 거의 언제나 찬미해 온 것이다. 그들은 사랑이 온 피조물의 빛이요, 생명이요, 광채요, 영광이라는 것을 증명하기 위해 많은 것을 말해왔다. 그러나 사랑의 원형과 모형은 언제나 옛적의 가장 현명한 철학자들에게 숨겨져 있었다. 그들은 하나님이 자신의 무한한 탁월성 속에서 안식하시고 기뻐하시며, 자신에 대해 사랑하신다는 것에 대해 어느 정도 지식에 이르렀다. 그러나 그들은 아버지와 아들의 말로 다 형언할 수 없는 사랑에 대해, 아버지와 아들로부터 나오신 성령 안에서, 성령에 의해 존재하시는 그들 사이의 사랑에 대해 이해하지도, 추론하지도 못했다. 그러나 거룩하신 하나님의 복되심의 주요한 부분이 바로 여기에 놓여 있는 것처럼, 그것은 진실로 사랑이라고 불리는 모든 것의 원천이며 원형이다. 이것은 피조물이 결코 참여하지 못했던 축복이며 영광이다. 그들은 단지 하나님의 무한하고 이 영원한 사랑을 자신들의 능력에 따라 표현하는 것뿐이다. 하나님의 자신에 대한 사랑은, 이는 신적인 존재에 자연스럽고 필연적인 사랑인데, 성령에 의해 아버지와 아들이 서로 기뻐하시는 데 놓여 있다. 그리고 하나님은 자신 밖에 있는 어떤 것을 만드심으로써 자신을 표현하신다. 그는 자신의 존재와 선과 능력을 표현하시기 위해 하늘과 땅을 만드셨다. 그는 자기의 거룩과 의를 표현하시기 위해 사람을 "자기의 형상대로" 창조하셨다. 그리고 그는 삼위일체의 거룩한 위격들 안에 있는 상호 간의 영원한 사랑을 표현하시기 위해 우리의 본성에 사랑을 심으셨다. 그러나 비록 하나님의 사랑을 찬미하고 경배하는 데 가장 큰 만족이 있음에도 불구하고, 우리는 그것을 무한한 불가해성의 수건 아래 남겨 두어야 한다.

또한 성육신하셔서 중보의 사역을 취하시고, 그 사역을 감당하셨고, 계속해서 그 사역을 감당하실 그리스도는 아버지, 곧 하나님의 사랑의 특별한 대상이시다. 곧 하나님이시며 동시에 인간이신 그리스도의 위격은 아버지의 신적인 사랑의 특별한 대상이시다. 그의 신적인 본질 속에서 그리스도의 위격은 아버지의 내적(ad intra)인 사랑의 적절한 대상이시다. 이 사랑의 행위는 서로 구분된 위격 안에서 일어나는 신적인 본질의 필연적 행위이다. 그리고 성육신하신, 곧 인간의 몸을 입으신 그리스도의 위격은 외적(ad extra)으로, 곧 자신의 밖으로 행해지는 아버지의 사랑의 첫 번째 충분한 대상이다. 그러므로 그는 자신의 미래의 성육신과 사역을 전망하시면서 자신에 대해 "내가 붙드는 나의 종, 내 마음에 기뻐하는 나의 택한 사람을 보라"고 선언하신다(사 42:10). 사랑의 위대한 결과들인 하나님의 영혼의 즐거움과 안식과 만족은 중보의 사역을 감당하시는 그의 택자이시며 종이신 주 그리스도 안에 있다. 그리고 그는 이것을 후에 하늘로부터 두 번 갱신하셨다. "

하늘로서 소리가 있어 말씀하시되 이는 내 사랑하는 아들이요 내 기뻐하는 자라 하시니라"(마 3:17). 이것은 또한 마 17:5에서 반복되었다. 모든 것은 우리가 하나님의 그리스도를 향하신 이 사랑을 올바로 느낄 수 있도록 배치되었다. 이것에 대한 증거는 하늘로부터 똑같은 말로 두 번 반복되었다. 그리고 이것은 다음과 같이 우리가 잘 이해할 수 있도록 강조되었다. "이는 나의 아들, 나의 종, 나의 택자, 나의 사랑하는 아들이요 내가 그 안에서 안식하며 기뻐하며 즐거워하노라". 우리가 마음으로 그리스도에 대한 이런 사랑을 느끼는 것이 하나님의 뜻이다. 하늘로부터 들린 하나님의 목소리는 이런 신적인 사랑의 감정으로 언제나 가득 차 있는 자신을 위한 것이 아니라, 우리로 하여금 그것을 믿도록 하기 위한 것이었다.

하나님은 모든 신뢰의 기초가 그 안에 놓여지고, 모든 능력이 그에게 주어졌기 때문에 이렇게 선언하셨다. 마 3:35은 "아버지께서 아들을 사랑하사 만물을 다 그 손에 주셨다"고 말한다. 또한 요 5:20은 "아버지께서 아들을 사랑하사 자기의 행하시는 것을 다 아들에게 보이셨다"고 말한다. 그리고 이것에 대해 느끼거나 올바로 이해하는 것이 기독교의 기초이다. 그러므로 그리스도는 우리가 하나님이 자기를 사랑하신 것을 알도록 기도하셨다(요 17:23, 26).

이런 의미에서 그리스도의 위격은 모든 하나님의 사랑을 받는 첫 번째 대상(πρῶτον δεκτικῶν)인데, 이 사랑은 교회로 펼쳐진다. 그 사랑은 먼저 모두 그리스도에게 부어진다. 그리고 그에 의해, 그를 통해 그것은 교회로 전달된다. 교회는 은혜와 영광 안에서 무엇을 받든지 그것은 이 사랑의 원천에서 흘러나오는 것이다. 그러므로 그는 자신의 모든 제자들을 위해 자신을 사랑하신 아버지의 사랑이 그들 안에 있고 자신도 그들 안에 있도록 기도하신다(요 17:26). 그들이 참여하는 사랑은 아버지께서 먼저 그를 사랑하신 그 사랑에 참여하는 것이다. 아버지는 우리 모두를 위해 아들을 사랑하셨고, 오직 그 안에서 우리를 사랑하신다. 그는 "자신의 사랑하시는 자" 안에서 우리를 받아주신다(엡 1:6). 그는 만물 중 가장 뛰어나신 분으로서($\kappa\alpha\tau$' $\dot{\epsilon}\xi o\chi\dot{\eta}\nu$) 아버지의 사랑을 받으시는 분이다(골 1:18). 몸에 대한 사랑은 머리에 대한 사랑에서 나온다. 그리고 아들에 대한 사랑 안에서 하나님은 모든 교회를 사랑하신다. 다른 방법은 없다. 그는 오직 아들과 연합되시고 아들의 본성에 참여하신 상태로서만 사랑하신다.

그러므로 유일하게 낳아지신 분이며, 자신의 위격의 본질적 형상이시며, 신성의 무한한 즐거움이 그 안에 존재하시는 분으로서 아들에 대한 아버지의 사랑은 피조물 안에 있는 모든 사랑의 원천이며 기원이다. 피조물 안에 있는 모든 사랑은 아들에 대한 자신의 사랑을 나타내고자 하시는 하나님의 의지의 행동을 통해 일어난다. 그리고 성육신하셔서 외적인(ad extra) 하나님의 사랑의 첫 번째 올바른 대상이 되신 분으로서 아들의 위격에 대한 하나님 아버지의 사랑은 우리를 향한, 우리 안에 있는 모든 은혜로운 사랑의 원천이며 특별한 원인이다. 그리고 아버지의 아들에 대한 사랑의 유일한 외적인 표현이신 그리스도께 대한 우리의 사랑은 우리가 그의 형상으로 변화되는 주요한 부분이다. 그 어떤 것도 우리가 예수 그리스도를 사랑하는 것만큼 하나님을 닮아가도록 할 수 있는 것은 없다. 아들은 아버지의 사랑의 주요 대상이시며, 그 안에 아버지의 영혼의 안식이 있고, 아버지는 그를 언제나 기뻐하시기 때문이다. 이것이 부족한 곳은 어느 곳이나, 이것이 없는 것은 무엇이든지 하나님의 형상을 닮는 것과 거리가 멀다. 예수 그리스도를 사랑하지 않는 사람에게는 저주가 있다. 그는 하나님을 닮아가지 않을 뿐 아니라, 육신의 생각을 따라 하나님을 대적할 뿐이기 때문이다.

(2) 하나님의 형상을 가지고 있는 존재들 중에 첫 번째 생각할 것은 위에 있는 천사들이다. 우리는 천사들에 대해 "수건에 가려 있는" 것처럼, 어두움 속에 있는 것처럼 거의 알지 못한다. 그들은 능력에 있어서 우리보다 뛰어나며 현재의 상태에 있어서 우리에게 가려져 있다. 그러나 성경에는 신적인 사랑으로 천사들이 그리스도의 위격에 붙어 있다는 것을 나타내는 충분한 증거들이 있다. 믿음에서 나온 사랑이 아래에 있는 교회의 생명이듯이 보는 데서 나온 사랑이 위에 있는 교회의 생명이기 때문이다. 그리고 천사들은 이 생명을 가지고 사는데, 그 이유는 다음과 같다.

[1] 그들은 지금 모두 말로 다 형언할 수 없는 유익을 누리고 있을 뿐 아니라, 하나님이 그리스도 안에서 만드신 모든 것을 심판하시고 회복하실 때에 안전하다. 하나님은 "하늘에 있는 것이나 땅에 있는 것이 다 그리스도 안에서 통일되게 하셨다"(엡 1:10). 하늘에 있는 것들과 땅에 있는 것들, 곧 위에 있는 천사들과 아래 있는 사람들은 원래 하나님의 사랑 안에서 연합되어 있었다. 그들 서로 간의 사랑의 원천인 그들에 대한 하나님의 사랑은 하늘과 땅에 있는 그들을 하나님의 완전한

한가족으로 묶는 연합의 띠였다(엡 3:14, 15). 죄가 들어와서 사람들이 하나님의 사랑에 대한 자신들의 관심을 상실하고 그에 대한 모든 사랑을 잃어 버렸을 때, 이 사랑은 전적으로 부서졌으며 서로 간의 적대감이 이 사랑의 원리를 대체하게 되었다. 하나님은 이 분리된 가족을 머리이신 그리스도 안에서 하나로 모으기를 기뻐하셨다. 그리고 이것을 통해 천사들과 교회의 연합은 사랑으로 다시 세워지며, 그들은 사랑으로 이 연합의 핵심이요, 생명이요, 원천인 머리에 붙어 있게 된다. 그리스도와 그들을 연합시키는 띠는 믿음이 아니라 사랑이며, 여기에 하늘에 있는 그들의 복됨과 영광의 적지 않은 부분이 놓여 있다.

　　[2] 그들이 그리스도께 드리는 예배와 경배와 봉사와 순종은 모두 똑같이 사랑과 기쁨으로 활력을 얻는다. 사랑 안에서 그들은 그에게 결합되며, 사랑 안에서 그를 예배하고 섬긴다. 그들은 그가 인간의 몸을 입으실 때 그를 예배하라고 명령을 받았으며(히 1:6), 사랑에서 나오는 기쁨과 찬송으로 그렇게 했다(눅 2:13, 14). 그들은 보좌 주변에서 계속해서 큰 소리로 "죽임을 당하신 어린 양이 능력과 부와 지혜와 힘과 존귀와 영광과 찬송을 받으시기에 합당하도다"라고 외친다(계 5:12). 그들이 계속해서 그에게 영광과 찬송을 돌리는 것은 그를 존경하고 사랑하고 기뻐한 결과이다. 그리고 바로 여기에서 그의 복음과 은혜에 대한 그들의 관심이 나온다(엡 3:9, 10, 벧전 1:12). 그리고 이런 최고의 사랑이 없다면, 그들은 계속해서 자신들의 일에서 축복을 느끼며 행복해할 수 없을 것이다. 그들은 "모두 구원 얻을 후사들을 위하여 섬기라고 보냄을 받은 섬기는 영들"이기 때문이다(히 1:14). 만약 그들이 그

리스도에 대한 열렬한 사랑으로 자신들이 맡은 일을 하지 않았다면, 그들은 자신들이 하는 일에서 기쁨을 느끼지 못했을 것이다.

우리는 이 세상에서 천사의 사랑의 본질에 대해 완전한 이해를 가지고 있지 못하며, 가질 수도 없다. 우리의 개념들은 우리가 경험할 수 없는 것들에 대해 오직 어둡고 불확실하기 하다. 그러므로 우리는 여기에서 영들의 사랑의 본성에 대해 명확한 직관을 가질 수 없을 뿐 아니라, 우리의 직관은 또한 우리의 육체의 동물적 본성에서 나온 것들과 혼합되어 있다. 그런데 천사들의 복됨은 그들의 본성이 가지고 있는 능력이나 빛이나 지식이나 지혜에 있지 않다. 이런 것들에도 불구하고, 그들 중 많은 수가 마귀들이 되었기 때문이다. 오히려 천사들의 탁월성과 축복은 다음과 같은 두 가지에 놓여 있다. 첫째로, 그들은 계속해서, 분리되지 않고, 보편적으로, 방해받지 않고 성향적으로 하나님의 사랑에 결합되어 있을 수 있다. 그리고 그들은 하나님을 향해 그럴 수 있는 것처럼 그리스도의 위격을 향해서도 그럴 수 있다. 그리고 그들의 머리이신 그리스도를 통해 심지어 하나님 아버지께도 그럴 수 있다. 둘째로, 여기에다 그들이 이것을 통해 하나님으로부터 돌려받는 영광과 위엄과 영원한 달콤함과 만족과 같은 느낌을 더하면 우리는 천사의 복됨의 총체를 얻는다.

(3) 사람의 교회는 하나님의 형상이 갱신되는 합리적 피조물의 다른 부분이다. 믿음에서 나오는 그리스도의 위격에 대한 사랑은 그들의 생명이며 즐거움이고 영광이다.

그것은 구약 아래에 있는 교회에서도 마찬가지였다. 아가서 전체는 다양하게 그리스도와 교회 사이의 서로 간의 사랑을 표현하고, 나타내고, 설명하려는 것 이외에 다른 목적을 가지고 있지 않다. 이 책의 내용을 이해하고 자기 마음으로 이것을 경험하는 사람은 복된 사람이다. 다른 것들 중에서 시편 45편은 똑같은 목적으로 기록되었다. 선지자들에 의해 그의 위격에 대해 주어진 모든 영광스러운 묘사들은 단지 그에 대한 사랑을 일으키고, 그를 열망하도록 하기 위한 수단이었다. 그러므로 그는 "만국의 보배(חֶמְדַּת כָּל־הַגּוֹיִם)"로, 곧 모든 민족에서 불러 모여진 교회가 사모해야 하고 사랑해야 할 유일한 분으로 불린다(학 2:7).

　그리스도의 위격에 대한 명확한 계시는 신약의 가장 두드러진 특권들 중의 하나이다. 이것을 통해 우리는 그리스도가 우리의 직접적인 사랑의 대상이라는 것을 그 원인과 이유와 더불어 알게 된다. 그리고 그것은 명령들과 약속들과 실례들과 엄숙한 금지들을 통해 다양하게 증거 되었다. 그리스도가 자기 제자들에게 "너희가 나를 사랑하면 나의 계명을 지키라"고 자신에 대한 사랑을 요구하셨을 때(요 14:15), 그것은 복음의 명령에 의해 그들이 감당할 의무가 될 뿐 아니라, 그것이 없으면 다른 어떤 의무도 받아들여지지 않는다는 것을 의미한다. 그는 자신에 대한 사랑이 없이는 자신에 대한 명령에 대한 어떤 순종도 기대하거나 승인하지 않으실 정도로 자신에 대한 사랑을 요구하신다. 그리스도의 양을 먹이는 것은 크고 축복된 의무이다. 그러나 그는 그것이 자기의 위격에 대한 사랑에서 나오지 않는다면 그것을 받지 않으실 것이다. 그는 "요한의 아들 시몬아, 네가 나를 사랑하느냐 그러면 나의 양을 먹이라"고 말씀하신다(요 21:15-17). 그는 자기를 세 번 부인함으로써 자기를 향한 사랑을 실패했던 베드로에게 세 번 똑같은 말을 반복하셨다. 자신에 대한 이런 사랑이 없으면 그는 어느 누구에게도 자기 양을 먹이라고 요구하지 않으실 것이며, 그들이 사랑도 없이 행하는 척하는 것을 받아들이지 않으실 것이다. 그의 사역을 감당하도록 부르심을 받은 사람들이 언제나 이것을 제대로 알고 있다면 그것은 축복이 될 것이다.

그는 여기에다 이 세상에서 우리가 누리게 될 모든 평강과 안전과 위로에 대한 복된 약속들을 연결시키신다. 그는 "나를 사랑하는 자는 내 아버지께 사랑을 받을 것이요, 나도 그를 사랑하여 그에게 나를 나타내리라"고 말씀하셨다(요 14:21). 그는 또한 "사람이 나를 사랑하면 내 말을 지키리니 내 아버지께서 저를 사랑할 것이요 우리가 저에게 와서 거처를 저와 함께 하리라"(23절)고 말씀하셨다. 이 약속들의 영광과, 이 약속들 안에 포함되어 있는 은혜에 대해 어떤 마음이 조금이라도 생각할 수 있으며, 어떤 혀가 표현할 수 있는가? 누가 이 약속들 안에 표현되어 있는 하나님의 낮아지심과 사랑과 은혜에 대해 올바로 생각할 수 있는가? 우리는 이런 일들에서 하나님에 대해 얼마나 적은 부분만을 알고 있는가! 그러나 만약 우리가 우리의 척도에 따라 그들의 가치를 평가하고, 그들을 경험하고자 노력하지 않는다면, 우리는 복음에 조금이라고 참여하지 못하게 될 것이다. 하나님이 아버지로서 우리와 함께 계셔서 우리에게 아들의 특권과 분명한 확신을 주신다는 것과, 그리스도가 우리와 함께 계셔서 자신을 드러내시고 말로 다 형언할 수 없는 자비의 축복들을 주신다는 것이 모두 이 약속들에 포함되어 있다.

그리고 이 약속들은 특별히 그리스도의 위격을 사랑하고, 그를 향해 사랑을 표현하는 자들에게 주어졌다.

바로 여기에 복음의 그리심과 에발, 곧 축복과 저주에 대한 위협이 따라온다. "신실하게 주 예수를 사랑하는 자들"에게는 축복이 선포되지만(엡 6:24), 그를 사랑하지 않는 자들에게는 모든 저주가 선포된다(Anathema Maranatha, 고전 16:22). 그를 사랑하지 않는 자들은 복음에 대해 외적으로 무엇이라고 고백하든지 이 약속들을 받아들이지 못하며, 이 세상에서는 교회로부터 마침내 떨어져 나가고 이후의 세상에서는 영원히 멸망을 당할 것이다.

그러므로 그리스도의 위격에 대한 신자들의 교회의 사랑은 어떤 사람들이 모독하듯이 병적인 망상이나, 잘못 착각한 상상이 아니라, 그들과 그와의 관계에서 필연적으로 생긴 것이며 하나님의 형상으로 바뀌어 가는 모습이다. 이것은 성경이 필연적으로 요구하는 것이며, 모든 성도의 영적인 위로가 달려 있는 것이다. 지금까지 우리는 신적인 사랑에 대한 일반적인 것들에 대해 살펴보았다. 이제 우리는 보다 구체적으로 이 사랑의 본질과 결과와 활동과 동기들에 대해 살펴볼 것이다.

제 13 장
그리스도의 위격과 관련된 신적인 사랑의 본질과 행위와 원인들

우리는 우리가 주장하는 그리스도의 위격에 대한 사랑을 더 잘 이해하기 위해 일반적으로 신적인 사랑의 본질에 대해 몇 가지 전제들을 생각해 보아야 한다. 그러고 나면 우리는 우리가 조사하려는 신적인 사랑에 대해 보다 쉽게 이해할 수 있을 것이다.

하나님은 우리의 본성에 자신을 사랑할 수 있는 기능과 능력을 부여하셨다. 많은 사람은 자신들의 자연적인 감각에 따라 자신들이 현재 보고 느낄 수 있는 것들을 제외하고 다른 것들을 사랑할 수 없다. 보이지 않는 것들, 특별히 영원하고 무한한 것들에 대해 그들은 종교적인 존경이나 혹은 신실한 예찬을 가지고 있지만, 자신들이 그들을 어떻게 사랑해야 할지 이해할 수 없기 때문이다. 그리고 사도는 언제나 우리가 눈으로 볼 수 있는 것들보다 볼 수 없는 것들을 사랑하는 것이 더 어렵다는 것을 인정한다(요일 4:20). 그럼에도 불구하고 이런 신적인 사랑은 다른 어떤 종류의 사랑보다 사람들의 마음속에 더 분명히 고정되고 두드러지게 나타난다. 그 이유는 다음과 같다.

1. 하나님이 우리의 영혼에 가장 두드러지고 특별한 힘과 관심을 가지고 있는 저 큰 지배하는 감정을 부여하신 목적은, 먼저 그것이 자신에게 고정되도록, 곧 그것이 우리로 하여금 그에게 붙어 있게 하는 도구가 되게 하기 위함이었다. 그는 우리가 그것을 가지고 자연적이며 감각적인 것들을 끌어안을 수 있도록 하기 위해 우리 안에 이런 감정을 창조하지 않으셨다. 어떤 감정도 이것처럼 우리로 하여금 대상에 결합되며 그 대상을 닮도록 하는 힘을 가지고 있는 것은 없다. 분노, 즐거움, 두려움 등과 같은 다른 감정들은 본질상 쉽게 변하지만, 사랑은 지속될 수 있으며, 다른 모든 감정들에 대한 원천으로 영혼을 그 대상과 쉽게 형언할 수 없는 효력으로 연합시킨다. 그리고 자신을 위해 모든 것을 만드신 하나님이 우리로 하여금 그에게서 돌아서서 우리가 그에게 결합되는 것보다 다른 것들에 매어 달리도록 우리의 본성에 이런 지배적인 감정을 창조하셨다고 생각할 수 있을까? 그러므로 우리의 첫 창조에서, 우리의 원시적인 상태에서 사랑은 하나님의 생명의 영혼이며 살리는 원리였으며, 우리와 그와의 관계의 지속성은 우리가 그에게 붙어있는 것에 달려 있었다. 사랑의 법과 규칙과 척도는 "너는 마음을 다하고 성품을 다하여 주 너희 하나님을 사랑하라"는 것이었다. 이런 목적을 위해 하나님은 우리 안에 이런 감정을 창조하셨다. 우리의 위격들은 본성에 있어서뿐 아니라, 모든 능력과 기능에 있어서 하

나님을 위해 살고 그를 즐거워하기에 적합하도록 준비되었다. 그리고 피조된 대상들에 대한 그들의 모든 활동은 이 목적을 향해 방향 지워졌다. 그러므로 우리가 우리의 사랑을 하나님 이외의 다른 어떤 것이나 혹은 그보다 높은 다른 어떤 것에 두는 것은 그에게서 우리가 배교한다는 의미이다.

2. 신적인 탁월성(속성)들은 우리의 사랑의 올바르고 적절한 대상이다. 의지는 사실 이성이 그것의 진리와 존재에 대해 이해한 것이 아니면 어떤 것에 대해서도 사랑으로 받아들일 수 없다. 그러나 이성은 의지가 받아들인 것에 대해 그 본성을 완전히 이해할 필요는 없다. 지성이 실질적으로 선함과 사랑스러움을 발견한 곳에서 의지는 감정들을 가지고 더 가까이 받아들일 수 있다. 그리고 이들은 신적인 본성과 거룩한 속성들에서 절대적으로 가장 완벽한 것들로 이해된다. 그러므로 완벽하며, 절대적이고, 그 어떤 불순한 것도 혼합될 수 없는 하나님의 탁월성들은 사랑의 적절한 대상이며, 그들은 모든 피조물 속에서 우리의 가장 적합하고 적절한 사랑의 대상이 된다.

사실 우리의 마음이 하나님을 사랑하기 매우 어렵다는 것보다 우리의 본성이 죄로 말미암아 부패해 있고, 우리의 의지가 원래의 올바른 상태에서 타락해 있다는 것을 더 잘 발견하게 하는 것은 없다. 우리는 하나님이 아닌 다른 것들을 사랑하고, 그 속에서 얻을 수도 없는 우리의 영혼의 만족을 찾으려고 하는 경향이 있다. 이런 부패가 없었다면, 하나님은 언제나 우리의 감정들의 유일하게 적합하면서도 만족스러운 대상으로 나타났을 것이다.

3. 신적인 은혜로운 사랑의 특별한 대상은 하나님의 선하심이다. "그의 선하심은 얼마나 크시며, 그의 아름다움은 얼마나 크신가"(슥 9:17). 선한 것이 아니라면 그 어떤 것도 사랑의 사랑스럽고 올바른 대상이 될 수 없다. 그런데 하나님의 무한한 선하심은 절대적이며 완벽한 사랑스러움을 가지고 있다. 그의 선하심은 말로 다 형언할 수 없을 정도로 크시기 때문에 그의 아름다움도 말로 다 형언할 수 없을 정도로 크시다. "그의 선하심은 얼마나 크시며, 그의 아름다움은 얼마나 크신가". 그러므로 우리는 그가 선하시기 때문에 나타나는 사랑의 결과에 대해 주께 감사하고 그를 즐거워할 것을 요청받는다(시 106:1, 136:1).

하나님의 선하심은 절대적인 측면에서 고려될 때 우리의 사랑의 특별한 대상이 아니시다. 그러나 우리는 하나님의 모든 자비와 은혜와 관대함을 모두 포괄하는 절대적인 측면에서 그의 선하심에 관심을 가진다. 그것이 우리의 현재 상태와 영원한 미래의 상급에 대해 우리에게 최상의 안식을 주는 기초가 되기 때문이다. 우리의 현재의 상태에서 우리의 안식과 축복에 필요한 하나님의 모든 자비와 은혜와 신실함과 관대함 속에서 드러나는 그의 무한한 선하심은 우리의 사랑의 적절한 대상이 된다. 그런데 이 선하심은 오직 그리스도 안에서만 행해지기 때문에 오직 그 안에서, 그를 통해서가 아니라면 하나님의 선하심에 대한 진실한 사랑은 있을 수 없다.

창조주요, 보존자요, 보답자로서 하나님의 선하심은 죄와 비참함이 들어오기 이전에 모든 사랑의 충분하고도 적절한 대상이었다. 이것을 생각하면서 사람의 영혼은 자신의 현재와 미래의 축복에 대해 완전한 만족을 찾을 수 있었다. 그러나 죄와 비참함과 사망이 우리에게 들어온 이래로, 우리의 사랑은 그리스도를 통해 은혜와 자비 가운데 실질적으로 얻어진 것이 아니라면, 어떤 선 가운데서도 사랑스러움도, 안식도, 즐거움도, 만족도 찾을 수가 없게 되었다. 우리는 우리의 현재 상태의 회복과 미래의 보답을 위해 그리스도가 필요하게 되었다. 하나님은 그리스도를 통해 자신을 사랑하는 것 이외에 다른 방법을 우리에게 요구하지 않으신다. 그는 "그리스도를 통해 세상을 자신과 화해"시키셨다. 그러므로 사도는 "하나님의 사랑이 우리에게 이렇게 나타난 바 되었으니 하나님이 자기의 독생자를 세상에 보내심은 저로 말미암아 우리를 살리려 하심이니라 사랑은 여기 있으니 우리가 하나님을 사랑한 것이 아니요 오직 하나님이 우리를 사랑하사 우리 죄를 위하여 화목제로 그 아들을 보내셨음이니라 하나님이 우리를 사랑하시는 사랑을 우리가 알고 믿었노니 하나님은 사랑이시라 사랑 안에 거하는 자는 하나님 안에 거하고 하나님도 그 안에 거하시느니라"(요일 4:9, 10, 16)고 말했다. 하나님은 무한히 선하고 은혜로운 본성을 지닌 사랑이시다. 그 결과 그는 모든 신적인 사랑의 유일한 대상이시다. 그러나 이 사랑은 그가 그리스도를 보내시고 그 안에서 사랑하신 것이 아니고는 우리가 그를 사랑할 수 있도록, 그를 사랑해야 하도록 우리에게 알려지지도, 나타날 수도 없다. 이것이 없이 우리는 하나님을 사랑하지 않으며, 사랑할 수도 없다. "사랑은 여기 있으니 우리가 하나님을 사랑한 것이 아니요 오직 하나님이 우리를 사랑하사 우리 죄를 위하여 화목제로 그 아들을 보내셨음이라"고 말하고 있기 때문이다. 이것이 그에 대한 우리의 모든 사랑의 원인이며 원천이고 근원이다. 이것이 없이 우리가 절대적인 측면에서 하나님의 선하심에 대해 사랑해야 한다는 것은 몇몇 몽상가들이 만들어 낸 헛된 개념일 뿐이다. 그것이 아무리 그 자체로 무한히 사랑스럽다고 할지라도, 그것이 그리스도 안에서 우리에게 전달이 되지 않는다면, 우리의 상태에 적합하지도 않으며, 실질적으로 다가오지도 않기 때문이다.

4. 이런 것들이 전제될 때 우리는 이런 신적인 사랑의 구체적인 본질에 대해 고려할 수 있다. 그러나 심지어 여기에서도 나는 내가 서술할 수 있는 것은 신자들이 자신들의 영혼 속에서 경험하는 것의 일부분에 불과하다는 것을 인정한다. 나는 단지 우리에게 주어질 수 있는 신적인 사랑의 그림자에 대해 몇 가지 언급할 수 있을 뿐이며, 그것의 본질 자체를 명확히 표현할 수 없다.

(1) 연합과 즐거움에 대한 열망은 이 사랑이 가지고 있는 첫 번째 지극히 중요한 행동이다. 영혼은 하나님의 탁월성들을 발견했을 때 그들과 연합되기를 간절히 열망한다. 영혼은 할 수 있는 한 그들을 즐거워하기를 열망하며, 오직 그 안에서 안식과 만족을 찾을 수 있다. 이것은 모든 사랑의 본질에 속한다. 사랑은 마음을 그 대상과 연합시키며, 마음은 그 대상을 즐거워할 때까지 안식하지 못한다. 우리를 향하신 하나님의 사랑은 그의 무한한 선하심에서 넘쳐흘러 나온 것이다. 하나님은 자신의 선하심의 결과와 열매들을 우리에게 전달하기를 원하신다. 하나님은 사랑이시다. 그리고 이 사랑은 우리가 하나님을 사랑한 데

있는 것이 아니라, 그가 우리를 사랑해서 자기 외아들을 보내신 데 있다. 그러나 하나님의 이 사랑은 또한 우리를 그에게로 이끌어 그가 우리를 즐거워하는 것이 아니라, 우리가 그를 즐거워하도록 하는 경향이 있다. 이것은 우리에게 우리 안에 있는 즐거움에 대한 열망에 대해 답을 준다. 욥 14:15은 "주께서는 (마지막 날 흙에서) 나를 부르시고 나는 대답하리이다 주께서는 주의 손으로 지으신 것을 열망하나이다"라고 말한다. 하나님의 사랑은 우리가 그에게 나올 때까지 안식하지 않을 것이다. 그러나 하나님에 대한 우리의 사랑은 우리 자신의 부족함에 대한 자각, 곧 우리 스스로 안식하지 못하고 우리의 노력으로 축복을 획득할 수 없다는 것에 대한 자각에서 생긴다. 이런 자각의 상태에서 우리는 하나님의 탁월성들을 보고 그 안에서 안식과 만족을 기대하게 되며, 우리의 본성이 허락하는 한 그에게 더 가까이 연합되고자 하는 열망을 가지고 그에게 매달리게 된다. 우리는 그를 위해 만들어졌고, 그에게 갈 때까지 안식을 얻을 수 없다.

우리의 선함은 하나님에게까지 미치지 못한다. 우리는 우리의 현재의 상태나 혹은 우리가 할 수 있는 것을 가지고 그에게 유익을 줄 수 없다. 그러므로 우리에 대한 그의 사랑은 본래 우리 안에 있는 어떤 선한 것을 고려하는 것이 아니라, 자신의 은혜롭고 아무 공로 없이 주시는 행동이다. 그는 자신이 선하시기 때문에 선을 행하시지 다른 이유 때문에 선을 행하지 않으신다. 하나님의 무한히 완벽한 속성들은 자신 밖에 있는 어떤 것들을 행동의 원인으로 취하실 수 없다. 그분은 우리의 즐거움에서 채움을 받으셔야 할 만큼 부족한 것이 아무것도 없으시다. 그러나 우리는 우리 안에 우리의 사랑으로 하여금 우리 밖에 있는 대상을 추구하도록 하는 부족함이 있다. 이런 의미에서 자비와 은혜와 관대함이 포함되어 있는 그분의 선하심은 우리의 사랑의 원인이며 이유이고 대상이다. 우리는 우리 자신을 위해 그것들을 사랑한다. 우리는 부족하기 때문에 연합과 즐거움에 대한 열망을 가지고 그것들을 사랑한다. 우리는 이 안에 우리의 만족과 축복이 있다는 것을 발견한다. 사랑은 일반적으로 마음을 대상과 연합시킨다. 사랑은 곧 사랑하는 사람을 사랑받는 사람이나 혹은 사물에 연합시킨다. 이것은 요나단과 다윗의 사랑처럼 인간적이고, 일시적이고, 가변적인 사랑의 경우에도 적용이 된다. 삼상 18:1을 보면 "요나단의 마음이 다윗의 마음과 연락(聯絡)되어 요나단이 그를 자기 생명같이 사랑하니라"고 말하고 있다.

사랑은 매우 효과적으로 다윗의 마음과 요나단의 마음을 하나로 묶어 놓았다. 그러므로 "하나님께 매어달린다", "그를 필사적으로 따른다", "그를 목말라한다", "그를 갈망한다"와 같은 표현들이 나오게 된 것이다. 이것들은 모두 우리의 본성이 연합과 즐거움을 간절히 열망한다는 것을 표현하는 것들이다.

영혼이 그리스도 안에서 드러난 하나님의 선하심을 믿음으로 보았을 때, 그리스도 안에 나타난 하나님의 본질적 탁월성들을 보았을 때, 그것은 가장 간절하게 그를 붙잡기 원하고, 완벽하게 열매를 얻을 때까지 안식하지 못한다. 영혼은 하나님 안에서 생명의 원천을 보고, "그의 기쁨의 강"(시 36:8, 9)에서 마시기 원한다. 이는 "주의 앞에는 기쁨이 충만하고 주의 우편에는 영원한 즐거움이 있기" 때문이다(시 16:11).

영혼은 이 샘에서 마시기를 열망하고 목말라한다. 영혼은 이 강에서 목욕하고 싶어 한다. 영혼은 지금 여기에서 즐기는 것이 부족하다는 것을 알고 "깰 때에 주의 형상으로 만족하기를" 바라면서 산다(시 17:15). 이 사랑으로 가득 찬 영혼에게는 슬픈 것은 없다. 그를 슬프게 하는 것은 하나님의 이 탁월성들을 즐기지 못하게 하는 것이다. 영혼은 본질적으로, 필연적으로 그것으로 하여금 그렇게 하지 못하도록 막는 것으로 말미암아 슬퍼한다. 이것이 육체 안에 있는 우리의 현재 상태이다. 이런 상태는 어떤 의미에서 "주로부터 떠나 있는" 상태이다(고후 5:4, 8, 9). 그리고 영혼은 죄로 말미암아 의지와 감정이 왜곡되어 도덕적으로 그렇게 되는 것을 미워하고 싫어하고 괴로워한다. 이런 사랑의 행위에서, 곧 자신을 잃어버리고 그 안에서 발견됨으로써, 자신 안에서는 아무것도 아니며 그 안에서 모든 것이 됨으로써 영혼은 전적으로 하나님을 즐거워하게 된다. 절대적인 만족의 원천이신 하나님을 하나님으로 인정하고, 그 하나님과 연합되어 우리의 본성의 능력이 허락하는 한 그를 즐거워하는 데 신적인 사랑의 생명이 있다.

(2) 이 사랑은 동화(同化)시키는 사랑이다. 그것은 그 안에 우리의 능력이 허락하는 한 하나님을 닮고자 하는 열망과 노력을 포함하고 있다. 영혼은 하나님 안에서 모든 선하심과 결론적으로 사랑스러운 모든 것을 보고 이 모든 것을 가지고자 열망한다. 그의 선하심의 열매는 영혼이 가지고자 갈망하는 궁극적인 목적이며, 영혼은 하나님과 일치되는 것을 수단으로 이것을 획득하고자 한다. 사실 하나님을 사랑하는 사람들은 그를 조금이라도 더 닮고자 열망한다. 그리고 그들은 그것이

성취되는 것을 생각하며 기뻐한다. 그를 사랑하는 사람들은 그를 있는 모습 그대로 소유하기를 열망하며, 자신들이 그와 닮기를 열망한다. 그리고 사랑은 이런 경향을 가지고 있으며, 우리가 하나님과 같지 않을 때 우리의 영혼에 불편함을 줄 뿐 아니라, 우리로 하여금 그와 동화되도록 계속 노력하게 하고, 그 목적을 이룰 수 있는 힘을 제공한다. 믿음이 본래적으로 우리로 하여금 그렇게 하도록 성향을 불어넣은 원리라면, 사랑은 우리를 실질적으로 하나님과 동화시키고 그와 일치되도록 하는 원리이다. 우리가 하나님의 형상으로 바뀌어 가는 데 있어서 변화시키는 능력은 급진적으로 믿음 안에 자리를 잡고 있지만, 그것은 사랑으로 말미암아 실질적으로 그렇게 된다. 믿음에서 나오는 사랑은 점진적으로 영혼을 하나님의 형상으로 바꾸어 놓으며, 그것이 더 활동하면 할수록 그 변화는 더 효과적으로 나타난다.

단지 외적인 행동들만을 가지고 하나님과 일치되도록 노력하는 것은 죽은 통나무를 깎아서 살아 계신 하나님의 형상을 만들려고 하는 것과 같다. 우리가 하나님의 모양과 형상으로 기계처럼 강제적으로가 아니라 자연스럽게 자라는 것은 바로 이런 살아 있는 사랑의 원리 때문이다. 사랑이 그리스도 안에서 하나님의 탁월성들을 제대로 그 대상으로 삼았을 때 그것은 지성에 그것들에 대한 생각과 묵상으로 가득 채우고, 모든 감정들이 그것들을 즐거워하도록 만들기 때문이다. 그리고 영혼이 계속해서 지성으로 생각하고 감정으로 기뻐하게 될 때 그것은 대상에 대한 동화를 낳게 될 것이다. 하나님을 사랑하는 것은 그를 닮아가는 유일한 방법이며 수단이다.

(3) 이 사랑은 만족을 주고 기쁨으로 반응하게 하는 사랑이다. 우리가 앞에서 서술한 것처럼 영적인 빛과 믿음으로 하나님의 선하심을 보게 되었을 때 우리의 영혼들은 하나님 안에 있는 모든 것을 인정하고, 박수치고, 찬미하고, 받아들이게 된다. 그러므로 여기에서 두 가지 의무가 나오게 된다. 첫째로, 하나님께 즐거움으로 영광과 영예를 돌려야 한다. 모든 찬미와 감사와, 모든 축복과, 모든 영광이 그에게 돌려져야 한다. 그의 탁월하고 완벽한 속성들에서 우리의 만족이 나오기 때문이다. 의인은 "여호와로 말미암아 기뻐하며 그 거룩함을 기억하며 감사한다"(시 97:12). 그들은 하나님의 거룩함을 기억하며 매우 만족하고 기뻐한다. 그것은 그들의 마음을 즐거움으로 가득 채우고 그들로 하여금 찬송이 터져 나오게 한다. 찬송은 하나님의 완벽한 속성들과 그것들의 활동에 대해 우리 마음이 내적으로 만족하는 것을 외적으로 표현하는 것 이외에 다른 어떤 것이 아니다. 둘째로, 여기에서 사랑은 기쁨으로 하나님의 영광과 관련된 모든 것에 지성이 지속적으로 향하도록 만든다. 그것은 모든 것이 하나님의 이름으로 거룩하게 되고, 그에게 영광스러운 찬송이 돌려지고, 그의 뜻이 하늘에서 이루어진 것처럼 땅에서도 이루어지기를 원한다. 하나님은 우리에 대한 자신의 사랑에 대해 내가 "너를 잠잠히 사랑하며 너로 인하여 즐거이 부르며 기뻐하리라"고 말씀하신다(습 3:17). 그는 가장 큰 만족으로 "내가 기쁨으로 그들에게 복을 주며 정녕히 나의 마음과 정신을 다하여 그들을 이 땅에 심으리라"고 말씀하신다(렘 32:41). 마찬가지로 우리는 우리가 이해하는 한에서 사랑으로 하나님의 영광스러운 탁월성들 안에서 안식하며,

우리의 마음과 정성을 다하여 그것들을 즐거워한다.

(4) 이런 신적인 사랑은 우정의 사랑이다. 우리가 이 사랑으로 말미암아 하나님과 함께 갖게 되는 교제는 매우 친밀해서 우리는 담대하게 '우정'이라는 말을 사용한다. 그러므로 아브라함은 "하나님의 친구"라고 불렸다(사 41:8, 약 2:23). 그리고 친구들 사이에 있는 서로 간의 신뢰 때문에 "하나님은 경외하는 자에게 은밀한 것을 보이시며, 자기 언약을 저희에게 보이실 것이다"(시 25:14). 우리 주님께서 가르치신 것처럼 종은 주인이 하는 것을 알지 못한다. 주인은 종을 다스리고, 명령하고, 순종을 요구한다. 종은 주인의 은밀한 것, 곧 그의 계획과 목적과 작정과 사랑에 대해 알지 못한다. 그러나 그는 제자들에게 "너희를 친구라 하였노니 내가 내 아버지께 들은 것을 다 너희에게 알게 하였음이니라"고 말씀하셨다(요 15:15). 그는 자기 마음속에 있는 은밀한 것들을 그들에게 알려줌으로써 자신이 그들을 친구로 인정하고 있다는 것을 증명하셨다.

하나님의 집에서 단지 종인 자들과 친구로서 종인 자들 사이에는 큰 차이가 있다. 둘 다에게 똑같이 똑같은 명령이 주어지고, 똑같은 의무들이 요구된다. 그러나 단지 종인 자들은 하나님의 은밀한 작정과 사랑과 은혜에 대해 전혀 알지 못한다. 자연인들은 하나님께 속한 것들을 받지 못하기 때문이다. 그러므로 그들의 모든 순종은 단지 종으로서 하는 것이다. 그들은 그렇게 하는 주요한 동기들과 목적들을 모른다. 그러나 친구로서 종인 자들은 주인이 하는 것을 안다. 그들은 주인의 은밀한 것을 알며, 주인은 그에게 자신의 언약을 보여준다. 그들은 그리스도의 마음을 깊이 알도록 받아들여진다. 고전 2:16은 "우리가 그리스도의 마음을 가졌다"고 말한다. 그들은 그러기에 친구의 사랑과 기쁨으로 종의 임무를 감당하도록 격려를 받는다.

우정의 똑같은 사랑은 하나님과 신자들 사이의 친밀한 대화와 특별히 함께 거하는 것으로 표현된다. 하나님은 그들 안에 거하시고, 그들은 그 안에 거한다. 하나님은 사랑이시기 때문이다(요일 4:16). 주 그리스도는 "사람이 나를 사랑하면 내 말을 지키리니 내 아버지께서 저를 사랑할 것이요 우리가 저에게 와서 거처를 저와 함께 하리라"(요 14:23), "볼지어다 내가 문 밖에 서서 두드리노니 누구든지 내 음성을 듣고 문을 열면 내가 그에게로 들어가 그로 더불어 먹고 그는 나로 더불어 먹으리라"(계 3:20)고 말씀하셨다. 이것들은 소리만 요란한 빈말이 아니다. 이 말에는 진리의 내용이 들어 있다. 하나님의 사랑을 마음으로 올바로 깨달은 사람들은 아버지와 아들이 자신들의 영혼에 부드럽게 다가와서 자신들에게 그들의 사랑을 전달해주시고 자신들과 함께 머물고 계시는 것을 경험한다.

나는 지금까지 신적인 사랑의 본질에 대해 몇 가지 전제들을 간단히 제시했다. 이는 우리로 하여금 그것을 더 잘 이해하고 그것을 그리스도의 위격에 적용하도록 하기 위함이다. 그 이유는 다음과 같다.

1. 이 사랑의 형식적인 대상은 신성의 본질적인 속성들, 특히 그것의 무한한 선하심이다. 이것들은 어디에 있든지 이 사랑의 대상이며 이유이다. 그런데 그것들은 아버지의 위격뿐 아니라 아들의 위격에도 똑같이 있다. 그러므로 우리가 그것들 때문에 아버지를 사랑하는 것처럼

우리는 아들을 또한 사랑해야 한다.

2. 그러나 그리스도의 위격은 성육신한 상태로, 곧 우리의 본성을 입으신 상태로 고려되어야 한다. 그리고 이것은 그에게서 이 사랑의 형식적인 대상이 되지 못하도록 아무것도 빼앗아 가지 않으며, 오히려 그렇게 되도록 더 많은 동기를 부여한다. 사실 그리스도는 잠시 동안 자신의 신적인 탁월성들의 사랑스러움을 수건으로 가리셨고 많은 사람의 눈은 이것으로 말미암아 그것들을 보지 못했다. 그가 "자기를 비워 종의 형체를 가지셨을" 때 그는 육신의 눈을 가지고 그를 보는 사람들에게 "흠모할 만한 것"을, 사랑받을 만한 것을 가지고 계시지 않으셨기 때문이다. 그럼에도 불구하고 하나님이시며 인간이신 그리스도의 전 위격은 그의 모든 행동과 더불어 이 신적인 사랑의 대상이다. 오직 무한한 지혜와 은혜의 결과로써 하나님의 아들의 한 위격 안에 신성과 인성이 연합된 것은 그를 특별한 방법으로 이 사랑의 대상이 되도록 한다. 나는 이 특별한 사랑을 획득하는 방법과 이 사랑에 대한 동기들을 다루면서 이 주제에 대한 논의를 마치고자 한다. 성경에서 우리에게 제시된 그리스도의 위격에 대해 올바로 생각하고 묵상하는 것은 이 사랑의 적절한 대상이 된다. 이렇게 함으로써 우리는 그를 믿고 사랑하게 된다. 성경에서 그는 우리가 그를 믿고 사랑할 수 있도록 하는 목적을 위해 제시된다. 그리고 특별히 우리의 사랑과 관련해서 우리 안에 이 사랑이 생겨나게 하고, 이것을 올바로 행하도록 일으키는 것은 우리가 전에 주장했던 것과 마찬가지로 우리에게 제시된 하나님의 지혜와 은혜의 결과인 그의 위격의 탁월성들이다. 거룩한 신약과 구약

속에서 그는 "전적으로 사랑스럽게" 나타나시며, 그의 위격의 특별한 영광들은 그 핵심으로 묘사되어 있다. 그것들은 우리의 육신의 감정들을 만족시키고, 감정들을 불러일으키기 위해 상상해서 거짓으로 만들어 낸 것들이 결코 아니다. 오히려 그것들은 우리로 하여금 복음이 제시하고 있는 그 대상을 믿음으로 온전히 붙잡도록 돕는다. 우리는 그것들 속에서 마치 거울을 통해 보는 것처럼 보이지 아니하시는 하나님의 형상이신 그리스도의 영광을 보며, 이것을 통해 우리의 영혼들은 그를 향해 변화된 감정들로 가득 차게 된다.

아가서 전체는 그리스도와 교회 사이의 서로 간의 사랑에 대해 신비롭게 선언한다. 그리고 이 사랑은 그곳에서 여러 가지 방법과 수단을 통해 다른 어떤 사랑보다 강렬하고, 간절하며, 뛰어난 것으로 묘사된다. 나는 어느 누구도 적어도 그리스도에 대한 부분과 관련해서 이것을 부인할 수 없을 것이라고 생각한다. 그리고 그것의 많은 부분은 그리스도의 위격과 그의 사랑에 대해 우리의 영혼이 그를 사랑하고 열망하지 않을 수 없도록 "전적으로 사랑스럽게" 묘사한다. 성령은 우리로 하여금 그에 대한 사랑을 일으키려고 하지 않으신다면 도대체 어떤 목적으로 그렇게 그림을 그리듯이 그리스도의 위격의 아름다움과 사랑스러움을 묘사하고 나타내시는가? 이 글을 읽으면서 그에 대한 전적인 사랑이 생기지 않는 것은 그에 대해 그만큼 불신이 강하다는 것이다. 그런데 이 책에서 제시되어 있다고 주장되는 그리스도에 대한 묘사들은 우화적(寓話的)인 해석에 불과하며, 따라서 이 책에서 그에 대해 아무것도 얻을 수 없다는 주장이 있다. 그러나 성령이 교회의 믿음을 위해 지혜와 사랑으로 주신 것이 내용도, 의미도 없는 공허한 빈 소리에 불과하다는 것은 신성모독이다. 그가 사용하신 표현은 상징적이며, 이 책 전체의 본성은 외형적 구조로 볼 때 우화적이다. 그러나 이것을 통해 의도된 것은 실질적이며 내용이 있는 것이다. 그리고 이곳에서 사용된 은유들은 신앙의 유비를 통해 볼 때 실제로 내용에 대한 영적인 이해와 의미를 제시하기에 적합하다. 하나님의 교회는 그것을 통해 표현된 그리스도의 위격과 그의 사랑을 깨달을 때 말로 다 형언할 수 없는 유익과 위로를 얻는다. 그것들은 이를 경험하고 이해하는 사람들에게 믿음을 세우도록 도와주며, 그리스도에 대한 사랑을 불러일으킨다. 신자들의 믿음과 사랑은 그것을 가지고 있지 않은 사람들의 무지와 담대함에 의해 규정되지 않는다.

시 45편의 제목은 "사랑의 노래", 곧 그리스도와 교회의 서로 간의 사랑이다. 이 시는 우리의 영혼으로 하여금 그를 향해 가장 강렬한 애정을 가질 수 있도록 하기 위해 그리스도의 위격을 "전적으로 사랑스러우신 분"으로 묘사하고 있다. 이런 목적이 아니라면 성령의 연필로 그의 신적인 아름다움의 완벽한 조화에 대해 그렇게 분명하게 묘사할 필요가 있었을까? 특별한 증거들을 대지 않더라도 눈이 열린 사람이라면 누구든지 하나님의 아들의 위격에 선하심과 은혜와 사랑과 자비와 무한한 능력과 거룩과 같은 신적인 속성들 중 나타나지 않은 것이 없다는 것을 분명히 볼 것이다. 그리고 이것은 우리로 하여금 다른 무엇보다도 그를 사랑하고 그를 굳게 붙잡도록 하기 위함이다. 성경에서 제시된 그리스도의 인성에 성령으로 충만히 거한 은혜와 진리나, 다른 무엇보다 탁월하게 나타난 그의 사랑과 낮아지심과 은혜와 자비나, 그가 고난을 통해 성취하신 일이나, 우리가 그것을 통해 받은 유익이나, 하늘보좌 우편에 올리셔서 그가 받으신 능력이나 영광도 우리로 하여금 온 마음과 뜻을 다해 그를 믿고 사랑하도록 하기 위함이다. 그리고 이것 이외에도 하나님이 하신 모든 일 중에서 그 어느 것과도 비교될 수 없을 만큼 하나님의 무한한 지혜의 결과인 그리스도의 위격에서 두 본질의 연합을 통한 구성은 우리의 믿음과 사랑의 완벽한 대상으로 우리에게 제시된다. 이 구성을 통해 그는 보이지 아니하시는 하나님의 형상이 되셨으며, 그의 구별되는 본성들의 모든 탁월성들은 우리를 대신하여 중보의 사역을 감당하신 그의 한 위격 안에서 놀랍게 나타났다. 이것은 하나님의 모든 천사들과 하늘에 있는 모든 거룩한 자들이 그 사랑스러움과 아름다움을 영원히 찬미하고 경배하는 위격이다. 이것은 그들에게 계속해서 나타나는 하나님의 지혜와 선하심의 무한한 보물들이다. 그는 아래 있는 교회의 즐거움이시며 기쁨이시고 사랑이시며 영광이시다. "마음에 사랑하는 자"는 그들이 그를 알고 그와 대화하기 위해 사용하는 칭호이다(아 1:7, 3:1, 4). 그는 열방이 사모하는 자이며 하나님과 사람들에게 사랑받는 자이시다.

그리스도와 교회가 이런 사랑의 근거 위에 서로 교제하는 것은 모든 피조물의 생명이며 영혼이다. 바로 이런 이유 때문에 모든 것이 그 안에 놓여 있기 때문이다.

하나님의 눈으로 볼 때 약속을 따라 하나님이 나타내 주시기를 간절히 간구하는 기도와, 그를 즐거워하며 그리스도에 대한 사랑으로 가득 채워지기를 바라는 영혼의 한숨과 탄식과 신음에는 땅에 있는 모든 군주들의 왕좌나 왕관보다 더 큰 영광이 있다. 그리고 그들은 이 세상이 그들에게 줄 수 있는 다른 어떤 것과도 비교될 수 없는, 말로 다 형언할 수 없는 만족을 누리게 될 것이다. "시저와 함께 다스리는 것보다 그리스도와 함께 고난을 받는 것이 낫다(Mallem ruere cum Christo, quam regnare cum Cæsare)". 이것은 감옥과 웅덩이가 이 땅에서 가장 훌륭한 궁전들보다 그들에게 더 사랑스럽게 느껴지도록 만들 뿐 아니라, 그곳을 사람들이 이 세상에서 아무리 노력해도 얻을 수 없는 즐거움과 회복을 얻는 장소가 되도록 할 것이다. 오, 땅에 절을 하고 하늘의 것들을 잃어버리는 영혼이여(O curvæ in terras animæ et cœlestium inanes)!

성경에서 성령에 의해 제시된 그리스도의 위격에 대한 이런 신적이며, 영적인 묘사들을 이해하지 못하고, 영향을 받지도 않으면서 거짓으로 그에 대한 형상이나 모양을 만들어 스스로 자신들의 마음속에 육체적이고 타락한 감정들을 불러일으키려는 자들이 많이 있다. 자신들의 외적인 감각들의 도움으로 그들은 상상을 통해 슬프거나 승리한 자세나 배경을 가진 사람의 모양들을 만들어 낸다. 그리고 이것들을 통해 자신들이 상상하는 그리스도에 대한 사랑을 불러일으키려고 한다. 그러나 이것들은 우상들에 불과하며, 그것들을 만드는 사람은 거짓 선생일 뿐이다. 신적인 사랑의 형식적인 대상이며 원인이 되는 그리스도의 위격의 참된 아름다움과 사랑스러움은 결코 이것들을 통해 나타나지 않는다. 오히려 그것들은 사람들의 마음들로 하여금 전적으로 그리스도를 묵상하지 못하게 한다. 그것들은 믿음에 의해서가 아니라 타락한 상상력을 동원해서, 사람에게 속한 것들과 왜곡해서 그에게 부여한 것들 이외에 더 이상 어떤 것도 제시해 줄 수 없기 때문이다.

성경에서 제시되어 있는 그리스도의 위격의 아름다움은 육신의 눈으로는 보이지 않는 것들에 놓여 있다. 그것들은 사람의 손으로 나타내거나 보여 줄 수 없는 것이다. 아름다움 속에서 왕을 볼 수 있는 것은 오직 믿음의 눈뿐이다. 이것이 아니고는 그의 신적인 본질의 영광을 묵상할 수 있는 것은 없다. 사람의 손이 그리스도의 사랑스러움이 특별히 놓여 있는 똑같은 위격 안에 있는 두 본성들의 연합을 그려낼 수 있을까? 어떤 눈이 하나님이 우리를 위해 자신의 생명을 주실 수 있었고, 자신의 피로 교회를 구할 수 있었던 똑같은 위격 안에 있는 두 본성들의 속성들의 서로 간의 교류를 식별할 수 있을까? 아무리 정교한 손과 연필과 기술을 가지고 있는 사람이라고 할지라도 신자들의 영혼에 그리스도의 위격의 사랑스러움을 드러내는 이런 것들을 그려낼 수 없다. 어떤 육신의 눈이 성령이 완전히 충만하게 인성 안에 거하시는 것을 식별해 낼 수 있을까? 죄인들을 구하기 위한 그의 낮아지심과 사랑과 은혜와 힘과 자비와 사역과 능력이 종이나 나무나 돌 위에 새겨질 수 있을까? 아무리 그런 그림들이 신비롭고, 아무리 아름답고 풍성하다고 하더라고 그것들은 신부가 사랑하는 신랑의 모습이 아니다. 그것들은 그의 사랑을 우리에게 표현하거나, 우리의 사랑을 그에게 전달하는 수단이 아니다. 그것들은 미신에 사로잡힌 사람들의 마음을 하나님의 아들에게서 멀어지게 하며, 환상과 상상으로 이루어진 구름을 붙잡게 할 뿐이다.

그런데 이런 우상들을 싫어하면서도 신성을 모독하는 사람들이 있다. 그들은 형상을 거부하는 것처럼 그리스도의 위격에 대한 모든 사랑을 거부한다. 그들은 그런 순종의 행위를 어리석은 상상으로 간주해 버린다. 그러나 그리스도를 향한 가장 미신적인 사랑은, 곧 미신으로 얼룩진 사랑은 이 사랑이 아예 없는 것보다는 낫다. 그러나 그런 사람들이 어떤 눈으로 성경을 읽을 수 있을까? 어떤 마음으로 그들은 그것들을 생각할까? 그들은 성령이 우리에게 그리스도의 위격에 대해 다른 무엇보다도 사랑스럽고 흠모할 만한 것으로 묘사하여 우리로 하여금 그에 대한 우리의 감정들을 불러일으키도록 하신 것, 곧 믿음으로 그것들을 받아들이고 사랑으로 그에게 연합되도록 하신 것에 대해 무슨 생각을 할 수 있을까? 만약 우리의 감정들로 하여금 가장 적합하고 올바른 대상에 고정되도록 하신 것이 아니라면, 우리의 본성에 이런 감정을 부여하시고 성령으로 그것의 능력을 새롭게 하신 목적이 무엇인가?

이것이 그리스도에 대한 우리의 사랑의 기초이다. 곧 성경이 우리에게 그에 대해 전적으로 사랑스러우신 분으로 계시하고 제시한 것이 바로 우리가 그를 사랑하는 동기가 된다. 그의 위격과 사역이 소유한 영광스러운 탁월성들과 재능들, 곧 그의 사랑과 선하심과 은혜는 신자들의 감정들로 하여금 그를 향하도록 한다. 만약 그의 이런 모습이 모든 사람에게 똑같이 제시된다면, 모든 사람이 그의 사랑스러움에 영향을 받고 똑같이 그의 계시에 대해 동의할 것이라는 주장이 있다. 그러나 사실은 언제나 그렇게 나타나지 않았다. 그리스도가 육체로 계실 때 그를 본 사람들 중에 어떤 사람들은 그에게서 "흠모할 만한 것"을 볼 수 없었다. 그러나 그의 영광을 "아버지의 독생자의 영광이요 은혜와 진리가 충만한 것"으로 본 사람들도 있었다. 그를 귀하게 본 사람도 있었지만, 그를 거부한 사람들도 있었다. 그는 어떤 사람들에게는 건축자의 버린 돌이었지만, 다른 사람들에게는 모퉁이 돌로 영광을 받으셨다. 어떤 사람들은 그에게서 연약함만을 보았지만, 그에게서 하나님의 지혜와 능력이 분명히 빛나고 있는 것을 본 사람도 있었다. 그러므로 성경에서 그에 대해 분명히 밝히 보여주고 있음에도 불구하고 성령이 우리에게 그것을 식별할 수 있는 눈을 주시고, 우리의 마음에 할례를 주어 그의 은혜의 능력으로 우리 마음에 심겨 있는 부패한 편견과 불신앙의 모든 결과를 잘라내지 않으시면, 이 모든 것은 그를 향한 사랑의 감정을 전혀 일으키지 않는다고 말해야 한다.

율법을 받은 백성들이 하나님이 그들에게 주신 모든 크고 놀라운 사역에도 불구하고 그들에게 "깨닫는 마음과 보는 눈과 듣는 귀"를 주지 않으시면 믿음과 순종으로 반응하지 못했던 것과 마찬가지로(신 29:4) 복음이 선포되는 사람들도 마찬가지이다. 복음을 통해 그리스도의 위격의 탁월성들에 대해 계시해 주셨음에도 불구하고 하나님이 그의 얼굴에 있는 자신의 영광을 아는 빛을 마음에 주시지 않은 자들은 그것을 전혀 식별하지 못하고 그들의 마음은 영향을 받지 못한다.

그러므로 우리는 이런 일들에 있어서 "교활하게 만들어 낸 우화들"을 따르지 않는다. 우리는 우리 자신들이 만들어 낸 상상에 빠지지 않는다. 그들은 무지한 사람들이 자랑하면서 만들어 낸 환상이나 황홀경이나 인위적인 사고의 사슬에 불과하다. 그리스도에 대한 사랑은 오직 성경에서 그에 대해 제시된 계시에서만 나오며, 그것에 의해 생겨나고 규정되고 평가된다.

제 14 장
그리스도를 사랑하는 동기들

그리스도에 대한 사랑의 동기들은 내가 그에 대한 우리의 사랑과 관련해서 다룰 마지막 주제이다. 하나님은 교회에게 다른 모든 행위의 근본이 되는 최고의 으뜸가는 종교의 행위를 요구하실 때 자신이 그들을 위해 해 주신 일에서 그 의무를 행해야 할 동기를 찾도록 하신다. 곧 그들로 하여금 오직 하나님만을 하나님으로 취하고 소유하고 믿고 신뢰하도록 하기 위한 동기를 오직 자신이 그들에게 베푸신 일에서 찾도록 하신다(출 20:2, 3). 첫 번째 명령의 의미는 우리가 오직 하나님만을 우리의 하나님으로 취해야 한다는 것이다. 오직 그만이 우리의 하나님이시며 다른 하나님은 없기 때문이다. 그러나 교회에 이런 의무를 기술함에 있어서 하나님은 그들로 하여금 자신에게서 받은 은혜, 곧 그들이 노예 상태에서 해방이 되게 하신 것을 기억나도록 하신다.

하나님은 자신의 지혜와 은혜로써 우리가 감당해야 할 의무들의 모든 원인과 이유를 제시하신다. 그 결과 우리의 영혼의 모든 이성적인 힘들과 기능들이 움직여져서 이 의무들을 감당하게 된다. 그는 우리에게 자신을 제시하실 뿐 아니라, 우리의 영혼으로 하여금 이 모든 것을 생각하도록 요청하신다. 이것을 통해 우리의 영혼은 우리의 감정을 그에게 고정시키는 것이 가장 옳으며, 필수적이고, 합리적이며, 유익이 되는 것으로 만족스럽게 여기게 된다.

그리고 우리는 그가 우리를 위해 하신 것에서 우리가 이것들을 고려해야 할 이유와 근거와 원인을 발견하게 된다. 우리는 먼저, 궁극적으로 그를 그의 있는 모습 그대로 사랑해야 한다. 그러나 다음으로, 직접적으로 우리는 그가 하신 일을 통해 그를 사랑하게 된다. 그가 우리를 위해 하신 것이 먼저 우리에게 제시되며, 우리의 영혼은 그것에 영향을 받게 된다. 우리의 영혼은 그것을 통해 자신들의 부족함을 느끼며, 자신들이 가지고 있지 않은 축복을 열망하게 되기 때문이다. 이것은 그들로 하여금 그가 죄인들을 위해 하신 것으로 인도할 뿐 아니라, 직접적으로 그 자신을 고려하게 한다. 그리고 우리의 사랑이 그 혹은 그의 위격에 맞추어질 때 우리는 다시 우리의 부족함과 열망 속에서 그가 하신 모든 일에 영향을 받게 되며, 이것들은 그의 사랑을 확증하고 증가시키는 동기들이 된다. 이것이 성경이 계속해서 보여주는 방법이다. 성경은 먼저 우리에게 주 그리스도가 우리를 위해 하신 일, 특히 제사장으로 하신 수난과 중보와 그로 말미암아 우리가 받을 유익들을 제시한다. 이것을 통해 성경은 우리를 그의 위격으로 인도하고 다른 모든 것을 고려하도록 함으로써 그에 대한 우리의 사랑을 고정시키고 증가시킨다. 빌 2:5-11과 3:8-11을 보라.

그리스도를 사랑해야 할 동기들은 매우 크고 다양하다. 그것들은 우리를 향하신 하나님의 모든 경륜에 골고루 퍼져 있다. 그러므로 어떤 손도 그것들을 완전하게 표현할 수 없다. 그러므로 할 수 있는 한 최대로 그것들을 선포하도록 하자. 더욱이 이렇게 책 전체 중 아주 적은 부분에서 이것을 다 취급한다는 것은 불가능하다. 그것들을 연구하고, 모으고, 묵상하고, 증가시키는 것은 우리가 평생 동안 해야 할 의무들이다. 나는 여기에서 그것들을 확 줄여서 두 가지 제목으로 다루고자 한다. 첫째로, 그리스도가 하신 일들은 우리가 그를 사랑해야 할 동기들의 실체이다. 둘째로, 그가 하신 일의 동기나 원천에 대한 이해는 우리가 그를 사랑해야 할 동기들의 원천이다.

1. 일반적으로 우리가 참여하는 그리스도가 중보자로서 하신 모든 일과 그 열매들이 우리가 그를 사랑해야 할 동기들이다. 성경에서 우리에게 제시된 동정녀를 통해 성육신하신 것에서부터 하늘에서 중보의 사역을 감당하시는 것에 이르기까지 그가 중보자로서 하셨고, 하시고 계신 일들 중에서 그 어떤 것도 그를 실질적으로 사랑하도록 하는 동기가 되지 않는 것은 없다. 그가 교회의 왕이요, 선지자요, 대제사장으로서 하나님의 이름으로 우리와 더불어, 우리를 향해 하셨거나 하시는 것은 무엇이든지 믿는 자들의 마음속에서 그를 사랑하도록 하는 동기들이 된다. 오, 신실하게 주 예수를 사랑하라.

그리스도가 우리를 위해 하셨고 하시는 일에 대해 고려하는 것은 우리가 이것을 통해 얻는 유익들과 분리될 수 없다. 이 둘이, 곧 그가 우리를 위해 하신 것과 이것을 통해 우리가 얻는 것이 결합된 것이 우리가 그를 사랑하는 동기들의 실체가 된다. 그는 "나를 사랑하사 나를 위하여 자기 몸을 버리셨다". 그는 "우리를 사랑하시고, 우리를 자신의 피로 씻으시고, 우리를 하나님께 왕이요 제사장으로 삼으셨다". 그는 "죽임을 당하시고 우리를 자기의 피로 하나님과 화목케 하셨다". 그리고 이것들은 우리가 그를 사랑해야 할 동기들이 된다. 누가 우리의 본성을 취하시고, 고난을 받으시고, 중보의 사역을 감당하신 하나님의 아들의 영광을 이해할 수 있겠는가? 우리는 눈이 있어도 보지 못하고, 귀가 있어도 듣지 못하며, 이것을 통해 우리가 무엇을 받을 수 있는지 이해할 수 없다. 우리는 이 땅에서 타인의 적은 수고를 통해 조그마한 이익만 받아도 그를 사랑하게 되며, 그렇지 않을 경우 배은망덕한 것으로 간주한다. 그렇다면 가장 큰 비용을 들여서, 곧 하나님의 아들의 피 값으로 우리가 유익을 얻었다면, 우리는 그를 얼마나 더 사랑해야 하겠는가?

만약 우리가 이런 것들에 대해 어떤 믿음을 가지고 있다면, 우리는 그것들을 사랑하게 될 것이다. 사랑은 순종을 가져오기 때문이다. 만약 그것들이 우리의 영혼으로 하여금 그를 사랑하도록 하지 않는다면, 우리가 그것들에 대해 무엇이라고 고백하든, 그것은 전통이나 의견에서 나오는 것이지 믿음에서 나오는 것이 아니다. 시 103:1-5은 우리가 그것들을 실제로 믿을 때의 마음의 구조에 대해 잘 말하고 있다. "내 영혼아 여호와를 송축하라 내 속에 있는 것들아 다 그 성호를 송축하라 내 영혼아 여호와를 송축하며 그 모든 은택을 잊지 말지어다 저가 네 모든 죄악을 사하시며 네 모든 병을 고치시며 네 생명을 파멸에서 구속하시고 인자와 긍휼로 관을 씌우시며 좋은 것으로 네 소원을 만족케 하사 네 청춘으로 독수리같이 새롭게 하시는도다". 사람들이 무엇을 행하는 척하든지 그들의 행위가 그들의 마음으로 하여금 그리스도의 위격을 강렬하게 사랑하도록 하지 않는다면, 그들이 그리스도의 중보사역에 대해 복음에 나타난 것들을 실제로 믿지 않거나, 자신들의 영혼과 양심에 이들의 열매와 결과들을 경험하지 못했다는 것을 증명하는 가장 큰 증거가 된다.

그리스도의 중보의 사역에 대해 많이 묵상하지 않고 사는 사람들은 그리스도인이 아니다. 그리스도의 중보사역을 다른 어떤 사람들보다 더 집중적으로, 규모가 있게, 규칙적으로, 방법이나 체계 면에서 보다 능력이 있게, 부지런히, 깊고 분명하게 연구하는 사람이 있을 수 있다. 그러나 그들의 생각으로 그의 중보사역을 묵상하고, 그들의 마음으로 매사에 그의 중보사역을 기억하지 않고 하나님의 아들을 믿는 믿음으로 살지 않는다면, 그들은 그리스도인이라고 볼 수 없다. 우리에게 제시된 복음 혹은 그리스도의 중보사역의 위대한 것들이 우리가 별다른 할 일이 없을 때 생각하거나, 우리가 원하면 어느 때든 무시할 수 있을 만큼 사소한 것이라고 생각이 되는가? 만약 우리의 마음이 이것들로 가득 채워져 있지 않다면, 만약 그리스도가 우리의 마음에 믿음으로 충만히 거하지 않으신다면, 만약 우리의 영혼이 그것들을 소유하고 있지 않으며, 그것들이 내적으로 새겨져서 그것들을 기쁨으로 누리고 있지 않다면, 우리는 믿음의 삶에 낯선 자들이다. 그리고 만약 우리가 이런 위대한 것들을 계속해서 묵상하고 있다면, 그것들은 우리의 마음으로 하여금 그리스도의 위격을 사랑하도록 할 것이다. 이와 반대로 생각하는 것은 사실 이 모든 진리와 실체를 부인하는 것이며, 복음을 우화(寓話)로 바꾸어 버리는 것이다.

그리스도가 하신 사역 중에 한 예, 곧 그의 죽으심을 생각해보자. 어떤 사람이 그리스도인의 심장을 가졌다면, 그는 자신이 생명을 얻은 구주의 죽으심을 자주 생각하지 않겠는가? 복음을 묵상한다고 하면서 직접적으로, 혹은 하나님의 은혜와 지혜로 주어진 길을 통해 그의 죽으심을 발견하지 못할 수 있을까? 그리스도의 죽으심에 대해 믿는다고 하면서 마음이 그의 위격에 대한 강렬한 사랑으로 영향을 받지 않을 수 있을까? 복음에서 그리스도는 우리에게 "십자가에 달리신 분으로 밝히 제시된다". 믿음의 눈으로 피 흘리시며 죽으신 구세주를 바라본다고 하면서 그의 위격에 대한 사랑을 단지 환상이나 상상의 결과로 볼 수 있을까? 만약 그렇다면 그들은 사도가 말한 "우리가 항상 예수의 죽음을 몸에 짊어지고 있다는 것"을 정반대로 알고 있는 것이다(고후 4:10). 그가 하신 모든 일에서 그의 이름은 전부 "부어진 향유"와 같아서 "처녀들은 그를 사랑한다"(아 1:3). 그의 죽으심은 값진 향유와 같아서 그들의 마음을 특별한 방법으로 사로잡는다.

그의 중보사역으로 말미암아 그리스도를 사랑하지 않는 곳에서 그에 대한 믿음이 있을 수 없는 것처럼, 그에 대한 믿음이 없는 곳에서 그에 대한 감사가 있을 수 없다. 그에 대해 감사하지 않는 것은 우리가 지을 수 있는 죄 중에 가장 큰 죄이다. 천사들의 죄를 가장 크게 가중시켰던 것은 자신들을 창조하신 분에 대해 그들이 감사하지 않은 것이었다. 하나님이 자신의 뜻과 기뻐하심을 따라 그들에게 그가 다른 어떤 피조물에게 주실 수 있는 것보다 가장 높은 탁월성과 고귀함과 위엄을 주셨음에도 불구하고, 그들은 자신들이 아무런 자격이 없이 받은 선과 혜택에 대해 감사하지 않고 자신들을 영원한 파멸로 던졌기 때문이다. 그러나 자신들을 위해 그리스도가 하신 것에 대해 감사하지 않은 사람들의 죄는 천사들의 죄보다 더 크다. 천사들은 원래 우리가 이 세상에서 참여할 수 없는 위엄의 상태에 놓여졌지만, 우리처럼 비참함에서 구속받고 회복되지 않았기 때문이다.

이 세상을 괴롭히는 악한 사람들 중에서 공통적으로 가치가 없는 사람으로 인정이 되는 사람은 자신이 받은 은혜에 대해 감사하지 않는 사람이다. 가령 온갖 수고와 희생을 치르면서 자신을 치욕과 죽음에서 건져내어 풍성한 혜택을 누릴 수 있도록 해 준 사람이 있다고 하자. 그런데 만약 혜택을 받은 사람이 혜택을 준 사람에게 감사하지도 않고 그를 사랑하지도 않는다면, 사람들은 그 사람이 원래 있던 상태보다 더 나쁜 상태로 정죄를 받는 것에 대해 유감으로 여기지 않을 것이다. 그렇다면 그리스도의 중보와 그 열매들에 대해 그 마음이 아무런 영향을 받지도 않고, 그를 향해 최선의 감정으로 드리지 않는 사람의 마음의 상태는 얼마나 더 심각한 것인가? 복음은 감사하지 않는 자들에게는 "사망으로 이르는 향기"일 뿐이다.

2. 성경이 그리스도에 대한 우리의 사랑의 주요한 동기로서 주장하

는 것은 우리를 향한 그의 사랑이다. 그런데 그 사랑은 우리를 대신하여 그가 감당하신 모든 중보의 사역의 원리이다.

사랑은 그것이 발견되는 곳마다 가치 있는 것으로 평가되는 인간의 본성이 가지고 있는 보석이다. 환경으로 말미암아 아무리 서로 멀리 떨어져 있다고 하더라도 참된 사랑은 바뀌지 않는다. 짐승처럼 타락한 사람이 아니라면 참된 사랑을 경멸할 사람은 없다. 비록 사랑이 사랑받는 사람에게 외적으로 유익이 되는 결과를 가져다주지 못할지라도, 사랑은 그 자체로 우리가 원하든 원하지 않든 칭찬을 받으며, 그 나름대로 어느 정도 보답을 받는다. 특별히 사랑받을 자격이 없는 사람에게 선한 의도에서 주어졌을 때 더욱 그러하다. 사랑의 본질적 특성은 사랑을 받는 사람에게 선을 행하고자 하는 데 놓여 있다. 우리가 우리의 의지를 사용해서 참되고, 신실하게, 계속해서 어떤 사람을 사랑하고자 할 때, 만약 우리의 모든 기능들이 짐승같이 타락한 정욕에 의해 부패하지 않았다면, 어떤 것도 우리의 마음으로 하여금 사랑하지 못하도록 막을 수 있는 것은 없다. 그러나 이렇게 자격이 없는 자들에게 주어진, 곧 문제가 있고 심판을 받아야 마땅한 사람에게 주어진 사랑은 이 사랑을 받은 사람들 안에 이 사랑을 준 사람을 향해 사랑을 불러일으킨다. 그리고 이 모든 것은 그리스도의 사랑 안에서 발견된다. 온 세상에서 정도나 크기에 있어서 이 사랑과 비교될 수 있는 사랑은 없다. 나는 이 사랑에 대해 두 가지 주제로 간단히 말할 것이다.

(1) 그리스도가 우리의 본성을 취하시고 고난을 받으시고 행하신 모든 중보사역의 원천은 동정과 자비로 역사하시는 오직 그의 사랑과

은혜이다. 그가 다른 무엇보다도 하나님의 영광과 그에 대한 사랑에서 이 일을 하셨다는 것이 사실이다. 그러나 우리와 관련해서 그가 그렇게 하신 유일한 동기는 그의 풍성하고 넘치는 사랑이다. 그리고 우리는 이 사랑이 그로 하여금 가장 큰 고난, 곧 우리를 대신해서 고난을 받으시고 죽임을 당하도록 했다는 것을 기억해야 한다(갈 2:20, 엡 5:2, 25, 26, 요일 3:16, 계 1:5, 6). 이것만이 하나님의 아들로 하여금 우리의 구속이라는 영광스러운 사역을 감당하도록 하였으며, 그로 하여금 그 사역을 성취하기 위해 죽음을 당하도록 한 것이다.

그리스도의 이 사랑은 하나님의 지혜와 은혜의 모든 결과를 교회에 전달하는 큰 수단이다. 그것은 하나님이 자신과 자신의 모든 선하심을 믿는 자들에게 드러내시기 위해 선택하신 거울이다. 그것은 하나님의 영원한 영광을 위해, 교회를 구속하기 위해 그리스도가 하신 모든 행위의 원동력이다. 그것은 거룩한 천사들과 축복받은 성도들이 하나님의 탁월성들을 영원히 묵상할 수 있도록 하는 거울이다. 그러나 내가 그리스도의 이 사랑을 다루고자 한다면, 나는 내가 지금까지 다룬 것보다도 훨씬 더 많은 지면을 이 주제에 할애해야 할 것이다. 그리고 그렇게 하는 것은 현재 이 책의 계획과 맞지 않는다. 그런데 요즈음 우리가 지금까지 기술한 그리스도의 사랑을 전적으로 파괴하는 그의 위격에 대한 진술들이 늘어가고 있다. 그러므로 나는 이것을 보다 분명히 설명하고 방어하는 것이 얼마나 시급한 것인지 절감하고 있다.

그들은 복음의 생명과 능력에 대해, 하나님의 은혜의 실제에 대해 아무것도 알지 못한다. 자신들의 마음으로 그리스도의 사랑을 느끼지 못하는 사람들은 기독교 신앙의 한 조항도 올바로 믿을 수 없다. 자신들의 감정들이 그를 향해 이끌리지 않는 사람들은 그의 사랑을 느낄 수 없다. 자신들의 마음이 중보의 사역을 감당하신 그리스도의 사랑에 의해 실질적으로 영향을 받지 않은 사람들은 그에 대해 실질적이며 영적인 감정을 가질 수 없으며, 그 사랑을 종교의 허식이나, 세상의 극장을 위한 우화나, 상상으로 만들어 낸 의견에 불과하다고 생각한다. 사람들은 반복적으로 암기해서 배운 것들을 중얼거릴 수 있다. 그러나 그들은 기독교에 대해 실질적으로 알지 못한다. 그들은 우리의 영혼의 가장 강렬한 감정을 그리스도의 위격에 두는 것을, 그에 대한 사랑 때문에 우리의 온 마음으로 그를 사랑하는 것을, 우리가 그에 대한 사랑으로 병이 날 때까지 사로잡히는 것을, 우리의 영혼이 기쁨과 애착으로 계속해서 그를 향하는 것을 단지 환상이나 상상의 결과로 본다. 나는 그렇게 가증스러운 것을 가르치고, 조장하고, 장려하는 종교는 어떤 것이든 거부한다. 그들이 가르치는 교리는 이슬람의 코란처럼 복음과 거리가 멀다. 사단에게 현혹이 되어 그리스도에 대한 가장 강렬한 사랑과 그에 대해 묵상하는 것을 경멸하는 것은 신자들의 일상적인 경험과는 다른 것이다. 나는 헛된 사고와 거짓된 이성으로 이것들을 경멸하는 소위 세상에서 뛰어난 사람들과 함께 어울리는 것보다 비록 보잘 것 없지만 그리스도를 실제로 사랑하고 자신이 할 수 있는 한 최선을 다해 그를 사랑하고자 노력하며 탄식하는 사람들과 나의 영원한 분깃을 함께 나누겠다.

(2) 교회에 대한 그리스도의 이런 사랑은 질적으로 볼 때 사람들이

가지고 있는 사랑을 포함하여 다른 어떤 감정들보다 실제로 탁월하다. 사람들이 가지고 있는 사랑은 아무리 탁월한 상태에 있다고 하더라도 무질서한 것이 포함되어 있다. 그러나 그리스도의 사랑은 절대적으로 순수하며 어떤 불순물도 섞여 있지 않다. 그의 사랑 안에서 그 자신으로부터 나오는 어떤 한계도 발견할 수 없다. 그리고 그 사랑은 절대적으로 자격이 없는 자들에게 주어진다. 우리 편에서 볼 때 그의 사랑을 이끌어 내거나 확대시킬 수 있는 어떤 것도 없다. 우리가 가진 사랑 중에서 가장 솔직하고 참된 사랑은 사랑을 하는 대상이 내게 어떤 유익을 주지 못해도 그의 가치나 탁월성이나 유용함 때문에 그를 사랑하는 것이다. 그러나 그리스도의 사랑에서 우리는 조금이라도 이런 것을 발견할 수 없다. 우리의 사랑스러움은 오히려 그가 우리를 사랑한 결과로 말미암아 생겨나는 것이다.

사람들은 때때로 어떤 사람을 위해 죽을 수 있을 만큼 높고도 강렬한 사랑을 가질 수 있다. 그러나 심지어 그럴 때조차도 그는 그 사랑하는 대상이 사랑을 받을 만한 가치가 있기 때문에 그렇게 하는 것이다. 사도는 그리스도의 사랑과 그 안에서 하나님의 사랑에 대해 취급하면서 "선한 사람을 위하여 용감히 죽은 자가 혹 있거니와"라고 말한다(롬 5:7). 이것은 선한 사람, 곧 일반적으로 사람들에게 유익을 주는 사람이라고 정당하게 평가받는 사람, 매사에 다른 사람에게 친절을 베풀어 주는 사람을 위해 용감히 죽는 사람이 있을 수 있다는 것이다. 이것이 사람들이 도달할 수 있는 최고의 사랑이다. 그리고 이런 사랑에는 헛된 영광과 유명해지고자 하는 열망이 결합된다. 그러나 주 그리스도는 우리가 경건하지 못하고 죄인 되었을 때 우리를 위해 죽기까지 사랑하셨다. 그는 곧 사랑을 받을 만한 아무런 자격이 없는 우리를 위해 모든 것을 주시기까지 사랑하셨다. 그는 모든 피조물을 다 동원해서도 갚을 수 없을 만큼 큰 죄를 지어 부패되어 있는 우리를 사랑으로 그 상태에서 건져내어 자유롭게 하시고 그와 가장 긴밀한 사귐을 갖게 하셨다. 우리 안에는 그로 하여금 그렇게 우리를 사랑하도록 할 만큼 사랑스럽고 유익한 것이 결코 없었다. 그는 자신의 사랑을 이루기 위해 자신의 위격으로 악한 것을 모두 겪으셨고, 우리는 하나님의 호의와 영원한 축복 속에서 선한 것을 모두 받는다.

이런 이유 때문에 사도는 그리스도의 사랑이 우리를 강권한다고 말하고 있다(고후 5:14). 그리고 만약 우리가 그의 사랑에 대한 보답으로 그에게 무엇인가 돌려주어야 한다면, 그것은 다른 무엇보다도 그에 대한 우리의 사랑이다. 사랑에 대해 사랑을 돌려주는 것보다 더 적합한 보답이 없기 때문이다. "사람이 그 온 가산을 다 주고 사랑과 바꾸려 할지라도 오히려 멸시를 받느니라"(아 8:7)고 말하고 있는 것처럼 사랑은 돈으로 살 수 없는 것이다. 만약 어떤 사람이 사랑에 대한 보답으로 온 세상을 준다고 할지라도 진정한 사랑이 없으면, 그것은 오히려 경멸의 대상이 될 것이다. 우리를 향한 그리스도의 사랑이 복음의 명령과 약속에 있으며, 남편이 아내를 사랑하는 것처럼(엡 5:25) 그에 대한 실질적인 사랑이 없이, 그의 위격에 대한 마음의 거룩한 애정이 없이 단지 그의 명령을 준행하는 것으로 그에 대한 우리의 사랑을 다 했다고 생각하는 것은 종교의 모든 능력을 버리는 것, 곧 그에 대한 우리의 사랑에서 생명과 영혼을 빼앗아 가는 것이며, 그것을 시체로 만들어 버리는 것이다.

　우리를 향한 그의 사랑으로 말미암아 그를 사랑하고, 그 안에서 하나님을 사랑하는 것은 신적인 사랑의 주요 내용이며, 그것이 실질적인 것인지 신실한 것인지를 판단하는 시금석이다. 사람들이 하나님의 선하심에 대해 자신들이 가지고 있는 애정을 무엇이라고 자랑하든지, 만약 그것이 그리스도를 사랑하고 그 안에서 하나님을 사랑하는 것으로 인도되지 않는다면, 그들의 머리는 텅 빈 개념에 사로잡혀 있으며, 그들의 마음은 속아서 재를 먹고 있는 것과 다름이 없다. 하나님이 사랑이시라고 선포되는 곳은 오직 그리스도 안에서이다. 이것에 대한 인식이 없이 어느 누구도 하나님을 제대로 사랑할 수 없다. 오직 그 안에서만이 이 신적인 사랑의 대상인 무한한 선하심이 우리에게 나타나며, 이성의 부패함으로 말미암은 환영이 우리를 사로잡을 수 없게 된다. 그리고 하나님의 사랑의 모든 결과는 오직 그 안에서만 우리에게 전달이 된다. 거룩하신 하나님은 자신을 낮추셔서 "예수 그리스의 얼굴에서 자신의 영광"을, 곧 그 안에서, 그를 통해서 자신을 우리의 사랑의 대상으로 제시하신다. 우리는 연약해서 신적 본질의 무한한 탁월성들을 직접적으로 이해할 수 없으며, 그의 찬란한 영광의 빛을 볼 수 없으며, 그의 얼굴을 보고 살 수 없다. 그러므로 우리가 그리스도의 위격에서 신적인 본질의 탁월성들을 묵상할 수 있도록 받아들여진 것은 하나님의 지혜와 은혜의 가장 놀라운 결과이다.

　그러나 지금까지 언급한 것 이외에도 성경이 선포하고 있고 신자들

ΧΡΙΣΤΟΛΟΓΙΑ:

OR,

A DECLARATION OF THE GLORIOUS MYSTERY

OF

THE PERSON OF CHRIST — GOD AND MAN

제 15 장
그리스도와의 일치와 그의 본을 따르는 것

III. 그리스도의 위격과 관련해서 우리가 그에게 돌려야 할 세 번째 의무는 그와 일치되는 것이다. 이것은 모든 신자를 위해 하나님이 준비하신 큰 계획이다. 모든 신자는 복음의 거울을 통해 자기들에게 제시된 대로 믿음의 눈으로 본 그리스도에 대한 개념이나 형상을 가지고 있다. 고후 3:18은 "우리가 다 수건을 벗은 얼굴로 거울을 보는 것 같이 주의 영광을 본다($T\grave{\eta}\nu$ $\delta\acute{o}\xi\alpha\nu$ $K\nu\rho\acute{\iota}\nu\nu$ $\kappa\alpha\tau\nu\pi\tau\rho\iota\zeta\acute{o}\mu\epsilon\nu\nu\iota$ $\kappa.$ $\tau.$ $\lambda.$)"고 말하고 있다. 우리는 거울을 보는 것처럼 우리 마음에 새겨진 그의 형상의 영광을 본다. 그리고 이것을 통해 우리 마음은 우리에게 나타난 그리스도와 똑같은 형상으로 바뀌게 되는데, 이것이 바로 우리가 이야기하고 있는 그와의 일치이다. 그러므로 모든 참된 신자는 자기들의 마음에 그리스도를 닮고자 하는 습관적인 경향이나 열망을 가진다. 그리고 이것이 없는 곳에는 믿음이나 사랑도 없다는 것을 증명하는 것은 어렵지 않다. 믿음은 영혼으로 하여금 믿는 대상의 형상이나 구조를 따르도록 한다(롬 6:17). 그리고 모든 신실한 사랑은 사랑하는 대상을 닮도록 한다. 그러므로 어떤 영혼이 하나님의 생명과 신실한 믿음과 사랑과 순종을 실제로 가지고 있다는 것을 보여줄 수 있는 최선의 증거는 그가 매사에 내적으로 예수 그리스도와 일치되도록 최선을 다해 노력하는가에 달려 있다.

그리스도와 일치되어야 할 의무에는 두 가지 부분이 있다. 첫 번째는 그리스도의 인성의 내적인 은혜와 거룩과 관련된 것이며, 다른 하나는 순종의 의무에서 그의 본을 따르는 것이다. 이 두 가지는 그리스도의 참된 제자에게 있어서 원칙적으로나, 실질적으로 모두 있어야 할 내용이다.

첫째로, 그리스도의 습관적인 은혜와 거룩과 내적으로 일치되는 것은 그리스도인의 삶의 근본적인 목표이다. 아무리 훌륭하게 여겨지는 사람이라고 할지라도 이것이 없다면, 그는 단지 외적으로 그의 본을 따르려고 흉내내고 있는 사람일 뿐이다. 첫 번째 목표가 부족한 경우에 그의 행동은 그리스도께 받아들여지지도, 인정되지도 못할 뿐 아니라, 거짓된 것으로 여겨질 뿐이다. 그런데 첫 번째 목표를 달성하려고 하는 시도는 불행하게도 종종 형식이나, 외식이나, 미신으로 끝이나 버린다. 그러므로 나는 이런 문제를 극복하기 위해 이 목표의 근거와 본질과 그 목표를 달성하는 수단에 대해 살펴볼 것이다.

1. 하나님은 그리스도의 인성 안에서 우리가 아담 안에서 잃어버렸

던 우리의 본성에 속한 형상을 아담이 참여하지 않았던 많은 영광스러운 것들을 더하셔서 완벽하게 갱신시키셨다. 하나님은 그리스도의 본성 속에서 마치 자신의 본성에 부족한 것이 있는 것처럼 우리의 본성의 형상을 갱신시키지 않으셨다. 그는 자신의 본성을 우리와 똑같은 방법으로 아담에게 받지 않으셨으며, 우리처럼 우리의 본성의 대표자로서 아담 안에 있으신 적이 없으셨기 때문이다. 그러나 그 안에서 우리의 본성은 매사에 잃어버리고 분리되었던 하나님의 형상을 회복하였다. "아버지 그 안에 모든 것이 충만히 거하는 것"과 그에게 "은혜와 진리가 충만한 것"과 그에게 "모든 일에 탁월성이 있는 것"을 기뻐하셨다. 그러나 나는 그리스도의 인성이 지닌 이런 은혜로운 자질에 대해 다른 곳에서 다루었다.

2. 하나님이 그리스도의 인성에 모든 은혜를 채우시고, 그 위에 자신의 영광스러운 형상을 부여하신 목적은 그로 하여금 우리가 똑같은 은혜로 갱신되고 열심히 노력해서 본받아야 할 한 예가 되도록 하기 위함이었다. 그리스도의 인성이 하나님의 아들과 위격적으로 연합되기 위해서는 은혜가 충만할 필요가 있었다. "신성의 충만이 그 안에서 육체로 거하실 때" 그의 육체는 거룩한 것($\tau\grave{o}$ $\check{\alpha}\gamma\iota o\nu$)이 되기 때문이다 (눅 1:35). 육체로 순종하실 때 그는 필연적으로 모든 의를 성취하셨고, 죄를 짓지 아니하셨으며, 그의 입에 궤사가 없으셨다(벧후 2:22). 그리고 이것은 그가 자신의 사역을 감당하실 때도 마찬가지였다. "이런 대제사장은 우리에게 합당하니 거룩하고 악이 없고 더러움이 없고 죄인에게서 떠나 계시고 하늘보다 높이 되신 자"이시기 때문이다(히

7:26). 그럼에도 불구하고 하나님의 무한한 지혜는 더 나아가서 그를 우리 안에 있는 하나님의 형상의 갱신과 이에 따라오는 영광의 모형과 예가 되도록 하는 계획을 세우셨다. 그는 하나님의 눈으로 볼 때 은혜와 영광을 전달받아 우리가 어떻게 되어야 될지에 대한 모델이었다. 그는 또한 우리가 행해야 할 모든 의무의 모형이 되신다. 하나님은 "그 아들의 형상을 본받게 하기 위하여 미리 정하셨으니 이는 그로 많은 형제 중에서 맏아들이 되게 하려 하셨다"(롬 8:29). 그리스도께 모든 은혜를 부여하실 때 하나님은 그를 "많은 형제 중에서 맏아들"이 되도록 계획하셨다. 그는 곧 그에게 모든 유업을 형제들에게 부여할 수 있는 장자의 능력과 권세를 부여하셨을 뿐 아니라, 그로 하여금 그들이 따라야 할 예가 되도록 계획하셨다. "거룩하게 하시는 자와 거룩하게 함을 입은 자들이 다 하나에서 난지라 그러므로 형제라 부르기를 부끄러워 아니하셨다"(히 2:11). 신자들을 거룩하게 하시는 이는 그리스도이시다. 그러나 먼저 그를 거룩하게 하셔서 그와 신자들이 하나가 되도록 하시고, 똑같은 아버지의 형상을 본받는 형제가 되도록 하신 분은 하나님이시다. 하나님은 그리스도께 은혜와 영광을 주시기로 계획하셨다. 그리고 하나님은 그를 자신이 우리를 위해 계획하시고 우리에게 부여하실 것에 대한 원형이 되도록 하셨다. 그러므로 사도는 롬 8:30에서 아들의 형상을 본받도록 이렇게 예정된 결과로서 모든 유효적이며 구원하는 은혜가 그것과 수반되는 영광과 더불어 우리에게 부여된다는 것을 보여준다. "또 미리 정하신 그들을 또한 부르시고 부르신 그들을 또한 의롭다 하시고 의롭다 하신 그들을 또한 영화롭게 하셨느니라".

하나님이 자신의 은혜 안에서 가지신 위대한 계획은 우리가 우리의 본성의 부패에 있어서 "첫 사람 아들의 형상"으로 태어났던 것처럼 우리의 갱신에 있어서 "둘째 아담의 형상"을 입어야 한다는 것이다. 고전 15:49은 "우리가 흙에 속한 자의 형상을 입은 것 같이 또한 하늘에 속한 자의 형상을 입으리라"고 말한다. 그는 우리의 모든 은혜의 모형이었던 것처럼 영광의 모형이기도 하다. 우리의 모든 영광은 비록 아직 나타나지 않았지만 우리가 "그와 같아지는 데" 있다(요일 3:2). "그는 우리의 낮은 몸을 자기 영광의 몸의 형체와 같이 변하게 하실 것"이기 때문이다(빌 3:21). 그러므로 은혜가 그리스도의 인성에 충만히 부어지고 하나님의 형상이 그에게 영광스럽게 심겨진 것은 그의 인성으로 하여금 교회가 그를 통해 참여할 것에 대한 원형이요 예가 되도록 하기 위함이었다. 하나님이 자신의 은혜를 내적으로 전달하시고 교회의 모든 규례를 사용하실 때 그가 우리에게 주고자 의도하신 것은 우리로 하여금 모든 은혜에 있어서 그리스도의 충만한 분량에 이르도록 하기 위함이었다(엡 4:13). 그리스도 안에는 모든 은혜가 충만히 거하신다. 우리는 우리 각자에게 계획된 분량 만큼 이 은혜에 참여한다. 하나님이 "우리 각 사람에게 그리스도의 선물의 분량대로 은혜를 주셨기" 때문이다(7절). 그는 자신의 주권적인 은혜로 자신이 은혜를 부여하고자 하는 자들에게 정해진 분량의 은혜를 할당하셨다. 그러므로 그것은 "분량"이라고 불렸는데, 이는 각 사람이 키가 자라는 것처럼 점점 그 분량에 도달하기 때문이다. 그리고 또한 사람의 키가 다양한 것처럼 은혜의 분량도 사람마다 다양하다. 그러나 그 은혜는 각 사람에게 꼭 맞게 주어진다.

3. 그리스도 안에 있는 하나님의 형상은 복음 안에서 우리에게 제시된다. 본성적으로 우리는 부패했기 때문에 우리가 이것을 올바로 이해하는 것은 전적으로 불가능했다. 하나님의 형상이 그리스도의 인성에서 갱신되고 예로서 드러나기까지 우리는 그것에 대한 어떤 안정된 개념도 가질 수 없었다. 그리고 그에 대한 지식이 없이는 아무리 현명한 사람일지라도 하나님께 적대되는 것들을 가지고 이것들이 하나님을 가장 닮을 수 있도록 하는 것이라고 어리석게 주장할 뿐이었다. 이런 것들 대부분이 바로 이방인들이 영웅적인 미덕들로 칭송하는 것들이었다. 그러나 그리스도 안에서 완벽하게 예가 드러난 이래로 그것은 복음 안에서 이제 분명하게 우리에게 제시되었다. 이것에서 우리는 거울을 보는 것처럼 열린 얼굴로 주의 영광을 보고 그와 같은 형상으로 변한다(고후 3:18). 수건이 복음의 교리에 의해 하나님의 계시에서 제거되었기 때문에 우리는 우리의 마음으로 "주 성령으로 말미암아" 그리스도 안에 있는 하나님의 영광을 마치 얼굴을 보듯이 보게 되는데, 이것은 우리가 그의 형상으로 바뀌는 주요한 수단이다. 복음은 우리를 향하신 그리스도와 그 안에서 하나님의 영광을 선포하는 것이다. 이것의 특별한 목적은 다른 많은 것의 목적과 마찬가지로 우리로 하여금 그 안에서 우리가 점차 갱신되어야 할 하나님의 형상을 보고 묵상하도록 하는 것이다. 그러므로 우리는 그 안에서 예수 그리스도 안에 있는 진리를 배우며, "심령으로 새롭게 되며", "하나님을 따라 의와 진리의 거룩함으로 지으심을 받은 새사람을 입게 된다". 우리는 곧 "자

기를 창조하신 자의 형상을 좇아 새롭게 하심을 받게" 된다(엡 4:20, 23, 24, 골 3:10).

4. 그러므로 우리 안에 있는 하나님의 생명은 그리스도와 일치되는 데 있다는 것이 분명하다. 그리고 우리에게 주어진 그 생명의 주되고 효율적인 원인인 성령은 우리를 그리스도와 연합시키고, 그와 같이 되도록 하는 것 이외에 다른 어떤 목적을 가지고 있지 않으시다. 그러므로 다른 모든 의무들에게 생명을 불어 넣고 그것들을 바로 세우는 복음의 본래의 의무는 하나님의 형상이 놓여 있는 그리스도의 거룩한 영혼의 모든 은혜로운 원리들과 자질들에 있어서 그와 일치되도록 하는 것이다. 그는 하나님의 눈으로 볼 때 모든 은혜를 우리에게 전달하시는 원형이시며 예이신 것처럼, 우리의 믿음의 눈으로 볼 때 하나님이 우리에게 요구하시는 모든 것을 행하는 데 있어서 우리가 순종으로 따라야 할 큰 모델이시다.

하나님 자신이나 혹은 그 거룩한 완벽한 속성들 속에서 신적인 본질은 우리의 심령이 새롭게 되어 변화되어야 할 궁극적 대상이요 개념이다. 그러므로 구약에서 아들이 성육신하시기 전에 그는 자신의 거룩을 직접 교회의 모형으로서 다음과 같이 제안하셨다. "너희는 거룩하라 나 여호와 너희 하나님이 거룩함이니라"(레 11:44, 19:2, 20:26). 그러나 율법은 어떤 것도 완벽하게 만들지 않았다. 이 위대한 명령을 완벽하게 지키기에는 요구되는 거룩에 대한 명확한 예가 부족했기 때문이다. 그리고 그 예는 "처음 난 자, 보이지 아니하시는 하나님" 안에서만 주어졌다. 심지어 철학자들 중에서도 현명한 사람의 주요한 노력은 신과 같아지는 것이어야 한다는 개념이 있었다. 그러나 이 개념을 성취하는 데 있어서 그들 중 가장 훌륭한 사람도 어리석고 교만한 상상에 빠지게 되었다. 그럼에도 불구하고 개념 그 자체는 우리가 가지고 있었던 최초의 빛의 광채이며 자연스러운 완벽한 속성들의 최선의 반영이었다. 그리고 어떤 식으로든 신과 같아지려는 노력을 하지 않는 사람들은 모든 면에서 사단과 같아지게 된다. 그러나 이성의 빛으로 신성의 절대적이며 본질적인 속성들을 묵상하려고 하는 사람들은 이 모든 것에서 하나님과 똑같이 되고, 그것을 향상시키려는 데서 실패했다. 사람들이 무엇이라고 반대하든지 사도는 다양한 글에서 사람들이 그렇게 했다는 것을 증명하고 있다(롬 1장, 고전 1장). 그러므로 그리스도의 인성에 우리가 닮아야 할 하나님의 영광스러운 형상을 새겨 넣으시고, 그로 말미암아 복음의 계시 안에서 그것을 우리에게 완전하게 나타내시고 제시하신 것은 무한히 낮추신 하나님의 지혜와 은혜의 결과였다.

하나님의 무한한 완벽한 속성들은 그 자체로 절대적으로 생각할 때 그것들이 어떻게 우리가 모방해야 할 대상이 될 수 있는지 생각하기 어려울 만큼 불가해한 영광을 지니고 있다. 그러나 그것들이 보이지 아니하시는 하나님의 형상으로서 그리스도 안에서 나타났을 때 그것들은 우리 영혼의 갱신된 기능들에 적합하고, 새로운 피조물 혹은 우리 안에 있는 영적인 생명의 은혜로운 원리에 적합하기 때문에, 우리의 지성은 그것들을 묵상할 수 있고 이것을 통해 똑같은 형상으로 바뀌어 갈 수 있게 되었다.

바로 여기에 사람의 영혼에 거하는 기독교의 많은 생명과 능력이 있다. 이것이 참으로 복음을 믿는 사람들이 가지는 자신들의 삶의 주요한 목표이다. 그들은 매사에 예수 그리스도와 같아지고자 한다. 그리고 나는 (1) 이렇게 되기 위해 무엇이 필요한지 (2) 이 목적을 성취하기 위해 어떤 의무가 행해져야 되는지를 간단하게 살펴볼 것이다.

(1) 그리스도 안에 있는 은혜의 아름다움과 영광과 사랑스러움을 식별하기 위한 영적인 빛이 필요하다. 만약 우리가 "그의 영광, 곧 은혜와 진리가 충만한 아버지의 독생자의 영광을 볼 수 있는" 눈을 가지고 있지 않다면(요 1:14), 우리는 그와 똑같이 되고자 하는 어떤 실질적인 계획도 가질 수 없다. 그리고 우리가 그 안에 있는 모든 은혜의 아름다움과 탁월성을 보지 못한다면, 우리는 그의 위격의 영광을 충분히 식별할 수 없다. "나는 마음이 온유하고 겸손하니 너희는 내게 와서 배우라"고 주님은 말씀하신다(마 11:29). 만약 우리가 마음의 온유함과 겸손함에서 탁월성을 배우지 못한다면, 어찌 우리가 그들 안에서 그리스도와 일치되려고 신실하게 노력을 하겠는가? 그의 다른 은혜의 성품들에 대해서도 이것은 똑같이 적용이 될 것이다. 그의 열정과, 그의 인내와, 그의 자기부정과, 그의 십자가에 기꺼이 죽으심과, 그의 원수를 사랑하는 것과, 그의 모든 인류를 향한 자비와, 기도에서의 그의 믿음과 간절함과, 하나님을 향한 그의 사랑과, 사람들의 영혼을 향한 그의 긍휼과, 선을 행하는 데 그의 지치지 않음과, 그의 순결과, 그의 보편적 거룩함은, 만약 우리가 그들의 영광의 사랑스러움을 식별할 영적인 빛을 가지고 있지 않다면, 우리가 이 모든 것에서 그와 일치되어야 한다고 말하는 것은 헛된 것이 될 것이다. 그리고 만약 하나님이 우리에

게 예수 그리스도의 얼굴에 있는 자신의 영광을 아는 빛을 비추어 주시지 않는다면 우리는 이 어떤 것도 가질 수 없다. 실제로 우리가 마음이 어두워서 그와 같이 되는 것이 얼마나 놀라운 것인가를 알 수 없다면, 우리가 그리스도를 본받아야 한다고 말하는 것은 어리석은 것이다.

(2) 하늘의 빛의 광선으로 그리스도에게서 발견한 것들을 사랑하는 것이 똑같은 목적을 위해 필요하다. 어떤 영혼도 그리스도 안에 있는 은혜들을 좋아하고, 사랑하고, 능력이 허락하는 한 그것들에 참여하는 것을 이 세상에서 얻을 수 있는 가장 큰 유익이요, 특권으로 여기는 사람이 아니라면 그리스도와 일치되고자 하는 계획을 가질 수 없다. 처녀들은 그의 기름의 향기 때문에 그를 사랑하고, 그에게 매달리고, 그와 같아지려고 노력한다. 우리가 지금 논의하고 있는 주제, 곧 그와 일치되는 문제에 있어서 그리스도는 우리를 향하신 하나님의 형상의 대표이시다. 그리고 만약 우리가 다른 무엇보다도 외적인 행위나 순종으로 그리스도를 본받는 척하면서 그의 은혜로운 성품과 마음의 경향을 사랑하고 높이지 않는다면, 우리는 그와 일치되려는 어떤 계획도 가지고 있는 것이 아니다. "사람들의 자녀들보다 더 아름다운" 은혜들로 가득 차신 분으로서, 그의 입술에 영광이 가득 차신 분으로서 그리스도의 영광을 보고 찬미하는 사람은, 예수 그리스도와 똑같은 생각과 마음과 정신을 가지기를 바라는 사람은 그와 일치될 준비가 되어 있는 사람이다. 그리고 그런 사람들에게 그리스도의 위격에 나타난 모든 탁월성들은 하나님께 내적으로 순종할 자극과 동기와 안내가 된다.

마지막으로, 이렇게 일치되도록 노력하는 과정에서 우리는 두 가지가 필요하다.

[1] 우리는 본래 우리의 본성에 매달려 있는 모든 죄를 그 뿌리와 원리와 은밀한 원천에서 반대해야 한다. 그는 "죄도 없으시고 그 입에 어떤 궤사도 없으셨다". "그는 거룩하시고, 해가 없으시며, 부패하지 않으셨고, 죄인들과 분리되어 계셨다". 그는 "흠도 티도 없는 하나님의 어린 양"이셨다. 그는 우리와 같이 되셨으나 죄가 없으셨다. 어느 한 점의 죄도 그의 거룩한 본질에 접근하지 못했다. 그는 우리의 부패한 상태에서 우리를 파고드는 어떤 형태의 죄에서도 절대적으로 자유로우셨다. 그러므로 모든 죄에서 자유하려고 하는 것은 그리스도와 일치되려고 노력하는 첫 번째 일반적인 부분이다. 그리고 우리는 이미 얻지도, 이미 완벽하게 되지도 않았기 때문에, 비록 우리가 이 땅에서 완벽하게 이 상태에 도달하지 못한다고 할지라도, 이 상태에 도달하고자 신음하지 않는 사람은, 자신 안에 있는 죄의 잔재들과 죄를 짓는 자신에 대해 싫어하지 않는 사람은, 이것들을 절대적으로 모두 제거하려고 노력하지 않는 사람은 그리스도와 일치되려는 신실한 계획을 가지고 있지 않으며, 그런 계획을 가질 수도 없다. 그와 같아지려고 노력하는 사람은 "그가 정결하신 것처럼 자신을 정결하게" 해야 한다. 점 같이 조그마한 죄에서도 절대적으로 자유하신 그리스도의 순결에 대한 생각은 신자로 하여금 어느 때도 자신을 그와 같지 못하도록 만드는 것을 전적으로 파괴시키려는 노력을 게을리하지 않도록 한다. 그리고 죄를 죽이는 일에 있어서 우리가 계속해서 그런 모델을 가지고 있다는 것은 신앙에 복된 유익이 된다.

[2] 모든 은혜를 마땅히 향상시키고 계속해서 성장시키는 것은 이 의무의 다른 일반적인 부분이다. 이 땅에서 그리스도의 영광은 그의 모든 순종과 그의 특별한 사역에 나타난 그의 모든 은혜의 충만에 있다. 그러므로 모든 은혜가 그 뿌리와 열매에 있어서 온전히 나타나는 것이 하나님의 아들의 형상과 일치되는 것이다.

둘째로, 하나님과 사람들을 향한 모든 의무와 땅에서 그가 하신 모든 대화에서 그리스도의 예를 따르는 것이 종교에서 그리스도의 위격의 사용에 대해 고려해야 할 두 번째 부분이다. 우리 앞에는 들이 넓게 펼쳐져 있으며, 셀 수 없이 많은 복된 예들이 가득 차 있다. 나는 여기에서 그것들을 다 다룰 수 없다. 지금까지 그것들을 다룬 많은 예들이 보여준 잘못된 이해들은 그것들을 구분해서 자세히 다루어야 할 것을 요구하고 있다. 만약 하나님이 원하시면 나는 적절한 때에 그것들을 다룰 것이다. 나는 그리스도가 우리에게 보여 주신 탁월한 예들 중에서 한두 가지를 살펴보면서 우리가 다루고 있는 주제를 마칠 것이다.

1. 그의 온유함과 마음의 겸손함과 온갖 종류의 사람을 위해 낮아지심과 그가 사람들을 사랑하고 친절을 베푸신 것과 그가 모든 사람에게 인내와 오래 참음으로 선을 기꺼이 행하신 것은 계속해서 그의 예를 통해 우리에게 나타난다. 그것들 모두는 한 속성, 곧 하나님의 선하심에서 나오며, 똑같은 본성의 결과들을 가지고 있다. 그것들과 관련해서 우리는 그리스도 예수 안에 있는 마음과 똑같은 마음을 품을 것을 요청받으며(빌 2:5), 그리스도가 우리를 사랑하신 것처럼 우리도 사랑 가운데서 행할 것을 요청받는다(엡 5:2).

이런 일들에서 그는 우리에게 하나님의 선하심의 위대하신 대표자이셨다. 이런 은혜를 행하는 데 있어서 매사에 그는 자신을 보내신 하나님의 본성을 선포하고 나타내셨다. 그리고 이것이 그가 육체로 나타나신 목적 중의 하나이다. 죄는 서로를 향해 미워함과 분쟁과 불화와 질투와 진노와 자만과 사나움과 격노를 일으켜서 세상을 마귀와 그의 본성으로 가득 채웠다. 이 모든 것은 옛 살인자에게 속한 것이었다. 가장 훌륭한 옛날의 성도들일지라도 치료받아야 될 적대적인 본성들을 지니고 있었던 예들은 얼마든지 있다. 그러나 우리 주 예수 그리스도 안에서 하나님의 영광의 빛이 먼저 세상에 비추었다. 사람들의 죄와 연약함과 결점들로 말미암아 계속해서 자신의 은혜를 드러내실 때 그는 기쁨으로 하나님의 본성의 거룩한 속성을 사랑으로, 곧 무한히 선하시고 친절하시고 자비하시고 오래 참으시는 것으로 나타내셨다. 이런 속성들 속에서 주 그리스도는 특별한 방법으로 우리의 예가 되셨다. 그리고 자신들의 삶의 전 과정을 통해 이런 것들에서 그리스도와 일치되기 위해 노력하지 않는 사람들은 아무리 그런 척해도 그리스도의 제자도, 그를 따르는 자도 될 수 없다.

모든 사람에게 온유하고, 겸손하고, 친절하고, 오래 참고, 유용하며, 다른 사람의 무지와 약함과 결함에 자신을 낮추며, 하나님의 영광과 진리가 정당한 행동을 요청하지 않는 한 인내와 침묵으로 성냄과 상해와 모욕을 주지 않으며, 질투와 악한 생각이 없이 실패하고 일을 잘못한 온갖 종류의 사람들을 긍휼히 여기며, 모든 사람 심지어 선하거나 선을 행하지 않은 모든 사람 속에 있는 선한 것을 사랑하는 한 명의 그리스도인이 가장 경건하고 자비로운 척하지만 실제로는 그것들이 없는 수천 명보다도 그리스도의 미덕과 탁월성을 더욱 잘 나타낸다. 그리스도를 따르는 척하면서 교만하고, 성내기를 잘하며, 질투하며, 하늘에서 불이 내려오거나 지옥에서 잡으러 나와서 사람들을 멸망시키기를 요청하는 사람들은, 한편으로는 그리스도를 찬미하면서 다른 한편으로는 그를 십자가에 못 박으라고 외쳤던 사람들과 같다.

2. 자기부정과 기꺼이 십자가에 내어줌과 인내로써 고난을 참는 것은 자기의 예를 따르려는 자신의 모든 제자들에게 그가 요청하신 두 번째 종류의 의무이다. 만약 누구든지 그의 제자가 되려면, "그는 자기를 부인하고 자기 십자가를 지고 그를 좇아야 한다"는 것은 그의 복음의 근본적인 법칙이다. 빌 2:5-8에서 그의 위격의 영광과 그의 고통의 본질로 말미암아 그에 대해 요약해서 제시된 내용들은 우리가 부름을 받은 것과 전혀 다른 종류의 것들이다. 그러나 이 모든 것에 나타난 그의 은혜는 우리가 따라야 할 의무의 유일한 모형이다. 벧전 2:21-23은 "그리스도도 너희를 위하여 고난을 받으사 너희에게 본을 끼쳐 그 자취를 따라오게 하셨느니라 저는 죄를 범치 아니하시고 그 입에 궤사도 없으시며 욕을 받으시되 대신 욕하지 아니하시고 고난을 받으시되 위협하지 아니하셨다"고 말하고 있다. 그러므로 우리는 "믿음의 주요 또 온전케 하시는 이인 예수를 바라볼 것"을 요청받고 있다. "그는 그 앞에 있는 즐거움을 위하여 십자가를 참으사 부끄러움을 개의치 아니하셨기" 때문이다. 우리는 "죄인들의 이같이 자기에게 거역한 일을 참으신 자를 생각해야" 한다(히 12:2, 3). 그리스도를 통해 온갖 종류의 극

단적인 고통 속에서 낮아짐과 인내와 믿음과 오래 참음의 영광을 예를 보여주신 하나님을 찬미하라. 이것은 온갖 폭풍 속에서 교회를 안내하는 별이며, 의를 위해 다양하게 핍박을 받는 모든 거룩한 영혼들의 안내이며 위로이고 후원이며 격려이다. 그리고 그것은 앞으로 똑같은 상태에 처하게 될 사람들에게도 계속해서 똑같은 역할을 할 것이다.

우리는 지금까지 종교에 있어서 그리스도를 활용하는 한 예에 대해 살펴보았다. 그는 우리가 본받아야 할 예가 되기 위해 고난을 받으셨다. 그가 받으신 온갖 종류의 악과, 이런 악을 받으시면서 참으신 그의 무한한 인내와, 인간 특히 자기를 핍박하는 자들을 향한 흔들리지 않는 그의 사랑과 긍휼과, 하나님과 사람들로부터 받은 참기 어려운 고난과, 끝까지 변하지 않은 그의 복된 하나님에 대한 믿음과 신뢰와, 그가 받으신 모든 영광스러운 상태는 교회가 묵상하면서 영향을 받고 위로를 받으며 본받아야 할 것들이다. 그리고 내가 이 주제를 다룬 다른 경우에서도 그러했던 것처럼 나는 이 주제에 지금까지 서술한 것보다 더 많은 지면과 시간을 할애했어야 했다. 그러나 나는 아쉽지만 "우리가 그와 함께 영광을 받기 위하여 고난도 함께 받아야 될 것이니라 생각건대 현재의 고난은 장차 우리에게 나타날 영광과 족히 비교할 수 없도다"(롬 8:17, 18)라는 축복된 약속을 기억하면서 이 주제를 마쳐야 한다.

IV. 그리스도의 위격과 관련해서 제안할 마지막 주제는 신자들이 하나님과 그와의 관계 속에서 어떻게 그것을 활용할 수 있을 것인가 하는 것이다. 이 문제는 다음과 같이 구분해서 생각될 수 있다.

1. 그들의 성화(聖化)에 사용될 수 있다. 이것은 네 가지로 구분되어

사용될 수 있다. (1) 죄를 죽이는 것과, (2) 우리의 본성을 점점 새롭게 하는 것과, (3) 실질적으로 순종하는 데 도움을 주는 것과, (4) 유혹과 시련 속에서 도움을 주는 것이다.

2. 그들의 칭의(稱義)에 사용될 수 있다. 이것은 다음과 같은 내용들이나 결과들에 적용될 수 있다. (1) 양자(養子), (2) 평화, (3) 삶과 죽음에서 위로와 즐거움, (4) 자신들과 다른 사람들을 세우는 영적인 은사들, (5) 복된 부활, (6) 영원한 영광이다. 또한 이것은 이 세상에서 우리가 어떻게 대화를 할 것이며, 온갖 상황과 형편 속에서 어떻게 행동해야 할 것인지를 안내해 준다. 이뿐 아니라, 그것은 우리로 하여금 교회를 향한 하나님의 약속을 인내로써 기다리도록 해주고, 우리 가족들에게 축복을 전달해주며, 일반적으로 사람들에게 사랑으로 친절을 베풀도록 해주고, 믿음의 삶을 살도록 해준다.

우리가 지금까지 이야기한 것들은 다음과 같은 세 가지를 선포하고 있다.

첫째로, 이 모든 것은 교회의 머리이시며, 회개와 죄에 대한 용서를 주시기 위해 높임을 받으시고 왕이요 구세주가 되신 분으로서 예수 그리스도의 위격에서 나오는 은혜와 능력에 의해 다양한 형편에 따라 신자들 안에 생겨나고 전달된다는 것을 선언한다.

둘째로, 이 모든 것은 신자들이 어떻게 믿음으로 그리스도를 의지하며 살아야 하는지를 선언한다. 신자들은 하나님의 약속에 따라 이 세상에서 자신들이 참여하는 모든 은혜와 자비를 그에게서 받으며, 그의 능력으로 이후에 자신들이 받을 것을 기대한다. 여기에서 두 가지가 따라나온다. 첫째는, 위에서 언급된 의무들을 믿음으로 감당할 수 있기 위해서는 전적인 복음적 순종이 필요하다는 것이다. 둘째는, 신자들은 모든 것에서 충만하신 머리되신 분의 충만에 이르기까지 계속해서 자라나야 한다는 것이다.

셋째로, 예수 그리스도의 위격에 대한 실질적인 믿음이 없이는 이것들에 참여할 수 없다는 것을 분명히 선언한다.

나는 처음에 의도했던 목적에 따라 우리가 지금까지 다루어 온 주제를 보다 충실하게 다루었어야 했다. 그러나 여러 가지 면에서 부족한 점들이 많다. 그 이유 중의 하나는 내가 이 주제를 다른 책에서 이미 자세히 다루었다는 것이다. 그리고 또한 이 주제를 제대로 이해하기 위해서는 신학 전반에 대한 논의가 필요한데 이 책에서는 성격상 그렇게 할 수 없었다는 한계도 있었다.

ΧΡΙΣΤΟΛΟΓΙΑ:

OR,

A DECLARATION OF THE GLORIOUS MYSTERY

OF

THE PERSON OF CHRIST — GOD AND MAN

제 16 장
그리스도의 위격의 구성과 이것을 통한 구원의 방법에 나타난 하나님의 무한한 지혜를 겸손히 탐구하고 조망(眺望)함

지금까지 살펴본 것들을 생각할 때 우리는 우리의 능력이 허락하는 한 위대한 "경건의 신비, 곧 성육신"에 대한 거룩한 계획에 나타난 하나님의 무한한 지혜를 살펴보고 겸손히 찬미하려고 노력해야 한다. 그것은 영적이며 복음적인 신비일 뿐 아니라, 자신의 영원한 영광을 위해 교회를 구속하고 구원하고자 하시는 하나님의 지혜의 결과이다. 그것은 "위대한 신비"일 뿐 아니라, "하나님의 각종 지혜"의 신비이다(엡 3:9, 10). 그것은 곧 다양한 일에서 자신의 무한한 충만하심에 맞게, 자신의 무한한 충만하심을 드러내시는 하나님의 무한한 지혜의 신비이다. "그 안에는 지혜와 지식의 모든 보화가 감추어져 있기" 때문이다(골 2:3). 이것이 고대교회의 작가들이 때로는 우연히, 때로는 의도적으로 표현하고자 노력했던 것이다. 나는 오직 성경이 직접적으로 인도하는 것들에 대해서만 주장할 것이다. 이 영광스러운 일에 나타난 하나님의 지혜의 깊이는 살아 있는 사람들의 눈에는 감추어져 있다. 욥이 말한 것처럼 "하나님만이 그 길을 깨달으시며 있는 곳을 아신다" (욥 28:21, 23). 그러나 그 결과가 너무나 영광스럽기 때문에 "멸망과 사망도 이르기를 우리가 귀로 그 소문은 들었다"라고 말한다(22절). 이런 하나님의 지혜에 대한 명성과 소문은 심지어 지옥에까지 이른다. 영원히 멸망할 사람들도 이 지혜의 명성과 위에 있는 영혼들이 이 지혜의 결과로 누리게 될 영광스러운 축복에 대해 듣게 될 것이다. 그럼에도 불구하고 이 땅에 있는 사람들 중에 복음의 빛에 나타난 이 지혜의 신비를 믿지 못하며, 영원한 어두움 속에서 그것을 이해할 수도 없는 사람들이 있다. 그러므로 그들이 이 지혜에 대해 듣게 된 소문이 그들의 비참함을 더할 것이다.

우리는 이 지혜의 깊이를 찬미하고 경배할 수는 있지만 다 이해할 수는 없다. "누가 주의 마음을 알며 누가 주의 상담자가 될 수 있는가?" 이 위대한 신비에 대한 하나님의 작정의 근본적인 원인에 대해 우리는 단지 "깊도다 하나님의 지혜와 지식의 부요함이여! 그의 판단을 누가 측량하며 그의 길을 누가 헤아릴 수 있으리요!"라고 말할 수 있을 뿐이다. 하나님의 지혜의 결과들의 탁월성에 대해 묵상하고, 그에게 영광을 돌리고, 그의 지혜와 은혜를 거룩하게 찬미하면서 사는 것만이 우리에게 의무로 남는다. 그에게 영광을 돌리고 그를 찬미하는 것이 "그가 영광 중에 성도들에게 오셔서 믿는 자들에게 영원히 찬미를 받으실" 때까지 우리가 드려야 할 현재의 의무이기 때문이다(살후 1:10).

우리는 단지 이 바닷가에 서서 그것의 헤아릴 수 없는 깊이를 찬미할 수 있을 뿐이다. 하나님의 계시에서 우리가 받은 것은 우리의 영혼을 풍성하게 하고 매력적이 되도록 하는 값비싼 진주와 같다. "오묘한 일은 우리 하나님 여호와께 속하였으나 나타난 일은 영구히 우리와 우리 자손에게 속하였는데, 이는 우리로 이 율법의 모든 말씀을 행하게 하려 함이기" 때문이다(신 29:29). 그러므로 우리는 이 위대한 신비에 대한 우리의 탐구에서 우리가 보지 못한 것들을 파고들지 않고 단지 이것에 대해 계시된 것을 올바로 이해하려고 노력할 것이다. 모든 하나님의 계시의 목적은 계시된 것들을 알고 이것에 순종하는 것이기 때문이다. 바로 이 목적을 위해 이것들은 우리에게 계시된 것이다. 우리가 현재 조사할 내용과 관련해서 살펴볼 몇 가지 일반적인 전제들이 있다.

1. 만약 우리가 하나님의 본질의 다른 거룩한 속성들을 고려하지 않는다면, 우리는 하나님의 어떤 일에서도, 더욱이 "자기 아들을 죄된 육신의 모양으로 보내신" 일이나 혹은 그의 위격의 구성이나 이것을 통한 구속의 사역에서 하나님의 지혜에 대해 올바로 보거나 전망할 수 없다. 그의 거룩과 그의 의와 그의 주권적인 권위와 그의 선과 사랑과 은혜도 마찬가지이다.

하나님의 모든 외적인 사역에서 주요하게 고려되어야 할 신적인 본질의 세 가지 속성이 있다. (1) 그의 선하심. 이것은 전달하는 속성을 가지고 있다. 이것은 모든 신적인 전달의 영원한 원천이며 샘이다. 어떤 피조물을 향한 선은 어떤 것이든 하나님의 선하심에서 나오는 것이다. "그는 선하시며 선을 행하신다". 피조물에게 어떤 복된 혹은 은혜로운 결과를 전달하려는 신적인 본질에 속한 속성이 바로 하나님의 선하심이다. (2) 그의 지혜. 이것은 지시하는 신적인 본질에 속한 능력 혹은 속성이다. 이것을 통해 하나님은 자신의 영광과 보다 직접적인 목적들을 위해 모든 것을 안내하고, 처리하고, 질서를 잡고, 방향을 제공하신다(잠 16:4, 계 4:11). (3) 그의 능력. 이것은 효력을 발생하는 신적인 본질의 속성이다. 이것은 지혜가 계획하고 질서 잡은 것을 실행하고 성취한다.

그러므로 지혜가 하나님이 이것을 가지고 계획하시고, 그의 본질의 다른 모든 속성의 영광이 나타나도록 하시는 신적 존재의 거룩한 속성 혹은 능력인 반면에, 우리는 그의 일에 관여하는 다른 속성들에 대해 알지 못한다면 그의 일에서 지혜가 어떻게 일하는지 추적할 수 없다. 지혜가 원래 계획하는 것은 그것들을 영화롭게 하는 것이기 때문이다. 그리고 이런 목적을 달성하기 위해 일을 실질적으로 가능하도록 하는 신적 본질의 속성인 전능이 일을 완벽하게 하기 위해 지시하는 무한한 지혜와 더불어 일하거나, 혹은 무한한 지혜에 종속되어 있다. 무한한 선이 밖을 향해(ad extra) 전달하고자 하는 것을, 곧 무한한 선이 신적인 존재요 모든 충족의 영원한 원천에서 열고자 하는 것을 무한한 지혜는 하나님의 영광을 위해 계획하고, 궁리하고, 지시하며, 지혜가 그렇게 계획한 것을 무한한 능력이 실행한다. 사 40:13-15, 17, 28을 보라.

2. 우리는 이것들에 참여하는 우리 자신의 상태나 조건에 대한 고려가 없이 무한한 지혜가 계획한 이 위대한 경건의 신비에 관여되어 있는

신적 본질의 다른 속성에 대해 이해할 수 없다. 아들의 이 위대한 성육신을 통해 하나님의 영원한 영광을 위해 계획된 것은 인간의 구속 혹은 교회의 회복과 구원이다. 사람의 죄와 교회의 구원에 대한 고려 없이 이 주제에 대해 사람들이 제시한 논쟁은 호기심에서 나온 것일 뿐이며, 사실 주제넘은 어리석은 짓에 불과하다. 성경은 그것을 하나님의 선하심과 지혜의 결과로서 계속해서 주장하고 있으며, 그것을 복음의 유일한 결과로서 주장하고 있다(요 3:16). 그러므로 그 안에 나타난 하나님의 지혜에 대해 올바로 이해하기 위해 우리는 먼저 죄의 본질이 무엇인지, 특히 하나님으로부터 우리의 원래의 배교가 나온 첫 번째 죄의 본질이 무엇인지, 그 때 인간의 상태는 어떠했는지, 그의 본질의 복된 속성들로 말미암아 거룩하신 하나님은 그때 어떻게 반응하셨는지, 하나님이 이 모든 것에서 영광을 받으시면서도 우리가 어떻게 회복될 수 있는지 필연적으로 살펴보아야 한다. 이것들에 대해 미리 고려하지 않고 우리는 우리가 탐구하는 이 영광스러운 사역에 나타난 하나님의 지혜에 대해 올바로 이해할 수 없다. 그러므로 나는 하나님이 원하신다면 이 영광스러운 사역에 나타난 하나님의 지혜에 대해 우리가 이 세상에서 볼 수 있는 것 이상으로 이야기하고 싶다.

모세는 "불이 붙었지만 타지 않는 떨기나무"에서 하나님의 임재에 대한 상징을 눈으로 보았을 때 "내가 돌이켜 가서 이 큰 광경을 보리라"고 말했다(출 3:3). 그리고 하나님의 영광이 이렇게 위대하게 우리에게 제시되었을 때 다른 모든 일을 제쳐두고 그것을 묵상하는 것이 분명 우리의 의무이다. 그리고 모세가 자신이 서 있는 곳이 거룩한 곳이므로 신을 벗으라는 명령을 받은 것처럼 이 신비의 영광에 대해 글을 쓰고, 읽는 사람들이 자신들의 모든 육체적인 욕심과 생각을 버리고 두렵고 떨림으로 이 신앙의 대상에 가까이 다가가는 것이 지혜일 것이다.

우리가 제시된 목적을 달성하기 위해 고려해야 할 첫 번째 대상은 우리의 죄와 하나님으로부터의 배교의 본질이다. 이것에서 우리는 이 일에 나타난 하나님의 신적인 탁월성들을 배울 수 있기 때문이다. 그리고 이것과 관련해서 우리는 다음과 같이 세 가지를 분명히 배울 수 있다.

(1) 그의 형상이 거부된 데서 우리는 하나님의 거룩과 지혜를 높여야 한다는 것을 배울 수 있다. 하나님은 사람을 자신의 형상대로 창조하셨다. 이것은 그의 지혜의 특별한 결과였으며, 그는 이것을 통해 인간을 피조물들을 향한 자신의 다른 어떤 외적인 활동과도 구별되도록 하셨다. 창 1:26, 27은 "하나님이 가라사대 우리의 형상을 따라 우리의 모양대로 우리가 사람을 만들고 그로 바다의 고기와 공중의 새와 육축과 온 땅과 땅에 기는 모든 것을 다스리게 하자 하시고 하나님이 자기 형상 곧 하나님의 형상대로 사람을 창조하시되 남자와 여자를 창조하셨다"고 말하고 있다. 이 구절에는 다음과 같은 것들이 들어 있다.

[1] 인간의 창조에서는 토의와 실행이라는 말이 서로 구분이 되어야 한다는 것이다. 다른 창조의 사역에서는 결정이라는 말과 실행이라는 말이 똑같았다. 하나님은 모든 창조의 아름다움이며 영광으로 여겨지는 빛을 창조하셨을 때 단지 "빛이 있으라" 말씀하셨고 그의 말씀대로 "빛이 있었다"(창 1:3). 그리고 다른 모든 것도 마찬가지였다. 그러

나 그는 사람을 창조하실 때 다른 절차를 따라 하셨다. 다음과 같은 말들은 시간에 따라서가 아니라, 본질에 따라서 구분이 되어야 한다. "하나님이 가라사대 우리 형상을 따라 우리의 모양대로 우리가 사람을 만들자". 이것은 인간을 창조하실 때 먼저 작정이 있었다는 것을 의미한다. 그리고 난 다음에 "하나님이 자기 형상대로 사람을 창조하시는" 실행이 나왔다. 이것은 인간을 창조하신 하나님의 사역에 무엇인가 월등한 것이 있었다는 것을 보여준다.

[2] 토의하고 실행하셨다는 것은 거룩하신 삼위일체의 모든 위격이 인간의 창조에 각자가 구분되는 역할을 가지고 참여하셨다는 것을 우리에게 제시해 준다. "하나님이 가라사대 우리가 사람을 만들자". 나는 이것의 진리를 다른 곳에서 충분히 다루었으며, 이것에 대한 잘못된 해석들에 대해 반박을 하였다. 하나님의 모든 외적인 사역들에는 선하심과 지혜와 능력과 같은 신적인 본질에 속한 속성들이 본질적으로 모두 관여한다. 이 위대한 일에서 하나님의 선하심은 아버지의 위격 안에서 탁월하게, 효과적으로 발휘되었다. 아버지는 신적 본질의 영원한 원천이시며 샘이신 것처럼 신적인 모든 행동의 원천이시며 샘이시기도 하다. 신적인 지혜는 아들의 위격 안에서 특별히 활동하였다. 아들은 본질적으로 아버지의 영원한 지혜이시다. 신적인 능력은 성령의 위격 안에서 효율적으로 작용하였다. 성령은 모든 신적인 활동을 직접적으로 행하시는 분이다.

[3] 토의의 방식으로 인간의 창조가 계획되었다는 것은 이것이 무한한 지혜의 결과라는 것을 분명히 보여주는 것이다. 이런 표현들은 우

리로 하여금 하나님의 지혜를 묵상하도록 인도한다. 하나님은 토의를 통해 자신의 모양대로 사람을 만드셨다. 이것은 하나님이 사람을 만드실 때 자신의 의와 거룩이 드러나도록, 자신의 능력과 통치가 드러나도록 만드셨다는 것을 의미한다. 능력은 통치의 본질이며, 통치는 능력의 결과이다. 이것은 하나님의 능력과 통치의 결과로서 사람이 하나님의 형상대로 피조되었다는 것을 의미한다. 그러므로 "우리의 형상을 따라 우리의 모양대로 우리가 사람을 만들고 그로 바다의 고기와 공중의 새와 육축과 온 땅과 땅에 기는 모든 것을 다스리게 하자"는 표현에서 단어들과 그들의 순서를 주목해야 한다. 사람에게 다스리고 통치하는 자격이 부여된 것은 그가 하나님의 형상대로 피조되었기 때문이다. 그러므로 하나님의 형상의 의미를 오직 다스리고 통치하는 데서만 찾으려는 사람들은 어리석은 사람들이다. 그러므로 하나님의 형상을 잃는다는 것은 원래 가지고 있던 능력과 통치권을 잃어버린다는 것을 의미하는 것은 아니다. 오히려 사람들은 자신들 안에 있는 하나님의 형상을 상실함으로써 능력과 통치권을 잃어버린 것이다. 이를 위해 전 7:29, 엡 4:24을 보라.

하나님이 우리의 본성에 자기의 형상을 전달하시면서 계획하신 세 가지 목적이 있었다. 이것들은 그가 이 땅에 있는 모든 피조물을 창조하실 때 가지셨던 목적들이었다. 그러므로 인간의 창조에는 다른 어떤 열등한 피조물의 창조에서보다 하나님의 지혜가 더 탁월하게 나타나 있다.

첫 번째 목적은 이것을 통해 자신의 피조물들 중에서 자신의 거룩함과 의를 드러내시기 위함이었다. 이런 거룩함과 의는 다른 어떤 피조물을 통해서도 나타나지 않은 것이었다. 물론 그들도 하나님의 선하심과 지혜와 능력을 드러내고 있다. "하늘은 하나님의 영광을 선포하고 궁창은 그의 손으로 만든 것들을 보여주고 있다". 그의 영원한 능력과 신성이 그의 손으로 만들어진 것들 속에 나타나 있다. 그러나 그들 중 어떤 것도, 하늘에 있는 것이든 땅에 있는 것이든, 그들이 부여받은 모든 영광스러운 것들을 다 더한다고 하더라도 그의 거룩과 의를, 곧 그의 본성의 도덕적인 완벽함과 보편적 올바름을 받기에는 적합하지 않으며, 받을 수도 없었다. 그러나 하나님의 영광은 본래 이것들을 나타내고 드러내는 데 놓여 있다. 이것들이 없이 하나님은 하나님으로서 알려지실 수도 영광을 받으실 수도 없으셨다. 그러므로 그는 세상을 창조하실 때 이 땅에 이것들을 드러낼 형상, 혹은 존재를 원하셨다. 그리고 그는 자신이 피조물에 의해 예배를 받으실 때 언제나 이것들이 그 존재를 통해 드러나기를 원하셨다. 그러므로 앞에서 언급했듯이 아담이 하나님의 형상을 잃어버렸을 때 그는 그것들을 그리스도 안에서 다시 회복되도록 하셨다.

두 번째 목적은 그것이 창조의 다른 모든 분야에서 그에게 실질적인 영광을 돌리는 수단이 되도록 하기 위함이었다. 모든 것을 살리는 생명의 원리로 이것이 없다면 다른 피조물들은 죽은 것과 같다. 그것들은 수동적으로든 객관적으로든 하나님의 영광을 선포할 수 없다. 그것들은 그것을 움직이는 숙련된 손이 없다면 소리를 내지 못하는 음이 균형 잡히고 잘 맞추어진 악기와 같다. 볼 수 있는 눈이 없다면 빛이 무슨 소용이 있겠는가? 피조물들이 하나님의 능력과 지혜와 선하심으로 말미암아 아무리 영광스럽고 아름답게 보인다고 할지라도 사람들 안에 하나님의 형상이 없다면 이 땅에서 그것들 안에 나타난 하나님을 이해하고 그에게 영광을 돌릴 수 있는 것이 전혀 없다. 오직 하나님의 형상만이 감탄과 순종과 찬양의 방법으로 우리로 하여금 하나님이 자신의 능력을 드러내신 모든 피조물을 통해 얻고자 계획하셨던 영광을 그에게 돌릴 수 있도록 하는 수단이다.

세 번째 목적은 그것이 사람으로 하여금 원래 만들어진 본분대로 하나님을 영원히 기뻐하도록 하는 수단이 되도록 하기 위함이었다. 이것은 순종을 통해 이루어지는 것이었기 때문이다. "이것을 행하라 그러면 살리라"는 하나님과 사람 사이에서 사람이 지키도록 만들어진 규칙이었다. 그러나 우리는 하나님이 우리 안에 심어 놓으신 형상으로 말미암아 비로소 이런 순종이 가능하게 되었다. 우리가 영광 중에 계신 그 분을 즐거워하기 위해서는 하나님께 순종하며 살 수 있는 도덕적인 능력이 필요했다. 지금까지 이야기한 목적들은 분명히 하나님이 모든 것을 창조하신 주요한 목적이다. 그러므로 우리의 본성에 하나님의 본성을 심어 놓으신 것은 하나님의 본질의 모든 외적인 활동 중에서 가장 두드러지게 나타난 무한한 지혜의 결과이다.

(2) 죄가 들어오고 하나님으로부터 배교함으로써 인간은 하나님께 영원히 영광을 돌리고 그를 즐거워하는 경향이 있는 하나님의 선하심과 지혜의 위대한 결과인 하나님의 형상, 곧 그의 복된 의(義)와 거룩하심을 자발적으로 거부하고 왜곡시켰다. 이것은 하나님께 불명예를

돌리는 것이며, 하나님의 작정을 모독하는 행위였다. 이 형상에 들어 있는 그의 거룩은 더럽혀졌으며, 하나님의 지혜의 계획은 실패한 것이 되었기 때문이었다. 이것은 다음과 같은 이유들을 살펴보면 보다 더 분명해 질 것이다.

[1] 이것으로 말미암아 이 땅에 있는 모든 피조물 중에서 하나님의 거룩과 의와 그의 본질의 도덕적인 속성들 중 어떤 것을 나타낼 수 있는 것이 없어졌다. 이 형상이 세상에서 사라지고 난 이후에 그것이 어떻게 가능할 수 있는가? 동물과 무생물이 아무리 그 내용에 있어서 위대하고, 그 외적인 형태에 있어서 영광스럽다고 할지라도 그것들은 결코 그것을 할 수 없다. 하나님의 형상을 잃어버린 인간은, 곧 타락하고 부패하고 오염된 인간은 본성적으로 하나님을 나타내기보다는 사단의 형상을 나타내고 있다. 하나님의 형상으로 말미암아 선과 사랑과 의와 거룩과 평강과 같은 미덕들을 나타내는 대신에 모든 인간과 세상은 질투와 악의와 복수와 잔인함과 억압과 자기의 유익을 채우는 것으로 가득 차 있다. 인간은 하나님으로부터 전적으로 떨어졌다. 사람의 현재의 본성의 행동에서 신적인 본질을 배우려고 하는 사람은 하나님에 대해 배우기보다 점점 사단에게로 인도될 것이다. 그러므로 우리가 피조되었을 때 가지고 있던 하나님의 형상을 거부하는 것보다 하나님의 지혜와 거룩에 더 크게 모욕을 가하는 것은 있을 수 없다.

[2] 이 땅의 피조물들에 남아 있는 것에서 우리는 하나님께 영광을 돌릴 수 있는 어떤 방법도 발견할 수 없었다. 그 안에 심겨진 하나님의 형상으로 말미암아 사람의 본성만이 그것을 할 수 있는 방법이며 수단

이었기 때문이다. 그러므로 인간은 죄로 말미암아 자신을 만드신 하나님과의 관계에서 자신을 단절시켰을 뿐 아니라, 자신과 더불어 하나님께 영광을 돌리도록 피조된 다른 모든 피조물도 단절시켰다. 그리고 죄가 들어오고 우리의 배교에 대한 치료가 실질적으로 성취되기 전에 사람들은 일반적으로 피조물들을 두 종류로, 곧 위에 있는 하늘의 피조물들과 아래에 있는 땅의 피조물들로 구분하였다. 그들은 위에 있는 피조물들을 자신들의 신으로 예배했으며, 땅에 있는 피조물들을 자신들의 정욕을 채우기 위해 남용하였다. 그러므로 하나님은 모든 면에서 그들에 의해 모욕을 당하셨으며, 자신이 만든 피조물들에 의해 영광을 받지 못하셨다. 사도가 롬 1:18, 19, 21, 22에서 선언한 것처럼 그런 본성을 지닌 인간들이 자신들의 지혜로 만들어 낸 것은 어리석은 것으로 끝이 났으며 하나님께 영광이 되지 못했다.

[3] 인간은 이것으로 말미암아 자신이 피조된 목적, 곧 하나님을 영원히 즐거워해야 할 목적을 달성할 모든 힘과 능력을 상실했다. 이것으로 말미암아 이 땅에 있는 모든 피조물에 대한 하나님의 창조의 목적은 전적으로 좌절되게 되었다.

그런데 인간이 지은 죄의 악과 독은 하나님의 거룩을 경멸한 것이며, 이것이 분명히 나타나는 것을 전적으로 경멸하고 거부하는 것이었다. 우리가 살펴보고자 하는 것은 바로 이런 인간의 죄와 하나님의 거룩 혹은 의와의 관련성이다. 만약 하나님의 형상과 모양을 거부하여 하나님을 모독한 것에 대한 어떤 치료책이 제시되지 않는다면, 만약 인간의 본성 안에 있는 부패되고 무시된 것이 하나님의 본성의 공평과 정의와 순결에 맞게 보다 더 탁월하게 높여질 수 있는 어떤 방법이 없다면, 인간은 죄로 말미암아 빠진 상태에서 영원히 멸망당할 수밖에 없었을 것이다.

그러므로 만약 인간의 본성에 하나님의 거룩이 무시되어 경멸을 받았을 때보다 더 높게 높여지고 더 두드러지게 나타나지 않은 상태에서 인간이 회복된다면, 그것은 하나님의 영광에 맞지 않는 것이었다. 우리가 후에 살펴보겠지만 천사들과 같은 다른 피조물에 그 거룩의 영광이 나타나는 것으로는 이 목적을 달성할 수 없었다.

이제 우리는 우리가 전에 제시했던 주제로 잠시 돌아가야 한다. 지혜는 모든 신적인 행동을 지시하는 능력이며, 이 행동의 목적이 하나님 자신의 영광이며, 곧 그의 본성의 거룩한 속성들을 드러내는 것이기 때문에 신적인 거룩의 영광이 떨어진 곳에서 다시 그 영광을 높이는 것은 당연한 것이었다. 이것에 대한 고려가 없이 우리는 하나님의 아들의 성육신을 통한 우리의 구속과 회복의 위대한 사역에 나타난 하나님의 무한한 지혜에 대해 제대로 조망할 수 없다.

(3) 죄는 하나님의 모든 통치에 무질서와 혼란을 가져왔다. 하나님의 무한한 지혜로 말미암아 모든 것은 완벽한 질서와 조화를 이루고 있었으며, 모든 것은 하나님의 영광에 완벽하게 종속되어 있었다. 모든 것의 자연적이며 도덕적인 질서는 본래 어떤 결함도 가지고 있지 않았다. 만약 어떤 결함이 있었다면, 이것은 곧 하나님의 지혜에 결함이 있다는 것을 의미한다. 하나님이 자신의 지혜로 모든 것이 완벽하게 질서를 유지하도록 계획하셨기 때문이다. 그리고 하나님은 자신의 지혜

로 모든 것은 조화를 이루면서 비록 각자가 자기에게 맞는 목적을 가지고 있지만 서로 관련되는 목적을 성취하되 그것들이 하나의 공통된 목적을 성취하도록 하셨다. 그러므로 하나님이 태초에 모든 것을 만드시고 이들을 보시니 매우 좋았다.

하나님이 모든 것을 만드시고 배열하셨다는 것은 하나님 자신이 이 모든 것의 조성자이시며 통치자이시라는 것을 의미한다. 하나님은 자신의 단순히 자유로운 의지만으로 모든 피조물을 그 본성의 법에 따라 다스리고 통치하시기로 선택하신 것이 아니었다. 하나님은 자신의 존재와 자신의 모든 속성으로 말미암아 그렇게 하신 것이다. 그러므로 피조된 모든 것이 보존되고, 어떤 무질서도 그의 왕국과 통치에 들어오지 못하도록 돌보시거나, 그들에게 적합한 방식으로 하나님의 영광이 세워지도록 돌보시는 것은 하나님의 지혜와 의와 관련된 것이었다. 하나님은 혼란의 하나님이 아니시기 때문이다. 그는 자신의 사역과 통치에서 혼란의 저자도, 이를 승인하시는 분도 아니시다. 그러나 죄는 실질적으로 하나님의 왕국과 통치에 무질서를 가져왔다. 그리고 이 무질서는 어느 한 경우에만이 아니라, 아래에 있는 모든 것에 일어났다. 모든 것의 본래의 조화와 질서는 그들의 하나님의 영광에 대한 복종에 놓여 있었기 때문이다. 그러나 앞에서 선언했듯이 그들은 이 모든 것을 잃었다. 그러므로 처음 만드셨을 때 이들을 보시고 기뻐하시면서 "참 좋다"라고 인정하신 분이 죄가 들어오자마자 온 땅과 그 땅에 있는 모든 것에게 저주를 선언하셨다.

이런 무질서가 바로 잡히지 않은 채 계속되는 것은 하나님의 지혜와 의에 맞지 않았다. 그것은 하나님의 왕국을 어두움과 혼란으로 가득 찬 사단의 왕국으로 만들었다. 더 이상 우주의 선을 유지하기 위해 필요한 것은 없다. 이 선이 없다면 하나님의 통치에서 그의 영예를 보존하기 위해 그것이 소멸되는 것이 더 낫다. 그리고 죄에 대해 공의에 맞게 처벌을 가하는 것 이외에 그의 명예가 보존될 수 있는 방법은 있을 수 없다. 어떤 사람들은 어떤 처벌도 없이 죄를 자유롭게 용서해 줌으로써 이것을 보존할 수 있다고 생각할 수 있다. 그러나 그렇다면 우리가 하나님의 통치에서 그에게 선과 악이 같지 않으며, 그가 불의와 죄를 좋아하지 않으신다는 것을 어떤 증거로 알 수 있겠는가? 그리고 이런 추측은 사람들 사이에서 정의를 행해야 할 어떤 근거도 남기지 못하게 될 것이다. 만약 하나님이 가장 큰 죄에 대해 어떤 형벌도 가하지 않으시고 모든 것을 잘못 통치하신다면, 우리는 우리들 중에서 악은 처벌을 받아야 한다고 어떤 이유로 판단을 할 수 있겠는가? 의인과 악인이 하나님께 똑같이 취급을 받아야 한다면, 그 분은 온 땅의 재판장으로서 어떻게 의를 행하실 수 있겠는가?

그렇게 된다면 피조물이 일상적으로 순종하며 따르는 하나님의 통치의 질서가 무너지게 될 것이고, 무질서가 혼란과 더불어 하나님의 왕국과 통치에 들어오게 될 것이다. 통치자로서 신적인 본질의 속성과 능력에 속하는 하나님의 의(義)는 죄를 지은 피조물을 처벌하여 질서를 바로잡아 그의 영광이 회복될 것을 요구한다. 그러므로 공의는 하나님의 영광에 맞는 방법으로 그 영원하고 변함없는 법에 따라 충족되어야 한다. 그렇지 않다면 죄를 지은 인간은 영원히 멸망을 받아야 한다.

그러므로 통치자로서 가지는 신적 본질의 속성인 하나님의 의는 사람들의 죄와 배교에 관심을 가진다. 하나님의 무한한 지혜는 자신의 통치에 있어서 이 의의 영광이 조금이라도 가려지거나 축소되는 것을 허락하지 않으신다. 그것은 모든 것을 하나님의 의의 영광에 맞게 방향을 잡아주고 처리하도록 한다. 이것과 위배되는 인간에 대한 어떤 회복도 없다. 그리고 우리를 회복시키는 위대하고 영광스러운 수단에 대해 살펴보는 데 있어서 우리는 모든 것을 다스리고 통치하는 데 드러나는 하나님의 의를 주의 깊게 살펴야 한다.

(4) 인간은 죄로 말미암아 자신을 하나님의 가장 큰 적대자인 사단의 권세 아래 두게 되었다. 사단은 먼저 반역하여 자신의 최초의 상태에서 떨어져 나와 자신을 하나님의 영원하신 진노 가운데 던졌다. 하나님은 공의로써 그를 살려두지 않으시고 영원히 구원할 어떤 방법도 계획하지 않으셨다. 그는 완고해져서 하나님께 악의를 품고, 그를 미워하며, 자신의 남아 있는 능력을 다 동원해 그를 모욕하고, 그의 영광을 훼손시키고자 계획했다. 이런 상태에서 인간은 자발적으로 하나님의 통치와 그를 의지하는 것을 버리고 자신을 사단의 권세 아래 두었다. 그는 하나님보다 사단이 더 위에 있다고 믿었기 때문이다. 그는 곧 복과 참된 행복을 얻는 방법에 있어서 사단을 더 믿고 신뢰했다. 우리는 무엇이라고 고백하든지 우리가 신뢰하고 믿는 존재에 복종을 한다. 하나님의 적대자인 사단은 얼마 동안 하나님의 선하심과 지혜와 능력의 계획을 패배시키고 그를 이긴 것처럼 보였다. 만약 그를 실망시킬 어떤 방법이 제시되지 않았다면, 그는 계속해서 그렇게 생각했을 것이다.

우리는 여기에서 하나님의 지혜를 생각할 때 그의 본성의 거룩한 속성들의 영광 중 어떤 것도 축소될 수 없다는 것을 기억해야 한다. 우리가 하나님으로부터 떨어져 나감으로써 우리의 상태가 얼마나 악하게 되었는가는 말로 다 표현할 수 없다. 우리는 우리의 본성이 할 수 있는 한 모든 도덕적 악을 행하는 것처럼 우리의 본성이 받아들 수 있는 한 모든 형벌적인 악을 받아야 마땅하다.

지금까지 살펴본 것이 우리가 하나님의 아들의 성육신을 통해 받은 구원에 나타난 하나님의 지혜와 관련된 첫 번째 내용이다. 죄와 배교에 대해, 이것에 의해 하나님께 가해진 모욕에 대해, 그의 모든 거룩한 속성들의 영광에 가해진 해에 대해, 이 영광의 회복에 대한 그의 관심에 대해, 인간이 처해 있는 말로 다 형언할 수 없는 비참함에 대해 올바른 이해가 없이 우리는 그리스도를 통해 우리를 구원하고자 하시는 하나님의 지혜에 대해 조금도 이해할 수 없다. 그러므로 우리가 후에 살펴보겠지만, 이것들을 느끼지 못하는 사람들은 하나님의 지혜에 의해 우리를 구속하기 위해 계획된 것을 전적으로 거부한다. 그리고 그리스도 안에 있는 하나님의 영광이 많은 사람의 마음에 비추지 못하는 주요한 이유는 그것이 무시되고 경멸되기 때문이다. 그들은 우리의 최초의 죄와 배교의 본질에 대해 그 자체와 비참한 결과에 있어서 알지 못한다.

그러나 이런 것들을 전제할 때 우리의 죄와 배교에 직접적으로 관련이 있는 하나님의 지혜와 그의 본질의 다른 거룩한 속성들에 대해 이중적인 문제가 생겨난다.

1. 사람은 죄에 의해 하나님의 형상을 망가뜨리고 잃어버렸다. 이

것으로 말미암아 이 땅에 있는 모든 피조물 중에 하나님의 거룩과 의를 나타낼 존재가 남아 있지 않게 되었으며, 그의 다른 어떤 피조물도 그에게 영광을 돌릴 수 있는 방법이 없게 되었고, 사람으로 하여금 자신을 만드신 하나님을 즐거워할 수 있도록 하는 수단이 없게 되었다. 인간은 하나님의 통치와 왕국에 혼란과 무질서를 가져왔으며, 이것은 창조와 금지의 법에 의하면 죄인의 영원한 파멸에 의해서만 다시 세워질 수 있었다. 더욱이 인간은 자신을 사단의 통치와 행위에 굴복을 시켰다. 여기에서 하나님의 거룩한 속성들을 고려해 볼 때 모든 인간이 치료나 구제가 없이 영원히 이 상태에 머물러 있는 것이 적합한가, 적어도 우리 안에 있는 본성 중 일부분이라도 회복이 되어야 하는 것이 그의 속성상 적합한 것이 아닌가 하는 문제가 제기될 수 있다.

2. 하나님의 거룩한 속성들을 생각할 때 그의 무한한 지혜에 맞는 회복이 부여되어야 한다고 가정할 때 그 회복의 길과 방법을 알기 위해 우리에게 얼마나 큰 지혜의 빛이 필요한가?

나는 여기에서 첫 번째 것에 대해 간단히 살펴볼 것이다. 나는 다른 곳에서 그것에 대해 더 자세히 살펴보았기 때문이다. 하나님은 자신의 완벽한 속성들에 맞게 인간이 치료책이 없이 전적으로 비참한 상태에 계속해서 빠져 있지 않도록 하셨다는 것을 보여 주는 많은 증거들이 있다. 나는 지금 그 중에서 한 가지만을 다룰 것이다.

하나님은 본래 자신을 영원히 즐거워할 수 있는 두 종류의 지적인 피조물, 곧 천사와 인간을 창조하였다. 하나님이 한 종류만 만드실지, 아니면 둘 다 만드실지는 전적으로 그의 주권적인 지혜와 뜻에 달려 있었다. 그러나 그가 두 종류의 피조물을 만들기로 하셨을 때 그것은 오직 자신의 영광을 위해서였다. 그는 이 두 종류의 피조물들을 위해 그들의 본성에 적합한 장소를 준비해 놓으시고, 그들로 하여금 그곳에 머물도록 하시고, 그들이 감당해야 할 의무를 요구하셨다. 곧 천사들은 위에 있는 하늘에 거하게 하시고, 인간들은 아래 있는 땅에 거하게 하셨다. 죄는 먼저 천사들의 본성에 침투했고, 그들 중 셀 수 없이 많은 자들을 그들의 본래의 상태에서 떨어져 나가도록 했다. 이것으로 말미암아 그들은 자신들의 본성으로 준비되고 적합하도록 만들어진 하나님을 즐거워할 능력과 권리를 잃어버리게 되었다. 그리고 하나님은 그들을 그들이 있던 원래의 위치로 회복시키기를 원치 않으셨다. 하나님은 그들을 다루실 때 "그들을 구원하지 아니하시고 큰 심판의 날까지 영원한 어두움의 사슬로 묶어두셨다". 그는 죄를 짓고 떨어져 나간 피조물들을 영원히 비참한 상태에 있도록 하심으로써 자신의 의를 드러내셨다. 만약 그들을 위해 어떤 구원의 방편이 제공된다면, 그것은 하나님이 결코 원하지 아니하셨던 주권적인 지혜와 은혜의 결과이다. 그럼에도 불구하고 하나님을 영원히 즐거워할 수 있는 능력을 지니도록 피조된 모든 천사가 멸망을 당한 것은 아니었다. 그를 영원히 즐거워하며 영광을 돌릴 수 있는 모든 피조물이 즉시 이 상태에서 제거된다고 하는 것은 하나님의 지혜와 선하심에 일치하는 것 같지 않다. 하나님의 계획이나 처분이 없이 그런 일이 우연히 일어난다는 것은 하나님의 지혜에 결함이 있다는 것이며, 모든 피조물을 창조하실 때 하나님이 계획하셨던 모든 영광이 놀랍게도 사라져 버릴 수 있다는 것이다.

그리고 하나님이 그렇게 되도록 작정하시고 일하셨다는 주장은 그의 선하심과 거의 일치하지 않는 것이다. 그러므로 타락한 천사들과 똑같은 본성을 가지고 있으면서도 죄를 짓지 않고, 멸망하지 않고, 하나님을 영원히 즐거워하고 있으며, 처음 거하던 곳에 있지 않는 수많은 천사들이 있다는 결론이 나온다.

사람의 본성은 천사들과 마찬가지로 하나님을 영원히 즐거워할 수 있도록 만들어졌다. 자신을 만드신 분께 영광을 돌리는 것이 사람이 피조된 목적이었다. 하나님이 모든 피조물에게 자신의 지혜와 선하심을 따라 능력에 맞게 필요한 목적을 부여하셨기 때문이다. 그리고 이런 지적인 피조물들에게 하나님은 자신을 위해 살고 자신을 영원히 즐거워하는 것을 목적으로 부여하셨다. 그러나 죄가 그들에게 들어왔다. 우리는 "죄를 범하였고 하나님의 영광에 이르지 못하게 되었다". 여기에서 문제는 "모든 인간이 죄를 범해 하나님이 피조하실 때 주신 목적에 이르지 못하도록 하는 것이 하나님의 선하심과 지혜에 적합한 것인가?" 하는 것이다. 천사들은 개별적으로 존재했으며, 그들 중에는 실질적으로 죄를 범하지 않고 자신들의 본래의 상태 그대로 있는 자들이 많이 있기 때문이다. 그러나 모든 인간은 한 공통된 머리와 상태 아래 있었으며, 모든 인간은 그 머리에서 자연적 출생에 의해 나왔다. 그 한 사람의 죄와 배교는 우리 모두의 죄와 배교였다. 그 안에서 모든 사람은 죄를 지었고 죽었다. 그러므로 그들에 대한 혹은 그들 중 일부에 대한 회복이 없다면, 모든 지적인 피조물인 인간들은, 하나님의 뜻을 행할 수 있도록 피조되고 그를 영원히 즐거워하도록 피조된 인간들은 영원히 잃어버리고 배제되게 될 것이다. 이렇게 하는 것은 모든 천사가 영원히 멸망을 받는 것이 그러하듯이 하나님의 지혜와 선하심에 적합하지 않다고 우리는 말할 수 있다. 어떤 피조된 이성도 그곳에서 하나님의 영광을 식별할 수 없을 것이다. 하나님의 능력에 의해 무(無)로부터 피조되고, 그를 영화롭게 하고 그를 즐거워하도록 피조된 인간들이 하나님의 무한한 지혜로 말미암아 그들 중의 일부도 구제 받지 못한 채 모두 영원히 멸망을 받아야 한다는 것은 우리에게 하나님의 속성들을 사랑스럽게 드러내지 못할 것이다.

그러므로 하나님은 자신의 무한한 지혜의 작정으로 이런 비참한 상태에서 타락한 인간들 중 일부를 회복시키고자 하셨다. 이런 작정은 하나님의 속성에 적합하였다. 그리고 이것은 오직 그의 의지의 자유로운 행위에 의해 행해졌는데, 이는 그가 자신의 어떤 속성으로 말미암아 그렇게 하셔야 할 의무를 가지고 계시지 않았기 때문이다.

그러나 한편으로 사람의 본성은 부패하고, 타락하고, 하나님으로부터 소외되고 분리되고, 죄와 배교로 말미암아 저주 가운데 놓여 있기 때문에 하나님께 영광을 돌릴 수 없다는 것이 지적되어야 한다. 그러므로 그것이 실질적으로 고침을 받고 회복되지 않는다고 하더라도 하나님의 능력에 어떤 부족이 있거나, 그의 지혜와 선하심에 어떤 부적합이 있다고 말할 수 없을 것이다. 나는 이것과 관련해서 두 가지를 말할 것이다.

(1) 최초의 죄의 무시무시한 본성과 하나님으로부터 우리의 배교의 사악함은 매우 커서 하나님은 자신의 본성의 모든 거룩한 속성들에 따

라 정당하게 사람들을 그들이 처한 상태에서 영원히 멸망을 받도록 하실 수 있었다. 그리고 만약 그가 모든 인류를 그 상태에서 전적으로 버리시고 타락한 천사들처럼 그들 모두를 치료책이 없도록 남겨두신다면, 그의 공의와 거룩에는 분명한 적합함이 나타나겠지만 그의 선에 대한 반영은 있을 수 없었을 것이다. 그러므로 성경에서 인간의 구속 혹은 회복에 대한 언급이 있는 곳마다 그것은 계속해서 오직 하나님의 주권적인 은혜와 자비의 결과로서 제시된다. 엡 1:3-11을 보라. 그리고 우리가 가지고 있는 하나님의 선하심에 대한 개념은 영원히 멸망을 받을 수많은 사람을 화해시키는 데 큰 어려움이 있는 것처럼 주장하는 사람들은 하나님으로부터 우리의 배교가 의미하는 것과 죄를 지은 천사들을 다루는 하나님의 의(義)를 충분히 고려하지 않는 것 같다. 사람이 하나님과 자기 사이의 사랑과 도덕적 선의 모든 관계를 자발적으로 깨뜨렸을 때, 이 낮은 땅에서 유일하게 하나님의 거룩과 의를 나타내는 그의 형상을 망가뜨렸을 때, 그가 손으로 만든 작품들에서 그의 영광을 모두 빼앗았을 때, 자신을 사단의 무리와 행위 아래 굴복시켰을 때, 하나님이 인간으로 하여금 자신의 선택에 맡겨서 자신이 만든 열매를 영원히 먹도록 하고 자신이 고안해 낸 것들을 가지고 영원토록 가득 채우게 하셨다면, 하나님께 얼마나 불명예가 되겠으며, 그의 영광은 얼마나 줄어들겠는가? 모든 인간 중 일부를 택해서 구원을 받도록 하신 것은, 그들로 하여금 자신의 거룩과 의와 통치의 영광과 화해를 드러내도록 하신 것은 오직 하나님의 무한한 지혜로 말미암은 것이다. 그러므로 우리는 구원을 받는 사람들과 관련해서 언제나 주권적인 은혜를 생각해야 하는 것처럼, 멸망을 받을 수많은 사람과 관련해서 특별히 그들 모두가 자발적으로 계속해서 죄를 짓고 배교한다는 것을 고려할 때 하나님의 선하심을 생각해야 할 근거를 가지지 않는다.

(2) 나는 사람의 본성은 하나님이 모든 것을 창조하시고 다스리실 때 행사하셨던 속성들의 행동에 의해 치료되거나 회복될 수 없다는 것을 인정한다. 모든 피조물에서 발견되고 드러나지 않은 다른 신적 본질의 속성들이 없다면, 곧 지금까지 나타난 것과는 다른 혹은 더 큰 강도로 그의 어떤 속성이 나타나지 않는다면, 인간의 회복은 하나님의 속성에 맞게 이루어질 수 없다는 것이 인정되어야 한다. 나는 먼저 창조의 사역에 나타난 하나님의 속성들에 대해 먼저 살펴보고, 그 다음에 이것과는 다른 방식으로 혹은 더 강한 정도로 드러난 속성에 대해 살펴볼 것이다.

[1] 첫 번째로 살펴볼 것은 사랑과 은혜와 자비이다. 나는 이것들을 하나로 언급하는데, 이는 그것들이 죄인들에게 똑같이 적용되기 때문이다. 비록 창조의 사역에는 어느 것도 나타나지 않지만, 그것들은 능력이나 선하심이나 지혜와 마찬가지로 신적 본질의 본질적 속성이다. 우리의 본성의 회복에는 바로 이것들이 관여한다. 하나님은 자신의 무한한 지혜로써 우리의 본성의 회복에 이것들의 영광이 나타나도록 계획하셨다. 하나님의 본질의 다른 모든 속성이 나타나도록 방향을 잡아주는 속성인 지혜는 그의 사랑과 자비와 은혜의 영광이 그의 사역에 나타나도록 계획하셨다. 그리고 복음이 전파되는 곳마다 이것은 전파될 것이다.

[2] 두 번째 종류는 하나님의 선하심이다. 신적 본질의 전달하려는 속성인 하나님의 선하심은 모든 창조물에서 발휘되었다. 그럼에도 불구하고 그것은 완벽하게, 모두 드러나지는 않았다. 그러나 하나님의 선의 본질은 최대한 전달하려는 성격을 가지고 있다. 그러나 그것은 창조에서 그렇게 나타나지 않았다. 하나님은 사람을 만드시고 우리에게 필요한 모든 것을 부여하심으로써 자신의 선하심을 나타내셨다. 그러나 하나님의 선하심은 아직 드러나지 않은 측면이 남아 있었다. 그것은 하나님이 우리를 회복시키기 위해 인간이 되시는 것이었다.

이런 것들이 전제될 때 우리는 인간의 회복이 하나님께 영광을 돌리는 어떤 방법과 수단으로 이루어지게 되었는지를 좀 더 특별히 살펴볼 수 있다.

만약 타락한 인간이 자신이 본래 있던 상태로 혹은 그보다 더 나은 상태로 회복되려고 한다면, 그것은 자신에 의해서나 그를 위한 다른 존재에 의해서 행해져야 한다. 그것은 어떤 것이든 수단을 필요로 하기 때문이다. 죄가 들어온 이래로 만물의 변화가 너무 커서 그 변화의 원인을 제거하기 위한 수단을 사용하지 않고 단지 능력의 행위를 통해 모든 것이 회복된다는 것은 하나님의 속성들 중 어느 것의 영광과도 일치되지 못한다. 인간 자신이 이 수단이 될 수 없다는 것, 곧 그가 스스로 회복될 수 없다는 것은 두말할 나위 없이 명백하다. 그가 그렇게 할 수 있기 위해서는 두 가지가 필요하다. 그리고 이 두 가지가 모두 충족되지 않는다면 그는 그렇게 할 수 없다.

1. 그는 자발적으로 하나님께 순종함으로써 이전의 상태로 돌아갈

수 있어야 한다. 그는 사단의 유혹을 받아 자발적으로 불순종하여 하나님께로부터 떨어져 나갔다. 그러므로 자발적으로 이전의 순종의 상태로 돌아가는 것만이 모든 것을 처음의 상태로 돌려놓을 수 있는 방안이다. 그러나 이것은 불가능하다. 그리고 그가 설령 그렇게 할 수 있다고 하더라도 계획된 목표에 도달하기에는 불충분하다. 그 이유는 다음과 같다.

(1) 그는 이것을 할 수 없었다. 그는 자신의 죄와 타락으로 용납하실 만한 순종을 하나님께 드릴 힘을 잃어버렸다. 그리고 원래 있던 순종의 상태로 돌아가는 것은 처음에 필요했던 것보다도 더 큰 힘을 필요로 했다. 그러나 본래 모든 사람의 순종의 능력은 하나님의 형상에 놓여 있었다. 그런데 그는 그 형상을 스스로 파괴시켰으며, 스스로 그 형상을 잃어버렸다. 그 결과 그는 자신이 원래 있던 상태에서 하나님을 위해 살 수 있도록 하는 힘을 잃어버렸다. 따라서 그는 당연히 똑같은 상태로 돌아가기 위해 필요한 더 큰 힘을 보유할 수 없었다. 이것은 사실 사단이 그를 속이고 유혹했던 것이었다. 사단은 그가 불순종하면 이전에 받지 못했던 새로운 빛과 힘을 획득할 수 있을 것이라고, 곧 "하나님처럼 되리라"고 유혹했다. 그러나 그는 자신의 배교로 이익을 얻기는커녕 인간의 비참함의 한 부분이 된 하나님을 위해 살 수 있는 모든 힘과 능력을 상실하고 말았다.

이것이 바로 펠라기우스주의 이단들이 범한 어리석음인데, 그 이단이 세 번째로 기독교 세계에 해를 끼치고 있다. 그것은 사람들이 하나님과 함께 거할 수 있는 능력을 상실한 이후에도 하나님께 돌아갈 수 있는 능력을 소유하고 있다는 것을 전제로 하고 있다. 그러나 최초의 죄는 단순히 일시적인 행동이며, 결코 우리의 본성을 망가뜨리지 않았으며, 우리 안에 있는 순종의 능력과 기능과 원리에 손상을 입히지 않았다고 주장하는 많은 사람의 견해는 거짓이다. 그들은 최초의 죄는 우리에게 소위 상처와 질병과 연약함을 가져왔으며, 우리가 전에 자연적으로 노출되어 있던 일시적인 죽음이 우리에게 법적으로 일어나도록 했을 뿐이라고 말한다. 그러므로 그들은 사람들이 율법이 요구하는 완벽한 순종을 돌려드릴 수 있다고 말하지 않고, 사람들이 율법 대신에 주어진 복음이 요구하는 것에 응답하고 행할 수 있다고 말한다. 그들은 복음이 순종의 규칙을 우리의 현재의 상태나 능력에 조화시키는 것 이상으로 여기지 않고 있으며, 그 동기와 예를 그리스도의 개인적인 순종과 고난에서 찾고 있는 것처럼 보이기 때문이다. 그들은 사람이 먼저 자신에게 제시되었던 순종의 법을 버리고 그것을 지킬 만한 다양한 능력을 상실한 반면에, 하나님은 복음 안에서, 복음에 의해서 율법이 성취되는 의를 제공하고, 유효적인 은혜를 통해 사람의 본성을 용납될 수 있는 순종을 행할 수 있도록 올리신 것이 아니라, 단지 율법과 율법의 통치를 우리의 연약하고, 병들고, 부패한 본성에 일치하도록 내리셨다고 주장한다. 나는 이것보다도 복음을 더 모욕하는 것이 있는지 알지 못한다. 그러나 이렇게 어떤 종류의 순종이든 돌아갈 수 있는 힘이 있다는 거짓된 주장에도 불구하고, 우리가 회복되기 위해서는 우리가 원래 있던 상태에서 요구되었던 것으로는 충분하지 않다는 것이 모든 면에서 분명하다.

(2) 사람은 스스로 회복할 수 없을 뿐 아니라, 그것을 시도하려고 하지도 않는다. 그는 자신의 모든 도덕적 행동의 원리에서 하나님과 원수된 상태에 빠져 있으며, 어떤 상태에 처해 있든지 배교하는 상태를 계속해서 택할 것이기 때문이다. 이는 그가 "하나님의 생명에서" 전적으로 "떨어져 있기" 때문이다. 그는 자신의 회복을 자신의 성향이나 열망과 일치하지 않는 것으로, 자신이 관심을 가지고 있는 모든 것과 일치하지 않는 것으로 여기며, 그것을 좋아하지 않는다. 그러므로 그는 자신의 무능력으로 말미암아 자신이 해야 하는 것을 할 수 없을 뿐 아니라, 자신의 완고함으로 말미암아 심지어 자신이 할 수 있는 일조차도 하려고 하지 않을 것이다. 우리는 아마도 사람의 무능력에 무엇이 들어 있으며, 사람의 완고함에 무엇이 들어 있는지를 구분해서 알지 못한다. 그러나 이 둘 사이에서 그는 하나님께 돌아갈 수도 없고 돌아가고자 하지도 않는다. 그리고 비록 그를 하나님께로 돌아가도록 하기에는 충분치 않지만 사람의 선을 향한 능력은 그렇게 작지 않다. 그러나 그는 언제나 그 목적을 위해 그것을 사용하지 않기로 선택한다. 요약하면, 사람 안에는 하나님의 능력을 두려워하고 그의 위대함 때문에 하나님을 두려워하는 것이 남아 있다. 이것은 그로 하여금 그렇지 않다면 하지 않았을 많은 것을 하도록 만든다. 그러나 그 안에는 하나님의 선에 대해 어떤 사랑도 남아 있지 않다. 이것이 없이 그는 하나님께 돌아가는 것을 선택할 수 없다.

(3) 그러나 우리는 성경과 믿는 사람들의 경험에 명확히 위배되는 내용들을 버려야 한다. 그리고 사람이 자신이 원래 있던 상태로 돌아

갈 수 있고, 돌아가고자 한다는 가능하지 않은 결론을 버려야 한다. 만약 그런 결론을 받아들이게 되면, 이전의 상태에서 잃어버린 하나님의 영광에 대한 어떤 회복도 요구되지 않는다는 결론이 나올 것이다. 그렇게 된다면 사람의 죄로 말미암아 손상을 입은 하나님의 거룩과 의와 지혜에 무슨 충족이 요구되겠는가? 그러므로 그런 주장에도 불구하고 죄와 그에 대한 모욕과 그의 형상의 거절에 의해 하나님의 다스림과 통치에 들어온 무질서는 여전히 계속될 것이다. 하나님의 영광의 회복에 대한 내용이 제시되지 않은 채 모든 것이 다시 바로 잡힌다는 것은 받아들여질 수 없다. 그런 개념은 타락한 상태에 있는 사람, 하나님으로부터 전적으로 떨어져서 자기에게 빠져 있는 사람, 하나님의 영광에 관심을 두지 않고 자기 멋대로 모든 것이 괜찮다고 여기는 사람을 기쁘게 할 수는 있다. 그러나 그것은 모든 공평과 정의와 하나님의 영광을 모든 것의 핵심과 중심으로 두고 있는 일의 모든 원인과 위배된다.

그러나 실질적으로 일들이 많은 사람 중에서 정반대로 진행된다. 세상에서 가장 품행이 나쁜 죄인이라고 여겨지는 사람이 자신의 영원한 상태에 대해 깨닫고 구원을 받을 수 있다고 생각한다. 그들에게 믿지 않고 회개하지 않은 죄인들을 구원하는 것은 하나님의 거룩과 의와 진리의 영광에 일치하지 않는다고 말해보라. 그들은 그런 주장에 관심이 없다. 그런 자들에게 자신들이 두려워하는 악에서 영원히 구원을 받기 위해서는 하나님이 영광을 받아야 한다고 말해보라. 그들은 그것에 아무 관심이 없다. 그러나 영적으로 순전한 영혼은 어떤 식으로든 하나님의 영광이 회복되지 않고서 자신이 구원을 받는 것에 대해 받아들이지 않을 것이다. 사실 구원을 받는 것과 하나님께 영광을 돌리지 않는 것은 모순을 내포한다. 구원은 하나님의 영광에 영원히 참여하는 축복을 누리는 것이기 때문이다.

둘째로, 그러므로 사람이 구원을 받기 위해서는 하나님의 공의를 충족시키고 이것으로 말미암아 그의 영광이 회복되어야 한다는 결론이 나온다. 이것은 완벽한 순종의 복귀와 더불어 모든 것을 회복시킬 것이다. 이것은 하나님께 영광을 새롭게 더하지는 않지만, 과거에 있었던 영광을 회복시킬 것이다. 그러나 이것으로 하나님의 지혜의 본질과 효력이 끝이 나지 않았다. 이것은 하나님의 속성을 새롭게 드러내고 높이는 것 없이 단지 과거의 것을 회복하는 것으로 끝이 나지 않는다. 그리스도를 통한 우리의 회복에는 인간이 원래의 순종의 상태에 계속해서 있었더라면 창조의 법에 의해 얻었을 것과 비교할 수 없는 하나님의 속성들의 높임이 있다. 그런데 현재 우리는 순종으로의 복귀와 충족이 모든 것을 올바른 상태로 회복시킬 것이라는 것을 인정한다. 그러나 이 복귀가 사람의 힘으로 불가능한 것처럼, 죄로 말미암아 입은 손상에 대한 충족은 더욱더 불가능하다. 인간은 한 사람이든, 모든 사람이든 단순한 피조물에 불과하기 때문이다. 그러므로 인간은 자신이 원하는 아무리 좋은 상태에 있다고 하더라도, 그가 하나님을 위해 할 수 있는 것은 모두 피조물로서 마땅히 해야 할 바를 하는 것뿐이다. 그들은 모두 자신들이 할 수 있는 것을 했을 때 "우리는 무익한 종이다. 우리는 할 일을 했을 뿐이다"라고 말해야 한다. 그러므로 인간이 잘할 수 있는 어떤 것을 가지고 그가 잘못한 어떤 것을 충족시킨다는 것은 불가능하다. 그가 하는 것 그 자체가 마땅히 해야 할 것에 불과하기 때문이다. 우리가 이전의 잘못에 대해 우리의 새로운 선행으로 그것을 충족시킬 수 있다는 것은 있을 수 없다. 옛날에 진 빚은 새로운 물건을 사야 할 돈을 가지고 갚을 수 없다. 과거의 손해는 현재 해야 할 의무에 의해 보상이 될 수 없다. 인간은 자신의 역량과 능력을 다해 하나님께 모든 순종의 의무를 영원히, 필수불가결하게 감당해야 한다. 어느 때든 그들이 내용으로든 방법으로든 이것들을 감당하지 않을 때 그것은 죄가 된다. 그들이 할 수 있는 어떤 것 혹은 모든 것을 가지고도 그들은 자신들이 하나님께 대적하여 범한 것에 대해 조금도 충족시킬 수 없다. 더욱이 우리가 다루고 있는 그 무시무시한 배교에 대해서는 두말할 것도 없다. 그리고 하나님이 지명하지 않으신, 하나님이 의무로 삼지 않은 어떤 방법으로 하나님을 충족시키려 하는 것은 새롭게 더 큰 범죄를 저지르는 것이다. 미 6:6-8을 보라.

그러므로 이 모든 것을 생각할 때 모든 사람은 아무리 그들 자신이 할 수 있겠다고 생각하고 계획한 일을 하더라도 스스로 치료할 수 없으며 영원한 멸망을 받을 수밖에 없다는 것이 분명하다. 그리고 만약 우리가 이것에 대한 완벽한 확신을 가지고 있지 않다면, 우리는 우리의 회복에 나타난 하나님의 지혜의 신비를 찬미하거나 즐거워할 수 없다. 따라서 모든 시대에 걸쳐 인간의 능력에 대한 불경건한 생각을 가지도록 하는 것이 사단의 계략이었다. 그는 사람들의 마음이 오직 우리의 회복에서만 높여지는 하나님의 지혜와 은총의 영광을 묵상하지 못하도록 방해해왔다.

우리는 지금까지 인간이 회복되도록 하기 위해, 혹은 인간 중 일부가 하나님을 즐거워할 수 있도록 회복되도록 하기 위해 신적본질의 거룩한 속성들이 인간의 본성 안에 들어왔다는 전제 아래 움직여왔다. 마찬가지로 죄를 짓지 않은 천사들에게는 천사의 본질이 똑같은 목적을 위해 보존이 되었다. 그리고 우리는 타락한 사람이 스스로 회복하는 것이 불가능한 일반적인 근거들을 제시했다. 그러므로 우리는 다음으로 우리가 전에 진술했던 인간의 죄와 배교에 나타난 하나님의 속성들과 관련해서 이런 상태에서 회복이 되는 데 무엇이 필요한지 조사해야 한다. 우리는 이것을 통해 빛과 그 빛을 계획하고 결과가 나오도록 한 지혜의 영광에 대해 통찰력을 얻을 수 있기 때문이다. 그리고 이런 목적을 달성하기 위해 다른 무엇보다도 다음과 같은 것들이 주목되어야 한다.

1. 사람의 불순종에서 생겨난 모욕보다 더 큰 영광을 가져오는 하나님께 대한 순종이 있어야 했다. 이것은 율법을 주신 하나님의 거룩의 영광을 위해 당연히 요구되는 것이었다. 순종이 이루어질 때까지 하나님의 거룩과 그 거룩의 결과인 율법의 탁월성은 나타날 수 없었다. 만약 율법이 세상에 있는 어떤 사람에 의해서도, 어느 한 경우에서라도 유지되고 성취될 수 없다면, 어떻게 율법의 영광이 선포될 수 있겠으며, 어떻게 율법이 하나님의 거룩으로 나타날 수 있겠으며, 어떻게 율법에 순종하지 않은 허물이 율법 그 자체의 결함에서 나오는 것이 아니라, 율법에 순종하지 않는 사람들 속에 있는 악에서 나오는 것이라고 분명히 말할 수 있겠는가? 죄를 짓지 않고 온전하게 서 있는 천사들

은, 타락하고 죄를 지은 자들이 율법을 어긴 것은 율법 그 자체의 본성적 결함에서 나온 것이 아니라, 그들 자신의 의지의 결함에서 나온 것이라는 것을 분명히 나타내고 있다. 그러나 만약 사람에게 주어진 율법이 결코 어떤 사람에 의해 완벽한 순종으로 성취가 되지 않는다면, 이것은 율법 그 자체가 우리의 본성에 맞지 않아서 그렇게 된 것이라고 생각될 수 있었다. 그리고 그 공평과 의와 거룩이 순종을 통해 결코 드러나지도 못할 율법을 주시고, 그 율법을 어기는 사람들에게 가해질 형벌만이 나타난다면, 그것은 하나님의 무한한 지혜에 위배되는 것이었다. 그러므로 원래 개인적인 의에 대한 율법은 오직 혹은 일차적으로 그것을 어기는 것에 대해 공의로써 심판하기 위한 것이 아니라, 하나님이 그것의 성취를 통해 영광을 받으시려는 것이었다. 만약 이것이 이루어지지 않는다면, 사람들이 하나님의 영광으로 회복이 되는 것은 불가능했다. 만약 율법이 순종을 통해 성취되지 않는다면, 사람은 영원히 자신의 불순종으로 고난을 받아야 했다. 그렇지 않다면 하나님은 그 속에서 자신의 거룩을 잃어버렸을 것이다. 더욱이 하나님은 우리의 본성에 심겨진 형상에 자신의 거룩을 나타내셨으며, 이것은 우리로 하여금 순종할 수 있도록 하는 원리였다. 그러나 이것은 또한 죄에 의해 거절되었으며, 하나님의 거룩은 이것으로 말미암아 경멸을 받았다. 그리고 만약 이것이 우리의 본성 안에서 회복이 되지 않는다면, 우리는 그것이 처음 전달되었을 때 가졌던 것보다 더 큰 유익을 가지고 하나님의 영광으로 회복이 될 수 없을 것이다.

2. 죄와 반역으로 말미암아 하나님의 다스림과 통치에 들어온 무질

서가 바르게 회복이 되어야 했다. 이것은 하나님의 변경될 수 없는 다스림과 기준에 의해 마땅히 받아야 될 형벌이 가해지는 것 이외에 다른 방법으로 행해질 수 없었다. 어떤 다른 조건으로 죄를 사하는 것은 하나님의 통치에 말로 다 형언할 수 없는 불명예와 혼란을 가져오는 것이 될 것이다. 만약 그의 본성이 할 수 있는 가장 큰 죄와 악을 저지르고 이 땅의 모든 피조물에 혼란을 가져온 사람이 영원히 처벌을 받지 않는다면, 의의 통치는 과연 어떻게 되겠는가? 하나님이 인간에 대한 의의 통치와 관련해서 주신 첫 번째 경고는, 그가 "네가 먹는 날에 정녕 죽으리라"고 말씀하신 것처럼, 불순종에 상응하는 형벌을 받을 것이라는 것이었다. 만약 사람이 이 경고를 아무것도 아닌 것처럼 무시한다면, 모든 것을 다스리는 데 나타나는 그의 의(義)의 영광은 어떻게 되겠는가? 하나님은 자신의 지혜로써 사람의 영원한 파멸을 의미하는 형벌을 가하면서도 사람이 영원히 구원을 받을 수 있는 방법을 계획하셨다. 이런 방법은 온 땅의 최고의 통치자이시며 재판장이신 하나님이 자신의 의의 영예를 손상시키지 않으시기 위해 꼭 필요한 것이었다.

3. 사단이 사람을 향해 가지고 있는 유익과 능력은 하나님께 영광을 돌리는 방법으로 정당하게 제거될 필요가 있었다. 그가 승리하여 성공하도록 계속해서 남겨둘 수 없었기 때문이다. 그리고 사람이 자신을 정당하게 사단에게 내어준 한, 그의 구원은 정의와 법적인 심판의 방법이 아니고는 절대적인 통치와 능력의 행동으로 얻어질 수 없었다.

공의와 법적인 심판의 방법이 없이 인간의 하나님의 호의와 그를 즐거워하는 것으로 회복되는 것은 전적으로 불가능했는데, 이는 우리의 죄와 배교는 하나님의 완벽한 속성들의 영광과 직접적으로 연관이 있었기 때문이다. 그렇다면 이 모든 것이 실제로 어떻게 일어날 수 있을까? 하나님의 거룩과 의의 영광이 그의 법과 통치에서, 우리의 본성에서 어떻게 회복될 수 있을까? 그의 선하심과 사랑과 은혜와 자비가 사람을 회복시키는 일에서 어떻게 나타나고 높여질 수 있을까? 이 문제들은 하나님의 무한한 지혜에 달려 있었다. 이 일은 그의 지혜의 영원한 원천에서 일어나야 했는데, 그렇지 않다면 그것은 영원히 사라질 것이다.

우리가 여기서 해야 할 일은 일어난 사건을 관찰하여 하나님의 지혜의 자취를 살펴보는 것이다. 이렇게 하기 위해서는 다음과 같은 것들이 필요하다.

1. 우리가 회복되기 위해 필요한 것들은 모두 우리의 본성 안에서 이루어져야 했다. 영광으로 회복이 되어야 할 것은 바로 죄를 지은 우리의 본성이었기 때문이다. 우리의 본성이 구원을 받는다고 전제할 때 죄를 지은 우리의 본성이 변화되지 않는다면 하나님께 영광을 충분히 돌릴 수 없다. 하나님이 사람에게 자신의 지혜와 거룩의 결과인 율법을 주시고, 사람이 이 법을 자신의 불순종으로 어겼을 때 하나님의 지혜와 거룩의 영광을 회복하는 길은 다른 본성, 가령 천사의 본성에 의해서가 아니라, 똑같은 본성 곧 우리의 본성에 의해 율법이 다시 성취되어야 하기 때문이다. 그러나 인간은 처음에 주어진 대로 율법에 순종하는 것이 불가능했다. 만약 그것이 가능했다면, 율법이 처음 주어졌을 때 수건으로 하나님의 영광이 가려질 필요가 없었을 것이다. 그

리고 인간의 본성의 불순종을 대신해서 그것을 구원하기 위해 다른 본성이 순종하고 고난을 받는다는 것은 하나님의 지혜와 거룩과 정의의 영광에 맞지 않았을 것이다.

성경은 인간이 구원을 받기 위해서는 인간의 본성이 필요하다는 것을 하나님의 지혜와 관련하여 풍부하게 말하고 있다. 우리의 구원과 회복의 방법에 대해 언급할 때 사도는 "그는 진실로 자신에게 천사의 본성을 취하지 않으셨다"고 말한다(히 2:16). 그가 계획하신 것이 천사들의 회복이셨다면, 그는 자신에게 천사의 본성을 취하셨을 것이다. 그러나 이것은 우리의 본성을 취하신 것이 타락한 천사들에게 아무런 유익을 주지 못하는 것처럼 우리에게 아무런 유익을 주지 못했을 것이다. 그리스도가 순종하시고 고난을 받으신 것은 타락한 천사들에게까지 그 효력이 미치지 않았다. 만약 그들이 그것으로 구원을 받았다면, 그것은 정당하지도, 공평하지도 않았을 것이다. 그렇다면 우리를 구원하기 위해 무엇이 필요했겠는가? 14절은 "자녀들은 혈육에 함께 속하였으매 그도 또한 한 모양으로 함께 속하셨다"고 말하고 있다. 구원을 받아야 할 것은 여기에서 혈육으로 표현된 것, 곧 인간의 본성이었다. 그러므로 구원은 바로 인간의 본성으로 이루어져야 했다. 사도는 이것을 롬 5:12-19에서 보다 자세히 논쟁하고 있다. 그 내용의 핵심은 "한 사람의 불순종으로 말미암아 많은 사람이 죽은 것처럼 한 사람 곧 예수 그리스도의 순종으로 말미암아 많은 사람이 의인이 되었다"는 것이다(15절). 죄를 지은 본성이 죄에 대해 배상하고 이로부터 벗어나야 한다. 그러므로 사도는 다시 고전 15:21에서 "사망이 사람으로 말미암았으니 죽은 자의 부활도 사람으로 말미암는도다"라고 말한다. 다른 방법으로 우리의 파괴는 회복이 될 수 없으며 죄로부터의 구원은 있을 수 없다. 사람의 본성으로 지은 죄의 모든 결과는 똑같은 본성을 지닌 사람에 의해서만 해결될 수 있다. 그러므로 하나님의 지혜의 첫 번째 내용은 구원이 우리의 본성, 곧 죄를 지은 본성에 의해 일어나도록 하는 것이었다.

2. 이 사역이 실제로 일어나는 인간의 본성은 그 본질에 있어서 우리의 최초의 부모들이 가지고 있던 것과 똑같은 본성의 뿌리에서 나와야 했다. 이 일을 위해 하나님은 우리와 똑같은 본성을 가진 인간을 흙으로부터, 무(無)로부터 창조하시는 것으로 충분하지 않으셨을 것이다. 만약 그렇게 된다면, 그가 한 일, 그가 받은 고난은 우리와 아무런 연관이 없게 될 것이기 때문이다. 하나님은 "인류의 모든 족속을 한 혈통으로 만드시고"(행 17:26) 그리스도를 이 혈통에서 나오게 하셨다. 그러므로 복음서에 그리스도의 족보가 나오는 것이다. 그리스도는 아브라함으로부터 약속된 후손으로 나오셨을 뿐 아니라, 아담으로부터 우리와 공통된 본성을 지닌 분으로 나오신 것이다.

이것과 관련해서 하나님의 지혜가 성경에서 처음으로 나타난 것은 구원자가 "여자의 후손"에게서 나온다는 것이었다(창 3:15). 여자의 후손이 아닌 다른 어떤 사람도 우리가 구원받고 회복되도록 "뱀의 머리를 밟거나", "사단의 일을 멸할 수" 없었다. 그는 우리의 본성에 참여하셔야 할 뿐 아니라, "여자의 후손"이 되심으로써 그렇게 하셔야 했다(갈 4:4). 그는 무로부터 창조되거나 흙에서 만들어지는 것이 아니라, 여자에게 태어나 우리와 똑같은 본성을 받으셔야 했다. 히 2:11은 "거룩하게 하시는 자와 거룩하게 함을 입은 자들이 다 하나에서"(ἐξ ἑνὸς), 곧 한 덩어리, 한 본성, 한 피(φυράματος)에서 나온다고 말하고 있다. 그러므로 그는 우리를 형제라 부르기를 부끄러워하지 않으신다. 이것이 또한 하나님의 무한한 지혜의 보화에서 나와야 되는 것이었다.

3. 우리의 회복과 구원이 일어나고 행해지는 그리스도가 취하신 우리의 본성은, 죄의 오염과 죄책을 가지고 있는 세상의 모든 사람과 똑같은 종족의 뿌리에서 나오지 말아야 했다. 사도가 말한 것처럼 "우리와 같이 되신 대제사장은 거룩하고, 흠이 없고, 오염되지 않으셨고, 죄인들과 분리되신 분"이시기 때문이다. 만약 그 안에 있는 본성이 우리의 본성처럼 부패하셨다면, 새롭게 되기 이전의 우리의 모습처럼 하나님의 형상이 박탈 당한 채로 계셨다면, 그가 하신 어떤 것도 하나님께 받아들여질 수 없었을 것이기 때문이다. 그리고 만약 그가 형벌을 받아야 할 죄책을 가지고 계셨다면, 그는 다른 사람들의 죄를 위해 어떤 충족도 하나님께 드릴 수 없었을 것이다. 바로 여기에서 하나님의 지혜만이 풀 수 있는 어려운 문제(dignus vindice nodus)가 나온다.

이 문제를 좀 더 살펴보기 위해 우리는 영적인 오염과 죄책이 우리 모두의 본성에 어떤 근거로 들어오게 되었는지를 고려해야 한다. 이것들 중 첫 번째 근거는 우리의 모든 본성은 우리의 머리이며 대표인 아담 안에 있었으며, 그로 말미암아 이것들에 참여하게 되었다는 것이다. 그의 죄는 우리 모두의 죄가 되었다. 곧 그것은 우리에게 전가되었으며 우리에게 책임을 묻게 되었다. 그 안에서 우리 모두는 죄를 지었다. 모든 사람은 자신들의 공통된 머리인 그가 죄를 지었을 때 그 안에서 모두 죄를 지었다. 이것을 통해 우리는 본질상 "진노의 자녀"가 되었다. 우리는 곧 우리의 본성의 공통된 죄로 말미암아 자연적이고 법적인 머리이며 원천인 아담 안에서 하나님의 진노 아래 놓이게 되었다. 두 번째 근거는 우리가 우리의 본성을 자연적인 출생의 방법으로 아담으로부터 받았다는 것이다. 오직 이 수단으로 우리의 최초의 부모들의 본성은 타락한 채로 우리에게 전달되었다. 이 수단에 의해 우리는 부패하고 타락한 본성에 참여하게 되기 때문이다. 그러므로 우리를 구원하기 위해 구원자는 그 본질에 있어서 우리의 최초의 부모들의 본성에 참여하면서도 결코 자연적인 출생에 의해 공통의 대표인 아담으로부터 나오지 말아야 했다. 이것은 그가 우리와 마찬가지로 실재로, 참으로 첫 사람 아담과 관계를 맺어서 그와 우리 사이에 가장 엄밀한 본성의 유대를 가지면서도, 이것으로 말미암아 처음 죄의 책임과 우리 본성의 부패에 조금이라도 참여하지 말아야 한다는 것을 의미한다. 바로 여기에 어떤 피조된 이성의 한계도 뛰어넘는 하나님의 무한한 지혜가 나타난다. 이것은 우리가 아는 것처럼 그리스도의 위격 안에서 행해졌다. 그의 인성은 자신의 대표자로서 아담 안에 결코 있지 않았으며, 그는 아담이 서 있던 언약 안에 있지 않으셨기 때문이다. 그는 아담을 자신의 머리로 하지 않고 최초의 약속에 대한 언약을 법적으로 받으셨기 때문이다. 그는 부패와 오염이 전달되는 유일한 수단인 자연적인 출생에 의해 언약을 받지 않으셨기 때문이다. 그는 지극히 높으신 이의 능력으로 동정녀에게서 태어나셨기 때문이다. "오 깊도다. 하나님의 지혜와 지식이여!" 그러므로 이 모든 것을 고려할 때 우리를 회복시키는 사역을 감당하실 분은 하나님의 본질의 거룩한 속성의 영광과 그의 거룩과 의의 영예를 회복하기 위해 죄를 지은 인간의 본성에 참여해야 하지만, 모든 죄와 죄의 모든 결과에서 자유로우신 사람이셔야 했다. 그리고 하나님은 자신의 지혜로써 예수 그리스도의 인성 안에서 이것을 계획하시고 성취하셨다.

그러나 두 번째로 전에 언급한 것을 모두 고려할 때 이 일은 우리의 본성 이외에 다른 어떤 본성도 가지지 않은 단순한 인간에 의해서는 이루어질 수 없다는 것이 분명하다. 우리가 구원받기 위해 할 수 있는 것은 아무것도 없다. 우리의 구원이 실질적으로 이루어지기 위해서는 신적인 능력이 필요하다. 그러나 우리가 앞에서 언급한 것처럼 바로 여기에 지옥의 권세에 의해 계속해서 반대를 받아온 경건의 위대한 신비가 있다. 그것은 우리의 신앙의 기초에 속하기 때문에 우리는 하나님의 계시가 우리에게 제공하고 있는 것을 가지고 그것을 조사하고 그것의 진리를 확증해야 한다. 그리고 이것과 관련해서 우리는 세 가지를 언급해야 한다.

첫째로, 우리는 인간의 회복은 단순히 사람일 뿐이며 그 이상이 아닌 존재에 의해 이루어질 수 없으며, 그는 비록 절대적으로 사람이셔야 하지만 그는 또한 하나님이셔야 한다는 것을 합리적인 증거로 제시해야 한다. 둘째로, 우리는 한 위격 안에서 하나님이시며 인간이신 예수 그리스도에 의한 교회의 구속과 구원에 나타난 하나님의 지혜와, 이 영광스러운 사역에서 하나님의 무한한 지혜의 모든 목적에 적합한 그리스도의 위격과 그것의 구성에 대해 살펴보아야 한다. 첫 번째 문제에 대해 다음과 같은 증거들이 어렵지 않게 제시될 수 있다.

1. 인간의 본질이 회복되기 위해서는, 혹은 인간의 어떤 부분이 영원히 하나님의 영광을 위해 구원을 받기 위해서는 우리가 전에 증명한 것처럼 우리 모두의 불순종에 의해 그의 거룩에 가해진 불명예보다 더 큰 영광과 영예를 돌려드릴 수 있도록 하나님과 그의 율법에 반드시 순종이 돌려져야 한다는 것이다. 이것과 달리 사악하고 죄악된 인간이 다른 방법에 의해 구원을 받을 수 있다고 생각하는 사람들은 하나님의 영광에 대해 관심이 없는 사람들이다. 그런 생각들은 우리의 배교에서 나오는 것이며, 원래 우리의 본성이 처음에 가지고 있던 것처럼 우리가 다른 무엇보다도 하나님을 사랑하고, 다른 무엇보다도 그의 영광을 선호하는 상태에 속한 것이 아니다. 그러나 그런 순종은 단순히 피조물이 하나님께 드릴 수 있는 것이 결코 아니다. 단지 사람일 뿐이라면 그가 다른 어떤 존재보다도 더 위엄이 있고 높임을 받는다고 하더라도 그는 그런 순종을 드릴 수 없다. 하나님이 아담과 그의 후손의 불순종에 의해 모욕을 받으셨던 것보다 단순히 사람인 어떤 한 사람의 순종에 의해 더 큰 영광을 받으실 것이라고 추측하는 것은 이성적으로도, 정의적인 측면에서도 근거가 없으며, 하나님의 지혜와 거룩에 전혀 맞지 않는 것을 상상하는 것일 뿐이다. 이 일을 하는 사람은 자신의 순종에 무한한 가치를 부여하기 위해서는 신적이며 무한한 것을 가지고 있어야 한다. 곧 그는 하나님이어야 한다.

2. 단순히 인간인 사람의 순종은 인간의 회복과 교회의 구원에 아무런 영향을 끼칠 수 없었다. 그것이 어떤 것이든 그것은 자신을 위해 마땅히 해야 할 것일 뿐이며, 오직 자신에게만 유익을 줄 수 있는 것이며, 자신이 마땅히 해야 할 것을 한 것은 다른 사람을 위해 행한 것으로 여겨질 수 없기 때문이다. 우리가 전에 선언한 것처럼 피조물은 이 세상에서 마땅히 자신이 할 수 있는 한 최선을 다해 하나님께 전적으로 순종해야 한다. 모든 피조물은 모든 가능한 경우에 하나님께 절대적으로 순종해야 한다. 그는 피조물로서 하나님께 의존하고 있으며 즐거워해야 하기 때문이다. 만약 어느 한 경우에라도 자발적으로 그것을 생략한다면, 그것은 범죄가 되며 그의 영혼은 파멸될 것이다. 그러므로 단순히 인간으로서 하는 순종은 다른 사람들의 불순종에 대한 일종의 보상으로, 혹은 그들을 대신해서 받아들여질 수 없었다. 이런 순종을 드릴 수 있는 분은 본래 자신의 위치 때문이거나 혹은 자신을 위해 순종을 할 필요가 없는 분이어야 한다. 그리고 이것은 신적인 위격이 아니면 할 수 없는 것이다. 피조물은 모두 그런 순종을 드려야 하기 때문이다. 그리고 복음의 원리에서 주 그리스도는 자신의 신적인 위격에 의해 율법 위에 계셨으며, 자신을 위해 그것에 순종할 의무가 없으셨다는 것보다 더 근본적인 것은 없다. 그러나 그는 자신을 낮추셔서 우리를 위해 "여자에게서 나시고" 우리를 위해 "율법 아래" 나셨다. 그러므로 그리스도의 신적인 위격을 거부하는 사람들은 모두, 그가 우리를 위해서가 아니라 자신을 위해서 하나님께 순종을 드렸다고 주장하고 있는 것이다. 그러나 이것을 통해 그들은 하나님이 영원히 영광을 받으실 그

의 지혜의 핵심적인 결과를 부정하는 것이다.

3. 해방되고, 구속되고, 영광으로 나오게 되는 사람들의 수는 계 7:9에서 "아무라도 능히 셀 수 없는 큰 무리"라고 말한 것처럼 매우 크다. 그들이 구원받고, 구속받고, 의롭다 하심을 받고, 화목하게 되어야 하는 죄들은 절대적으로 무한했다. 그들의 죄는 어떤 피조물의 이해나 상상으로도 다 이해될 수 없다. 그리고 그들의 죄 하나하나에는 무한하신 전능자에게 범한 환원되어야 할 무한한 무엇인가가 있었다. 이 모든 사람이 처해 있는 비참함은 무한했는데, 이는 그것들이 영원하기 때문이다. 그리고 우리의 본성이 감당할 수 있는 한 모든 악을 그들은 영원히 감당해야 했다.

이 모든 사람의 지은 죄로 말미암아 하나님의 다스림과 통치에 침해가 있었으며, 그의 법을 어김으로써 그의 공의에 대한 모욕이 있었다. 그리고 이들 중 어떤 사람도 하나님의 공의에 대한 보상과 충족이 없이는 그 결과로 말미암아 빠지게 된 영원히 비참한 상태에서 벗어날 수 없다. 이와 반대되는 내용을 주장하는 것은 하나님께 있어서 그가 자기 피조물에게 복종을 받는 것과 받지 않는 것, 영예를 받는 것과 받지 않는 것이 모두 하나라는 것을 전제하는 것이다. 이것은 하나님의 본질적인 속성들의 영광을 거부하는 것이므로 그의 존재 자체를 거부하는 것과 같다. 그리고 단순한 인간이 자신의 일시적인 외적인 고통에 의해 이 모든 사람의 모든 죄에 대해 하나님의 공의를 충족시켜서 그들이 처해 있는 모든 악으로부터 그들을 정당하게 구원시킬 뿐 아니라, 그들을 생명과 영광으로 이끌 수 있다고 추측하는 것은 하나님과 인간 사이의 중보가 하나님의 지혜와 의와 거룩의 결과로 이루어지는 것이 아니라, 겉모습과 겉치레에 의해 이루어 질 수 있다고 생각하는 것이며, 문제 그 자체의 성격으로 볼 때 제대로 된 근거를 가지고 있다고 볼 수 없다. 죄를 지은 사람들 중에서 어느 한 사람이 다른 죄를 지은 사람을 위해 희생한다는 것은 정의 혹은 공평의 어떤 규칙에도 맞지 않기 때문이다. 그들 모두가 영원한 사망에 처해져야 할 셀 수 없이 많은 수의 사람들의 죄들이 단지 인간일 뿐인 한 사람의 일시적인 고통에 의해 속죄가 되고, 죄의 처벌을 통한 하나님의 의가 나타난다고 주장하는 것은 정의의 어떤 규칙이나 개념에도 맞지 않으며, 사람들의 범죄에 대한 처벌에서도 그 예를 전혀 찾아 볼 수 없다. 하나님은 이런 일들을 겉모습이나 체면에 따라 하시는 것이 아니라, 자신의 본성의 거룩한 속성들을 드러내심으로 하신다. 그리고 이것들을 전제할 때 일들 사이에, 곧 한 사람의 고난과 모든 사람의 구원 사이에 균형이 있어야 한다.

그리고 앞에서 언급된 전제들에서 사람의 믿음은 세워질 수 있는 안정된 기초를 발견할 수 없을 것이다. 어떤 믿음도 단지 인간인 한 사람의 고난이 모든 교회의 죄에 대한 정당한 보상으로서 하나님께 받아들여질 수 없다는 주장에 대해 갈등을 일으킬 수 없을 것이다. 이런 일에 있어서 개념이나 환상에 만족하는 사람들은 그런 전제들을 소화할 수 있을지도 모른다. 그러나 죄와 죄의 본질과, 이것에 대한 하나님의 진노와 율법의 저주를 깨닫고 자신들의 구원을 위해 믿음을 사용하는 사람들은 그런 개념이나 이해에서 어떤 안식도 찾을 수 없다. 그리고 교회를 향한 자신의 경륜에서 흔들리지 않는 반석 위에 믿음이 세워지도록 배열을 한 것은 하나님의 지혜이다. 이 지혜는 오직 하나님이시며 인간이신 그리스도의 위격과 그의 순종과 고난에서 나타난다. 그러므로 그리스도의 신성을 거부하는 사람들은 그가 죄에 대해 하나님의 정의를 만족시켰다는 것을 절대적으로 부인한다. 그들은 인간인 사람이 자신의 일시적인 고통을 가지고 세상의 죄를 충족시킬 수 있다는 것을 인정하기보다 오히려 충족이나 처벌이 없이 절대적인 죄 사함이 있을 수 있다는 불합리한 주장을 편다. 그리고 다른 한편으로 그리스도의 신적인 위격을, 곧 그가 한 위격 안에서 하나님이시며 동시에 인간이시고, 그런 위격이 중보의 모든 사역에서 행동하신다는 것을 진실로 신실하게 믿는 사람은, 그가 행하시고 고난을 받으신 사역은 그 안에 인간의 죄 안에 있는 모든 악을 사하실 수 있는 내적인 가치와 탁월성이 있으며, 아담과 그의 후손의 불순종으로 말미암아 하나님의 거룩과 율법에 가해졌던 불명예보다 그의 순종으로 말미암아 그들에게 더 큰 영예와 영광이 돌려졌다는 진리의 영광스러운 빛을 향해 자신의 눈을 닫을 수 없다.

4. 교회는 한 분이 이 목적을 위해 자신에게 부여되신 일을 감당하심으로써 회복되고 구원을 받는다. 우리가 전에 증명했던 것처럼 사람은 스스로 자신을 회복시키거나, 대가를 치르거나, 구원할 수 없기 때문에 누군가가 그를 대신해서 그의 모든 문제를 해결해 주어야 하기 때문이다. 다른 분이 이것을 감당하도록 한 것은 하나님의 무한한 지혜와 작정과 기쁘심의 결과이며, 이것은 이것을 감당하시는 분의 의지와 동의 아래 이루어진 것이다. 구원의 방법은 이렇게 구체적으로 이루어지

게 되었다. 그가 하신 사역은 바로 이 일을 위한 것이었다. 그러나 우리가 전에 증명했던 것처럼 단순히 인간인 사람으로서는 하나님과 모든 교회를 위한 이 일을 감당할 수 없었다. 나는 이 책의 목적상 이것과 관련된 좋은 논쟁을 할 수 있지만, 여기서는 더 이상 다루지 않을 것이다.

5. 만약 사람이 회복이 되려면, 그는 그가 타락하기 전에 가졌던 것과 똑같은 상태와 조건과 위엄으로 회복이 되어야 한다. 영예와 축복에 있어서 조금이라도 줄어든 채로 그를 회복시키는 것은 하나님의 지혜와 관대함에 맞지 않다. 그를 회복시키는 것이 하나님의 무한한 은혜와 선하심과 자비의 결과이기 때문에, 그가 잃어버렸던 것보다 더 좋고 더 영예로운 상태로 회복되는 것이 하나님의 탁월한 속성들의 영광에 일치하는 것 같다. 그러나 타락하기 이전에 인간은 오직 하나님을 제외하고는 다른 어떤 존재에게도 귀속되어 있거나 복종할 필요가 없었다. 그는 위엄에 있어서 천사들보다 다소 부족했다. 그럼에도 불구하고 그는 그들에게 순종할 필요가 없었다. 그들은 우리와 같은 하나님의 종들이었다. 그리고 이 땅에서 일어나는 다른 모든 것에 대해 그들은 하나님께 복종하며 그의 발 아래 있다. 마찬가지로 사람은 오직 하나님께 복종한다. 그러나 만약 그가 단지 피조물인 존재에 의해 구원을 받고 회복이 된다면, 그는 이런 상태와 위엄으로 회복되지 못할 것이다. 정의와 공평의 원리에 따라 그는 자신을 구속하시고, 소생시키시고, 회복을 시키신 존재에게 모든 봉사와 순종을 돌려야 한다. 우리가 "값으로 사셨을 때" 우리는 사도가 인정하는 것처럼 우리의 것으로 사진 것이 아니다(고전 6:19, 20). 그러므로 우리는 우리를 값을 주고 사신 분의 것

이다. 우리는 그의 것인 우리의 영혼과 육체로 그에게 복종해야 한다. 따라서 주 그리스도는 값을 주고 우리를 사심으로써 우리의 절대적인 주가 되셨고, 우리는 그에게 우리의 영혼과 양심으로 모든 종교적인 의무를 그에게 돌려야 한다(롬 14:7-9). 그러므로 만약 우리가 단순한 피조물의 개입에 의해 구속을 받고 회복이 되었다면, 우리는 단순한 피조물에게 우리의 구속자요, 구원자로서 종교적인 봉사와 순종을 돌려야 한다는 결론이 나온다. 주 그리스도를 단순히 인간이라고 믿는 사람들은 그렇게 하지 않을 수 없다. 그러나 이런 전제 아래서 우리는 우리의 회복을 통해 우리가 처음 놓여 있었던 상태와 위험을 조금도 회복할 수가 없다. 우리는 본질상 다른 모든 것보다 뛰어나시고 영원히 축복을 받으셔야 할 하나님께만 종교적인 봉사와 순종을 돌려야 하기 때문이다. 그리고 단순한 피조물을 우리의 믿음과 사랑과 경배와 간구와 모든 거룩한 예배의 대상으로 만드는 사람들은 기독교에 모든 혼란을 가져온다. 그러나 우리의 현재의 회복에서 우리는 종교적인 봉사와 관련해 다시 오직 하나님께만 복종하도록 된다. 그러므로 피조물의 머리인 거룩한 천사들은 자신들이 우리의 봉사와 존경을 받아야 할 대상이 아니라는 것을 공개적으로 천명한다. 그들은 오직 예수님에 대한 증거를 가지고 있는 우리와 같은 종들이기 때문이다(계 19:10). 그리고 하나님은 "다가올 세상"을, 곧 교회의 복음적인 상태를 천사들이나 다른 어떤 피조물이 아니라, 오직 자기 집의 주인이시고 모든 것을 만드신 하나님이신 아들에게만 복종하도록 만드신다(히 3:4-6). 그러므로 우리는 우리가 있던 원래의 상태로 회복되어 오직 하나님께만 영적으로 복종하게 된다. 그러므로 우리가 모든 순종과 종교적인 봉사를 드려야 할 분은 오직 우리를 회복시키시는 하나님이시며, 하나님이셔야 한다. 그리고 단지 인간일 뿐이며 더 이상은 아닌 사람에게 모든 순종을 드려야 한다고 주장하면서 그리스도의 신성을 거부하는 사람들은 복음을 전적으로 버리는 사람들이다. 성도들이나, 천사들, 혹은 다른 어떤 피조물에게 종교적인 봉사를 드리는 사람들은 구속의 상태의 위엄을 전적으로 실추시킬 뿐 아니라, 그리스도의 중보를 모독하는 사람들이다.

이 모든 전제들을 아시는 하나님은 자신의 무한한 지혜로써 사람의 구속과 회복에서 모든 어려움을 극복하시고 하나님의 영광의 모든 목적들을 충족시켜서 하나님의 영광의 모든 속성이 영광을 받도록 계획하셨다. 그 내용을 요약하면 다음과 같다.

인간은 죄로 하나님의 의와 거룩과 선과 다스림에 상상할 수 없을 만큼 큰 불명예를 끼쳤으며, 자신을 영원한 파멸의 죄책에 빠지도록 했다. 이런 상태에서 하나님은 자신의 지혜와 선하심으로 모든 사람이 영원히 자신을 즐거워하지 못하도록 내버려두지 않으시고, 자신의 의와 거룩과 통치의 영원한 영광이 죄로 말미암아 조금도 손상됨이 없이 그들 중 일부를 구원하고자 계획하셨다. 그리고 이것은 인간의 죄와 불순종으로 말미암아 상실된 하나님의 거룩과 의보다도 더욱더 그들에게 큰 영예를 돌리도록 율법의 공의와 이것에 대한 순종을 완벽히 충족시키도록 함으로써 이루어져야 했다. 이런 충족과 순종은 죄를 짓고 불순종한 똑같은 본성에 의해 이루어져야 하며, 오직 그렇게 할 때만 나머지 인간들이 그 순종과 충족의 유익과 결과에 참여할 수 있었다. 그러나 이 모든 것을 행해야 할 본성은 비록 우리가 모든 위격으로 참여한 공통된 뿌리에서 나옴에도 불구하고 이 공통된 뿌리를 통해 우리에게 전달되는 오염과 죄책에서 전적으로 자유로워야 했다. 만약 그렇지 못하다면, 그것은 다른 존재를 위해 그 일을 감당할 수 없을 뿐 아니라, 자신을 위해서도 어떤 충족도 줄 수 없을 것이다. 그러나 이 모든 것을 전제할 때 인간의 본성으로 감당된 어떤 행위도 하나님의 거룩과 의와 통치에 영광을 돌리며 다른 사람들을 구원시킬 수 있는 하나님을 향한 복종이나 죄에 대한 충족을 줄 수 없었다. 이런 상태에서 하나님은 자신의 무한한 지혜로 말로 다 형언할 수 없이 영광스러운 그리스도의 위격 곧, 똑같은 개별적 위격 안에 하나님의 영원한 아들의 신성과 우리의 본성을 가지신 분에 대해 계획하셨다. 그렇지 않았다면 이 일은 성취될 수 없었을 것이다. 적어도 다른 모든 방법은 모든 살아 있는 존재의 눈에 감추어져 있었으며, 어떤 피조된 이성도 그렇게 하나님께 영원히 영광을 돌려 드릴 수 있는 다른 어떤 방법도 고안해 낼 수 없었을 것이다. 그러므로 이것은 하나님의 지혜의 결과이며, 영원히 거룩하게 경배 받아야 하고, 찬미를 받아야 할 대상이 될 것이다. 이 땅에서 우리는 그것의 탁월성에 대해 오직 부분적으로만 알 뿐이다.

제 17 장
그리스도의 위격을 통한 구속사역에 대한 계획과 그 결과에 나타난 하나님의 지혜의 다른 증거들

우리의 현재의 조사에서 남은 것은 하나님의 계시에서 표현된 그리스도의 위격을 통한 구속 사역의 본질과 그 결과에서 하나님의 무한한 지혜와 선하심이 나타난 증거들을 살펴보는 것이다. 나는 이곳에서 주장할 수 있는 많은 것 중에서 일부만을 선택할 것이다.

1. 사람은 모든 일에 있어서 하나님을 섬기도록 만들어졌다. 그의 인격에서, 그의 영혼과 육체에서, 그의 모든 기능과 능력과 감각에서, 그에게 부여되고 주어진 모든 것에서 그는 자신의 것이 아니라, 모든 면에서 곧 그가 가지고 있고 행하는 모든 것에서 종이다. 그는 이것을 위해서 만들어졌다. 이 상태와 조건은 피조물로서 그에게 필수적이었다. 그에게 다른 것은 있을 수 없다. 이것은 인간보다 더 큰 위엄과 능력을 가진 천사들에게 있어서도 마찬가지였다. 피조물이라는 이름은

창조주에게 전적으로 복종하고 봉사해야 한다는 조건을 포함하고 있다. 자신의 죄에서 아담은 이런 상태를 버리고 이런 상태에서 자유로워지려고 계획했다. 그는 자신을 절대적이고 보편적인 봉사와 복종의 상태에서 자충족(自充足)의 상태, 곧 지배와 통치의 상태로 높이고자 했다. 그는 하나님처럼 되고자 했다. 그는 곧 더 이상 하나님께 복종하지 않고, 더 이상 하나님을 의지하지 않고, 자신의 뜻을 하나님의 뜻 위에 두고자 했다. 그리고 모든 죄에는 이런 면이 들어 있다. 죄인은 하나님의 뜻에 반대하고 이것 위에 자신의 뜻을 두고자 한다. 그러나 그 결과는 무엇이었는가? 인간은 자신을 절대적인 복종과 보편적인 봉사에서 자유롭게 하려는 노력을 통해 절대적인 지배를 침해하였고, 절대적이며 영원한 파멸에 빠지게 되었다.

하나님은 자신의 지혜로써 우리가 이런 상태에 어떻게 빠지게 되었는가를 고려하면서 이런 상태와 조건에서 우리를 회복하시기 위한 방법을 찾으셨는데, 그것이 바로 하나님의 아들의 성육신이었다. 그는 모든 것의 주이시며, 모든 것에 대해 절대적인 주권을 가지고 계시며, 자신을 위해 봉사하거나 복종해야 할 필요가 없으신 분이시며, 하나님의 형상을 가지고 계시며, 그와 똑같으신 분이시기 때문이다. 이런 절대적인 통치의 상태에서 그는 절대적인 봉사의 상태로 내려가셨다. 아담은 그가 마땅히 자신의 본성상 해야 하며, 떼려야 뗄 수 없는 절대적인 봉사의 상태에서 벗어나 자신의 것도 아니며, 자신이 해야 할 바도 아니며, 자신의 본성에도 맞지 않는 절대적인 지배의 상태를 회득하고자 시도하는 죄를 범하고 타락했다. 둘째 아담이 된 하나님의 아들은 자신의 것이었고, 자신의 본성에 맞는 절대적인 지배의 상태에서 내려와 자신의 것이 아니고, 자신이 마땅히 해야 할 바도 아닌 절대적인 봉사의 상태를 자신에게 취하셨다. 그는 이것이 자신의 신적인 본성과 일치하지 않기 때문에 자신에게 우리의 본성을 취하셔서 이것을 자기의 것으로 만드심으로써 이것을 감당하셨다. 그는 아담이 오만으로 자신을 높이려고 했던 것과 달리 겸손으로 자신을 낮추셨다. 사도는 하나님의 은혜와 지혜가 어떻게 나타났는지를 빌 2:6-8에서 우리에게 다음과 같이 제시하고 있다. "그는 근본 하나님의 본체시나 하나님과 동등됨을 취할 것으로 여기지 아니하시고 오히려 자기를 비워 종의 형체를 가져 사람들과 같이 되었고 사람의 모양으로 나타나셨으매 자기를 낮추시고 죽기까지 복종하셨으니 곧 십자가에 죽으심이라". 종의 형체, 곧 종의 상태와 조건을 가진 아담이 강도처럼 "하나님의 형체"를 취하려고, 하나님과 똑같이 되려고 시도했다. 하나님의 형체이신, 곧 그의 본질적 형체이시며 그와 똑같은 본질을 가지고 계신 주 그리스도는 "그와 동등됨"을, 곧 그의 상태와 조건을 취할 것으로 여기지 아니하시고 "사람의 모양"으로 나타나셨다. 그는 사람의 본성을 자신의 것으로 취하셨으며, 이것을 통해 종의 형체, 곧 종의 상태와 조건에 자신을 내주셨다. "하나님의 형체"이시며 하나님과 똑같으신 그는 모든 것을 다스리시고 다른 어떤 것에도 봉사와 순종을 할 필요가 없으셨다. 이것이 바로 아담이 얻고자 열망했던 것이다. 그러나 주 그리스도는 우리의 회복을 위해 자신을 낮추셔서 절대적인 복종과 봉사의 상태를 취하셨다. 이것은 아담에게 하나님과 같거나 똑같은 것이 속하지 않은 것처럼 그에게 원래부터 속해 있던 것이 아니었다. 그러므로 아담이 자신을 높여 원래 자신의 상태가 아닌 위엄의 상태를 취하려고 했던 것과는 달리, 그는 자신을 겸손하게 낮추셔서 종의 형체를 취하신 것이다.

사도는 히 10:5에서 하나님의 아들이 이렇게 절대적이며 보편적인 봉사의 상태에 자신을 내어주신 것에 대해 선포한다. "주께서 나의 귀를 통하여 들리시기를"로 시작되는 시 40:6의 말씀을 인용하면서 그는 "하나님이 나를 위하여 한 몸을 예비하셨도다"라고 말한다. 이 말씀에는 하나님의 아들이 율법 아래 나셔서 자신을 절대적이며 영원한 봉사의 상태로 내어주실 것에 대한 예언이 들어 있으며, 이에 대해 시편 기자가 듣고 놀라고 있는 것이 표현되어 있다. 그리스도의 몸은 그로 하여금 하나님께 절대적인 봉사의 상태를 취하실 수 있도록 그를 위해 준비되었다. 그는 자신에게 전혀 속해 있지 않은, 아담이 본래 버리려고 했던 상태를 취하셨다. 그는 심지어 자신의 생명을 버리시고 죽기까지 복종하셨다. 하나님은 자신의 지혜로써 이 방법을 발견하시고 계획하셨다. 모든 것 위에 계시고 영원히 복되신 하나님이신 그가 보편적인 봉사와 순종에 자신을 낮추셨을 때, 모든 것에서 종인 인간이 하나님과 같이 되려고 자신을 높임으로써 하나님의 거룩과 의에 가해졌던 불명예보다 더 큰 영광이 돌려지게 되었다.

2. 아담은 피조물이 그러하듯이 스스로 가난했다. 그가 자신의 손이나 힘에 가지고 있는 부(富)는 어떤 것이든 그의 것이 아니었으며, 오직 특별한 봉사를 위해 그에게 부여되었던 것이었다. 이렇게 가난한 상태에서 그는 자신의 본분을 망각하고 하나님과 같이 되려고 시도했다.

가난한 그는 하나님과 동등됨을 강탈하여 부요하게 되려고 하였다. 이것은 마땅히 그리해야 하듯이 그와 우리 모두에게 우리가 부여받았던 모든 것의 상실을 가져왔다. 이것을 통해 우리는 하나님의 형상, 곧 이 땅에서 피조물로서의 권리와 우리 자신과 우리의 영혼을 잃어버렸다. 이것이 그가 가난했을 때 부요하게 되려고 했던 시도이다.

이런 상태에서 하나님은 자신의 무한한 지혜로써 자신의 영광을 위해 우리의 구원을 제공하셨다. 스스로 부요하신 주 예수 그리스도가 자신의 가난하심을 통해 우리를 부요하게 하시려고 가난하게 되셨다(고후 8:9). 아담이 얻고자 시도했던 부의 관점에서 볼 때 그는 부요하셨다. 그는 "근본 하나님의 본체시나 그와 동등됨을 취할 것으로 여기지" 아니하셨기 때문이다. 그러나 그는 우리를 위해 아담이 벗어버리고자 했던 가난을 가지고 "머리 둘 곳도 없으실" 정도로 자신을 가난하게 하셨다. 그는 아무것도 소유하지 않으셨다. 이것을 통해 그는 자신이 결코 망가뜨리지 않은 것을 보상하시고, 자신의 결코 취하지 않으신 것을 지불하셨다. 인간에 대한 은혜와 사랑에서 그가 이렇게 낮아지신 것을 통해 하나님은 아담이 자만과 자기 사랑으로 자신을 높임으로써 자신에게 가했던 불명예보다 더 큰 영광을 받으셨다.

3. 사람의 죄는 형식적으로 불순종에 놓여 있으며, 그의 불순종은 순종에 의해 보상이 되어야 했다. 인간은 그의 처해 있는 모든 상태로 보거나, 그가 받은 모든 것으로 보거나, 그가 기대하거나 더 나아가 할 수 있는 모든 것으로 보거나, 그의 본성의 구성으로 보거나, 하나님의 본질과 권위로 보거나, 혹은 이 모든 것의 관계로 보거나 하나님께 필

수불가결하게 보편적인 복종을 드려야 하기 때문이다. 그러므로 그의 죄는 그의 존재와 하나님과의 관계로 볼 때 절대적으로 그에게 복종해야 하는데 불순종한 것이다. 이것은 인간의 불순종을 더 죄스럽게 만들 뿐 아니라, 그것의 결과들을 영원히 비참하게 만드는 것이다. 이런 복종의 의무를 생각해 볼 때 어느 한 경우에서 범한 그의 죄는 하나님께 돌려야 할 모든 순종을 전적으로 버리는 것이다.

하나님의 영광과 관련하여 불순종에 대한 보상은 전에 선언한 것처럼 순종에 의해 보상이 되어야 한다. 그리고 만약 죄를 지은 본성으로 하나님의 율법에 대한 완벽한 순종이 제공되지 않는다면, 사람은 하나님의 영광에 대한 영원한 침해 없이 구원을 받을 수 없다. 그러나 모든 면에서 순종해야 할 사람의 불순종은 결코 순종할 필요가 없으신 분에 의한 순종이 없이는 보상이 될 수 없다. 이것은 오직 하나님이신 분의 순종에 의해서만 일어날 수 있다. 모든 피조물은 자신을 위해 복종해야 하기 때문이다. 그리고 그것은 오직 사람이신 분에 의해서만 행해질 수 있다. 그러므로 이 순종을 성취하기 위해 하나님이시고, 율법 위에 계신 분이 인간의 본성을 입고 사람으로 율법 아래 나셨다. 만약 그가 율법 아래 나지 않으셨다면, 그가 하신 것은 순종일 수 없었을 것이다. 그리고 만약 그가 스스로 율법 위에 계시지 않으셨다면, 그의 순종은 우리에게 유익이 될 수 없었을 것이다. 아담의 죄는 본질적으로 모든 면에서 율법 아래 있고 율법에 복종해야 하는 그가 모든 면에서 율법 위에 있으려 하고, 이것으로 말미암아 율법에 복종하려 하지 않았다는데 있다. 그리고 모든 죄의 본질도 이것과 똑같다. 그런데 그것은 스스로 율법 위에 계시고, 율법에 복종할 필요가 없으신 분이 자신을 낮추셔서 "율법 아래" 계시고, 율법에 복종하셔서 하나님께 영광을 돌리심으로 제거되었다. 갈 3:13, 4:4을 보라. 이것이 롬 5:12에서부터 끝절까지에서 사도가 다룬 주제이다.

하나님의 무한한 지혜의 결과인 그리스도의 위격은 이 모든 목적을 달성하여 하나님께 영광을 돌릴 수 있는 하나님과 인간 사이의 중보자가 되실 수 있다. 똑같은 위격 안에서 두 본성이 연합으로써 그는 둘 모두에게 관계를 가지실 수 있었다. 그는 곧 하나님께는 아들로서, 우리에게는 형제로서 관계를 가지실 수 있었다(히 2:14). 그리고 그는 자신의 위격의 위엄으로 이것을 감당하실 수 있었다. 영원하신 분의 일시적인 고통은 일시적인 사람의 영원한 고통에 대한 완벽한 보상이 될 수 있기 때문이다.

4. 하나님은 사람을 이곳 아래에 있는 모든 것의 주로 삼으셨다. 그는 말하자면 현재 이 세상의 유업과 영원한 영광의 복된 상태에 대해 하나님의 상속자였다. 그러나 그는 죄로 말미암아 이것에 대한 모든 권리와 자격을 잃어버렸다. 그는 자신이 가지고 있는 권리를 남용해서 모든 것을 잃어버렸으며, 하나님은 그 권리를 다시 취하셨다. 그러므로 하나님은 모든 것에 대한 새로운 상속자를 계획하셨으며, 그 상속자에게 곧 자신의 아들에게 하늘과 땅의 모든 유업을 다 주셨다. 그는 그를 "모든 것을 받을 자"로서 임명하셨다(히 1:2). 이렇게 하나님의 유업이 옮겨간 것에 대해 사도는 히 2:6-9에서 선포하고 있다. 그는 시 8:4-6의 내용을 인용하고 있다. "사람이 무엇이관대 주께서 저를 생각하시

며 인자가 무엇이관대 주께서 저를 권고하시나이까 저를 잠간 동안 천사보다 못하게 하시며 영광과 존귀로 관을 씌우시며 만물을 그 발 아래 복종케 하셨느니라". 이것은 사람이 원래 있던 상태를 일반적으로 선포하고 있는 것이다. 그러나 사람은 자신이 부여받은 지배권과 유업을 버렸다. 그리고 하나님은 오직 사람이 되신 그리스도 예수 안에서 그것을 새롭게 수립하신다. 그러므로 사도는 "지금 우리가 만물이 아직 저에게 복종한 것을 보지 못하지만", 예수 그리스도 안에서 그것이 모두 성취될 것을 본다고 선언한다(8절). 그리고 모든 유업들이 그러하듯이 그가 받으신 유업에도 짐을 포함하고 있었다. 그 짐은 죄로 말미암는 큰 빚이었다. 그는 이것을 감당해야 했고, 지불하고 충족시키셔야 했다. 그렇지 못하다면 그는 정당하게 유업을 받으실 수 없었다. 그리고 이것은 앞에서 선언한 것처럼 우리의 본성으로 고난을 받으셔야만 이루어질 수 있는 것이었다. 모든 것의 상속자이신 그는 스스로 우리의 죄를 정결하게 하셔야 했다. 하나님은 모든 것의 유업을 마땅히 그 유업을 받으실 수 있는 분이 기쁨으로 그 유업을 받으시도록 하시면서도, 이전의 소유자가 자신에게 가했던 것과 같은 자신의 부와 재산과 영광에 어떤 손실이나 손해를 끼치지 않도록 하셨다. 바로 여기에 하나님의 무한한 지혜가 나타났다.

5. 사람은 다른 무엇보다도 그에 대한 사랑을 회복해야 하는 것처럼 그에 대한 믿음과 신뢰도 회복해야 했다. 그런데 이 모든 것은 우리의 본성에 전적으로 위배되는 것이었으며 가장 어려운 일이었다. 우리는 하나님을 매우 화나게 했으며, 하나님은 우리에게 자신의 진노와

불쾌에 대한 증거를 제시하셨고, 우리의 마음은 그로부터 소외되어 있다. 그러므로 우리는 그에게 우리의 모든 믿음과 신뢰와 사랑을 둘 수 있도록, 그에게 돌아가려고 시도할 수 있도록 강력한 동기와 높은 격려가 필요했다.

죄인들은 일반적으로 하나님에 대한 적대감으로 그를 무시하고 경멸하며 산다. 그러나 그들이 돌아가야 할 필요성을 확신하게 될 때 그들이 극복해야 할 첫 번째 장애는 그들 안에 있는 두려움이다. 하나님이 누구이시며, 그가 어떻게 일하시며, 그와 자신들 사이에 어떤 문제가 있는가를 이해하게 되었을 때, 그들은 그와 관련을 갖는 것을 두려워하며, 자신들이 그에게 용납이 되는 것은 불가능하다고 판단한다. 이 것이 아담이 죄를 짓고 두려워 자신을 감추었을 때 가졌던 느낌이다. 그리고 다른 죄인들의 똑같은 느낌들이 성경에서 종종 똑같이 서술되어 있다. 사 33:14, 미 6:6, 7을 보라.

이 모든 불안은 하나님이 자신의 무한한 지혜로써 발견하신 우리의 회복의 방법에서 전적으로 사라진다. 이 방법을 통해 우리에게 제공된 안전을 생각할 때 이것은 기쁜 일이다. 이것을 통해 우리는 용납이 되며 우리 안에 있는 하나님의 형상이 회복되어 우리의 모든 원리와 의무들이 질서가 잡힌다. 나는 여기에서 몇 가지 예를 들어 이것을 자세히 설명할 것이다.

(1) 우리를 구원하시기 위해 하나님 자신이 우리의 본성을 입으셨다는 것을 생각하는 것보다 우리의 믿음을 더 격려해주고 확증시켜주는 것이 없다. 우리를 향하신 하나님의 선하신 뜻을 말로 다 형언할 수

없는 이 증거만큼 하나님에 대한 우리의 믿음과 희망을 확증시켜주고, 하나님이 우리를 용납해주신다는 것을 격려해 줄 수 있는 것이 어디 있 겠는가? 신성이 더욱더 낮아질 수 없다는 것을 고려할 때 우리는 이것 에 대해 더 큰 확신을 가질 수 있다.

성경은 우리가 우리의 논의를 모든 두려움과 반대에도 불구하고 하 나님께로 돌아가야 한다는 하나님의 부르심과 초청으로 마무리해야 할 것을 정당하게 제시하고 있다. 마 21:37은 "후에 자기 아들을 보내 며 가로되 저희가 내 아들을 공경하리라"고 말하고 있으며, 히 1:1-3 은 "이 아들로 우리에게 말씀하셨으니……이는 하나님의 영광의 광채시 요 그 본체의 형상이시라"고 말하고 있다. 이것에 대한 고려는 사람들 이 하나님께 돌아오라는 초청을 받았을 때 자신들의 마음에 가지고 있 는 두려움과 공포와 죄책이 가져오는 모든 어두움과 혼란을 제거하기 에 충분하다. 우리가 죄를 지은 하나님이 우리의 본성을 입으시고 우 리에게 자신에게로 돌아오라고 말씀하시고 초청하신다는 것은 자신의 신적인 탁월성들을 낮추실 수 있는 한 최대한 낮추신 것이다. 비록 교 만하고 감각이 없는 사람은 이것을 이해하지 못하지만, 이것은 우리에 게 절대적으로 필요한 것이었으며, 그것을 거절한다는 것은 전적인 파 멸을 의미하는 것이다(히 12:25).

(2) 이 약속은 죄로 말미암은 두려움과 공포의 모든 원인이 제거되 었다는 하나님의 선언에 놓여 있다. 이것이 사도가 선언한 복음의 본질 이다(고후 5:18-21). 그러므로 만약 우리가 하나님께로 돌아가기를 거 절한다면, 그를 우리의 신앙과 신뢰와 사랑과 기쁨의 대상으로 삼기를

거절한다면, 이것은 오래된 혹은 이전의 죄나, 하나님으로부터의 우리의 원래의 배교나, 율법을 어긴 과거의 죄의 결과들 때문이 아니라, 새로운 죄 때문에 그런 것이다. 그것은 과거의 모든 죄에 대한 하나님의 책망과 경멸을 능가하는 것이다. 그것은 복음의 제안에 대한 최종적인 불신앙이다. 그것은 다른 모든 죄보다 더 큰 악의를 가지고 있는 것이다. 그러나 우리가 회복되는 방법에 의해 두려움과 공포의 모든 원인이 제거되었으며, 하나님의 사랑과 선의에 대해 불신하는 모든 것이 패배하였다. 그러므로 만약 사람들이 복음을 듣고도 그에게 회복이 되지 않는다면, 그것은 그에 대한 그들의 미움과 적대감 때문이다. 그 열매를 그들은 영원히 먹어야 한다.

(3) 만약 우리가 믿음으로 하나님께 돌아간다면, 우리는 또한 사랑으로 그에게 돌아가야 한다. 우리를 회복하는 방법에 영광스럽게 나타난 우리를 향한 아버지와 아들의 무한한 사랑보다 우리가 그에게 돌아가야 할 더 큰 동기가 있을 수 있겠는가? 요일 4:9, 10을 보라. "심지어 사랑하기를 꺼려하는 사람도 적어도 사랑받는 것을 꺼려하지는 않는다(Si amare pigebat, saltem redamare ne pigeat)".

(4) 하나님을 향해 죄를 짓고 그에게서 떨어져 나간 모든 인류에게는 하나님을 위해 살고 그를 믿고 신뢰하고 불변의 사랑으로 그에게 매어달리는 것이 얼마나 놀라운 것이며, 얼마나 영광스럽고 아름다운 것인지를 드러낼 수 있는 예가 남아 있지 않았다. 그들은 위에 있는 천사들이 한 것들에 대해 전적으로 낯선 자들이며, 천사들의 예에 의해 영향을 받을 수 없는 자들이었기 때문이다. 그럼에도 불구하고 그들이 어

떤 것을 간절히 얻으려고 노력하기 위해서는 그것의 탁월성과 보상을 드러내는 예가 있어야 했다. 이 예가 바로 그리스도의 인성을 통해 우리에게 가장 두드러지게 나타난 것이다. 히 12:2, 3을 보라. 그러므로 이것을 통해 우리로 하여금 하나님께 돌아가도록 격려하는 데 필요한 모든 것이 하나님의 무한한 지혜를 따라 제공되고 제시되었다.

6. 성육신하신 예수 그리스도에 의한 우리의 구원의 방법에서 하나님은 자신의 지혜로써 자신에게 복종하는 상태를 영화롭게 하시고, 죄로 말미암아 이 상태를 버리는 것을 가장 어리석은 것으로 정죄하기로 계획하셨다. 하나님은 우리를 회복하시고 소생시키실 때 이것을 우리의 순종의 방법으로, 곧 우리가 버린 순종의 방법으로 하시기를 원하셨기 때문이다. 사단의 계략에 의해 사람에게 제시되었던 계획은 선과 악을 알아 하나님과 같이 되는 것이었다. 이런 노력의 어리석음은 재빨리 그 결과에서 발견되었다. 벗었다는 느낌이 수치와 비참함과 사망과 더불어 즉시 이어졌다.

그러나 하나님은 자신의 지혜로 이런 어리석음을 더욱 책망하기로 계획하셨다. 그는 우리로 하여금 선과 악에 대한 참된 지식이 어디에 있으며, 우리가 피조될 때 부여받은 순종의 상태를 버리고 그것을 알고자 열망하는 것이 얼마나 어리석은 것인지를 보기 원하셨다.

욥 28:11에서 마지막 절까지에는 지혜와 지혜가 머무르는 장소에 대한 질문과 이것에 대한 답이 나온다. 모든 피조물은 지혜가 자신들 안에 없으며, 자신들에게 감추어져 있으며, 오직 그 명성만을 들었다고 대답한다. 이 본문의 모든 정황은 그것이 본질적으로, 원천적으로 오직 하나님 안에 있다는 것을 분명히 나타낸다. 그러나 "만약 우리가 그것을 그 자체로 이해할 수 없다면, 우리는 우리에게 지혜가 무엇인지, 그 지혜를 얻기 위해 무엇이 필요한지 알 수 없지 않을까?" 하는 질문이 제기될 수 있다. 이 질문에 대해 그는 그렇다고 대답한다. 그는 "보라 여호와를 경외함이 지혜요 악에서 멀리함이 명철이라"고 말하기 때문이다(28절). 그러나 사람은 사단이 제안하였을 때 그렇지 않다고 생각했고 지금도 계속해서 그렇게 생각한다. 사람은 곧 현명하게 되는 방법이 이것들을 버리는 것이라고 생각한다. 세상은 "여호와를 경외함이 지혜요 악에서 멀리함이 명철이라"는 주장에 설득 당하지 않을 것이다. 참된 지혜가 하나님께 대한 믿음과 사랑과 경외와 순종에 있다는 생각보다 대부분의 사람들이 더 경멸하고 비웃는 것은 없다. 시 14:6을 보라. 그들이 다른 무엇을 주장하든지, 이것을 지혜로 여기는 사람들은 바보들일 뿐이라는 것이 분명하다.

사단과 사람이 계획한 것의 어리석음을 영원히 꾸짖고 참된 지혜가 어디에 있는지 확실히 하기 위해 하나님은 순종의 상태를 영화롭게 하기를 원하셨다. 그는 하늘에 있는 모든 천사들과 땅에 있는 사람들이 계속해서 순종했더라면 가졌을 모습보다 순종의 상태를 비교할 수 없을 정도로 더 사랑스럽고, 더 바람직하며, 더 탁월한 것으로 만들기를 원하셨다. 그는 우리를 회복시키기 위해 자기의 영원한 아들이 순종의 상태에 들어오셔서 "하나님의 종의 형체" 혹은 조건을 취하도록 하셨다. 그렇다면 다른 조건에서 지혜를 찾으라는 사단의 제안에 귀를 기울인 것만큼 사람의 어리석음을 더 명확하게 보여줄 수 있는 것이 어디 있는가? "여호와를 경외함이 지혜요 악에서 멀리함이 명철이라"는 금언이 사람의 모든 헛된 생각과 반대가 된다는 것이 이것에서보다 더 분명히 어떻게 나타날 수 있겠는가? 사람은 본질적으로 하나님께 봉사하고, 보편적으로 순종하는 조건보다 더 나은 조건을 가질 수 없다는 것을 이보다 더 분명히 보여주는 증거가 어디 있겠는가? 다른 어떤 상태가 이보다 더 사랑스럽고, 더 바람직하고, 더 복될 수 있는가? 우리의 본성을 입으신 하나님의 아들이신 그리스도의 순종에서, 배교한 죄인들은 사람이 버린 순종의 상태가 얼마나 영광스러운 것이었으며, 자신들의 그런 행동이 얼마나 어리석은 것이었는지 책망 받게 된다. 하나님의 영원하신 아들이 기뻐하신 조건을 버림으로써 우리는 무엇을 얻었는가? 그리스도는 "나의 하나님이여 내가 주의 뜻을 행하기를 즐기오니 주의 법이 나의 심중에 있나이다"라고 말씀하신다(시 40:8). 이것은 우리의 본성이 하나님께 순종하는 것보다 더 큰 질서와 더 큰 아름다움과 더 큰 영광을 가질 수 없다는 것을 아주 분명히 증거하고 있는 것이다. 우리는 이제 그리스도의 순종에서 우리가 이 순종을 버림으로써 전적으로 어둡고, 혼란스럽고, 비참한 상태에 빠졌다는 것을 알게 된다.

그러므로 하나님이 자신의 무한한 은혜와 자비로 우리를 회복시키고자 하셨을 때 자신의 의와 거룩을 따라 우리가 버린 순종의 방법으로 이것을 하셨다는 것은 하나님의 지혜가 얼마나 놀라운 것인지를 보여준다. 하나님은 우리를 구원하는 유일한 수단인 성육신의 신비를 통해 우리가 순종의 상태에서 떠난 것이 얼마나 어리석은 것이며, 순종의 상태가 자신에게 돌아오고자 하는 사람들에게 얼마나 사랑스럽고 바람직한 것인지를 알게 하셨다.

　이런 어리석음을 부끄러워하며 깊이 느끼고 그리스도의 위격에 나타난 순종의 영광을 계속해서 보고 이것을 닮고자 노력하며 사는 것은 우리가 이 세상에서 얻을 수 있는 가장 큰 지혜이다. 이것과 다르게 생각하는 사람들은 결국 가장 비참한 상태에 처하게 될 것이다.

　7. 하나님은 자신의 무한한 지혜로 이 수단을 통해 이 세상의 모든 유업을 지키셨고, 다시 이것이 탈취되는 것을 차단하셨다. 하나님은 사람의 자녀들에게 무엇을 부여하시든지 그것을 유업의 방법으로 부여하신다. 그러므로 영적이며 영원한 것을 상징하는 가나안 땅이 아브라함과 그의 후손에게 유업으로 주어졌다. 그리고 약속에 대한 그의 참여는 "세상을 유업으로 이을 자"라는 표현으로 제시되었다. 실질적으로 우리가 이 땅에서 누리고 있는 선하고 유익한 모든 것은 유업으로 우리에게 주어진 것이다. 그것은 아담 안에서 우리에게 주어졌다. 은혜와 영광의 모든 것도 마찬가지이다. 신자들의 모든 특권은 구원의 상속자들로서 그들에게 주어진 것이다. 그러므로 "경건은 범사에 유익하니 금생과 내생에 약속이 있느니라"고 딤전 4:8은 말하고 있는 것이다. 그리고 여기에서 약속은 오직 유업에 속한 것이다. 이 유업은 전에 언급한 것처럼 아담 안에서 잃어버렸던 것이며, 하늘과 땅의 위대한 소유자이신 위대한 주의 손에 넘어갔던 것이다. 하나님은 자신의 주권적인 은혜와 선하심으로써 이 유업과 유업의 모든 유익을 다시 회복시켜서 이전의 소유자들에게 돌려주기를 기뻐하셨다. 하나님은 여기에 은혜와 더 큰 영광을 더하시기를 기뻐하셨다. 그러나 하나님은 자신의 무한

한 지혜로 이것이 다시 빼앗기지 않도록 계획하셨다. 그러므로 그는 그것을 어느 한 사람에게 즉시로 부여해서 그것의 유익을 누리며 사용하도록 하지 않으셨다. 사람들은 하나님이 무한한 은혜로 그들의 구원을 위해 개입하지 않으신다면 실패한 상태로 영원히 파멸에 이를 수밖에 없는 상태에 있었다. 하나님은 자신의 지혜와 영광을 따라 자신이 부여하시는 유업이 똑같은 방법으로 다시 잃어버리기를 원하지 않으셨다. 그러므로 그는 그것을 단지 피조물에게 맡기기를 원하지 않으셨다. 그는 그것이 자신의 영광을 위해 안전하게 사용되기를 원하셨다. 그가 오직 피조물인 존재에게 그것을 맡기지 않으시는 이유는 다음과 같다.

(1) 그것은 그들 중 어느 하나에게 맡기기에는 너무나 큰 유업이었다. 그것은 하늘과 땅의 모든 유업이었으며, 은혜와 영광의 모든 풍성함이었다. 하나님은 이 영광을 어느 한 피조물에게 주기를 원하지 않으셨다. 만약 그것이 처음에 아담에게 주어졌기 때문에 다시 그에게 주어져야 한다고 주장한다면, 그것은 피조물의 능력의 범위를 벗어나지 못하는 영예에 불과하다. 그렇게 된다면 유업의 본질은 크게 바뀌게 될 것이다. 아담이 받았던 유업은 하나님이 교회를 위해 준비하신 유업과 비교하면 아무것도 아니었다. 교회가 받을 유업에는 아담이 가지지도 못했고, 가질 수도 없었던 은혜와 영광이 더해져 있었으며, 그들은 단순히 피조물인 어떤 존재에게 주어지거나 전달될 수 있는 것이 아니었다. 더욱이 이 유업을 가지고 계신 분은 교회의 믿음과 신뢰의 대상이며, 어떤 사람도 그분이 주시는 은혜가 없이는 이 유업에 참여할 수 없다. 신앙의 대상이 되는 것은 오직 신적인 본질에 속하는 특권이었다.

(2) 단순히 피조물인 존재는 이 유업이 더 이상 잃어버리지 않도록 지킬 수 없었다. 그리고 만약 이 유업이 다시 잃어버리게 된다면 하나님의 영광은 크게 손상을 입게 될 것이다. 이 유업을 받을 자는 다음과 같은 두 가지 자격이 필요했다. 첫째로, 이 유업을 받는 자는 하나님의 불변하고 영원하신 순종의 법을 실패하지 않고 계속해서 지킬 수 있어야 했다. 둘째로, 그는 구원의 상속자가 되고, 이 유업을 즐기게 될 사람들 모두를 위해 이것을 지킬 수 있어야 하고, 그들 중 어느 누구도 이 유업에 참여하지 못하거나 참여할 조건을 잃어버리지 않도록 할 수 있어야 했다. 그러나 단순히 피조물인 존재는 이런 요구를 다 충족시킬 수 없었다. 그들 중 어느 누구도 자신의 본질상 절대적으로 하나님으로부터 떨어지지 않을 수 없기 때문이었다. 그들은, 곧 하늘의 천사들과 영화롭게 된 성도들은 은혜로 말미암아 자신들이 실질적으로 하나님으로부터 떨어지지 않을 것이라는 확신을 가질 수 있었다. 그러나 이런 확신은 자신들에게서, 혹은 자신들의 본질의 원리에서 나온 것이 아니었다. 이 유업을 받을 사람은 본질적으로 반드시 이 조건들을 충족시켜야 했다. 처음 그것이 아담에게 주어졌을 때 그는 자신의 본성의 능력으로 그것을 보존할 수 있었다. 그리고 하늘에 있는 천사들은 유업이 순종을 통해 안전하게 어느 한 사람에게 안전하게 전달될 수 있도록 그 유업을 떠맡을 수 없었다. 비록 그들은 하나님의 모든 피조물 중 가장 거룩하고 영광스럽지만, "구원의 상속자가 될 사람들을 섬기는 종들"에 불과했다(히 1:14). 그러므로 그들은 유업을 받기에 부적절했다.

그러나 하나님은 자신의 무한한 지혜로 "경건의 신비" 곧 성육신을 통해 이 문제를 해결하셨다. 그는 자기 외아들을 만물의 상속자로 삼으시고, 그에게 모든 유업을 부여하셨다. 유업을 주기로 한 약속이 기록되어 있는 하늘의 두루마리가 오직 그리스도께 주어졌다. 갈 3:16은 "이 약속들은 아브라함과 그 자손에게 말씀하신 것인데 여럿을 가리켜 그 자손들이라 하지 아니하시고 오직 하나를 가리켜 네 자손이라 하셨으니 곧 그리스도시라"고 말한다. 우리는 오직 그리스도와 똑같은 상속자일 때만이 하나님의 상속자가 된다(롬 8:17). 이것은 우리가 오직 그리스도께 부여된 유업에 참여함으로써 그 유업을 받게 된다는 것을 의미한다. 사람들은 오직 그리스도 안에서만 이 유업에 참여할 권리와 유익을 얻게 되기 때문이다. 이것을 통해 위에서 언급한 목적들이 완전히 성취되게 되는데, 그 이유는 다음과 같다.

[1] "모든 것의 상속자"이신 그리스도는 이 유업의 영광을 받으시기에 합당하신 분이셨다. 이것이 인정이 되는 곳마다 그는 "아버지의 영광의 광채시요 그의 위격의 보이지 아니하시는 형상"이시며(히 1:2, 3), 모든 세상을 만드신 분으로 선포되고 있기 때문이다. 오직 신성에 참여하시고 모든 것을 창조하신 그분만이 이 유업의 상속자가 되기에 합당하신 분이다. 유업을 받을 자격을 갖추신 분은 오직 그밖에 없기 때문이다. 이것에 대해 더 자세히 살펴보기를 원하는 사람은 이 부분에 대한 나의 강해를 참조할 수 있을 것이다.

[2] 그리스도가 그의 위격으로 볼 때 실패하신다는 것은 절대적으로 불가능했다. 하나님의 아들의 위격 안에 있는 인간적인 본질은 그로 하여금 아주 조그마한 죄라도 짓는 것을 불가능하도록 했다. 그리스도의

인성의 모든 도덕적인 활동들은 하나님의 아들의 위격의 행동들이었기 때문이다. 그리고 우리는 이것을 통해 유업의 안전이 보장될 뿐 아니라, 믿는 모든 자들에게 유업이 주어진다는 확신을 가지게 된다. 은혜와 영광의 모든 유업이 그리스도 안에서 주어졌으며, 그것은 절대적으로 상실되거나 손상을 입을 수 없다는 것이 모든 복음적 위로의 생명이며 영혼이다. 우리가 은혜의 부족을 느낄 때 우리는 하나님께 나아가 "아버지여 아버지께서 우리에게 부여하신 재산을 주십시오"라고 말해야 한다. 우리는 잃어버린 아들이 그러했던 것처럼 재빨리 그것을 탕진하고 다시 비참한 상태에 빠질 수 있다. 그러나 그럼에도 불구하고 우리의 모든 유산은 그리스도 안에서 영원히 안전하다.

[3] 그리스도는 그들과 맺은 언약(言約)에 따라 이 유업의 상속자들을 보존하셔서 그들이 자신들의 유업을 잃어버리지 않도록 하실 수 있으셨다. 그는 자신의 은혜의 능력으로 그들이 자신의 값을 주고 산 유업을 온전히 즐길 수 있도록 보존하실 수 있고 보존하실 것이다. 우리는 하나님의 뜻에 의해 우리의 자격을 유지한다. 우리는 실패할 수 있고 이것으로 말미암아 하나님께 형벌을 받을 수도 있다. 그러나 우리를 위해 그리스도께 주어진 모든 유업은 영원히 안전하며, 우리는 그의 은혜에 의해 우리의 소유권을 박탈 당할 만큼 최고의 주권자를 거스르거나 쓸모없는 행동을 하지 않는다. 시 89:27-32을 보라. 그러므로 하나님은 자신의 무한한 지혜로 은혜와 영광의 유업이 다시 빼앗기는 일이 없도록 하셨다. 만약 또다시 이 유업이 상실된다면, 그것은 인간에게는 영원한 파멸을 의미하며, 이것은 하나님의 영광과 영예와도

일치되지 않을 것이다.

8. 하나님은 자신의 아들의 성육신과 중보를 통해 사단과 그의 몫을 정당하게 파괴시킴으로써 자신의 지혜를 영광스럽게 높이셨다. 사단은 하나님의 영광을 나타내는 첫 번째 방법을 무너뜨렸다. 그리고 그는 이것을 기뻐하고 교만하여 자신을 높였다. 이런 악의적인 살인자에게 하나님과 그의 피조물인 사람 사이의 관계의 파괴가 영원히 지속되는 것만큼 만족스러운 것은 없었다. 그는 하나님을 즐거워하도록 만들어진 모든 인류가 영원히 파괴되는 것 말고는 다른 생각을 가지지 않았다. 그러므로 그는 사람이 자신과 더불어 영원히 멸망을 받고 하나님의 영광이 영원히 박탈 당하도록 함으로써 사람에 대한 자신의 질투와 하나님에 대한 자신의 악의를 충족시키려고 했다. 그는 하나님과 인간 사이에 거리를 만들고 그 사이에 자신이 끼어들어 오랫동안 자신을 높여 세상에 대한 모든 권세를 가진 "이 세상의 왕"으로서 행세를 했다. 그가 이런 자신의 시도에서 실패하도록 하는 것은 하나님의 지혜의 영예에 속했다. 그런데 이것은 단지 하나님의 주권적인 전능의 능력의 행위로만 이루어지는 것으로 충분하지 않았다. 그를 의와 지혜를 드러내는 것과 관련이 없이 무력으로 무너뜨리는 것 이외에 그를 실망시킬 다른 방법이 없다면, 그는 자신의 계략이 성공한 것으로 영광을 받을 것이기 때문이다. 그러므로 이것은 그의 모든 계략이 하나님의 무한한 지혜에 의해 패배하고, 그가 한 일이 공평과 정의의 방법으로 무너지고, 그가 영원히 부끄러움을 당하는 방법으로 이루어져야 한다. 성령이 사람을 하나님으로부터 떨어져 나가도록 한 뱀을 일컬어 "땅의 어

떤 짐승보다 더 간교하다"고 일컬은 것은 사단이 자신의 계획을 어떻게 세웠는지를 잘 보여주고 있다. 사단이 한 행동은 힘이나 분노의 행동이 아니라, 간교와 모사와 속임수의 행위였다. 그는 이것을 통해 교활하게 자신을 높였다. 그러므로 부끄러움으로 그를 실망시키는 방법은 모든 그의 간교함을 어리석은 것으로 바꾸어 놓을 수 있도록 하나님의 무한한 지혜에 의해 계획되어야 한다.

사단과 관련해서 하나님의 일은 성경에서 두 가지로 표현된다. 첫째로, 사단의 힘과 그가 사로잡은 먹이를 빼앗는 것이다. 이것은 "무장한 강한 존재"를 결박하고 그가 가진 소유를 빼앗는 것이다. 주 그리스도는 자신의 죽음으로써 "사망 권세를 가진 이, 곧 마귀를 파멸시켰다". 그는 "사로잡은 자를 사로잡고", 정사와 권세를 빼앗고, 십자가로 그들을 이기셨다. 이것은 아브라함이 왕들을 멸하고 사로잡힌 롯과 그의 모든 권속을 풀어주었던 것과 비슷하다. 또한 "하나님의 아들이 나타나신 것은 마귀의 일을 멸하기 위한 것"으로 표현되기도 한다. 그는 사단이 사로잡은 자를 풀어주시고 그가 사람의 마음속에 세워둔 일을 멸하셨다. 그는 이 세상 신으로 행동하는 사단을 결박하셨다. 비록 이 모든 것이 능력의 일인 것처럼 보이지만, 그것은 우선적으로 사실 지혜와 의의 결과이었다. 사단이 인간에게 행사하고 있는 능력 자체가 정당한 것이 아니었기 때문이다. (1) 그는 이것을 음모와 속임수로 획득했다. "뱀이 하와를 유혹했다". (2) 그는 하나님의 권리와 소유를 침해함으로써 부당하게 이것을 소유하였다. (3) 그는 그것을 악의와 폭력과 분노를 가지고 사용하였다. 그러므로 그것은 근본에 있어서나 행위에 있어서나 정당하지 못하다. 이런 사단의 남용을 하나님은 자신의 전능한 능력으로 정당하게 파괴시키고, 그로 하여금 영원한 처벌을 받게 하셨다. 그러나 다른 한편으로 인간은 정당하게 사단의 능력 아래 고난을 받았다. 하나님의 의로운 심판으로 인간은 그렇게 할 권리를 사단에게 내주었기 때문이다. 다른 사람이 부당하게 가한 것을 어떤 사람은 정당하게 받을 수 있다. 어떤 사람이 이유도 없이 죄가 없는 사람을 때렸을 때, 만약 맞은 사람이 다시 때린 사람을 친다면 먼저 때린 사람은 정당하게 고난을 받지만, 다른 사람은 스스로 원수를 갚음으로써 부당하게 행동하는 것이다. 그러므로 사람은 사단에게 처벌의 방법으로 주어졌기 때문에 합법적으로 사로잡힌 자이며, 따라서 정의의 방법이 아니고는 구출될 수 없었다. 그리고 이것은 사단이 결코 생각해보지 못한 방법으로 행해졌다. 성육신하신 하나님의 아들의 순종과, 고난을 통해 사람의 죄에 대한 하나님의 공의의 완전한 충족과, 그의 영광의 회복과, 그의 율법의 영예와 그의 본성의 다른 모든 속성들과 더불어 그의 거룩의 영예에 대한 높임이 있었기 때문이다. 이것은 앞에서 선언한 것처럼 인간이 처음 죄를 범했을 때 하나님께 입혔던 모든 손상을 복구하고도 남는 것이었다. 아들의 사역을 통해 즉시 사단의 모든 주술이 풀렸으며, 그의 모든 사슬이 끊어졌고, 그가 피조물에 가져왔던 모든 어두움이 사라졌으며, 그의 모든 음모와 계획이 무산되었다. 그가 자신을 보며 하늘의 모든 거룩한 천사들에게 자랑했던 그의 모든 계획과 간교함과 능력은 그리스도에 의해 한낱 어두움과 악의와 어리석음과 무능력과 분노의 결집에 불과한 것으로 드러났다.

사단은 결과적으로 패배하고 실망하고 격노하여 영원한 고통의 주요한 부분 중의 하나인 자기 파멸의 상태에 들어가게 되었다. 그는 언제나 절대적인 능력과 그것이 만들어 내는 것을 두려워했다. "그는 그것을 믿고 떨고 있기 때문이다". 그러나 다른 전쟁에서 그는 자신이 안전하다고 생각했다. 그 오만한 대적자가 자기의 계획이 거룩하고 의롭게 실패했다는 것을 알았을 때 얼마나 치욕을 느끼고 혼란스러워하며 복수하려고 이를 갈았을지 아는 것은 쉽다. 그는 언제나 자기의 계획을 관철시키거나, 적어도 하나님으로 하여금 그의 본성의 다른 속성들에 대한 고려없이 전능한 능력만을 행사하도록 하여 그의 통치를 파괴시키려고 하고 있다. 하나님의 영광을 파괴시키고, 모든 피조물과 관련된 하나님의 목적을 좌절시키고, 인간을 영원히 파괴시키기 위해 그가 계획한 것이 발각되고, 오히려 하나님의 모든 거룩한 속성들이 영광스럽게 높임을 받고, 인간들이 말로 다 형언할 수 없는 축복을 누리는 것은 그가 당할 영원한 고통을 가장 크게 가중시키는 것이다. 이것은 하나님의 무한한 지혜로 말미암아 이루어진 것이다.

9. 거룩한 삼위일체 안에 세 분의 구분된 위격이 존재하는 반면에 두 번째 위격이신 아들이 이 일을 감당하시고 성육신하신 것은 하나님의 지혜로 말미암은 것이었다. 나는 단지 이 영광스러운 신비에 대해 일부를 말하고 있을 뿐이다. 성육신하신 이유에 대해 그것은 절대적으로 하나님의 뜻의 무한한 지혜와 주권적인 작정에 달려 있는 것이기 때문이다. 그리고 이 모든 것은 호기심으로 탐구해야 할 대상이 아니라 거룩하게 찬미해야 할 대상이다. 우리가 보지 못하고, 계시되어 있지

않은 것들을 탐구하려는 것은 우리를 믿음으로 세우는 데 유익이 되지 못한다. 그러나 우리가 선포된 진리들과 이와 관련된 다른 진리들을 직접적으로 묵상하는 것은 하나님을 향한 우리의 믿음과 사랑을 향상시키는 데 도움을 준다. 그리고 이 신비에 대해서도 우리가 분명히 살펴볼 수 있는 몇 가지 내용이 있다.

(1) 우리는 죄로 말미암아 하나님의 형상을 잃어버렸으며, 이것으로 말미암아 하나님의 모든 은혜로운 용납과 그의 사랑과 호의에 참여하는 것을 잃어버렸다. 우리가 회복될 때 앞에서 선포한 것처럼 이 형상이 우리에게 다시 회복되었으며, 우리는 하나님의 형상으로 갱신되었다. 그리고 하나님은 자신의 지혜로 이것이 하나님, 곧 아버지의 본질적 형상이신 분을 통해 특별히 이루어지도록 계획하셨다. 이 분은 앞에서 제시했던 것처럼 아들이셨다. 아버지로부터 영원한 낳아지심에 의해 그의 위격과, 이와 더불어 신성과 신성의 모든 속성을 받으신 그는 아버지의 표현된 형상이셨으며 그의 영광의 광채이셨다. 아버지의 위격 안에 있는 것은 무엇이든지 아들의 위격 안에 있었다. 그는 아버지로부터 모든 것을 받으셨기 때문에 아버지의 본질적인 형상이셨다. 그리고 그가 성육신하신 목적 중의 하나는 하나님을 우리에게 나타내시는 형상이 되고자 하심이었다. 그러므로 우리를 회복시키는 사건에서 하나님의 형상이 우리 안에 회복이 되어야 할 때 하나님은 자신의 본질적 형상이신 아들을 통해 이 일을 하고자 계획하셨다. 본질적으로 자신 안에 있는 형상이 우리에게 똑같이 전달되어야 하기 때문이었다.

(2) 우리는 본성상 하나님의 아들이었다. 우리는 창조에 의해 하나

님과 아들의 관계를 맺게 되었다. 그는 자신의 형상과 모양을 우리에게 전달하셔서 우리로 하여금 그의 유업을 이을 준비를 시키셨다. 똑같은 이유 때문에 천사들도 종종 하나님의 아들들이라고 불린다. 그런데 우리는 하나님과의 이런 관계를 죄로 말미암아 전적으로 잃어버리게 되었으며, 그에게서 소외되었고, 그에게 원수들이 되었다. 이런 상태에 대한 복구가 없이 우리는 회복이 될 수 없으며 하나님을 즐거워할 수 없다. 그리고 이것은 양자(養子)에 의하지 아니하고는 이루어질 수 없다. 이런 상태에서 하나님은 자신의 지혜로 본질상 하나님의 영원하신 아들이신 분을 통해 우리를 다시 아들들로 삼으려고 계획하신 것이다.

(3) 이 위대한 신비를 이해하기 위해 우리는 복된 삼위일체의 거룩한 위격들이 어떻게 질서를 유지하며 일하시는지 알아야 한다. 그들은 위격의 질서를 따라 사역을 하기 때문이다. 이 위대한 사역을 하기 위해서는 권위와 사랑과 능력이 요구되며, 이 모든 것은 하나님의 무한한 지혜에 의해 통제된다. 이것들은 본래 아버지의 위격 안에 있으며, 이 문제에 있어서 그들의 모든 행위는 계속해서 아버지께 기술된다. 그는 주권적 권위의 행동으로 성령을 보내시는 것처럼 아들을 보내셨다. 그는 자신의 영원한 사랑에서 아들을 보내셨다. 그는 곧 세상을 사랑하셔서 아들을 이 세상을 위해 죽도록 보내셨다. 이것은 계속해서 아버지의 사랑과 은혜의 결과로서 인정이 되어야 한다. 그는 이 신비의 목적을 달성하기 위해 "자신의 능력의 지극히 크심으로"(엡 1:19) 그리스도 안에 일하셨고 우리 안에 일하신다. 위격의 질서로 볼 때 두 번째 위격이신 아들은 행동의 질서에 있어서도 아버지의 모든 권위와 사

랑과 능력을 실행하신다. 이런 위격과 행동의 질서는 사도에 의해 다음과 같이 명확히 선포된다. "우리에게는 한 하나님 곧 아버지가 계시니 만물이 그에게서 났고 우리도 그를 위하며 또 한 주 예수 그리스도가 계시니 만물이 그로 말미암고 우리도 그로 말미암았느니라"(고전 8:6). 아버지는 이 모든 것이 나오는(ἐξ οὗ, from whom) 원천이시다. 그는 권위와 사랑과 선과 능력이 나오는 원천이시다. "그로부터"라는 표현은 그가 특별히 모든 것의 영원한 원천이시라는 것을 지시한다. 그러나 이 모든 것이 나오고 일어나는 아버지 안에 있는 권위와 선과 사랑과 능력은 어떻게 결과들이 나오게 하고 성취되게 하는가? "한 주", 곧 아버지와 구분된 위격이신 예수 그리스도가 계시고, "그에 의해(δι οὗ) 모든 것이 존재한다". 그는 자신의 위격의 질서를 따라 본래 아버지로부터 나온 모든 것을 실행하시고, 성취하신다. 모든 것은 위격의 질서로 볼 때 세 번째 위격이신 성령에 의해 그 목적에 맞게 완벽하게 적용이 된다.

그러므로 우리의 구속과 회복의 사역은 아버지의 권위와 사랑과 능력의 특별한 결과로 나타난 것이며, 아들 안에서, 아들에 의해 실행이 된 것이고, 성령에 의해 우리에게 적용이 되는 것이다. 그러므로 우리의 본성을 취하신 것은 아버지의 위격이 아니셨다. 만약 그렇게 되었다면, 그것은 복되신 삼위일체의 위격과 사역의 질서와 맞지 않는 것이었을 것이다. 이 모든 것이 나오는 권위와 사랑과 능력은 특별한 방법으로 아버지에게 속한 것이었다. 그러나 하나님의 지혜를 따라 그것을 실질적으로 실행하시는 것은 다른 위격에 속한 것이었다. 그리고 이것은 성령의 위격에 속한 것도 아니었다. 그는 위격의 질서를 따라 이미 성취된 것을 교회에 적용시켜서 그 일을 완성하는 일을 하신다. 그러므로 거룩한 위격들과 활동의 질서로 볼 때 이것이 아들의 위격 안에서 행해지고 성취되는 것이 모든 면에서 하나님의 지혜에 맞다.

이 거룩한 계획 속에는 하나님의 무한한 지혜가 각성된 마음과 참으로 겸손하게 된 영혼에 깨달을 수 있도록 비추어 주고 있는 몇 가지 내용들이 들어 있다. 그러나 우리는 이것에 대해 얼마나 조금 알고 있는가! 그것에 대한 우리의 관념은 얼마나 약하며, 얼마나 낮은가! 우리는 여기에서 전능하신 분을 완벽하게 알 수 없다. 우리가 하나님의 지혜와 사랑과 은혜의 신비에 대해 가지는 이해는 아주 적은 부분의 하늘의 영광도 되지 못할 것이다.

그럼에도 불구하고 우리는 우리가 이 땅에 있는 동안 매우 부지런히 이것을 탐구해야 한다. 이것은 모든 영광스러운 복음적인 진리들의 핵심이다. 그들 중 어떤 것도 이것과 관련되어 올바로 이해되지 않는다면, 우리가 전에 보여준 것처럼 이해될 수도, 믿어질 수도, 향상될 수도 없을 것이다.

하나님이 육체로 나타나신 신비는 이와 관련된 영광과 더불어 옛적에 선지자들이 알고자 부지런히 탐구했던 것이다(벧전 1:11). 그러나 그들은 우리와는 달리 그것을 식별할 수 있는 빛을 가지고 있지 못했다. 이 신비의 지식에 대해 "하나님의 왕국에서 가장 작은 자"도 그들 중 가장 큰 자들보다 나았다. 그렇다면 우리는 태양 빛 아래서 우리의 게으름이 어두움 속에서 그들의 부지런함에 의해 정죄를 받지 않도록 두려워해야 하지 않을까? 천사들은 비록 우리들과 관심은 다르지만 이것을 알기 위해 고개를 숙인다. 그러나 천사들은 천사들이고, 선지자들은 선지자들이었다. 우리는 하나님의 영광이나 우리 자신의 의무에 거의 관심이 없는 가난하고 죄를 지은 사람들의 세대이다.

많은 그리스도인들이 이런 일들에 대한 매우 피상적인 지식으로 만족하고 있는 것을 탄식하는 것이 지나친 일일까? 많은 탁월한 사람들이 자연의 일과 그 일에 나타난 하나님의 지혜와 능력의 결과를 탐구하고자 능력과 시간과 열정을 드려 연구하는 반면에, 이 영광스러운 신비에 대해 탐구하는 것을 비록 경멸하지 않는다고 하더라도 얼마나 게을리하는가! 아아! 자연의 가장 위대한 일에 나타난 하나님의 지혜의 빛은 육체로 나타나신 하나님의 신비와 이것을 통해 성취된 일에 빛나는 영광과 비교할 때 가장 희미하게 비치는 별과 완전하게 빛을 발하는 태양과도 같다. 약간의 시간만 할애해도 우리는 하나님과 인간 사이의 모든 관계와 더불어 우리가 탐구하고 있는 모든 주제에 대해 영원히 종식시킬 수 있다. 오직 이것만이 영원을 채우는 것이며, 비록 어떤 사람에게는 아무것도 아닌 것처럼 여겨질지도 모르지만 곧 모든 것이 될 것이다.

그리스도인이라는 사람들이 심지어 이 신비를 경멸하고 있는 것을 보고 탄식하는 것은 너무 지나친 일일까? 어떤 사람들은 그리스도의 위격에 대해 이단적인 주장을 가지고 이 신비를 반대한다. 그들은 그리스도의 신성이나 그의 두 본성의 위격적 연합을 부인함으로써 무한한 지혜의 신비를 거절한다. 그리고 비록 이 신비의 진리를 부인하지는 않지만, 이 신비를 부지런히 탐구하려는 노력을 경멸하고 비난하는 사람들이 있다. 나는 신실하게 복음의 신비들을 믿는 사람들에게 똑같은 경우에 사용되는 다음과 같은 말을 들려주고 싶다. "그러므로 사랑하는 자들아! 성령으로 기도하면서 거룩한 믿음 위에 너희를 굳게 세우라. 영생에 이르는 우리 주 예수 그리스도의 자비를 사모하고 너희를 하나님의 사랑 안에서 계속해서 머물러 있도록 하라". 그리고 이 신비에 대한 올바른 묵상은 틀림없이 다음과 같은 많은 영적인 유익을 수반할 것이다.

[1] 그것은 우리의 영혼의 특별한 관심들과 관련해서 계속해서 믿도록 할 것이다. 그것은 이것으로 말미암아 우리로 하여금 하나님께 마땅히 돌려야 할 영광을 돌리게 할 것이다. 이것은 믿음의 사역이며 목표이다(롬 5:1-5). 우리는 얼마나 많은 신실한 신자들인 그리스도인들이 자신들의 상태와 조건에 대해 마음에 확신하지 못하고 흔들리고 있는지를 본다. 그 주요한 이유는 그들이 "하나님의 의의 말씀에 익숙하지 못하기" 때문이다. 그들은 사도가 말한 것처럼 영적인 상태에 있어서 어린아이들과 같다(히 5:13). 우리가 영적인 평화를 누리기 위해서는 다음과 같은 방법이 필요하다. 신자의 영혼이 우리를 구원하는 이 위대한 신비에서 하나님의 모든 다른 거룩한 속성들이 높여지는 동시에 그의 지혜의 영광이 높여지는 것을 볼 수 있을 때, 영혼은 모든 두려움과 방해들을 제거할 수 있으며 마음에 확실한 평강을 찾을 수 있다. 이것에 대한 올바른 이해가 없이 그것은 획득될 수 없다.

[2] 이것에 대한 믿음의 행동은 영혼을 그리스도의 형상과 모양으

로 바꾸고 변화시키는 큰 능력을 가지고 있다. 그러므로 사도는 이것을 고후 3:18에서 다음과 같이 표현한다. "우리가 다 수건을 벗은 얼굴로 거울을 보는 것 같이 주의 영광을 보매 저와 같은 형상으로 화하여 영광으로 영광에 이르니 곧 주의 영으로 말미암음이니라". 우리 모두는 멀리 떨어져 있는 사물을 거울을 통해 계속 보는 것처럼 이것들을 잠깐 보는 것이 아니라 부지런히 살핀다($\kappa\alpha\tau o\pi\tau\rho\iota\zeta\acute{o}\mu\epsilon\nu o\iota$). 우리가 거룩한 묵상으로 계속되는 믿음의 행동을 통해 보려고 하는 것은 4장 6절에서 표현된 것처럼 "예수 그리스도의 얼굴에 있는 하나님의 영광"이다. 이것은 우리가 지금 설명하고 있는 바로 그 "경건의 신비"이다. 그리고 이 신비를 믿음으로 계속해서 묵상하는 것의 결과는 무엇인가? "우리는 변화된다($M\epsilon\tau\alpha\mu o\rho\varphi o\acute{\upsilon}\mu\epsilon\theta\alpha$)". 우리는 곧 과거와 아주 다른 피조물이 된다. 우리는 예수 그리스도의 형상과 모습과 모양으로 빚어져 간다. 이것이 이 세상에서 모든 신자가 가지게 되는 가장 큰 목표이다. 그렇다면 우리는 그리스도처럼 되는가? 우리는 땅의 형상을 입고 있는 것처럼 하늘의 형상을 입게 되는가? 우리에게 육신의 정욕에 사로잡혀 있는 옛사람의 왜곡된 형상처럼 싫은 것이 있을까? 우리에게 그리스도의 형상과 그 안에 나타나신 하나님만큼 사랑스럽고 바람직한 것이 있을까? 이것이 우리가 추구하는 목표를 이룰 수 있는 방법이며 수단이다.

[3] 이 의무를 열심히 감당하는 것이 우리로 하여금 특별히 땅에 것을 생각하는 데서 오는 부끄러움과 어두움에서 자유롭게 할 수 있는 가장 효과적인 수단이다. 자신의 마음을 언제나 땅의 것들을 생각하고 추

구하도록 만드는 것보다 그리스도인에게 어울리지 않는 것은 없다. 사람이 어떤 것을 생각하면 할수록 그의 감정은 그것을 향해 움직여지기 마련이다. 이것은 서로 상승작용을 일으키며 일종의 순환이 있다. 많은 생각은 감정을 불러일으키며, 감정은 많이 생각하게 한다. 이런 마음의 상태를 가지는 것보다 신앙생활에, 모든 은혜를 누리는 데 방해가 되는 것은 없다. 그리고 요즈음 특별히 눈에 띄게 이런 것이 기독교의 활력을 빼앗아가고 있다. 이 신비를 묵상하고 이것에 대한 믿음을 행사하지 않는다면, 점점 이 신비는 영혼에서 사라지게 될 것이다. 그리고 이 신비에 대한 묵상과 믿음의 행위가 없이 이 치명적인 악에서 벗어나려고 노력하는 것은 헛된 수고일 뿐이다.

[4] 그리고 이것에 의해 우리는 위에 있는 영광을 즐거워할 준비를 한다. 이 영광의 적지 않은 부분은 앞으로 살펴보겠지만, 이 신비에 나타난 하나님의 지혜와 선하심과 사랑과 능력과 그 결과를 영원히 묵상하고 찬미하는 데 놓여 있다.

그리고 어떻게 우리는 이 세상에 있는 동안 이것을 우리 마음에 깊이 묵상하고 새기는 것보다 우리를 더 잘 준비시킬 수 있겠는가? 하나님은 땅에 있는 것들에 머리와 마음이 온통 사로잡혀 있는 우리를 천국으로 인도하여 하늘의 영광을 보고 소유하게 하지 않으실 것이다. 그는 우리로 하여금 이것을 즐기도록 하기 전에 "빛 가운데서 성도의 유업을 받을 수 있도록" 우리를 만드시는 수단을 임명하셨다. 그리고 이것이 그가 그것을 하시는 주요한 방법이다. 이것을 통해 우리는 아들의 형상으로 "바뀌어 가며", "영광에서 영광에" 이르게 되며, 그것의 영원한 충만함에 가장 가까이 가게 되기 때문이다.

제 18 장
그리스도의 위격의 본질과 그의 위격적 연합에 대해 선포함

그리스도의 본질 혹은 구성은 일반적으로 고대와 현대의 신학자들의 글에서 일반적으로 취급되어왔다. 이 글에서 다른 사람들이 이미 충분히 다룬 주제들을 다루려는 것이 나의 목적은 아니다. 그럼에도 불구하고 이것에 대해 약간 언급하는 것은 현재의 주제와 관련해서 필수적이다. 그리고 나는 이중적인 목적 혹은 계획을 가지고 이것에 대해 대답을 할 것이다.

첫째로, 믿는 자들이 성경에 따라 그리스도의 신적인 위격에 대한 자신들의 생각을 정리할 수 있도록 돕기 위한 것이다. 우리가 그에 대해 올바른 개념을 가지는 것은 우리의 영혼에 매우 중요하다. 이것은 그의 신적인 위격이나 그의 본성을 거부하는 어리석은 이단들을 반대하는 데 도움을 줄 뿐 아니라, 하나님의 지혜와 은혜의 말로 다 형언할 수 없을 만큼 위대한 결과를 바로 이해하는 데 도움을 준다. 복음에서 언급된 그에 대한 지식은 위격의 구성에 한정되지 않고 하나님의 사랑과 은혜의 계획과 이것에 대한 우리 자신의 의무와 더불어 그의 중보 사역 전체에 해당되기 때문이다. 그러나 그럼에도 불구하고 그의 위격에 대한 지식은 그에 대한 다른 모든 지식의 원천이다. 그러므로 이것에서 실패하면 그에 대한 다른 모든 지식은 땅에 떨어질 수밖에 없다. 그리고 비록 그에 대한 구원받게 하는 지식은 특별한 신적인 계시(마 16:17), 혹은 구원받게 하는 조명(요일 5:20)이 없이는 획득될 수 없으며, 우리는 우리가 그의 영광을 볼 때까지 그를 완벽하게 알 수 없음에도 불구하고(요 17:24), 우리는 성경의 교훈들을 통해 이 세상에서 그에 대한 지식을 획득할 수 있다.

둘째로, 하나님의 아들과 인간 그리스도 예수 사이의 관계가 어떻게 구분이 되는지를 드러내어 하나님과 신자 사이 혹은 하나님과 다른 피조물 사이의 관계와 연합을 이해하도록 돕기 위한 것이다. 이것에 대한 참된 이해의 부족은 우리 시대의 많은 사람의 근본적인 오류를 가져왔다. 그러므로 우리는 "아버지께서 예수를 만물의 으뜸을 삼기 위해 어떻게 모든 충만으로 그 안에 거하도록 하셨는지"를 드러낼 것이다(골 1:18, 19). 그리고 나는 여기에서 스콜라 학자들과 다른 사람들이 호기심으로 제시한 질문들과 대답한 추론들과 증명이 되지 않는 결점들을 전적으로 회피할 것이다. 그들 중 많은 사람이 성경의 빛과 거룩한 절제를 넘어서서 이 신비를 제거하고자 그것을 애매하게 만들었기 때문이다. 그들은 모든 것을 이성에 맞추려고 노력하면서 믿음과 관련된 많은 것을 건전하지 않은 것으로 표현하였으며 스스로 많은 모순에 빠졌다. 그러므로 아퀴나스는 문장집(Sentences)의 선생이[7] 제시한 두 본성의 위격적 연합을 선포하는 세 가지 방법은 받아들일 수 없는 전적으로 이단적인 주장일 뿐이라는 것을 인정한다. 그러므로 나는 이 신비를 설명하는 데 있어서 신적인 계시가 제시하는 명제들과 이 명제들을 바르게 설명하는데 나 자신을 국한시킬 것이다. 성경이 이 위대한 일에 있어서 하나님의 지혜에 대해 표현하는 것은 네 가지로 요약될 수 있다. I. 하나님의 아들의 위격이 우리의 본성을 취하신 것과, II. 그 결과로 한 위격 안에서 두 본성이 연합된 것과, III. 인성과 신성의 서로 구분된 본질이 연합에 의해 서로 교통하게 된 것과, IV. 연합과 교제가 따라오는 그리스도의 위격에 대한 설명들이 그 내용이다.

I. 하나님이시며 동시에 사람으로서 그리스도의 위격이 신적으로 구성되기 위해 있어야 할 첫 번째 것은 '취하는 것'이다. 하나님의 아들의 위격은 말로 다 형언할 수 없는 신적인 행동에 의해 우리의 본성을 취하셨다. 성경은 이것을 때로는 능동적으로 아들의 위격 안에서 활동하시는 신성, 곧 취하는 본성에 대해 표현하기도 하고, 때로는 수동적으로 인성, 곧 취해지는 본성에 대해 표현하기도 한다. "자녀들이 혈육에 함께 속하였으매 그도 또한 한 모양으로 혈육에 속하심은······이는 실

---

7) 피터 롬바르드는 롬바르디(Lombardy)의 노바라(Novara) 근처에서 태어나서 1164년에 죽었다. 그는 파리의 주교였으며 "문장집의 선생(Magister Sententiarum)"이라고 불렸다. 문장집은 그의 책 중의 하나였으며 교부들이 문장들을 모아 체계적으로 정리한 것이었으며 중세기에 크게 평가를 받았다. 이 책은 1172년에 출판되었다

로 천사들을 붙들어 주려 하심이 아니요, 오직 아브라함의 자손을 붙들어 주려 하심이라"는 히 2:14, 16과 "그는 근본 하나님의 본체이시나 오히려 자기를 비어 종의 형체를 가졌다"라는 빌 2:6, 7이 그 예이다. 그리고 이것 이외에도 많은 예들이 제시될 수 있다. 이 말씀들에는 그가 우리의 인간적인 본성을 말로 다 형언할 수 없는 능력과 은혜로 자신의 것으로 취하신 것이 명확히 표현되어 있다. 그리고 인성을 자신의 본성으로 취하시기 위해 그는 자신의 위격 안에 인성의 존재를 부여하셨다. 그렇게 하지 않는다면, 인성은 그의 위격이 될 수 없었다. 그러므로 하나님은 "자기 피로 자기 교회를 값을 주고 사셨다"고 행 20:28은 말하고 있다. 여기에서 "자기"라는 표현은 자신의 위격에서 나온 것을 의미한다. 요 1:14은 "말씀이 육신이 되었다"고 표현한다. 하나님은 "자기 아들을 죄된 육체의 모양으로" 보내시고 "여자에게서 나게 하시고 율법 아래 나게" 하셨다(갈 4:4, 롬 1:3). 하나님의 아들이신 영원하신 말씀이 자신의 본질을 육체로 바꾸어서 육체가 되시고, 여자에게 나시고, 다윗의 자손이 되신 것이 아니다. 이것은 모순을 함축한다. 더욱이 이것은 절대적으로 신성을 파괴한다. 그러므로 그는 우리의 본성을 자신의 것으로 취하심으로써 육체가 되시고 여자에게 나신 것이다. 전에 육체가 아니고, 전에 사람이 아니었던 위격이 우리의 인성을 자신의 것으로 취하심으로써 사람처럼 육체가 되신 것이다.

이런 말로 다 형언할 수 없는 행동이 하나님의 아들과 사람이신 그리스도 예수 사이의 신적인 관계의 기초이다. 우리는 단지 그것의 신비로운 본성을 찬미할 수 있을 뿐이다. "크도다 경건의 비밀이여!" 그러나 우리는 우리로 하여금 이 신비를 찬송하도록 안내하는 다음과 같은 몇 가지를 관찰할 수 있다.

1. 이 신비가 일어날 수 있도록 하는 본래적인 효율성은 신성의 행동, 결과적으로 아버지와 아들과 성령의 행동에서 나왔다. 하나님의 모든 외적인 행동에서 신성은 그런 모든 행동의 직접적인 원칙이기 때문이다. 이런 행동에 나타나는 지혜와 능력과 은혜와 선하심은 신성의 본질적인 속성들이다. 그러므로 그들의 행동은 본래 똑같이 각각의 위격에 속하고, 똑같이 그 본질에 참여한다. (1) 성육신을 권위적으로 임명하는 것은 아버지의 행동이다. 그러므로 그는 "자기 아들을 죄된 육체의 모양으로" 보내신다고 언급된다(롬 8:3, 갈 4:4). (2) 아들 안에서 인간의 본성을 형성하는 것은 성령의 특별한 행동이다(눅 1:35). (3) 우리의 본성을 자신에게 취하는 것은 아들의 위격의 특별한 행동이다. 이 일에 있어서 다마스켄(Damascen)이 주목한 것처럼 다른 위격들은 "작정하고 승인하지만($\kappa \alpha \tau \grave{\alpha} \ \beta o \acute{v} \lambda \eta \sigma \iota \nu \ \kappa \alpha \grave{\iota} \ \grave{\varepsilon} \nu \delta o \kappa \acute{\iota} \alpha \nu$)" 협력하지는 않는다.

2. 이렇게 아들의 위격에 인성을 취하도록 한 것은 오직 그의 신성의 직접적인 행동의 결과이다. 존재를 유지하는데 필요한 다른 모든 것은 이것에 따라온다.

3. 이렇게 취하는 것과 위격적인 연합은 다음과 같은 이유로 말미암아 다르고 구분이 된다. (1) 취하는 것은 아들의 위격 안에서 신성이 인성을 직접적인 행동으로 자신의 것으로 삼는 행위이다. 그러나 연합은 이렇게 신성이 인성을 취함으로써 간접적으로 일어나는 것이다.

(2) 취하는 것은 위격 속으로 들어가는 것이며, 이 행동을 통해 하나님의 아들과 우리의 본성이 한 위격이 되는 것을 의미한다. 그러나 연합은 한 위격 안에 있는 본성들이 존재하는 행동이나 관계를 의미한다. (3) 취하는 것은 신성의 행위와 인성의 수용, 곧 취하는 본성과 취해지는 본성을 고려한다. 그러나 연합은 본성들의 상호 간의 관계를 고려한다. 그러므로 인성이 신성에 연합된다고 말하는 것처럼 신성이 인성에 연합된다고 언급될 수 있다. 그러나 신성은 인성이 취해지는 것처럼 취해진다고 말해질 수 없다. 그러므로 취하는 것은 한 본성의 행동과 다른 본성을 받아들이는 것을 지시하는 반면에, 연합은 둘 사이에 존재하는 상호 간의 관계를 지시한다.

이런 것들이 안전하게 인정이 되고, 굳게 믿어지도록 하기 위해 성령은 "그가 아브라함의 씨를 자신에게 취하셨다", "그가 종의 형체를 자신에게 취하셨다"고 표현하신다. 누가 이 일에 나타난 하나님의 선하심과 지혜와 능력을 생각할 수 있을까?

II. 여기에 따라 나오는 것은 똑같은 위격 안에서 두 본성의 연합 혹은 위격적인 연합이다. 이것은 많은 성경의 증거들에 포함되어 있고 증거되어 있다. "보라 처녀가 잉태하여 아들을 낳으리니 그 이름을 임마누엘이라 하라"(사 7:14, 마 1:23). 처녀에게 잉태되고 태어나신 분은 임마누엘 혹은 우리와 함께 하시는 하나님이셨다. 그는 곧 똑같은 위격 안에 두 본성의 연합을 통해 육체를 입으신 하나님이셨다. "이는 한 아기가 우리에게 났고 한 아들을 우리에게 주신 바 되었는데 그 어깨에는 정사를 메었고 그 이름은 기묘자라, 모사라, 전능하신 하나님이라,

영존하시는 아버지라, 평강의 왕이라 할 것임이라"(사 9:6). 똑같은 위격이 "전능하신 하나님"이시며 "태어난 아이"라고 하는 것은 신성과 인성이 똑같은 위격 안에서 연합되지 않으면 생각할 수도, 있을 수도, 참될 수도 없다. 그러므로 그는 자신에 대해 "아브라함이 있기 전에 나는 있었다"(요 8:58)라고 말했다. 유대인들에게 말하고 있는 삼십 대의 젊은이가 아브라함이 있기 전에 있었다는 것은 똑같은 위격 안에 다른 본성이 있다는 것을 확증한다. 만약 그렇지 못하다면, 그가 하신 말은 사실일 수 없다. 그는 아브라함이 있기 전에 존재했던 다른 본성을 가지고 계실 뿐 아니라, 당시 말씀하고 있는 인성으로 존재하는 똑같은 개별적인 위격을 가지고 계셨다. 똑같은 목적을 가지고 있는 것으로 요 1:14, 행 20:28, 롬 9:5, 골 2:9, 요일 3:16을 보라.

고대교회는 이 연합은 두 본성의 "어떤 변화도 없이($\grave{\alpha}\tau\rho\acute{\epsilon}\pi\tau\omega\varsigma$)", 구분되기는 하지만 그들 사이에 분리된 위격에 의해 "구분이 됨이 없이($\grave{\alpha}\delta\iota\alpha\iota\rho\acute{\epsilon}\tau\omega\varsigma$)", 서로 "혼합되거나 혼동됨이 없이($\grave{\alpha}\sigma\upsilon\gamma\chi\acute{\upsilon}\tau\omega\varsigma$)", 서로 "분리되거나 거리를 둠이 없이($\grave{\alpha}\chi\omega\rho\acute{\iota}\sigma\tau\omega\varsigma$)", "본질적으로 ($o\grave{\upsilon}\sigma\iota\omega\delta\tilde{\omega}\varsigma$)" 하나님의 아들의 위격 안에서 이루어졌다는 것을 인정했다.[8] 그것은 똑같은 위격 안에서 두 본성의 부차적인 연합이 아니라, 본질적인 연합이었기 때문이다. "그 안에서 신성의 충만함이 육체로 거하셨다".

이런 표현들은 애매한 표현을 가지고 그리스도의 위격의 교리를 부패시키려 했던 사람들의 음모를 막기 위해 고대교회에 의해 정리

---

8) 처음 네 표현은 451년 칼케돈 제 4 차 회의에서 채택되었던 표현이다.

되고 사용되었다. 그리고 그들은 또한 이 위대한 신비 혹은 하나님의 아들의 성육신을 의미하는 여러 가지 표현을 사용하였다. 그것에는 다음과 같은 것들이 있다. "성육신(ἐν σάρκωσις)", "육체를 입으심(ἐν σωμάτωσις)", "인간이 되심(ἐν ανθρώπησις)", "주께서 오셔서 거하심(ἡ δεσποτικὴ ἐπιδημία, καὶ παρουσία, ἡ οἰκονομία)", "육체로 말씀하심(ἡ διὰ σαρκὸς ὁμιλία)", "인간으로 나타나심(ἡ διὰ ἀνθρωπότητος φανέρωσις)", "오심(ἡ ἔλευσις)", "비우심 혹은 낮아지심(ἡ κένωσις)", "그리스도의 나타나심 혹은 현현(ἡ τοῦ Χριστοῦ ἐπιφάνεια)", "낮추심(ἡ συγκατάβασις)"들이 그것들이다. 이들 대부분의 표현들은 성경에서 나온 것이며, 이 신비 혹은 이 신비와 관련된 내용들과 관련해서 사용된다. 그러므로 우리의 믿음은 이 단어들이나 용어들 중에서 어느 하나에 국한되지 말고 이것들이 의미하는 내용뿐 아니라, 이것들의 표현 방법에 대해서도 관심을 가져야 한다. 그러므로 이것들은 성령으로 기록된 성경의 진리를 바로 표현하고 있는 한 진리를 가르치는 데 도움을 주는 것으로 받아들여지고 방어되어야 한다.

고대인들의 글에서 가장 일반적으로 사용되는 표현은 "연합의 은혜(χάρις ἑνώσεως, gratia unionis)"라는 표현이다. 이 표현에 익숙하지 않은 사람들은 자신들의 글에서 실제로 자신들이 얼마나 이 은혜에 무지한지를 보여준다. 여기에서 의도되고 있는 은혜는 그리스도의 위격 혹은 인성에 주관적으로 거주하고 있는 어떤 습관적이며 내재적인 은혜가 아니라, 다른 본성의 은혜이다.

1. 이곳에는 연합의 원인이 표현되어 있다. 이것은 인간이신 그리스도 예수를 향하신 하나님의 값없는 은혜와 호의이다. 이 은혜와 호의가 그를 예정하시고, 계획하시고, 취하셔서 아들의 위격과 실질적으로 연합이 되게 하신 것이다. 이런 연합은 그 안에 있는 어떤 위엄이나 공로를 사전에 고려하거나 보지 않고 이루어진 것이다(벧전 1:20). 그러므로 어거스틴은 "사람이 처음에 은혜로 그리스도인이 되는 것처럼, 그리스도의 인성도 처음에 은혜로 그리스도가 되었다(De Prædest. Sanct., cap. xv)"라고 말했다. 그리스도의 인성의 모든 내재적인 은혜와 그것에서 나오는 모든 거룩한 순종은 이 연합의 결과에서 나온 것인 반면에, 그것들은 어떤 의미에서도 연합을 공로로 획득하는 원인이 될 수 없다. 그것은 은혜로 말미암은 것이었다.

2. 이 표현은 또한 많은 사람에 의해 그리스도의 인성의 특별한 위험을 나타내기 위해 사용되고 계획되었다. 이것은 어떤 피조물도 영원히 참여할 수 없는 것이다. 이것은 그리스도의 인성의 근본적인 특권이며, 다른 모든 특권은 여기에서 나온다.

3. 그리스도의 위격은 그의 중보사역을 감당할 수 있을 만큼 충분히 영광스럽다. 그의 모든 중보사역은 똑같은 위격 안에 있는 그의 본성들의 연합을 통해 이루어지며, 이것이 없는 어떤 것도 교회에게 줄 수 없다. 그리고 이것이 신자들로 하여금 영광스럽고 사랑스럽게 여기도록 하는 "우리 주 예수 그리스도의 은혜"이다. 이런 이유 때문에 믿는 자들에게 그리스도는 고귀하시다.

오늘날 교회에서 그리스도의 위격에 대해 공통적으로 사용하고 있는 표현들 중에 "위격적 연합"(hypostatical union)이라는 표현이 있다. 이것은 곧 아들의 위격 안에서 신성과 인성이 연합되어 있으며, 인성은 그 자체로 어떤 인격성이나 존재를 가지지 못한다는 것을 의미한다.

이런 연합과 관련하여 그리스도의 이름은 "기묘자"라 불리었다. 이것은 그리스도의 위격에 하나님의 지혜의 모든 결과가 탁월하게 나타났음을 의미한다. 이것과 똑같은 것은 신적인 것이든 인간적인 것이든, 영적인 것이든 자연적인 것이든, 실질적인 것이든 부차적인 것이든 관계없이 존재하지 않는다. 이것은 이 모든 것과 분명히 다르다.

(1) 가장 영광스러운 연합은 똑같은 존재 혹은 본질 안에서 신적인 위격들의 연합이다. 아버지는 아들 안에서, 아들은 아버지 안에서, 성령은 아버지와 아들 안에서, 아버지와 아들은 그 안에서 연합된다. 그러나 이것은 똑같은 본질 안에서 구분된 위격들의 연합이다. 그리고 나는 이것이 우리가 다루고 있는 것보다 더 영광스럽다고 고백한다. 그것은 절대적으로 본질상 영원하신 하나님 안에 있는 것이기 때문이다. 그러나 우리가 논의하고 있는 연합은 하나님에 대한 것이 아니라, 신적인 지혜와 능력의 결과인 피조물에 대한 것이다. 그리고 그것은 똑같은 본질 내에 구분된 위격들의 연합이 아니라, 똑같은 위격 안에 구분되는 본질 혹은 본성들의 연합이다. 똑같은 본질 내의 연합은 자연적이며, 실질적이며, 본질적이다. 이것은 우리가 보여줄 것처럼 부차적이 아니다. 그러나 우리가 다루고 있는 것은 본질적이 아니다. 그것은 똑같은 위격 내의 똑같은 본성의 연합이 아니라, 다른 본성의 연합이기 때문이

다. 그것은 본성에 있어서는 구분된 채로 유지가 되기 때문에 위격적인 연합이다. 그러므로 어거스틴은 "아들이 아버지 안에 있는 것처럼 인간이 하나님의 아들 안에 있었다"라고 말하는 것을 두려워하지 않았다 (De Trin., lib. i. cap 10). 그러나 이것은 아버지께서 아들 안에 있음으로써 둘이 한 위격이 되지 않으셨다는 면에서만 사실이다. 다른 모든 경우에 있어서 아들이 아버지 안에 있는, 곧 자연적이며, 본질적이며, 영원한 연합이 하나님의 지혜와 은혜의 일시적이며 외적인 행동의 결과인 연합보다 영광에 있어서 더 크다는 것이 인정이 되어야 한다.

(2) 자연적인 것에 있어서 가장 탁월한 본질적인 연합은 영혼과 육체가 연합되어 한 위격을 이루는 것이다. 나는 이런 연합과 그리스도의 위격 안에서 다른 본성이 연합되는 것 사이에는 일종의 유사성이 있다고 고백한다. 그리고 그들 사이에 존재하는 비유사성은 그들 사이에 일치하는 것보다 더 크고 훨씬 더 중요하다. 그 이유는 다음과 같다.

[1] 영혼과 육체는 연합되어 한 본질을 구성한다. 영혼은 인간적인 본질도, 육체도 아니며, 그들의 연합의 결과이다. 영혼과 육체는 인성의 본질적인 부분들이다. 그러나 그들은 오직 그들의 연합을 통해서만 완벽한 인간적인 본질이 된다. 그러나 그리스도의 위격 안에서 본성들의 연합은 전에 없었거나 전에 완성되지 않았던 새로운 본질을 구성하는 것이 아니다. 각각의 본성은 이 연합 이후에도 똑같이 완벽하고 완전한 본성으로 남아 있다.

[2] 영혼과 육체의 연합은 전에는 없었던 본질적으로 완전하게 된 본질, 곧 새로운 개별적 위격을 구성한다. 그러나 비록 하나님이시며

동시에 사람으로서 그리스도의 위격은 이 연합을 통해 구성이 되지만, 그의 위격은 그 연합 이전에도 절대적으로 완벽했다. 그는 이 연합을 통해 전에는 없었던 새로운 위격, 곧 다른 위격이 되지 않으셨다. 그 위격은 단지 인성을 자신의 위격 속에 취하신 것에 불과하다.

[3] 영혼과 육체는 서로 간의 행동에 의해서가 아니라, 외적인 효율적 원인 곧 하나님의 능력에 의해 연합된다. 그러나 이 연합은 우리가 전에 언급했던 것처럼 인간적 본성을 향한 신적인 본성의 행동에 의해 효력을 발생한다.

[4] 영혼과 육체는 연합되기 전에 어떤 위격적인 존재를 가지고 있지 않았다. 그러나 이 연합의 유일한 기초는 하나님의 아들이 영원부터 스스로 존재하는 위격이셨다는 데 있다.

(3) 자연적인 것들에는 혼합을 통한 다른 연합들이 존재한다. 그러므로 여러 부분이 혼합되어 원래 없었던 물건이 만들어지기도 한다. 그리고 어느 한 본질이 다른 본질로 바뀌기도 한다. 마치 그리스도가 물을 포도주로 바꾸셨던 것처럼 말이다. 그러나 이런 연합은 원래 각자가 가졌던 본질을 잃어버리고 만다. 그러나 신성과 인성이 연합된 것은 서로의 본성이 혼합($\kappa\rho\tilde{\alpha}\sigma\iota\varsigma$)되어 제 삼의 본성을 만들어 내는 것이 아니다. 이런 어리석은 개념은 옛적에 상상으로 만들어 낸 것에 불과하다. 유티케스(Eutyches)는[9] 그리스도의 위격 안에서 두 본성의 혼합을 주장하였다. 그에 따르면 적어도 인성은 그 모든 본질적인 속성을 잃어

---

9) 유티케스는 콘스탄티노플의 장로요 대사제였다. 그는 448년 그리스도 안에는 오직 한 본질만이 있다고 주장하여 451년 칼케돈 공의회에서 정죄되었던 네스토리우스주의자들(the Nestorians)을 비판하면서 자신을 드러내었다.

버렸으며 그 스스로의 이해나 의지를 가지지 못했다. 그리고 몇몇 아리우스주의자들(the Arians)은 그들이 주장하는 피조된 신성이 인성으로 본질적으로 변화되었다고 상상했다. 그러나 이런 상상들은 그리스도를 하나님이시며 동시에 인간이시라고 고백하는 대신에 그를 사실상 하나님도, 인간도 아닌 존재로 만들어 버린다. 그리고 이런 주장은 지금까지 충분히 반박되어왔다. 그러므로 우리가 취급하는 연합은 혼합과 같은 자연적인 연합과 어떤 유사성도 없다.

(4) 사람들이 이 신비를 설명하기 위해 사용하는 인위적인 연합이 있다. 똑같은 칼 안에 있는 불과 철과의 연합의 관계와 같은 것이 그 대표적인 예이다. 칼은 하나인 반면에 불의 본질과 철의 본질은 다르다. 그리고 그들의 행동은 구분된다. 철은 자르고, 불은 태운다. 그리고 그 결과도 구분된다. 철은 자르는 것이며, 불은 태우는 것이다. 그러나 동인 혹은 도구는 오직 한 개의 칼이다. 이런 본질은 비유로써 어느 정도 사용될 수 있을지도 모른다. 그러나 이것은 이 신비를 표현하기에는 여러 가지 이유로 말미암아 약하고 불완전하다. 철과 관련해서 불은 본질이라기보다는 부차적인 것이며 불과 분리될 수 있기 때문이다. 그리고 이런 예는 이것 이외에도 여러 가지 이유로 말미암아 이 신비를 올바로 설명하기에 부족하다.

(5) 영적인 연합, 곧 그리스도와 신자들의 연합이나 혹은 그리스도와 신자들 안에서 하나님의 연합이 있다. 이것은 성경에서 이 신비를 설명하기 위해 사용된 자연에 있는 다른 어떤 연합보다 탁월하고 신비로운 것이다. 우리 중 어떤 사람은 이것이 하나님의 아들과 인간이신

그리스도 예수 사이의 연합과 똑같은 종류의 연합이라고 판단한다. 그들은 단지 이것은 정도에 있어서만 다르다고 말한다. 영원하신 말씀이 인간이신 그리스도 예수와 연합되어 다른 모든 인간보다 상상할 수 없을 정도로 높임을 받으셨다. 그는 이것을 통해 하나님으로부터 다른 어떤 인간들보다 더 큰 거룩함을 부여 받으셨다. 그러므로 그는 여러 가지 면에서 특별한 방법으로 하나님의 아들이 되셨으며 이름의 전달을 통해 하나님이라고 불리셨다. 이것이 요즈음 다시 부활한 네스토리우스(Nestorius)의[10] 견해이기 때문에, 나는 그가 그리스도의 두 본성의 연합에 대해 어떻게 주장했는지 간단히 살펴볼 것이다. 그는 그리스도가 하나님의 아들의 위격과 사람의 아들의 위격을 각각 구분되게 소유하셨다고 주장했다. 이런 주장에 따르면 그리스도의 위격의 참된 연합은 여러 가지 이유로 말미암아 거부된다. 네스토리우스는 하나님의 아들이 사람이신 그리스도 예수와 동시에 구분되는 위격으로 존재한다는 것을 다음과 같은 다섯 가지 내용으로 주장했다.

[1] 그는 하나님의 아들이 사람이신 그리스도 예수 안에서 사람이 집에 머물거나 배에 타고 있는 것처럼 거주함으로써($\kappa \alpha \tau \grave{\alpha}$

---

10) 네스토리우스는 시리아의 북쪽에 있는 게르마니키아(Germanicia)에서 태어났으며, 후에 안디옥의 장로가 되었으며, 428년 콘스탄티플의 주교로 임명되었다. 그는 동정녀 마리아에게 적용이 되었던 테오토코스($\Theta \varepsilon o \tau \acute{o} \kappa o \varsigma$), 곧 하나님의 어머니라는 칭호를 거부하였는데, "이는 하나님이 사람에게 태어나는 것이 불가능하다고 생각했기 때문"이다. 그는 결과적으로 그리스도를 단순한 사람이라고 주장하여 정죄를 받았다. 그는 실제로 그리스도의 신성과 인성의 연합($\grave{\varepsilon} \nu \omega \sigma \iota \varsigma$)을 반대하고 결합($\sigma \upsilon \nu \acute{\alpha} \varphi \varepsilon \iota \alpha$) 혹은 서로 안에 거함($\grave{\varepsilon} \nu o \acute{\iota} \kappa \eta \sigma \iota \varsigma$)을 주장하여 각각의 위격의 구분된 분리를 주장했다. 그는 431년 제 3 차 에베소 공의회에서 정죄되었으며 약 450년 경에 죽었다.

$\pi\alpha\rho\acute{\alpha}\sigma\tau\alpha\sigma\iota\nu$) 함께 있다고 말했다. 그는 자신의 성전으로 그 안에 거하셨다. 그러므로 그는 모든 믿는 자들 안에 거하시지만, 그 안에서 좀 더 특별한 방법으로 거하신다. 그리고 하나님이 그와 함께, 그 안에서 성령의 충만으로 거하신다는 것에도 적용된다. 그는 모든 신자가 그에게 참여하는 만큼 그들과 함께, 그들 안에 거하신다. 그러나 이런 주장은 그 안에 "신성의 모든 충만이 육체로" 거하셨다는 신적인 증거를 충족시켜주지 못한다(골 2:9). 신성의 충만은 전적인 신적 본질이다. 이 본질은 아들의 위격 혹은 영원하신 말씀 안에 있는 것으로 생각된다. 육체가 되신 것은 말씀이시기 때문이다. 그리고 말씀은 인성을 자신의 것으로 취하지 아니하시고는 그 안에 육체적으로, 실질적으로, 본질적으로 거하실 수 없다. 그리고 신성의 충만이 성도들 중 어떤 사람에게 육체로 거한다는 주장은 신성모독이 아니라면 무의미한 주장일 뿐이다.

[2] 그는 친밀한 친구들 사이에 존재하는 감정의 연합과 같은 특별한 임재($\kappa\alpha\tau\grave{\alpha}\ \sigma\chi\acute{\epsilon}\sigma\iota\nu$)가 있다는 것을 허락했다. 하나님의 영혼은 언제나 사람이신 그리스도 안에 있었고, 그 안에서 그는 기뻐하셨다. 그리고 그리스도는 자신의 감정에 있어서 전적으로 하나님께 자신을 드렸다. 이것은 또한 사실이다. 그러나 네스토리우스의 주장에는 사실로 받아들일 수 없는 쓸모없는 내용이 들어 있다. 그는 감정의 차원에서 하나님의 아들의 신적인 위격을 허락하고 있기 때문이다. 그러나 그가 사람이신 그리스도 예수에 대한 하나님의 사랑과, 하나님에 대한 그리스도의 사랑과 관련해서 그리스도의 본질에 대해 무엇이라고 말하든,

그가 인정하고 있는 것은 그리스도의 신적인 위격이 아니라, 오직 아버지의 위격일 뿐이며, 이것 이외에 다른 해석이 있을 수 없다. 그것은 단지 그리스도가 아버지로부터 보내심을 받으셨으며, 아버지가 이를 기뻐하셨다는 것과 관련지어서만 언급되고 있기 때문이다.

[3] 그는 그것을 위엄과 영예의 방법으로($\kappa\acute{\alpha}\tau\ \dot{\alpha}\xi\acute{\iota}\alpha\nu$) 허락했다. 이런 결합에 의해 하나님의 아들에게 주어졌던 영예가 또한 모두 사람의 아들에게 주어졌기 때문이라는 것이다. 그러나 그는 교회로부터 두 본성의 한 위격 안에서의 연합을 제거하는 신성모독을 만회하기 위해 그것에 우상숭배를 드려 왔다. 하나님의 아들에게 마땅히 돌려드려야 되는 영예는 신적인 것이며 종교적인 것이다. 그 안에 모든 본질적인 신적인 속성들이 있기 때문에 영혼은 마땅히 그에게 복종해야 한다. 그러나 그가 하나님의 아들의 위격 안에서 그의 인성의 존재를 인정하지 않고 이 영예를 단지 인간인 그리스도에게 돌리고 있는 것은 우상숭배가 된다.

[4] 그는 하나님의 뜻과 사람이신 그리스도 예수의 뜻 사이의 동의와 일치에 의해($\kappa\alpha\tau\grave{\alpha}\ \tau\alpha\upsilon\tau o\beta o\upsilon\lambda\acute{\iota}\alpha\nu$) 그것을 주장했다. 그러나 하나님과 하늘의 천사들 사이에도 이와 같은 뜻의 동의와 일치가 있다. 하늘의 천사들은 모든 일에 있어서 하나님의 뜻에 완벽하게 순종하기 때문이다. 그러므로 만약 이것이 이 연합의 기초라면, 그는 아브라함의 자손뿐 아니라 천사의 본질도 취하실 수 있었을 것이다. 그런데 이것은 사도에 의해 거부되었다(히 2:16, 17).

[5] 그는 한 위격의 이름, 곧 하나님의 아들의 이름이 다른 위격의

이름, 곧 사람의 아들처럼 다의적인 칭호로($\kappa\alpha\theta$ $\delta\mu\omega\nu\nu\iota\alpha\nu$) 사용되었다고 주장했다. 그러므로 하나님의 말씀이 임한 자들이 신들이라고 불렸다는 것이다. 그러나 그의 이런 주장은 주 그리스도께 하나님의 이름이 부여된 어떤 성경의 신적 증거도 충족시키지 못한다. 하나님이 "우리를 위해 자기 생명을 주셨다", "자기 피로 자기 교회를 값을 주고 사셨다", "육체로 나타나셨다"고 성경은 말한다. 이 증거에서 어떤 칭호도 동음이의어나 다양한 의미로 사용되지 않았다. 이 모든 방법에 의해 그는 분리되고 부차적인 연합을 구성하셨는데, 이것은 종류에 의해서가 아니라 정도에 의해서만 사람이신 그리스도 예수에게 속한 것이었다. 그러나 이 모든 것은 사실 그의 위격 안에서 고려되는 세 번째 내용, 곧 서로 구분된 본질의 서로 간의 교제나 교통에 속하는 것이었다. 그러나 그의 본성적 연합은 이것들 중 어떤 것이나, 이 모든 것을 합한 데 놓여 있지 않았다. 그리고 그것들은 이 위대한 신비에 대해 성령에 의해 주어진 다양한 증거들 중 어느 것도 충족시키지 못한다. 이것들 중 몇 가지가 언급될 수 있다.

"말씀이 육신이 되셨다"(요 1:14). 이 말은 두 가지를 의미할 수 있다. 첫째로, 말씀이 원래 있는 자신의 모습을 잃고 본질적으로 육체로 바뀌었을 수 있다. 둘째로, 말씀이 자신의 원래 있던 모습을 유지하고 있으면서 전에 없었던 것을 취했을 수도 있다. 첫 번째 의미는 신적인 존재와 그 모든 본질적인 속성들을 파괴한다. 다른 것은 오직 말씀이 육체, 곧 인성을 자신의 것으로 취했을 때만 검증이 될 수 있다. 그리고 이것이 우리가 주장하는 것이다. 아들의 위격이 우리의 본질을 자신의 것으로 취했다는 주장과 인성을 자신의 위격적 실존으로 취하셨다는 것은 똑같기 때문이다. 그리고 전에 언급했던 것처럼 "말씀이 육신이 되셨다"는 신적인 증거는 하나님의 아들이 사람이신 예수 그리스도와 함께 하셨다는 것을 전혀 의미하지 않는다.

"그는 근본 하나님의 본체시나 오히려 종의 형체를 가져 복종하셨다"(빌 2:6-8). 그가 "하나님의 본체"이셨다는 것은 그가 아버지와 똑같은 신적인 본질에 참여하고 계셨다는 것을 의미한다고 이 사람들은 인정한다. 그리고 이 구절과 관련해서 비록 요즈음 사람들은 거부하지만 네스토리우스는 옛적에 그가 하나님과 구분되는 위격이라는 것을 인정했다. 그러나 그들은 하나님과 아들의 칭호와 관계를 나타낼 수 있는 그들 사이의 어떤 구분도 인정하려 들지 않는다. 그러나 이 이름에는 우리가 주장하려고 하는 모든 것이 필수불가결하게 포함되어 있다. 그리스도가 "종의 형체를 취하셨다"는 것은 종의 조건으로 사람의 본질을 취하셨다는 의미이다. 그는 여자에게 나시고, 율법 아래 나시고, 아브라함의 자손을 취하셨기 때문이다. 그리고 그는 복종하셨다. 그러므로 인성은 그가 취하셔서 자기의 것으로 삼으신 것이며, 그의 위격의 본질이었다. 그 상태에서 그는 복종하셨다. 그리고 인성이 하나님의 본체이신 분의 위격의 본질이라는 것이 우리가 믿고 주장하는 두 본성의 한 위격 안에서의 연합이다.

"한 아기가 우리에게 났고 한 아들을 우리에게 주신 바 되었는데 그 이름은 전능하신 하나님이라"(사 9:6). 아이와 전능하신 하나님은 똑같은 위격이다. 그렇지 않다면 "아이로 태어나신" 그가 정당하게

"전능하신 하나님"이라고 불릴 수 없다. 그리고 성경의 많은 다른 표현들의 진리는 이 두 본질의 한 위격적 연합에서 그 유일한 근거를 가지고 있다. 그러므로 하나님의 아들은 "아브라함의 자손"을 취하셨고, "여자에게 나셨고", "혈과 육에 참여하셨고", "육체로 나타나셨다". 축복받은 동정녀에게 태어나신 분은 "아브라함 이전"에 계셨고, "육체를 따라 다윗의 자손"으로 나셨으며, 이것으로 말미암아 하나님은 "자기 피로 교회를 값을 주고 사셨다". 이것은 그가 하나이시며 똑같은 위격을 지니셨다는 것을 나타내며, 두 본질의 연합으로 가능했다. 그리고 앞에서 언급된 예들처럼 부차적인 형이상학적 연합을 주장하는 사람들은 자신들이 우리 주 예수 그리스도의 신성을 반대하고 있다는 것을 충분히 잘 안다.

III. 이 연합과 더불어 있거나, 이 연합의 부분적인 결과는 한 위격 안에서 구분된 두 본질의 연합이다. 여기에 대해 우리는 다음과 같은 것을 살펴볼 수 있다. 1. 신성에 속한 것이 무엇이며, 2. 두 본성에 공통적으로 속하는 것이 무엇인가 하는 것이다.

1. 이 위격적 연합에는 신성이 인성에 전달해 주는 세 가지가 있다. (1) 아들의 위격에 있도록 한다. 이 인성은 그 자체로 다른 위격의 인성처럼 독립된 존재를 가지지 못한다(ἀνυπόστατος). 그러나 그것은 아들의 위격 안에서 그 존재를 가진다. 아들의 위격 안에서 신성이 인성에 그 존재를 부여하는 것이다(suppositum). (2) 성령에 의해 그는 인성에 떠나지 않고 머물러 있는 은혜의 모든 충만으로 채운다. 이것에 대해 나는 다른 곳에서 자세히 다루었다. (3) 그의 모든 사역의 행

위에서 그는 신성에 의해 인성 안에서, 인성에 의해 행해지는 것에 가치와 위엄을 전달한다.

그런데 신적인 본질의 속성들이 인성에 실질적으로 전달되었다고 주장하면서 오랫동안 교회를 괴롭혀 온 사람들이 있다. 이들에 따르면 인성은 신성으로 전환(轉換)이 되는 것이며 그들 사이에 본질의 교환이 일어난다는 것이다. 이것은 그들 자신뿐 아니라 다른 어느 누구도 이해할 수 없는 것이다.

2. 그러므로 이 위격적 연합 안에서 본성들의 교제에 대해 성경과 이성과 고대교회가 모두 일치하는 세 가지 내용이 관찰될 수 있다.

(1) 각각의 본성은 각자 자신의 자연적이며, 본질적인 속성들을 전체적으로 유지하고 있다. 그들 사이에는 혼합도, 결합이나 혼동도, 서로 간의 본성의 전달도 없다. 그러므로 그들은 다른 본성의 속성들을 가지지 않는다. 신성은 인성이 되지 않으며, 인성은 신성이 되지 않는다. 신성은 이 연합에 의해 일시적이며, 유한하고, 수난과 변화에 종속되지 않는다. 그리고 인성은 편재하고, 무한하고, 전능하게 되지 않는다. 만약 이것이 인정이 되지 않는다면, 그리스도 안에 두 본성 곧 신성과 인성은 있을 수 없을 것이다. 그리고 사실 그들 중 어느 하나도 있을 수 없으며, 두 본성이 합쳐진 어떤 다른 것이 될 것이다.

(2) 각각의 본성은 그 안에서 각자의 본질적인 속성들에 따라 활동한다. 신성은 모든 것을 아시며, 모든 것을 붙잡고 계시고, 모든 것을 다스리시며, 어느 곳에나 계셔서 활동하신다. 인성은 태어나셨고, 순종하셨으며, 죽으셨고, 부활하셨다. 그러나 이 모든 것을 행하시는 분

은 똑같은 위격이며, 똑같은 그리스도이시다. 신성과 인성은 모두 똑같이 그의 본성이시다.

(3) 그러므로 그리스도의 완벽하고 완전한 사역은 그의 중보사역의 모든 행위에서, 그가 교회의 왕이요, 제사장이요, 선지자로서 행하신 모든 것에서, 그가 행하시고 고난을 받으신 모든 것에서, 그가 우리를 위해 계속해서 행하시는 모든 것에서 인성이나 신성의 행위로 간주되지 말아야 한다. 그것은 전체 위격, 곧 한 위격 안에 하나님이시며 동시에 인간이신 분의 행동이며 사역이다.

IV. 그에 대해 성경에서 사용된 다양한 표현들에 대해 나는 살펴보고 결론을 지을 것이다.

1. 그리스도의 위격에 대해 오직 한 본성에 대해서만 표현하고 있는 구절들이 있다. "말씀이 하나님과 함께 계셨으니 이 말씀은 곧 하나님이시라"(요일 1:1). "아브라함이 나기 전부터 내가 있었느니라"(요 8:58). "그의 능력의 말씀으로 만물을 붙드시며"(히 1:3). 이것들은 모두 그리스도의 위격에 대해 언급하되 그의 신성의 관점에서 언급하고 있다. "한 아기가 우리에게 났고 한 아들을 우리에게 주신 바 되었는데"(사 9:6). "그는 멸시를 받아서 사람에게 싫어 버린 바 되었으며 간고를 많이 겪었으며 질고를 아는 자라"(사 53:3). 이것들은 그리스도의 위격에 대해 이야기하되 오직 인성의 관점에서만 이야기하고 있다.

2. 때때로 구별되게 어느 하나의 본성이 아니라 두 본성의 연합의 관계에서 그리스도의 위격에 대해 선포하고 있는 것들이 있다. 그리고 이것이 그리스도의 위격에 대해 가장 직접적으로 표현하고 있는 것들

이다. 그는 이런 차원에서 교회의 머리요, 왕이요, 제사장이요, 선지자로서 표현된다. 그는 어느 한 본성에 기초해서가 아니라, 두 본성의 한 위격 안에서의 연합을 기초로 이 모든 사역을 맡으시고 감당하신다.

3. 때때로 그의 위격에 대해 한 본성을 일컫고 다른 본성의 속성이나 행위를 그것에 부여할 때가 있다. 그들이 "영광의 주를 십자가에 못 박았다". 여기에서 그는 신성의 차원에서 영광의 주이시다. 그런데 십자가에 못 박히시는 것은 인성의 차원이다. 하나님이 "자기 피로" 값을 주고 사셨다(행 20:28). 여기에서 그는 오직 신성의 측면에서 하나님이시다. 그러나 자기 피를 흘릴 수 있는 것은 오직 인성의 측면에서만 가능했다. 그러나 값을 치르신 것은 하나님이시며 동시에 인간으로서 그의 위격의 사역이었다. "하늘에서 내려온 자 곧 인자(요 3:13)". 인자 곧 사람의 아들은 오직 인성의 측면에서 그의 위격을 지칭하는 것이다. 그러나 하늘에서 내려온 자는 오직 신성의 측면에서 언급하고 있는 것이다.

4. 때때로 그의 위격에 대해 한 본성을 일컫는 표현을 가지고 두 본성 모두를 나타낼 때가 있다. 롬 9:5, 마 22:42을 보라.

고대인들은 이런 종류의 내용들을 "변경($\dot{\epsilon}\nu\alpha\lambda\lambda\alpha\gamma\acute{\eta}$)", "교환($\dot{\alpha}\lambda\lambda o\acute{\iota}\omega\sigma\iota\varsigma$)", "교제($\kappa o\iota\nu\acute{o}\tau\eta\varsigma$)", "서로의 위치의 방법($\tau\rho\acute{o}\pi o\varsigma$ $\dot{\alpha}\nu\tau\iota\delta\acute{o}\sigma\epsilon\omega\varsigma$)", "속성의 교류($\kappa o\iota\nu\omega\nu\acute{\iota}\alpha$ $\dot{\iota}\delta\iota\omega\mu\acute{\alpha}\tau\omega\nu$)" 등과 같은 표현으로 나타내었다.

나는 이런 것들을 다른 사람들이 그리스도의 위격에 대한 그들의 교훈적이며 논쟁적인 글에서 공통적으로 다루었기 때문에 생략할 수 없어서 지금까지 이곳에서 언급하였다.

ΧΡΙΣΤΟΛΟΓΙΑ:
OR,
A DECLARATION OF THE GLORIOUS MYSTERY
OF
THE PERSON OF CHRIST — GOD AND MAN

제 19 장
그리스도의 높여지심과 영광 중에서 중보사역을 계속 감당하시는 그의 현재의 상태와 조건

사도는 이 위대한 경건의 신비, 곧 하나님이 육체로 나타나셨다는 것을 강조하여 서술하면서 그가 그것을 수건 아래 감추셨다가 영광 중에서 그것을 드러내셨다고 선포한다. 하나님은 육체로 나타나셨으며 영광 중에 하늘로 올리우셨다(ἀνελήφθη ἐν δόξῃ, 딤전 3:16). 성육신하신 우리 주 예수 그리스도가 영광 중에 하늘로 올리우셨다는 것은 교회의 신앙의 주요한 항목이다. 그것은 또한 이 세상에서 교회의 소망과 위로의 큰 근거이다. 그러므로 우리는 그리스도의 위격에 대한 묵상과 더불어 이것에 대해서도 묵상해야 한다.

내가 이곳에서 특별히 관심을 가지고 있는 것은 모든 것이 완성되기 이전에 하늘에서 중보의 직책을 감당하고 계신 그리스도의 현 상태이다. 바로 여기에 하나님의 영광과 현재 교회의 특별한 관심이 놓여 있다. 그의 경륜적 사역이 끝이 나면 그는 왕국을 하나님 아버지께 드릴 것이고, 자기의 중보의 사역과 능력을 그칠 것이기 때문이다. 사도는 고전 15:24-28에서 선포한다. "그 후에는 나중이니 저가 모든 정사와 모든 권세와 능력을 멸하시고 나라를 아버지 하나님께 바칠 때라

저가 모든 원수를 그 발아래 둘 때까지 불가불 왕노릇 하시리니 맨나중에 멸망 받을 원수는 사망이니라 만물을 저의 발아래 두셨다 하셨으니 만물을 아래 둔다 말씀하실 때에 만물을 저의 아래 두신 이가 그중에 들지 아니한 것이 분명하도다 만물을 저에게 복종하게 하신 때에는 아들 자신도 그 때에 만물을 자기에게 복종케 하신 이에게 복종케 되리니 이는 하나님이 만유의 주로서 만유 안에 계시려 하심이라".

모든 것이 죄로 말미암아 하나님의 영광과 교회의 구원에 적대적이 되었다. 이 적대적인 것을 제거하고 모든 원수를 멸하는 것이 하나님이 자기 아들에게 그의 성육신과 중보를 통해 맡기신 사역이었다(엡 1:10). 그는 자신의 모든 사역을 통해 이것을 다양하게 성취하셨다. 그는 자신의 십자가의 피로써 하나님과 우리 사이에 있는 적대적인 것을 즉시 제거하셨고 평강을 이루셨다(엡 2:14-16). 그리고 그는 이 평강을 계속해서 자신의 중보를 통해 보존하고 계신다(히 7:25, 요일 2:1). 교회의 영원한 전투에서 그는 원수들을, 곧 죄와 사망과 세상과 사단과 지옥을 자신의 능력으로 굴복시키신다. 그는 세대가 지남에 따라 택자의 교회의 구성원이 바뀌어도 계속해서 모든 것을 완성하실 때까지 이일을 행하신다. 모든 교회가 구원을 받아야 비로소 모든 것이 끝이 날 것이며, 그 때까지 그의 사역을 그치지 않을 것이다. 그는 구원할 자가

한 사람이라도 남거나 이겨야 할 원수가 하나라도 남는다면 자신의 일을 멈추지 않으실 것이다. 그는 승리하여 심판하실 때까지 결코 실망하거나 포기하지 않으실 것이다.

이 일을 실행하는 데 있어서 그는 자기에게 주어진 하늘과 땅에 있는 모든 것에 대해 주권적인 능력을 가지고 계셨다. 그는 이 모든 것을 다스리고 다스려야 한다. 그는 이 권한을 절대적으로 가지고 있어서 이것을 행하기를 중단하게 되면 하나님께 종속적인 존재가 되어 버린다. 주 그리스도는 인성의 측면에서 보면 언제나 하나님, 곧 아버지보다 못한 것이 사실이다. 이런 의미에서 그는 지금 하늘에서도 그에게 복종하신다. 그러나 그는 실질적으로 신적인 능력을 행하신다. 그는 절대적이며 최고의 존재이시기 때문이다. 이것을 중단하실 때 그는 이런 본성에서 아버지께 종속되는 존재가 될 것이다. 그러므로 이 일이 완전하게 성취되고 끝이 나게 될 때 그리스도의 모든 중보의 행위가 영원히 그치게 될 것이다. 하나님은 바로 그 때 그리스도의 위격의 구성과 사역에 나타난 자신의 지혜와 은혜의 모든 계획을 마치실 것이며 영원히 영광을 받으실 것이기 때문이다. 그 때 하나님은 "만유 안에 만유"가 되실 것이다. 그는 자신의 광대한 본성과 복되심에 의해 본질적으로, 원인적으로 "만유"가 되실 뿐 아니라, "만유 안에서" 우리에게 즉시 만유가 되실 것이다.

하나님이 즉시 "만유 안에서 만유"가 되시는 상태를 우리는 이 세상에서 올바로 이해할 수 없다. 이성이 획득할 수 있는 하나님의 완벽함에 대한 이해에서 우리는 우리 마음속에 그것에 대한 어느 정도의 신선한 개념을 가질 수도 있고, 우리의 본성이 허락하는 한 영원한 안식과 만족과 복됨을 약간 느낄 수도 있을 것이다. 그럼에도 불구하고 성경은 이런 것들에 대해 침묵하고 있다. 성경은 단지 우리의 영원한 보답과 복됨이 오직 하나님을 즐거워하는 데 있다고 증거하고 있을 뿐이다.

그러나 성도들이 이 세상을 떠날 때 그들이 즐기게 될 것들 중에는 신앙의 직접적인 내용이 될 수 있는 것들이 있다. 그리고 성경의 계시는 이런 상태가 세상의 끝에 이루어질 것임을 선언하고 있다.

그러므로 하늘은 이제 주로 우리에게 예수 그리스도가 머물고 계시면서 자신의 일을 하시며 영광을 드러내시는 곳으로, 우리가 그것에 참여하고 그와 교제하는 축복을 누리는 곳으로 제시된다. 그러므로 그는 아버지께서 자신에게 주신 모든 사람을 위해 그들이 자기가 있는 곳에 있어 자기의 영광을 보도록 기도하신다(요 17:24). 그가 보도록 의도하신 것은 아버지의 위격과 똑같은 자신의 신적인 위격의 본질적인 영광이 아니라, 특별히 자신에게 속한 영광 곧 아버지께서 자신을 사랑하셔서 주신 영광이었다. 그는 "당신이 나를 사랑하셔서 나에게 주신 나의 영광"이라고 말하신다. 그가 보기를 원하셨던 것은 자신의 영광을 위해 기도하시는 요 17:5을 생각할 때 이미 지적한 것처럼 단지 자신의 인성의 영화롭게 된 상태가 아니었다. 물론 이것이 배제되지는 않는다. 그를 사랑하는 모든 사람은 비록 우리가 다 이해할 수 없는 영광 중에 거하시지만, 자신들을 위해 온갖 모욕과 경멸과 고난을 당하신 그의 인성을 바라보면서 새롭게 되는 큰 축복을 누리게 되기 때문이다. 그러나 하나님이 그리스도께 주신 영광은 성경의 표현대로 말한다면 주로 그의 중보사역과 관련해서 높아지신 영광이다. 그가 하늘 보좌 우편에 앉으셨을 때 하늘과 땅에 있는 "모든 권세"가 그에게 주어졌으며, 그는 "모든 이름 위에 뛰어난 이름"을 가지셨다. 모든 것이 완성되기 이전에 이 세상을 떠난 모든 위에 있는 성도들이 현재 즐기고 있는 축복과 영광의 적지 않은 부분은 이것을 거룩한 즐거움과 기쁨으로 보고 묵상하는 데 있다. 그리고 이것을 올바로 생각하는 데 "보지 못하는 것들의 증거"이며, 우리에게 그것들을 제시해줌으로써 눈으로 보는 것을 대신해 주는 믿음의 적지 않은 부분이 놓여 있다. 이것은 우리의 희망이 닻을 내리는 근거, 곧 "베일에 가리운 것들"인데(히 6:19), 그것은 우리로 하여금 성전에서 행해진 그리스도의 중보사역을 올바로 묵상하도록 인도한다. 그리고 우리가 이것들을 연구해야 하는 이유는 그를 통해 하나님에 대한 우리의 믿음과 소망을 강화시키고자 함이다.

하늘에서 그리스도의 현재 상태에 대해 우리는 크게 세 가지를 생각해 볼 수 있다. I. 그리스도의 인성의 영화(榮華)이다. 이것은 성도들의 영화와 공통점이 있으면서도 종류에 있어서 다르다. II. 그의 중보자로서 높아지심 혹은 중보자로서 그의 위격의 특별한 영광이다. III. 이런 상태에서 그가 감당하시는 사역이다. 이것이 내가 여기에서 주로 살펴보려고 하는 것이다. 나는 영화롭게 된 육체나 혹은 그리스도의 인성과 영화롭게 된 성도들의 인성 사이에 공통적인 어떤 것에 대해서가 아니라, 오직 그에게만 특별히 해당되는 것에 대해 말할 것이다. 그리고 나는 이 문제에 대해 일반적으로 받아들여지는 한 가지 관찰을 전제할 것이다.

인간의 본성, 곧 영혼과 육체가 본질적으로 가지고 있는 모든 속성은 영화롭게 된 상태에서도 주 예수 그리스도께 속해 있다. 이 본성과 일치하지 않는 것을 주장하는 것은 그의 상태에 영광을 더하기 보다는 그 존재 자체를 파괴시키는 것이다. 그의 인성에 편재와 광대함과 같은 신적인 속성들을 부여하는 것은 인성 그 자체를 박탈하는 것이다. 그의 육체의 본질은 영혼의 본질과 마찬가지로 변하지 않는다. 그가 하늘에서도 이 땅에서 가지셨던 것과 똑같은 합리적인 영혼의 기능들을 가지고 계실 뿐 아니라, 똑같은 육체를 가지고 계신다는 것은 우리 신앙의 근본적인 항목이다. 이것은 동정녀의 자궁 안에서 성령에 의해 즉시 이루어진 "거룩한 것"이다. 이것은 무덤에 계셨을 때 어떤 부패도 보지 않았던 "거룩한 것"이다. 이것은 우리를 위해 제공되었으며, 나무 위에서 우리 죄를 감당하셨던 그 "육체"이다. 이 육체가 영화에 의해 본질적으로 원래 없었던 어떤 것으로 변화되었다고 생각하는 것은 이 항목에 대한 교회의 신앙을 뒤집어 엎는 것이다. 우리는 우리를 위해 고난을 받았던 그 육체가 본질상 어떤 변화도 없었으며, 살과 피와 뼈가 없는 천상(天上)의 구조를 지닌 다른 육체로 바뀌지 않았다고 믿는다. 그는 매우 자주 자신의 성육신과 관련하여 하나님의 신실하심을 증거하셨다. 그의 육체는 여전히 하나님이 거하시는 성전이며, 그는 사람의 손으로 만들지 않은 거룩한 곳에서 여전히 그 상태로 일하신다. 모든 눈은 못 박혔던 육체 이외에 다른 것을 보지 못할 것이다.

I. 이런 기초 위해 나는 그리스도의 영화롭게 된 인성은 인성의 본질에 맞는 모든 완벽한 속성들을 가지고 계실 것이라는 것을 기꺼이 인정

한다. 나는 모든 성도의 영광과 종류 혹은 정도에 있어서 다른 그리스도의 인성의 현재의 영광에 대해 몇 가지 실례를 들어 살펴볼 것이다. 나는 모든 것을 자신의 영광을 위해 일하시는 영원한 질서인 하나님의 뜻 자체가 요구하는 그들 사이의 영광의 차이를 자유롭게 인정한다.

1. 그리스도의 인성의 현재의 영광은 성도들이 참여하고 있는, 혹은 부활 이후에 참여하게 될 영광과 종류와 본질에 있어서 다르다. 그 이유는 다음과 같다.

(1) 그의 인성은 하나님의 아들의 위격 안에서 영원한 존재를 가지고 있다. 이것은 그의 인성이 위엄과 영예를 가지고 있을 뿐 아니라, 내재적인 영광을 가지고 있다는 것을 의미한다. 이 영광은 하나님의 모든 피조물과 천사들과 사람들의 영광과 구분되는 영원히 그에게만 속한 것이다. 그러나 어떤 사람들은 하나님이 그에게 주신 "기묘자, 모사, 전능하신 하나님"이라는 칭호를 거부하고, 그를 "이가봇(Ichabod)"이라고, 곧 "영광이 어디 있느냐?"라고 부르며 그에게 특별히 속한 영광이 없다고 주장한다. 그러나 우리는 우리의 계획에 따라 이것의 신비를 이미 선포했다. 그리고 그는 사실 이 세상에서 그가 성육신하시는 순간, 곧 자궁 안에서 임신되시는 순간 이 영광을 가지고 계셨다. 그러나 이것을 드러내시기 위해 "그는 자신을 비우시고", 겸손하게 종의 형체를 가지셨다. 그러나 이제 이것의 영광은 모든 그의 거룩한 성도들이 볼 수 있도록 펼쳐졌다. 어떤 사람들은 하늘에 있는 성도들이 하나님의 아들의 성육신의 신비를 완벽하게 이해할 수 있느냐고 묻는다. 나는 "완벽하게 이해하는 것"이 무엇을 의미하는지 잘 이해하지 못한다.

그러나 우리가 지금 믿음으로 가지는 것을 그곳에서는 눈으로 가질 것이라는 것은 확실하다. 우리가 지금 믿음으로 사는 것처럼 그곳에서는 눈으로 보며 살 것이기 때문이다. 어떤 유한한 피조물도 무한한 것에 대해 절대적인 이해를 가질 수 없다. 우리는 하나님의 무한한 지혜의 어떤 사역 속에서도 전능자를 완벽하게 탐구할 수 없다. 그러므로 나는 단지 하늘에서는 그리스도의 영광이 드러난 이 신비에 대해 그것의 진리뿐 아니라, 그것의 본질에 대해서도 충분히 만족할 만한 증거들이 제시되어서 우리가 그것을 신적인 경배와 영예의 영원한 대상으로 삼게 될 것이라는 것을 말할 수 있을 뿐이다. 하늘의 즐거움은 보통 "지복직관(至福直觀, beatifical vision)"이라고 불리는데, 이것은 하나님과 그리스도의 영광, 특히 그리스도 안에 나타난 그의 영광을 지적으로, 현재적으로 조망하고 이해하고 바라보는 것을 의미한다. 이렇게 그의 영광을 바라보는 것은 영원히 우리를 복되게 만들 것이다. 그러므로 우리의 축복의 많은 부분이 이 신비를 묵상하는 데 있다. 그리고 우리의 생각은 이것보다 더 나은 것을 얻을 수 없다. 여기에서 그리스도의 인성의 영광은 다른 축복을 받은 피조물의 어떤 영광보다도 더 뛰어나고 구분이 된다. 그리고 다른 것들도 이것에 의지한다.

(2) 그리스도의 인성이 하나님과 연합되어 하나님이 그 인성에 전달하신 것들은 축복받은 성도들에게 전달된 것들과는 다르다. 우리의 축복과 영광은 우리가 하나님과 연합되고 하나님이 우리에게 전달해 주시는 것에 놓여 있다.

이 세상에서 신자들은 믿음에 의해 하나님과 연합이 된다. 그들이 마음으로 그에게 매달리는 것은 믿음에 의해서이다. 하늘에서 그것은 사랑에 의해 이루어질 것이다. 간절한 사랑은 즐거움과 만족과 기쁨과 더불어 우리에게 제시되어 우리가 즐기게 되는 하나님의 무한한 선하심과 아름다움에서 나온다. 이런 사랑은 우리로 하여금 영원히 그에게 붙어 있도록 하고, 그와 연합되도록 하는 원리이다. 이 땅에 그가 우리에게 전달해 주시는 것들은 그의 외적인 능력의 행위로 말미암은 것이다. 그는 우리 안에 자신의 영의 사역을 통해 자신의 선하심과 은혜와 자비로 자신을 우리에게 전달하신다. 신성에서 나오는 모든 것도 마찬가지로 우리에게 영원토록 전달될 것이다. 그것은 그가 우리 안에서 자신의 영과 능력으로 일하시는 것을 통해 이루어 질 것이다. 이 방법 이외에 하나님으로부터 어떤 피조물에게 덕(德)이 전달되는 다른 방법은 없다. 그러나 그리스도 안에 있는 것들은 다른 본성을 지녔다. 그의 인성의 하나님께 대한 연합은 아들의 위격 안에서 직접적으로 이루어졌다. 그러나 우리의 연합은 우리의 본성을 입으신 아들에 의해 간접적으로 이루어졌다. 신성이 그의 위격 안에서 인성에 전달되는 방법은 우리가 이해할 수 없는 것이다. 우리는 그것에 대해 아무런 개념도 가지고 있지 않다. 그것을 설명할 수 있는 예는 아무것도 없다. 하나님의 모든 사역에서 그것과 똑같은 것도, 그것과 유사한 것도 없다. 피조물은 피조물로서 하나님께 영원히 의존한다. 그것은 하나님께로부터 받은 것 이외에 다른 어떤 것도 가지지 못한다. 신성만이 본질적으로 모든 존재와 선의 독립적이고 영원한 샘이며 원천이기 때문이다. 전능(全能) 그 자체가 언제나 모든 일에서 신적인 존재에 절대적으로 의존하지 않아도 될 만큼 피조물을 높일 수 없다. 그러나 위격적 연합에서 신성과 인성 사이의 교통의 방법에 대해 우리는 알지 못한다. 그러나 그것들은 생명이든, 능력이든, 빛이든, 영광이든 관계없이 우리가 모든 것을 얻거나 얻을 수 있는 방법과 종류에 있어서 다르다. 앞에서 말했듯이 모든 것은 외적인 능력의 효력에 의해 우리에게 주어지거나, 우리 안에서 만들어지기 때문이다. 그리스도의 신성에서 인성으로 덕이 영광스럽게 직접적으로 전달되는 것에 대해 우리는 이해하지 못한다. 사실 우리는 유한한 우리 안에 있는 다른 종류의 본성들도 서로 어떻게 교류가 일어나는지도 이해하기 어렵다. 영혼으로부터 방향을 지시하는 능력과 효력이 어떻게 순간적으로 나와서 육체 혹은 육체의 지체에 전달되어 지시와 행동 혹은 지시와 실행 사이에 차이가 없도록 하는지 누가 알 수 있는가? 또한 어떻게 영혼이 육체가 통증을 느끼는 순간 슬픔과 고통으로 영향을 받아서 육체의 고통과 영혼의 슬픔 사이에 구별이 없도록 만드는지 알 수 있는가? 하물며 두 본성이 - 그 중에서 한 본성은 절대적으로 무한하다 - 한 위격 안에서 연합되어 서로 교통하는 것에 대해 우리가 어떻게 이해할 수 있겠는가? 이것에 대해 나는 후에 약간 논의할 것이다. 그리고 바로 여기에서 그리스도의 영원한 영광은 다른 영화롭게 된 피조물의 영광과 다르다.

(3) 그리스도의 인성은 그의 신성 안에서 그리고 그의 신성과 더불어 모든 신적인 경배와 예배의 대상이다(계 5:13). 모든 피조물은 보좌에 앉아계신 분께 드리는 것과 똑같은 방법으로 "어린 양께 축복과 영예와 영광과 능력"을 영원히 드려야 한다. 우리는 이것을 전에 선언하

였다. 그러나 어떤 다른 피조물도, 아무리 미천한 피조물에 의해서라도, 신적인 예배의 대상이 될 수 있도록 그렇게 영광의 상태로 높임을 받을 수 없다. 로마교회에서 행해진 것처럼 성도들이나 천사들에게 신적이거나 종교적인 영예를 돌리는 사람들은 그리스도로부터 그의 왕관을 빼앗아 참담하게도 그것을 가지고 다른 피조물을 경배하려고 시도하고 있는 자들이다.

(4) 하나님이 그 안에서, 그에 의해서 성취하시려고 계획하셨던 영광은 이제 보좌 주변에 있는 모든 거룩한 자들에게 명확하게 나타난다. 영원부터 하나님이 자신의 지혜와 은혜로 계획하신 것은 예수 그리스도 안에서, 예수 그리스도에 의해서 자신의 본질의 모든 거룩하고 영광스러운 속성들을 선포하시고 드러내시려는 것이었다. 그리고 이것이 바로 그가 기쁨으로 획득하시려는 것이다. 이것이 완전히 성취될 때 그는 자신의 영광을 드러낼 다른 방법이나 수단을 사용하지 않으실 것이다. 바로 여기에 모든 것의 끝이 있고 축복이 있다.

그러므로 우리가 이 세상에 있는 동안 믿음의 주요한 일은 그리스도 안에서 우리에게 제시된 하나님의 이 영광을 보는 것이다. 믿음으로 이 일을 행할 때 우리는 점점 그를 닮아가게 된다(고후 3:18). 그리고 이런 목적을 달성하기 위해 그는 능력으로 우리의 마음에 내적인 구원의 빛을 비추신다. 이것이 없이 우리는 그의 영광을 볼 수도, 그에게 영광을 돌릴 수도 없다. "어두움 속에서 빛이 있으라 명령하신" 그 분이 우리의 마음에 "예수 그리스도의 얼굴에 있는 하나님의 영광을 아는 빛"을 비추셨다(고후 4:6). 하나님이 영적이며, 초자연적인 빛을 신자들의 마음에 전달하신 목적은 그들이 세상에는 숨겨져 있던 그리스도 안에 나타나고 계시된 하나님의 영광을 식별할 수 있도록 하기 위함이었다(엡 1:17-19, 골 2:2). 그러나 우리가 이 세상에 있는 동안 우리는 그것을 "거울에 비친 것처럼 희미하게" 볼 뿐이다. 그것의 광채와 아름다움은 우리에게 분명히 나타나지 않는다. 이런 어두움은 우리에게 우리의 모든 연약함과 두려움과 불안의 원인이다. 하나님의 이 영광을 계속해서 보지 못하는 것은 우리로 하여금 유혹에 빠지도록 한다. 그리고 우리가 이 영광의 빛을 계속해서 보게 될 때 우리는 그리스도의 형상으로 바뀌고 변화되어 간다.

그러나 하늘에서 이것은 하나님의 보좌 앞에 있는 모든 축복받은 자들에게 분명하고 영광스럽게 나타난다. 그들은 우리가 이 땅에서 하는 것처럼 믿음으로 다양한 정도의 빛에 의해 그것을 보지 않는다. 그들은 우리가 이 땅에서 가장 크게 획득해야 하는 그리스도의 위격과 그의 사역에 나타난 신적인 영광을 희미하게 부분적으로 이해하지 않는다. 그들은 그리스도 안에서, 그가 하신 일에서, 그가 하시는 일에서 나타나는 하나님의 모든 영광과 그것의 모든 성격을 공개적으로 분명히 본다. 하나님의 지혜와 은혜와 선하심과 사랑과 능력이 모두 그 안에서 빛이 나며, 성도들은 이것들을 묵상하고, 그를 찬미하게 된다. 그것들을 보는 데 우리의 영원한 축복의 적지 않은 부분이 놓여 있다. 그리스도 안에서 하나님의 지혜와 은혜와 사랑의 신비를 분명히 이해하는 것보다 무엇이 신자들의 영혼을 더 만족스럽게, 더 영광으로 채울 수 있겠는가? 이것은 선지자들이 멀리서 부지런히 탐구했던 것이며, 천사들조차도 바라볼 수 없어서 엎드렸던 것이다. 이것을 선포하는 것은 복음의 생명이며 영광이다. 성막과, 이것을 대체했던 성전의 아름다운 모습과, 이것들 안에서 사용되었던 모든 용기들과 예배 의식들과 구약의 약속들이 상징하고 선포하고 표현하고 있으며, 신약에서 선포하고 있는 그 모든 것의 실재와 본질을 한눈에 보는 것은 우리가 지금 믿음의 빛으로 바라고 열망할 수 있는 최고로 만족스럽고 복되고 영광스러운 상태이다. 그리고 이것은 그리스도 안에 있는 영광이 피조물이 참여할 수 있는 것과는 종류와 본질에 있어서 다르다는 것을 증거하는 것이다. 나는 이것에 대해 더 묵상할 수 있도록 몇 가지 더 진술할 것이다.

[1] 모든 신자는 이 세상에서 그리스도 안에 있는 하나님의 신비의 탁월성과 영광을 본다. 만약 그들이 유혹을 받아서 빛이 없이 어두움 속을 헤매고 있지 않다면, 그들은 다양한 정도로 그렇게 하고 있을 것이다. 이것은 보는 사람의 믿음과 빛의 정도에 따라 더 분명하게, 더 많은 증거를 가지고 보이기도 한다. 어떤 사람의 영적인 시력은 매우 약하며, 그들은 어두움 속에서 증거도 없이 불안정하게 그리스도 안에 있는 하나님의 영광을 희미하게 본다. 이것은 사람들의 자연적인 능력의 부족에서도 나오지만, 사도가 증거하고 있듯이 영적인 게으름과 나태에서, 곧 "선악을 분별할 수 있도록" 자신의 감각을 습관적으로 사용하지 않는 데서 나온다(히 5:14). 어떤 사람은 교훈이 부족하며, 어떤 사람은 거짓된 의견으로 자신의 생각을 혼탁하게 한다. 그럼에도 불구하고 모든 참된 신자들은 복음 안에서 자신들에게 제시된 하나님의 영광을 어느 정도 식별할 수 있도록 "자신의 이해의 눈을 열어 놓는다".

다른 사람들에게 있어서 그것은 어리석은 것이다. 그렇지 않다면 그들은 자신들이 도달할 수 없는 어두움이 그 안에 있다고 생각한다. 그러나 모든 어두움은 그들 자신 안에 있다. 구원받는 믿음의 구별되는 속성과 특징은 예수 그리스도의 얼굴에 있는 하나님의 영광을 보는 것이다. 그것은 우리로 하여금 복음에서 선포된 대로 그리스도 안에 드러난 하나님의 영광을 식별하도록 만든다.

[2] 이 영광에 대한 우리의 이해는 이 세상에서 우리의 모든 순종과 위로와 소망의 원천이다. 그리스도 안에 나타난 하나님의 영광을 발견하는 믿음은 영혼으로 하여금 그에게 전적으로 순종해야 할 풍성한 이유를 발견하게 하고, 그에게 순종하도록 격려하고, 그에게 순종하도록 한다. 순종은 이런 신앙의 행위에서 나올 때, 자유와 감사로 그렇게 하게 될 때 복음적인 것이 된다. 그리고 바로 여기에 현재의 위로와 미래에 대한 소망의 모든 기초가 놓여 있다. 우리의 현재와 미래의 모든 안전은 그리스도 안에서 자신을 나타내시는 우리를 향하신 하나님의 행위에 놓여 있기 때문이다.

[3] 이 영광에 대한 믿음의 행위에서 하나님을 향한 사랑이 나온다. 오직 그 안에서만 그것은 살아나고 활활 타오른다. 이런 이해 위에 믿는 영혼은 "당신의 선하심이 얼마나 큰지요! 당신의 아름다움이 얼마나 큰지요!"라고 부르짖는다. 세상을 자신과 그리스도 안에서 화해시키시는 하나님은 신적인 사랑의 유일한 대상이시다. 오직 그리스도 안에서만 영혼은 그를 간절한 사랑으로, 지속적인 기쁨으로, 강렬한 감정으로 매달릴 수 있다. 죄인들 안에서 하나님을 향한 다른 사랑의 개

념들은 모두가 공허한 환상에 불과하다.

[4] 그러므로 모든 신자는 자신들의 마음에 이런 것들에 더 가까이 다가가고, 그것들을 즐기고자 하는 갈망과 기대와 열망을 가져야 한다. 그리고 만약 우리가 그렇게 하지 못한다면, 우리는 세속적이며 육적이고 영적이지 못할 것이다. 그렇다. 이것이 없는 것이, 이 의무를 게을리 하는 것이 많은 신앙을 고백하는 사람들의 마음이 그토록 육적이며, 그들의 대화가 그토록 세속적인 유일한 이유이다. 이들과 달리 믿음을 올바로 행사하는 사람들은 그리스도 안에 있는 하나님의 영광에 대한 모든 어두움과 불안정한 생각과 불안전한 이해에서 벗어날 수 있기를 갈망한다. "성령의 처음 열매"를 받은 사람들은 이런 것들을 갈망하며 신음한다. 그들은 그의 얼굴의 아름다움을 현재처럼 "거울로 보는 것"이 아니라, "그 자체"로 보기를 원한다. 우리는 무엇을 원하는가? 우리는 무엇을 바라보기를 원하는가? 우리의 영혼은 무엇을 열망하는가? 우리는 우리의 구속과 영원한 구원을 위해 그리스도 안에서 선포되고 높여진 하나님의 지혜와 사랑과 은혜와 선하심과 거룩과 의와 능력에 대해 좀 더 완전하고 충만하며 안정된 이해를 가지기를 열망하지 않는가? 그리스도 안에서 하나님의 영광을 보는 것과, 그리스도를 향하신 하나님의 사랑과, 그에 대한 평가를 이해하는 것과, 하나님을 향해 그리스도가 가까이 계심을 이해하는 것은 그가 우리에게 약속하신 것이며, 우리가 갈망하는 것이다. 그런데 이 모든 것은 그리스도의 중보 안에서 나타났다. 요 17:23, 24을 보라.

[5] 하늘은 이 모든 열망과 기대를 만족시킬 것이다. 그들을 완전

히 만족시키는 것은 하늘과 영원한 축복이다. 이것은 이미 믿음 안에서 떠난 영혼을 감탄과 즐거움과 찬미로 가득 채워준다. 계 5:9, 10을 보라. 바로 여기에서 그리스도의 영광은 다른 어떤 피조물의 영광과는 절대적으로 다른 종류와 본성을 지니신다. 그리고 우리의 영광이 주로 그의 영광을 보는 데 있는 것은 바로 이것 때문이다. 하나님의 모든 영광이 그 안에 나타났기 때문이다. 그리고 여기에서 우리는 우리의 경배의 대상으로서 영광 중에 계신 그리스도를 그림이나 형상으로 나타내려고 하는 자들의 우상숭배와 헛됨을 볼 수 있다. 그들은 나무나 돌을 사람의 모양으로 다듬는다. 그들은 그것에 색을 입히고 장식을 하여 헛된 영광에 빠진 미신적인 사람들의 감각과 상상을 자극한다. 그리고 그들은 허영된 사람들을 유혹하기 위해 선지자가 말한 것처럼 "가방에서 꺼낸 금"으로 된 다양한 장식으로 꾸며 영광 중에 계신 그리스도의 형상이라고 제시한다. 그러나 그것은 조금이라도 영광 중에 계신 그리스도를 묘사할 수 없다. 오히려 그것은 사람들의 마음으로 하여금 그것에 대한 참되고 실질적인 이해에서 흩으려 놓기 위해 고안될 수 있는 수단 중에서 가장 효과적인 것이 아닌가? 그것은 하나님의 아들의 위격 안에 있는 그리스도의 인성에 대해 어떤 것을 가르치고 있는가? 그것을 통해 그리스도의 인성의 하나님과의 연합과 하나님으로부터 그것에 직접적으로 전달되는 것에 대해 무엇을 나타낼 수 있는가? 그것은 그 안에 나타난 신성의 모든 영광스러운 속성들을 선포하고 있는가? 사실 그것들이 그리스도께 올바로 돌리고 있는 것 한 가지가 있다면, 그것은 그가 경배되고 예배되어야 한다는 것뿐이다. 그러나 그들은 이것을 통해 자신들의 어리석음에 우상숭배를 더할 뿐이다. 믿음으로 사는 것이 무엇인지 알지 못하는 사람들은, 자신들의 마음이 영적이며 하늘에 속한 묵상으로 결코 동요되지 않는 사람들은, 자신들의 외적인 감각으로 자신들의 내적인 미신을 만족시키려는 것 이외에 종교에서 다른 어떤 계획도 가지고 있지 않은 사람들은 이런 미혹하는 것들로 말미암아 잠시 즐거워할지 모르지만 영원히 파멸될 것이다. 그리스도에 대한 참된 믿음과 사랑을 가지고 있는 사람들은 자신들의 믿음을 행사할 더 영광스러운 대상을 가지고 있다.

그리고 우리는 이것을 통해 영광의 상태에 대한 우리 자신의 개념들과 그것에 대한 우리의 준비와 우리가 "빛 가운데서 성도들의 유업을 받을 수" 있는지 살펴볼 수 있을 것이다. 이렇게 시험해 볼 수 있는 더 많은 근거들이 후에 제시될 것이며, 이것들에 대해 좀 더 자세히 살펴보게 될 것이다. 미래의 상태, 곧 보이지 않는 영원한 것들에 대한 사람들의 생각은 다양하다. 어떤 사람들은 죽을 때 지옥 혹은 영원한 비참함에서 달아나기를 바라는 것 이상 넘어가지 않는다. 이방인들은 자신들의 극락(極樂, Elysian Fields)을 가지고 있으며, 모하메드는 자신의 감각적인 낙원을 가지고 있다. 자신들을 만족시키는 내가 알지 못하는 빛나는 영광에 대한 이해를 가지고 있지만, 자신들이 어떻게, 언제 더 이상 이 세상에 있지 않게 될지 모르는 사람들이 있다. 그러나 우리가 주장하고 있는 영광은 이런 것과 다른 본질에 속한 것이며, 그것의 축복은 영적이며 지적인 것이다. 지금까지 논의한 것들 중에서 한 가지 예를 들어보자. 하늘의 영광은 그리스도 안에서 지혜와 선하심과 은혜와 거룩과 같은 하나님의 본질의 모든 속성이 완전히 드러나는 데 있다. 이것을 명확히 이해하고 계속해서 묵상하는 데 영원한 축복의 적지 않은 부분이 놓여 있다. 그렇다면 이것들에 대한 우리의 현재의 생각은 무엇인가? 우리가 하나님의 계시를 통해 믿음으로 가지고 있는 것을 눈으로 보는 데 어떤 즐거움과 어떤 만족이 있을까? 그것들을 완벽하게 이해하고자 하는 우리의 열망은 무엇인가? 우리는 얼마나 하늘을 좋아하는가? 우리는 이것들을 통해 우리를 영원히 만족시켜 줄 수 있는 것을 찾았는가? 만약 우리가 그것들을 열망하고 있다면, 우리는 참된 천국 곧 축복과 영광의 장소를 열망하고 있는 것이다. 하나님은 우리가 원하든 원하지 않든 우리를 하늘로 인도하시는 분은 아니다. 만약 우리의 마음이 무지하고 어둡고, 우리의 감정이 세속적이고, 우리가 세상으로 가득 차 있고, 우리가 현재의 즐거움과 이생을 사랑하고 있다면, 우리는 이런 일들을 모르는 자들이며, 이런 일들에 관심이 없는 자들이고, 이런 일들을 열망하지 않는 자들이며, 이런 일들을 즐거워하지 않는 자들이다. 우리가 믿음으로 이것들에서 받는 현재의 만족은 우리가 이런 일에 지울 수 없는 관심을 가지고 있다는 최고의 증거이다. 우리의 영혼이 이런 일들에 대한 처음 열매, 곧 믿음으로 이것들을 묵상함으로써 우리에게 열려진 축복을 잃어버리는 것은 얼마나 어리석은 일인가! 이 땅의 썩어질 것을 열정적으로 추구하다가 이것들에 대한 영원한 즐거움을 잃어버리는 것은 얼마나 어리석은 것인가! 이것이 대부분의 사람들의 영혼을 파괴시키는 것이며, 많은 사람의 믿음을 떨어뜨려서 그 믿음의 참된 활동을 발견하기 어렵도록 만드는 것이다.

2. 그리스도의 인성의 영광은 그 정도에 있어서 부활 이후 성도들의 영광과 다르다. 그 이유는 다음과 같다.

(1) 그리스도의 육체의 영광은 성도들이 닮게 될 것의 예이며 모형이다. "그가 만물을 자기에게 복종케 하실 수 있는 자의 역사로 우리의 낮은 몸을 자기 영광의 몸의 형체와 같이 변케 하시리라"고 빌 3:21은 말한다. 우리의 몸들은 죄가 들어옴으로 비천한 것이 되었다. 그들은 벌레들의 형제가 되었고, 부패의 자매가 되었다. 그들은 사망으로 말미암아 무덤에서 썩고 부패하게 되었다. 부활할 때 그들은 새롭게 모양이 빚어지게 될 것이다. 죄가 들어옴으로 그들이 받았던 모든 손상과 손해는 제거될 뿐 아니라, 그들이 원래의 상태에서 가지고 있지 않았던 영광스러운 자질들이 그들에게 많이 더해지게 될 것이다. 그리고 이것은 모든 것을 정복할 수 있는 그리스도의 전능한 능으로 이루어질 것이다. 그런데 그의 육체는 우리가 그의 능력으로 변화될 상태의 모형이며 예이다. 그의 육체를 닮는 것이 우리가 얻을 수 있는 모든 것이다. 만약 어떤 상태에 대한 사전의 개념과 모형에 있다면, 그것은 다른 것들이 따르게 될 규칙이며 표준일 것이다. 그리스도의 영광이 그와 같은 것이다. 우리의 영광은 그것과 일치되는 데 있으며, 이런 관계는 그에게 탁월한 위치를 부여한다.

(2) 그의 육체의 상태가 우리가 얻게 될 상태보다 더 영광스러운 것처럼, 그의 영혼의 상태도 우리가 얻을 수 있는 것보다 더 탁월하다. 위격적 연합을 통해 그의 본성이 감당할 수 있는 측량할 수 없는 모든 은혜로 말미암는 성령의 충만함이 그 안에서 이제 모든 탁월성과 영

광 가운데 빛나고 있기 때문이다. 이 세상에서 그리스도 안에 있던 은 혜는 이제 하늘에서 그 안에 있는 것과 똑같다. 그것의 본성은 그가 이 땅에서 여행자(viator)로서 사역을 끝마치셨을 때도 변하지 않고 남아 있었다. 이제 모든 것을 완성하신 분이 되신 지금 그것은 더 영광스럽게 나타나고 있을 뿐이다. 그리고 그의 모든 은혜가 이제 나타나게 되었으며, 그것을 덮고 있던 수건이 제거되었고, 그것을 알아볼 수 있도록 빛이 전달되었다. 이 세상에 계실 때 그는 흠모할 만한 외모도, 아름다움도 가지지 못하셨다. 이것은 부분적으로 그의 내적인 아름다움을 외적인 상태가 수건처럼 덮고 있었기 때문이다. 그러나 이것은 다른 무엇보다도 영적인 영광을 보지 못하도록 하는 사람들의 마음을 덮고 있는 어두움 때문이었다. 그럼에도 불구하고 어떤 사람들은 믿음의 빛으로 그의 영광을 보았는데, 그 영광은 은혜와 진리가 충만하신 아버지의 독생자의 영광이었다. 그러나 이제 수건에 제거되었으며, 어두움이 성도들의 마음에서 전적으로 제거되었다. 그는 그의 은혜의 영광 중에서 완전히 사랑스럽고 매력이 있으신 분으로 나타나신다. 그리고 비록 신자들 안에 있는 은혜가 그리스도 안에 있는 것과 본질상 똑같으며, 그가 가지고 있는 것과 똑같이 영광으로 변화될 것이지만, 그것은 언제나 그 안에 있는 것과 비교할 때 이해할 수 없을 만큼 부족하고, 부족할 것이다. 그리고 바로 여기에서 그의 영광은 다른 모든 피조물의 영광보다 훨씬 더 탁월하다.

그러나 우리는 여기에서 여전히 감추어져 있어서 말할 수 없는 것이 있다. 우리가 어떻게 될지 아직 나타나지 않았기 때문이다. 더욱이 모든 지체보다 뛰어나신 머리의 영광이 무엇인지 분명하지 않다. 심지어 우리가 "그의 형상으로 변할 때"조차도 우리는 그의 영광을 다 알 수 없을 것이다. 우리는 이 장을 시작하면서 모든 것이 완성이 될 때 하늘에서 우리 주 예수 그리스도의 상태가 어떻게 될 것인지 살펴볼 것이라고 제안하였다. 그리고 지금까지 우리는 그의 인성의 영광이 영원히 지속될 것이라는 것을 증명해왔다. 우리가 지금까지 언급한 모든 것은 우리의 이해와 관계없이 그 안에 영원히 머물러 있을 것이다.

II. 그리스도의 현재의 상태와 조건에 대해 생각해야 할 두 번째 내용은 그의 중보자로서 높여지심이다. 이것과 관련해서 두 가지가 조사될 것이다. 1. "그가 어떻게 위에 계신 상태로 들어가셨는가?" 하는 것이다. 2. 그가 들어가신 영광의 상태 그 자체를 살펴볼 것이다.

1. 그가 어떻게 중보자로서 사역을 감당하시기 위해 하늘에 들어가셨는가는 딤전 3:16과 눅 24:26에 표현되어 있다. 그는 "영광 가운데", 혹은 영광스럽게 "올리우셨으며", "자기의 영광에" 들어가셨다. 이렇게 영광을 취하시고, 영광에 들어가게 된 것은 그가 승천(昇天)하심으로써 이루어졌다. 그는 하나님의 능력의 행동으로 "하늘로 올리우셨으며($\alpha\nu\epsilon\lambda\acute{\eta}\varphi\theta\eta$ $\grave{\epsilon}\nu$ $\delta\acute{o}\xi\eta$)", 올리우심을 받으실 때 자신의 선택과 의지로 하늘로 들어가셨다($\epsilon\grave{\iota}\sigma\epsilon\lambda\theta\epsilon\widetilde{\iota}\nu$ $\epsilon\grave{\iota}\varsigma$ $\tau\grave{\eta}\nu$ $\delta\acute{o}\xi\alpha\nu$). 그리고 그리스도가 인성으로 하늘로 이렇게 올라가신 것은 교회의 신앙의 근본적인 항목이다. 그리고 이것은 두 가지 측면에서 고려된다. (1) 그는 왕으로서 승리하셨다. (2) 그는 제사장으로서 은혜를 베푸셨다. 그가 장소를 바꾸신 것은, 곧 땅에서 하늘로 올라가신 것은 한순간에 이루어

졌다. 그러나 그가 하늘에 올라가신 목적과 관련해서 다양한 국면과 모형들이 우리에게 제시된다.

(1) 승리하셔서 그가 올라가신 데서 세 가지가 고려될 수 있다. 첫째로, 그가 올라가신 방법이다. 이것과 더불어 그것에 대한 옛적의 모형들도 고려될 수 있다. 둘째로, 그가 올라가신 장소이다. 셋째로, 그가 올라가신 목적이다.

[1] 올라가신 방법에 대해 그것은 공개적으로 승리와 영광을 선포하는 것이었다. 그것은 엡 4:8에서 그렇게 기술되어 있다. "그가 위로 올라가실 때에 사로잡힌 자를 사로잡고 사람들에게 선물을 주셨다 하였도다". 그리고 율법을 주실 때 그것의 모형이 나타났다. "하나님의 병거가 천천이요 만만이라 주께서 그 중에 계심이 시내산 성소에 계심 같도다 주께서 높은 곳으로 오르시며 사로잡은 자를 끌고 선물을 인간에게서, 또는 패역자 중에서 받으시니"라고 시 68:17-18은 그것의 영광을 좀 더 완전하게 설명한다. 구약에서 이 땅에서의 가장 영광스러운 하나님의 모습은 율법을 주실 때 시내산에서의 모습이다. 그리고 그가 자신의 영광스러운 천사들과 더불어 그 곳에 계셨던 것처럼, 자신의 사역을 마치시고 하늘로 돌아가시거나 올라가실 때 모든 천사들과 성도들이 승리하신 그와 더불어 있었다. 그리고 이것은 율법이 요구하고 상징하는 모든 것을 성취하시고 나서 그리스도가 승천하시는 것을 미리 예표하는 것이었다. 그는 율법을 주시고, 이 율법을 성취하신 후 승리하신 분으로 승천하셨다. 그는 "정세와 권세를 벗어 버려 밝히 드러내시고 십자가로 승리하셨다"(골 2:15). 그는 사로잡은 자를 사로잡

고, 교회의 구원에 적대적인 모든 권세들을 자신의 마차의 바퀴로 누르시고 승리하셨다. 나는 그가 "사로잡은 자를 사로잡으신 것"은 주로 사단에 대한 영적인 정복과 그의 권세에 대한 파괴를 의미한다는 것을 부인하지 않는다. 그러나 그가 "정세와 권세를 벗어 버려 밝히 드러내시고 승리하셨을 때" 나는 적의 머리이며 어두움의 왕자인 사단이 공개적으로 모든 천사들이 보는 앞에서 정복을 당했다는 것을 의심하지 않는다. 이는 "여자의 후손"이 "뱀의 머리"를 밟았다는 것이 의미하는 바이다. 이것은 시 47편 전체에 걸쳐 강조하여 표현되어 있는 것이다. 교회가 모두 승리하여 즐거워한 근거와 이유는 5절에서 "하나님이 즐거이 부르는 중에 올라가심이여 여호와께서 나팔 소리 중에 올라가시도다"라고 선포한 데 나타나 있다. 이것은 그리스도가 하늘의 보좌 주위에 있는 모든 자들이 즐거이 외치는 소리와 나팔소리와 더불어 하늘로 영광스럽게 올라가시는 것을 지시한다.

[2] 그가 올라가신 장소는 높은 곳이었다. "그는 위로" 곧 하늘로 "올라가셨다"(엡 4:8). "그는 하늘로 올라가셨으며"(행 1:11), "하늘은 마땅히 그를 받아둘 것이다"(3:21). 여기에서 하늘은 우리의 눈으로 볼 수 있는 하늘이 아니다. 올라가실 때 "그는 하늘을 지나가셨기 때문이다"(히 4:14). 그는 "하늘을 넘어"(7:26), 하나님이 영광과 위엄으로 계신 곳으로 가셨다(1:3, 8:1, 12:2). "하나님의 보좌"(계 3:21)에서, "지극히 높으신 이의 오른편"에서 그는 모든 능력과 권세를 완전히 소유하시고 앉아 계신다. 이곳은 성도들과 민족들의 왕이 머무는 궁전이다. 그곳에는 그의 영원한 보좌가 있다(히 1:8). 그의 머리에는 "많은 왕관

들" 곧 모든 위엄과 영예가 씌워져 있다(계 19:12). 그리고 그를 흉내 낸 자가 왕관을 쓰고, 그 머리에 "참람한 이름"을 달고 있다(계 13:1). 그 앞에 그의 "의의 홀"과 의의 "철장", 곧 그의 영광스러운 왕국에 대한 모든 권한을 나타내는 것들이 놓여 있다. 이런 권력의 상징들에 의해 성경은 우리에게 그가 자신의 왕권을 수행하시는 데 필요한 주권적이며 신적인 권위를 가지고 있다는 것을 제시해주고 있다. 그는 자신의 원수들을 정복하시고, 승리하셔서 올라가셨으며, 영광스럽게 모든 것을 다스리고 계신다.

[3] 그가 승리하여 하늘에 올라가신 목적은 두 가지이다. 첫째는, 그의 모든 원수들의 남아 있는 모든 권세를 멸하시기 위함이었다. 그는 그들을 "철장"으로 다스리시고, 때가 되었을 때 "토기장이의 그릇처럼 산산조각 내실 것"이다(시 2:9). 그는 "자신의 모든 원수들이 자신의 발등상이 되기까지 다스려야 하시기" 때문이다(고전 15:25, 26, 시 110:1). 비록 현재 그들의 대부분이 그의 권세를 무시하고 있다고 할지라도, 그들은 모두 절대적으로 그의 권세 아래 있으며, 영원히 그의 처벌을 받을 것이다. 둘째는, 믿는 자들의 영혼의 내적인 상태와 예배하고 순종하는 교회의 외적인 질서와 관련해서 교회를 보존하시고, 지속하시고, 통치하시기 위한 것이며, 이 세상의 모든 반대와 핍박으로부터 교회를 보존하시기 위한 것이다. 이 모든 것에 하나님의 지혜와 능력과 돌보심이 계속해서 나타난다. 그 결과는 매우 크고 놀라우며, 그 열매는 하나님의 영광을 매우 풍성하게 드러내며, 세상의 어떤 책도 그것들을 다 기록할 수 없다. 그리고 이것들에 대해 다루는 것은

현재 우리의 계획이 아니다.

(2) 그의 올라가심은 대제사장으로서 올라가신 것이며, 영광스러운 것으로 간주될 수 있다. 우리는 이것과 관련해서 전에 언급했던 것들을 구별해서 생각해 볼 수 있다.

[1] 이것의 방법과 계획에 대해 그는 스스로 설명을 제시하신다(요 20:17). 그의 계획은 자신의 능력과 왕국과 영광스러운 통치를 자신이 취하시려는 것이 아니라, 자기의 제자들을 위해 하나님과 함께 행동하시려는 것이었다. 그는 "나는 나의 아버지 곧 너의 아버지, 나의 하나님 곧 너의 하나님께로 간다"고 말씀하셨다. 그는 여기에서 영원한 낳아지심과 관련하여 아버지 하나님을 말하고 있는 것이 아니라, 언약의 관점에서 아버지 하나님을 말하고 있는 것이다. 이 언약을 기초로 그는 자기 백성들을 위해 하나님에게서 나오는 모든 선한 것들을 획득하신 것이다. 이 영원하신 언약의 피로써, 곧 교회를 위해 이 언약이 수립되고 모든 선한 것들이 획득된 자신의 피로써 하나님은 그를 "죽은 자 가운데서 이끌어 내시고", 그 모든 선한 것들이 영원히 교회에 전달되도록 하셨다(히 13:20, 21). 그는 이렇게 자신이 올라가실 계획과 결과를 가지고 종종 자신의 제자들이 자신이 그들을 두고 떠날 것이라는 것을 알고 두려워할 때마다 그들의 마음을 위로하셨다(요14:1, 2, 16:5-7). 그리고 이것은 대제사장이 옛적에 성전에 올라가는 것으로 상징이 되었다. 성전은 높고 가파른 곳에 위치에 있어서 계단을 통하지 않고는 접근할 수 없었다. 그러므로 전쟁 때 그곳은 가장 안전한 요새로 간주되었다. 그리고 속죄날에 대제사장이 그곳에 엄숙히 올라가는 것은 그

리스도가 하늘로 올라가시는 것과 유사했다. 대제사장이 뜰에서 죄를 구속하기 위해 희생제물을 잡아가지고 지성소에 들어갔던 것은 사도가 선포한 것처럼 영원한 대제사장이 하늘에 올라갈 것을 상징하는 것이었다(히 9:24). 그리고 그것은 승리를 상징하지 않는다고 하더라도 즐거운 것을 상징하는 것이었다. 성전에 올라가면서 불렀던 시 120-134편의 찬송시(תִּהלָעֲמַה ריִשׁ)들은 높은 성소에서 불려졌던 것들이다. 특별히 이것들은 희년을 상징했다. 희년은 대제사장이 성소에 들어가는 날과 같은 날, 곧 "일곱째 달 그 달 십일"에 선포되었다(레 16:29, 25:9). 그 때에 나팔이 온 땅, 곧 온 교회에 울리면 모든 종들과 사로잡힌 자들에게 자유가 선포되고, 팔았던 소유들이 다시 원주인에게 돌아온다. 이것은 교회의 영적인 구원에 대한 위대한 모형이다. 나팔 소리는 "즐거운 소리를 아는 자는 유복한 자라 여호와여 저희가 주의 얼굴 빛에 다니며"라고 시 89:15에서처럼 "즐거운 소리"로 불린다. 영적인 구원에 참여하게 되는 자들은 그의 사랑과 은혜를 느끼면서 하나님 앞에서 걷게 될 것이다. "여호와의 은혜의 해와 우리 하나님의 신원의 날을 전파하여 모든 슬픈 자를 위로하되 무릇 시온에서 슬퍼하는 자에게 화관을 주어 그 재를 대신하며 희락의 기름으로 그 슬픔을 대신하며 찬송의 옷으로 그 근심을 대신하시고 그들로 의의 나무 곧 여호와의 심으신 바 그 영광을 나타낼 자라 일컬음을 얻게 하려 하심이니라"(사 51:2, 3)고 이사야 선지자가 선언할 때 이것은 대제사장이 성소에 올라가는 것을 의미하는 것이었다. 그리스도가 올라가실 때 복음 안에서 자비와 용서와 평화와 희락과 영원한 회복이 죄로 낙망해 있는 모든 자들에게 선포되었으며, 그들에게 의가 전달되었고, 하나님은 영원한 영광을 받으셨다. 영원한 대제사장이 하늘로 올라가실 때 즐거움과 기쁨의 찬송이 하나님께 돌려졌다.

[2] 그가 들어가신 곳은 위에 있는 성소, 곧 "사람의 손으로 만들지 않은 성막"이었다(히 9:11). 그곳은 절대적인 의미에서 하늘이라기보다는, 은혜와 자비의 보좌로서 하나님의 전이었다. 여기에 대해 후에 더 언급될 것이다.

[3] 주 그리스도가 그렇게 거룩한 곳으로 올라가신 목적은 "우리를 위해 하나님 앞에 나타나셔서", "자신을 통해 하나님께 나아오는 모든 사람을 위해 중보하시기" 위함이셨다(히 7:26, 27, 9:24, 25).

그는 솔로몬이 자신의 영광스러운 심판의 보좌로 올라갔던 것처럼 하늘로 승리하셔서 올라가셨다(왕상 10:18-20). 다윗이 그의 교회의 모든 원수들에 대한 그의 정복의 모형이었다면, 솔로몬은 그의 영광스러운 통치의 모형이었다. 모형들은 그들의 불완전함 때문에 계속해서 더해졌다. 그에게 온 시바의 여왕은 이방의 회심자들과 교회의 모형이었다. 주의 권능의 날에 주의 백성이 모여들 것이며(시 110:3), 열방의 방백들이 모여 아브라함의 하나님의 백성이 될 것이다(시 47:9). 그러나 그는 모든 것을 권능과 칼과 홀(笏)로 영광스럽게 다스리시려고 하신 것이 아니라, 대제사장이 성소에 들어갔던 것처럼 대제사장으로서 "발에 끌리는 옷을 입고 가슴에는 금띠를 띠고" 나타나셨다(계 1:13). 그는 곧 은혜의 보좌 앞에 대제사장으로 초막 혹은 성전에 들어가시는 것처럼 나타나셨다. 그가 지극히 높으신 이의 보좌 우편에 앉으셨다는 것은 그의 제사장직의 영광을 더하여 주지만, 그것을 실행하는 것에 속하지는 않는다. 그러므로 그에 대해 "제사장이 자기 위에 있으리라"고 예언되어 있었다(슥 6:13).

여기에다가 그가 세상을 떠나서 영광으로 올라가셨을 때 자기 제자들에게 하신 약속이 더해져야 할 것이다. 그것은 그가 "그들에게 성령을 보내셔서" 그들을 가르치시고 인도하시고, 그들을 모든 진리 가운데로 안내하실 것이며, 그들에게 하나님의 뜻과 은혜와 사랑을 모든 교회의 유익을 위해 선포하실 것이라는 것이다. 그는 이것을 하시겠다고 약속하셨고, 선지자직을 감당하실 때 이것을 하셨다. 그리고 비록 그가 사람들에게 은사를 주시는 것은 왕으로서 사역이기는 하지만, 그것은 그의 선지자직의 목적이었다.

지금까지 논의한 것을 통해 볼 때 주 그리스도가 하늘에 올라가시고 영광 중에 받아지신 것은 교회를 대신해서 세상이 끝날 때까지 중보의 사역을 감당하시기 위한 것이었다는 것이 분명하다. 그가 부요하실 때 우리를 위해 가난해지신 것이 그의 은혜인 것처럼, 그는 다시 부요해지심으로써 자신의 영광과 능력의 모든 부를 우리를 위해 사용하신다.

2. 우리가 다음으로 생각해야 할 주제는 그리스도가 들어가신 상태와 조건의 영광이다. 그는 지극히 높으신 이의 오른편에 앉으셨기 때문이다. 그가 올라가신 것이 두 가지 목적 때문인 것처럼, 그의 영광도 마찬가지이다. 그의 현재 중보사역은 그의 권능과 권세의 영광, 혹은 그의 사랑과 은혜의 영광, 왕으로서, 제사장으로서의 영광에 놓여 있기 때문이다. 첫 번째 것, 곧 하늘과 땅에 있는 모든 것, 사람이나 사물,

천사들과 사람들, 좋은 것과 나쁜 것, 산 자와 죽은 자, 영적이며 영원한 것들, 은혜와 은사와 영광의 모든 것, 자신의 뜻에 따라 모든 것을 다스리시는 권리와 능력을 포함하는 하나님의 모든 피조물에 대한 주권적인 권능과 권세를 지닌 왕으로서의 그의 영광에 대해서는 히 1:3에 대한 나의 주석에서 이미 살펴보았다. 남아 있는 것은 사랑과 은혜의 방법으로 나타나는 제사장으로서의 그의 영광을 살펴보는 것이다.

ΧΡΙΣΤΟΛΟΓΙΑ:

OR,

A DECLARATION OF THE GLORIOUS MYSTERY

OF

THE PERSON OF CHRIST — GOD AND MAN

제 20 장
하늘에서 그리스도의 중보사역

III. 하늘에서 그리스도의 위격의 현재 상태와 조건에 대한 우리
의 탐구에서 우리가 생각해 보아야 할 세 번째이면서도 마지막 주제는
"그리스도가 교회를 위해 중보의 사역을 어떻게 감당하시는가?" 하는
것이다. 그는 특별히 사람이 세우지 않고 하나님이 세우신 성소, 곧 거
룩한 성막의 사역자이시다.

모든 그리스도인들은 그의 현재의 상태가 가장 영광스러운 상태,
곧 하나님의 모든 피조물, 모든 이름 위에 높임을 받으신 상태라는 것
을 인정한다. 그리고 그들은 자신들의 영예와 안전을 그것에 의존하고
있다. 그들은 그의 능력에 대해 의심하지 않으며, 그가 자신이 기뻐하
시는 대로 무엇이든지 하실 수 있다는 것을 인정한다. 그리고 이것이
그들이 자신들의 모든 신뢰를 그에게 두는 근거이다. 그러나 우리는 그
의 현재의 상태가 사역과 의무의 상태라는 것을 보여주어야 한다. 그는

하늘에서 단순히 영광과 위엄과 축복의 삶을 영위하고 있는 것이 아니라, 사역과 사랑과 돌봄의 삶을 살고 계신다. 그는 교회의 중보자로서, 곧 왕이요, 제사장이요, 선지자로서 살고 계신다. 여기에 우리의 현재의 안전과 미래의 영원한 구원이 달려 있다. 그리스도의 사역과 돌보심의 계속되는 행동이 없다면 교회는 한순간도 보존될 수 없을 것이다. 그리고 이것에 대한 우리의 믿음의 어두움은 우리의 잦은 불안과 우리 대부분의 순종의 연약함의 원인이다. 대부분의 사람들은 교회와 관련된 그리스도의 현재의 상태에 대해 단지 일반적이고 혼란된 개념과 이해들만을 가지고 있다. 그리고 어떤 사람들은 이런 상태에 대해 생각하는 것 자체를 경멸하고 무시한다. 그러나 성경의 계시는 하늘에서의 그리스도의 위격의 현재의 상태에 대해, 특히 그의 사역과 의무에 대해 특별히 고려하는 것이 하나님의 영광과 우리 자신의 영혼들의 구원에 대단히 중요하다는 것을 보여주고 있다.

우리는 계 5:6에서 그의 모든 사역이 나타나는 것을 볼 수 있다. "내가 또 보니 보좌와 네 생물과 장로들 사이에 어린 양이 섰는데 일찍 죽임을 당한 것 같더라 일곱 뿔과 일곱 눈이 있으니 이 눈은 온 땅에 보내심을 입은 하나님의 일곱 영이더라". 그의 모든 거룩한 참여자들과 더불어 하나님의 영광을 총체적으로 나타내는 것이 여기에서 "보좌"라고 불린다. 그리스도는 이 보좌 "가운데" 서 있는 것으로 묘사되고 있다. 이것은 그의 왕으로서의 영광을 나타낸다. 그리고 그가 자신의 뜻을 성취하기 위한 완벽한 능력을 가지고 계신 것은 "일곱 뿔"을 가진 것으로 묘사된다. 또한 제사장으로서의 사역과 관련해서 그는 "죽임을 당하신 어린 양"으로 묘사된다. 그는 자신의 수난을 통해 계속해서 교회를 실질적으로 구원하신다. "하나님의 어린 양"으로서 그는 자신을 드리심으로써 "세상 죄를 제거하셨기" 때문이다. 그리고 그는 선지자로서 "일곱 눈", 곧 "하나님의 일곱 영"을 가진 것으로 묘사되는데, 이는 그가 교회를 조명해 줄 은사와 은혜를 전달해 줄 능력과 더불어 모든 영적인 빛과 지혜를 자신 안에 완벽하게 가지고 있다는 것을 의미한다.

그리스도의 각각의 사역의 본질에 대해 나는 다른 곳에서 이미 선포하였다. 그러므로 나는 하늘에서 그리스도의 위격의 현재의 상태와 조건과 관련된 것을 제외하고는 그것들을 더 이상 고려하지 않을 것이다. 그리고 그것들을 구분해서 모두 취급하는 것은 너무 긴 작업이기 때문에 나는 그의 제사장직과 관련해서만 생각할 것이다. 그리고 이것에 대해 다음과 같은 것들이 관찰될 수 있다.

1. 주 그리스도는 성전과 초막처럼 거룩한 예배의 장소로 들어가는 것처럼 하나님의 영광이 머무는 장소인 하늘로 들어가셨다. 그는 교회의 대제사장으로서 그렇게 하셨다. 그는 "참 것의 그림자인 손으로 만든 성소에 들어가지 아니하시고 오직 참 하늘에 들어가사 이제 우리를 위하여 하나님 앞에 나타나셨다"(히 9:24). 그는 모든 거룩하고 엄숙한 예배의 장소인 옛적의 성막이 상징하던 하늘에 들어가셨다. 그러므로 그는 "휘장을 지나" 그곳에 들어가셨다고 언급되는데(히 6:19, 20, 10:19), 그것은 성막과 성전에서 지성소에 들어가는 방법이었다. 하늘은 하나님의 보좌가 있는 왕궁이며 보좌일 뿐 아니라(마 5:34), 하나님이 위엄과 능력뿐 아니라 은혜와 자비로 거하시는 성전이다. 그곳은

명령을 내리시는 장소일 뿐 아니라, 거룩한 예배의 장소이다. 계 7:15은 이 사실을 잘 선포하고 있다. 이 세상의 환란을 통과한 위에 있는 모든 성도는 "하나님의 보좌 앞에 있고 또 그의 성전에서 밤낮으로 그를 섬기며 보좌에 앉으신 이가 그들 사이에서 머물 것이다". 그리고 "보좌 가운데 계신 어린 양이 저희 목자가 되어 생명수 샘물로 인도하실 것이다"(17절). 또한 8:1-4을 보라. 여기에 아래 있는 교회의 예배가 또한 포함될 수 있다. 그러나 그것은 위에 있는 것과의 교제를 통해서이다. 이곳은 신자들의 영혼이 들어가기를 갈망하는 하늘이다. 그것에 대한 다른 이해들은 단지 불확실한 사변들에 불과하다.

2. 이곳 성전, 성소에서 주 그리스도는 계속해서 영광스럽게 보좌 앞에서 자기의 사역을 감당하신다. 히 4:14-16, 9:24을 보라. 제사장이 성소에 들어가서 은혜의 보좌의 모형들인 법궤와 속죄소 앞에서 하나님을 향해 교회를 위해 사역했던 것처럼, 우리 대제사장은 우리를 위해 하나님 앞에서 실제로 나타나셔서 일하신다. 그는 영광의 방법으로 그곳에 머물기 위해서만이 아니라, 성전의 일을 하시기 위해 곧 하나님께 교회가 드려야 할 모든 영광과 영예와 예배를 드리기 위해 성소에 들어가셨다. 그리고 우리는 (1) 이 사역이 무엇이었으며, (2) 이것이 어떻게 수행되었는지 고려할 수 있다.

(1) 일반적으로 그리스도는 대제사장으로서의 사역을 통해 교회와 그 모든 지체를 향한 자신의 모든 사랑과 동정과 긍휼과 돌봄을 행하신다. 우리는 자주 우리의 모든 위로의 근거로서, 우리의 모든 순종의 근거로서 이 사역을 생각하도록 요청을 받는다. 히 2:17, 18, 4:15, 16,

5:2을 보라. 이것을 생각하는 것은 환란과 유혹을 당하는 신자들에게 위로를 준다. 이것의 결과들은 그들로 하여금 계속해서 순종할 수 있도록 은혜를 공급해준다. 그는 그들을 위해 교회의 대표자로서 하나님과 모든 교회의 일들을 처리하신다. 그리고 그는 이것을 세 가지 목적을 가지고 행하신다.

[1] 그가 죄에 대해 제공한 구속이 효력이 나타나도록 하기 위함이다. 그는 계속해서 자신을 "죽임을 당한 어린 양"으로 제시하심으로써 신자들의 영혼과 양심에 구속의 공로가 적용이 되어 하나님과 화해하고 평화할 수 있도록 하신다. 그러므로 모든 세대의 모든 신자는 그의 피로 뿌림을 받아 씻김을 받는다. 이것은 곧 그들을 위해 흘려진 그의 피의 공로가 그들에게 적용되는 것을 의미한다.

[2] 사단의 모든 비난에서 그들을 보호하고 벗어나게 하기 위함이다. 사단은 하나님 앞에서 그들을 고소하고 비난하지만, 그리스도는 은혜의 보좌에서 그의 모든 시도를 효과적으로 좌절시키는 대언자이시다(계 12:10, 슥 3:2).

[3] 모든 은혜와 영광의 공급과, 성령의 모든 공급과, 그들을 향한 언약의 모든 약속들의 성취와 관련해서 그들을 위해 중보하시기 위함이다(요일 2:1, 2). 이것이 하늘에서 그리스도의 사역이다. 이런 일들에서 교회의 대제사장으로서 그는 그들을 대신해서 자신의 중보사역을 계속해서 감당하신다. 그리고 이 일에서 그는 하나님의 임재 가운데 있는 모든 거룩한 자들의 노래와 즐거운 찬미를 받으시고, 그들은 그를 통해 하나님께 영광을 돌린다.

(2) 이런 영광스러운 사역의 방법과 관련해서 몇 가지 내용이 고려되어야 한다.

[1] 하늘에서, 하나님의 성전에서, 은혜의 보좌 앞에서 행해지는 일은 현재 엄숙하게 제도화된 예배인데, 그것은 세상이 끝이 날 때 멈추게 될 것이다. 그것은 종교적인 예배이며, 위에 있는 모든 성도는 이것을 통해 하나님께 영광을 돌린다. 그리고 이것은 하나님이 특별히 임명하신 중보자이신 그리스도를 통해 드려지게 된다는 점에서 자연적인 예배라기보다는 제도적인 예배이다. 이것은 영광스러운 의식들이 행해지는 교회 상태에서 구성된 예배이며, 영원하지 않고 그 시기가 정해져 있다. 그리고 현재의 신자들은 믿음으로 모든 신적인 예배를 통해 위에 있는 교회와 교제의 상태에 들어가게 된다. "너희가 이른 곳은 시온산과 살아 계신 하나님의 도성인 하늘의 예루살렘과 천만 천사와 하늘에 기록된 장자들의 총회와 교회와 만민의 심판자이신 하나님과 및 온전케 된 의인의 영들과 새 언약의 중보이신 예수와 및 아벨의 피보다 더 낫게 말하는 뿌린 피니라"(히 12:22-24). 이 구절에서 사도는 우리에게 교회 상태를 명확하게 표현하고 있다. 시온, 예루살렘, 총회는 구약에서 교회 상태를 나타내는 이름들이다. 그리고 위에 있는 상태, 곧 하늘의 예루살렘은 모든 거룩한 천사들이 있는 곳이며, 의로운 자들의 육은 부활 때 회복이 되지만, 그들의 영이 완벽하게 되는 곳이다. 그리고 이 큰 총회에는 거룩한 예배가 있다. 예수 그리스도는 그 안에서 언약의 중보자로서 계실 뿐 아니라, 그 피를 뿌리시는 분, 곧 그것을 실질적으로 교회에 적용하는 분이시기 때문이다. 우리는 바로 여기에 들

어가게 된다. 우리는 이곳 아래에 있는 동안 믿음으로 이 거룩한 총회와 예배와 교제를 가진다(히 10:19-22). 오, 내가 이 영광을 보다 분명히 바라보고 이 복된 총회의 아름다움과 질서를 더 분명히 알 수 있도록 나의 영혼이 믿음에 더욱 풍성히 거할 수 있기를! 하나님이 그리스도 안에서 자신의 지혜와 사랑과 은혜와 선하심과 자비의 영광을 얼마나 풍성히 나타내시는가! 아버지께서 그에게 주신 영광, 곧 그의 위격과 사역 안에서 그리스도의 영광과 영예는 얼마나 탁월하게 나타나는가! 우리는 이 총회의 모든 지체에게 전달되는 하나님의 사랑과 선하심에 대해, 그리스도의 영광과 그 안에서 하나님의 영광을 보는 변하지 않는 즐거움에 대해, 그들이 그에게 매달리는 감정의 열렬함과 온 지체를 다해 하나님을 찬미하는 지속적인 열정에 대해 얼마나 조금 알고 경험하는가! 믿음으로 이 총회에 들어가는 것과, "보좌에 앉아 계신 분과 어린 양께 영원히" 찬미를 드리는 것과, 위에 있는 성도들과 똑같은 거룩한 애정과 영적인 즐거움을 유지하려고 노력하는 것은 이 땅에 있는 신자들의 교회의 의무이며 계획이다. 우리의 현재의 규례들로 말미암아 우리가 도움을 받는 만큼 우리는 그것들로 말미암아 유익을 얻을 수 있다. 이 영광을 계속해서 보는 것은 이 세상의 모든 원하는 것들을 경멸하는 것이며, 그들을 얻지 못하는 데서 오는 두려움에서 우리의 생각을 구원하는 것이다.

[2] 위에 있는 성소에서 하나님의 집의 책임을 맡고 있는 대제사장이 드리는 하늘의 예배는 놀랄 만큼 영광스럽다. 곧 선포되겠지만, 하나님의 영광을 나타내는 것이 이 예배의 위대한 목적이다. 하나님의

영광은 그의 무한한 지혜와 선하심과 은혜와 능력의 결과들에 나타난다. 그것은 곧 선언적으로 그들에 대한 찬미와 더불어 그들을 명확히 인정하는 데 나타난다. 위에 있는 성소에서 드리는 하나님께 대한 예배는 바로 그리스도의 직접적인 중보의 사역의 행위에서 나타난다. 그것은 찬미의 방법으로 모든 신적인 영예를 그에게 계속해서 돌려드리는 것과 더불어 예수 그리스도에 의한 교회의 구속과 성화와 구원에 나타난 하나님의 지혜와 사랑과 선하심과 은혜와 능력을 영광스럽고도 명확하게 인정하는 것이다. 그것이 행해지는 방법에 대해 우리의 현재의 빛은 어둡고 희미할 뿐이다. 우리는 이것에 대한 몇 가지 증거를 가지고 있다.

(1) 그것에는 육신적인 것, 곧 사람의 환상이나 상상에 들어맞는 것은 아무것도 없다는 것이다. 천국에 대해 생각할 때 대부분의 사람들은 자신들의 마음에 자신들이 즐거워하는 육적인 모양을 그리는 경향이 있다. 그러나 그들은 이런 거룩한 총회의 예배와 아주 거리가 멀다. 영적으로 영광스러운 복음의 예배는 외적이며 육적으로 영광스러운 성전의 예배보다 이것에 더 가까이 나아간다.

(2) 이것은 단순히 정신적인 것, 곧 각 사람의 조용한 생각 속에서 행해지는 것이 아니다. 우리가 보여주었던 것처럼 그것은 교제가 있는 회중들의 예배이기 때문이다. 우리는 천사들과 완벽하게 된 의로운 자들의 영 사이의 교제의 방법을 잘 모른다. 그것은 성경에서 목소리로, 자세로, 몸짓으로 표현된다. 그리고 그들은 비록 절대적으로 지금 우리가 가지고 있는 것과 똑같은 본질은 아니더라도, 실질적으로 의미를 가

지고 있으며 서로 의사를 나누는 수단이다. 나는 변화산에서 모세와 그리스도의 대화를 알지 못하는 것처럼(마 17:3) 하나님이 그들에게 자신을 찬미하도록 어떤 소리와 표현을 주실지 알지 못한다. 그러나 위에 있는 총회는 다 함께 그것을 사용해서 하나님을 찬미한다. 그렇게 하는 데서 나오는 영광에는 다음과 같은 세 가지 내용이 있다.

[1] 성소에서 모든 것은 복되고 아름다운 질서가 있다. 욥은 아래 있는 무덤을 "어떤 질서도 없고 빛도 흑암과 같은 곳"으로 기술한다(10:22). 위에 있는 모든 것은 질서요 빛이다. 모든 사람과 모든 것은 있어야 할 장소에 있으며, 마땅히 해야 할 행동을 한다. 첫째로, 하늘 그 자체는 하나님의 특별한 임재로 만들어진 성전이요 성소이며, 그리스도가 자신의 인성의 성막으로 일하시는 곳이다. 둘째로, 하나님은 은혜의 보좌에 앉아 계시며 자신의 은혜와 은혜의 사역으로 말미암아 영광을 받으신다. 위에 있는 성도들에게 그는 은혜의 보좌에 앉아 계시는 분이신데, 이는 그들이 그의 은혜의 결과를 완전히 즐기며, 그에게 이것으로 말미암아 영광을 돌리기 때문이다. 그는 아래 있는 교회에 대해서도 그리스도를 통해 은혜와 자비를 계속해서 전달하신다는 면에서 은혜의 보좌에 앉아 계신 분이시다. 셋째로, 주 그리스도는 교회를 대신해서 자신의 중보의 직과 능력을 행하신다는 점에서 자신의 인성으로 보좌 앞에 계신다. 넷째로, 모든 거룩한 천사들은 자신들의 다양한 사역을 통해 계속해서 보좌 앞에 있다. 다섯째로, 완벽하게 된 의로운 자들의 영도 다양한 정도의 빛과 영광으로 보좌 앞에 서 있다. 그리고 이것은 처음 광야에서 교회가 세워졌을 때 희미하게 나타났다.

그들에게 주어진 규례들은 하늘의 것들의 모형들이거나 모습들이었기 때문이다(히 9:23). 첫째, 한가운데 성막 혹은 성소가 있었다. 이것은 위에 있는 성소 혹은 성전을 나타냈다. 둘째, 지성소에 법궤와 속죄소가 있었는데, 이것은 은혜의 보좌를 나타냈다. 셋째, 대제사장의 사역이 있었는데, 이것은 그리스도의 사역을 나타냈다. 넷째, 제사장을 시중들었던 레위인들이 있었다. 그들은 그리스도가 사역하실 때 그를 시중드는 천사들을 나타냈다. 다섯째, 그들 주변에는 열두 지파가 있었는데, 이는 거룩하게 될 성도들을 나타냈다.

[2] 모든 축복받은 자들은 그리스도 안에서 하나님의 영광과 인간을 향한 그의 지혜와 은혜의 사역과 결과들에 대해 분명하고 명확한 이해를 가지고 있다. 이것은 모든 신적인 예배의 기초이다. 그리고 그들에 대한 우리의 관념과 이해가 어둡고 낮으며 애매하고 불분명하기 때문에 우리의 예배는 또한 연약하며 불완전하다. 그러나 위에 있는 성도들에게는 모든 것이 열려 있다. 우리는 전쟁의 먼지와 피와 소음 가운데 있다. 그러나 그들은 승리해서 평강 가운데 있으며, 자신들이 통과해 온 것과 자신들이 획득한 것을 완벽하게 보고 있다. 그들은 빛과 생명의 원천에 도달해 있으며, 자신들과 서로 안에 하나님의 은혜에 대한 찬미로 충만해 있다. 그들은 자신들이 하나님 안에서, 그리스도 안에서 본 것과 자신들이 경험한 것과, 자신들이 알고 배운 것에 대해 모두 다 생각하거나 표현할 수 없다. 우리는 실질적으로 이 영광을 조금이라도 경험하게 된다면, 그것으로 족할 것이다. 애매함이나 어두움이 없이, 두려움이나 유혹의 혼합이 없이 이것들을 눈으로 보아 마음

으로 느끼는 것이 하늘에서 드리는 거룩한 예배의 원천이며 동기이다.

[3] 하늘의 예배를 드리는 영광스러운 방법에 있다. 하늘의 성도들은 눈으로 보고 즐거워할 뿐 아니라, 하나님께 계속해서 영광과 찬미를 돌린다. 사 6:3과 더불어 계 4:9-11을 보라. 이것의 영광에 대해 우리가 알 수 있는 부분은 얼마나 적은가!

3. 은혜의 보좌 앞에 있는 이 거룩한 총회에서 대제사장이신 주 예수 그리스도는 이 땅의 교회의 예배를 하나님이 받으실 수 있도록 드리신다. 계 8:3, 4은 "또 다른 천사가 와서 제단 곁에 서서 금향로를 가지고 많은 향을 받았으니 이는 모든 성도의 기도들과 합하여 보좌 앞 금단에 드리고자 함이라 향연이 성도의 기도와 함께 천사의 손으로부터 하나님 앞으로 올라가는지라"고 표현하고 있다. 이것은 대제사장이 속죄날 지성소에 들어가서 금단에서 향을 피우는 것을 나타낸다. 금단은 지성소의 입구에, 바로 하나님의 보좌를 상징하는 법궤와 속죄소 앞에 놓여 있었다. 그러므로 이 천사는 우리의 대제사장이시다. 다른 어느 누구도 그 제단에 가까이 가거나, 그곳에서 향을 피워 그 연기가 지성소에 들어가도록 할 수 없었기 때문이다. 그리고 "모든 성도의 기도"는 교회의 모든 예배에 대한 제사장적인 표현이었다. 그리고 이것은 대제사장에 의해 하나님의 보좌 앞에 제시되었다. 여기에서 하나님의 보좌에 상달될 것은 그들의 기도가 아니라, 천사의 손에서 나온 향의 연기였다. 성도들의 기도가 하나님께 응답되도록 하는 것은 오직 그리스도의 중보의 향이기 때문이다. 이것이 없이 우리의 기도와 찬미와 감사 중 그 어느 것도 하나님의 임재나 은혜의 보좌에 가까이 가

지 못할 것이다. 그들의 연약함과 불완전함을 고려할 때 이것은 얼마나 놀라운 하나님의 축복이며 위로인가! 그러므로 오직 그 안에서, 그에 의해서 우리는 우리의 모든 열망과 기도와 하나님을 향한 모든 예배를 올려 드릴 수 있다. 그리고 오직 이것을 통해 우리는 우리의 모든 예배에서 "지성소로 들어갈 수" 있다(히 10:19). 우리는 단순히 믿음이 아니라, 오직 우리의 기도를 대제사장의 손에 맡기는 특별한 믿음으로 이렇게 할 수 있다.

우리의 모든 예배에서 우리로 하여금 하나님께 나아가지 못하도록 하고, 우리의 양심에서 위로와 평화를 빼앗아가는 세 가지가 있다. 첫째로, 우리의 예배에 붙어 있는 죄 혹은 죄악이다. 둘째로, 아무리 최선을 다해도 그 안에 가지고 있는 연약함과 불완전함이다. 셋째로, 예배를 드리는 사람들의 무가치함이다. 이런 일들로 말미암아 율법은 희생 제사를 통해 하나님께 오는 자들의 양심을 결코 완벽하게 만족시킬 수 없다. 그러나 그리스도의 제사장적 사역에는 이 모두를 제거하고 우리로 하여금 하나님께 담대하게 나아가게 할 수 있는 세 가지가 있다. (1) 그의 수난의 영향과 (2) 그의 중보의 효율성과 (3) 그의 위격의 위엄이다. 이것들 중 첫 번째 것을 통해 그는 아론이 옛적에 그의 이마에 하나님의 이름(그리스도의 모형)을 새긴 금패를 가지고 모형적으로 했던 것처럼(출 28:36-38) 거룩한 것들에 대한 우리의 모든 범죄를 대신 지시고 그것들을 제거하셨다. 그는 자신의 수난의 피로써 그들을 구속하셨다. 만약 그가 그렇게 하지 않으셨다면, 그들은 하나님 앞에 나타나지 못했을 것이다. 두 번째 혹은 그의 중보의 효율성을 통해 그는 우리의 기도와 거룩한 예배를 하나님 앞에서 능력으로 응답이 되도록 하신다. 이것이 하나님의 보좌에 모든 성도의 기도와 더불어 올라가는 연기 혹은 향이기 때문이다. 세 번째 혹은 그의 모든 신비적인 육체를 나타내는 그의 위격의 위엄을 통해 그는 우리의 양심에서 은혜의 보좌에 담대히 나아가지 못하도록 하는 우리 자신의 죄악과 무가치함을 제거하신다. 이런 일들에 교회, 혹은 모든 신자의 예배의 생명이 놓여 있다. 이것이 없이 예배는 하나님께 열납이 될 수 없는 것처럼, 우리도 예배를 통해 평강이나 위로를 받을 수 없다.

4. 바로 여기에서 승리한 교회(triumphant church)는 아직 전투 중인 교회(militant church)와 교제를 가진다. 위에 있는 총회는 아래 있는 교회에 대한 관심을 잃지 않았다. 우리가 이 세상의 삶의 폭풍과 유혹과 고난과 위험을 지나 영원한 영광에 안착하여 그리스도 안에서 하나님을 찬미하고 있는 사람들의 영광과 안전과 행복에 대해 즐거워하는 것처럼, 그들은 자신들이 지나온 것과 똑같은 유혹과 어려움과 위험을 겪고 있는 형제들이 안전하게 구원받기를 원하는 간절한 열망으로 가득 차 있다. 그러므로 그들은 자신들의 기도를 그에 대한 모든 거룩한 예배들과 더불어 드리며, 자신의 중보의 향기를 통해 그들이 열납이 되도록 일하시는 하나님의 집의 위대한 대제사장이신 주 예수 그리스도를 볼 때, 그것은 그들을 만족으로 채우며, 계속해서 그들로 하여금 그에게 찬양과 영광과 영예를 돌리도록 한다. 이것이 여기 아래 있는 교회에 대한 위에 있는 성도들의 상태이다. 이것이 그들에게 안전하게 부여할 수 있는 모든 것이다. 어떤 사람들이 자신들이나 혹은 다

른 특별한 사람들의 중보에 대해 생각하는 것은 예수 그리스도의 영예를 모욕하는 것이며, 위에 있는 성도들의 현재 상태와 일치하지 않는다. 그러나 앞에서 기술한 일들에 그들이 여기 아래 있는 교회와의 교제가 놓여 있다. 그들은 똑같은 신비적인 몸 안에서 아래 있는 교회와 연합되어 있음으로써 그것에 대한 사랑을 가지고 있다(엡 1:10). 그들은 자신들의 육체의 날에 가졌던 경험을 통해 그것의 상태에 대한 감각을 가지고 있다. 그들은 아래 있는 성도들 안에 있는 하나님의 영광에 대해 큰 관심을 가지고 있으며, 그들의 영원한 구원을 간절히 열망한다. 그들은 아래 있는 성도들이 없으면, 자신들이 절대적으로 온전한 몸을 이루지 못할 것을 알고 있다(계 6:11). 이런 상태에서 그들은 계속해서 은혜의 보좌 앞에서 자신들을 위해 기도를 드리시고, 중재하시고, 모든 대적들의 송사를 변호하시고, 하나님 앞에서 자신들의 모든 일을 처리하시고, 자신들 중 어느 하나도 멸망치 않고 구원에 이르도록 돌보고 계시는 주 예수 그리스도를 본다. 이것은 계속해서 그들에게 거룩한 만족과 기쁨으로 가득 채우고, 그들의 계속되는 찬양과 영광을 그에게 돌리는 큰 주제가 된다. 바로 여기에 아래 있는 교회를 향한 위에 있는 교회의 관심이 있다. 이것은 그들 사이에 있는 교제인데, 이 교제의 띠이며 핵심은 자신의 사역을 감당하시는 그리스도의 위격이다.

5. 옛적의 성막과 성전의 모든 거룩한 제도에는 하나님의 지혜가 충만히 드러나 있다. 이제 이것들을 덮고 있던 수건이 완전히 걷혀졌으며, 희미하게 보이던 하늘의 것들이 빛과 영광으로 나타났다. 이것이 복음시대에 크게 이루어졌던 것은 사실이다. 그리스도가 육체로 오

셔서 이 세상에서 자신의 중보사역을 감당하심으로써 그들이 미리 상징했던 것의 실체가 나타나게 되었고, 복음의 계시를 통해 그들의 본질과 목적이 선포되었다. 그럼에도 불구하고 복음의 계시는 그 의미를 수건 아래 있는 것, 곧 하늘의 성소에서 그리스도가 제사장으로서 사역을 감당하는 것까지 확장되었다(히 9:24). 그러므로 우리가 그 안에 포함되어 있는 신비의 깊이를 이해할 수 있는 완벽한 빛을 가지고 있지 않은 것처럼, 그것은 주 그리스도가 성소에서 자기의 사역을 감당하실 때까지 절대적으로 성취되지 않았다. 이것은 하나님이 산에서 모세에게 보여주셨으며, 모든 사람에게 분명히 선포하도록 하셨던 모형의 영광이다. 자신들이 그 목적과 계획을 이해할 수 없었던 모형적인 제도들을 자신들의 생애 동안 행하였던 구약의 성도들은 특별히 이것들의 실체의 영광이 나타날 것을 바라보며, 이 속에서 하나님의 풍성한 지혜와 선하심을 보고 즐거워했다.

6. 아버지로부터 교회를 위해 자신의 거룩한 개입과 중보를 통해 받으신 모든 것을 주 그리스도는 주권적 권위와 전능한 능력을 가지고 실행하신다. 그러므로 그는 제사장으로서 "하늘보다 더 높게 되셨고", "하늘에서 위엄의 보좌 우편에 앉으셨다"고 언급된다(히 8:1). 이런 영광스러운 능력은 그의 제사장직을 통해 그에게 즉시 속한 것이 아니라, 그 직을 효과적으로 실행하는 데 필요한 그의 위격의 자질이다. 그러므로 그에 대해 그는 "영광을 얻고", "자기 보좌 위에 앉아 다스릴 것이며", "자기 보좌 위에 있는 제사장"이 되실 것이라고 언급되어 있다(슥 6:13). 보좌는 왕의 상징이며, 그것은 그의 왕의 사역으로 말미암아 올

바로 그리스도께 속해 있다(히 1:8, 9). 그럼에도 불구하고 그의 보좌에 수반되고 이 보좌에 속하는 능력은 그가 자신의 보좌에 앉아서 다스리실 때처럼 자신의 제사장직을 효율적으로 감당하기 위해 필수적인 것이다. 그러므로 그는 "자기 보좌 위에 있는 제사장"이라고 언급된다.

이것이 하늘에 그리스도의 현재 상태의 한 예이며, 그가 그곳에서 실행하시는 일의 한 예이다. 그리고 나는 여기에서 이 한 가지 예만 취급할 것이다. 그는 "끝이 없는 생명의 능력을 따라", 그가 지금 하늘에서 누리고 있는 생명의 능력을 따라 제사장이 되셨다. 그는 "살아서 영원히 우리를 위해 중보하실 것"이다. 그는 죽었으나 살아나셨고, 영원히 살아계시고, 지옥과 사망의 열쇠, 곧 자기 교회의 원수들에 대한 모든 권세를 가지고 계신다. 하나님이 은혜의 보좌 위에 계시고, 그리스도가 영광과 능력으로 보좌 우편에 앉아 계시면서 대제사장으로서 교회를 위해 하나님과 더불어 모든 것을 관장하시고, 모든 거룩한 천사들과 "온전하게 된 의로운 사람들의 영들"이 보좌 주변에서 교회의 구원을 위한 그의 성육신과 중보사역에 나타난 무한한 지혜와 선과 은혜에 대해 하나님 아버지와 그에게 계속해서 찬미를 드리고, 그리스도가 계속해서 하나님 앞에서 성도들의 모든 기도와 예배를 중보의 향기로 그에게 드리면서 모든 교회를 다스리시는 곳이 성경이 우리에게 제시하고 있는 하늘의 모습이며, 하늘의 현재의 영광이다. 그러나 이런 하늘의 일들에 대한 우리의 관념과 이해는 얼마나 연약하며, 얼마나 어두우며, 얼마나 낮은가! 우리는 어두움 속에서 거울을 통해 보는 것처럼 보고 있으며 단지 부분적으로 안다. 우리가 이것들을 "수건을 벗은 얼굴로" 볼 때가, 우리에게 알려진 대로 우리가 알 때가 오고 있다. 믿음으로 미래의 상태를 보고 있는 동안 우리의 시각을 가장 향상시킬 수 있는 최선의 방법은 이 영광에 참여하기를 거룩하게 열망하며, 우리가 도달할 것을 바라보며, 계속해서 부지런히 순종하는 것이다.

이 주제에 대해 우리는 아직 두 가지 명제를 더 이야기할 수 있다.

1. 은혜와 영광으로 표현되는 내적이며, 영적이며, 영원한 그리스도 사역의 모든 결과와, 섭리로 나타나는 교회나 교회의 적들을 향한 그리스도의 사역의 모든 외적인 열매는 하나님의 능력에 의해 생겨나거나, 하나님으로부터 나온 능력의 결과들이다. 그것들은 그리스도의 부활에서처럼 모두 "지극히 크신 하나님의 능력"에 의해 일어났다(엡 1:19). 교회 안에서, 교회를 위해 일어난 이와 같은 하나님의 모든 외적인 사역들은 필연적으로 하나님의 능력의 직접적인 결과들이며, 다른 원인들이 있을 수 없다.

2. 이 세상에서 그리스도의 순종과 그의 피로 말미암은 죄에 대한 구속과 그의 높아지심을 전제할 때, 하나님의 본성의 본질적인 속성과 영원하고 불변하는 순종의 법에는 하늘에서 그리스도의 지속적인 사역과 이에 수반되는 모든 거룩한 예배가 없어도 하나님으로 하여금 자신의 영예와 영광을 위해, 교회의 영원한 구원과 교회의 모든 원수들의 파멸을 위해 우리를 향해 모든 일을 하지 못하도록 방해할 수 있는 것은 아무것도 없다.

하나님이 자신의 신적인 능력으로 이런 것이 없이도 자신의 목적을 달성하실 수 있다는 것을 고려할 때, 위에 있는 하늘의 이 모든 일은 하나님이 명령하신 것임이 명확하고 확실하다. "여호와의 행사가 크시니 이를 즐거워하는 자가 다 연구하는도다"(시 111:2). 하나님이 우리 안에 드러내시고 이루신 위대한 일들과 그 결과와 열매와 그의 지혜와 은혜를 겸손하게 부지런히 탐구하는 것이 우리의 의무이다. 하나님은 우리와 우리 자녀들에게 우리의 유익을 위해 자신의 뜻을 분별하고 행하도록 이 모든 것을 계시하셨다.

(1) 하나님은 다른 무엇보다도 자신의 영광을 드러내시기 위해 이렇게 하셨다. 이것이 하나님의 모든 사역의 첫 번째 큰 목표이다. 이것이 그렇다는 것은 우리의 종교의 근본 원리이다. 그리고 그의 사역들이 어떻게 그를 영화롭게 하는지를 살피는 것이 우리의 의무이다. 하나님의 본질적인 영광은 언제나 똑같으며 영원하고 불변한다. 모든 피조물에 대한 하나님의 본질도 마찬가지이다. 그러나 그의 뜻의 기쁘심에 따른 그의 영광의 나타나심은 다양하다. 그러므로 그는 어느 한때 자신의 영광을 나타내기 위해 선택하셨던 것을 다른 때에는 사용하기를 멈추신다. 그의 영광을 나타내는 수단은 상황에 의존하며, 상황이 바뀌면 수단도 바뀌기 때문이다. 그러므로 옛적에 그는 자신의 영광을 자신의 거룩한 임재로써 성막과 성전에 드러내셨으며, 율법에 따른 모든 예배를 통해 영광을 받으셨다. 그러나 이제 그는 그렇게 하기를 멈추셨으며, 더 이상 그런 예배의식을 통해 영광을 받으시지 않는다. 비록 온전한 성전과 그곳에서 드려지는 모든 아름다운 예배들이 지금 이 땅에 있다고 하더라도, 하나님은 더 이상 그것을 통해 아무런 영광을 받지 않으신다. 이것들을 통해 하나님께 영광을 돌리려 하는 것은 그

에게 오히려 불명예를 돌리는 것이다. 그리고 하나님은 자신의 목적을 위해 때에 맞게 이전에 사용하지 않으셨던 방법과 수단을 사용하실 수 있다. 모든 복음적인 규례들도 마찬가지이다. 이런 상태는 이 땅에서 모든 것이 완성될 때까지 계속될 것이다. 그러나 더 이상은 아니다. 그것은 그 때가 되면 사라질 것이기 때문이다. 하나님은 더 이상 그것들을 통해 영광을 받지 않으실 것이다. 하나님은 그리스도 안에서, 그리스도에 의해 이 모든 것을 하게 하심으로써 하늘에서 영광을 받으시기를 선택하셨다. 그는 그것이 최종적인 것이 되도록 결정하셨다.

그리고 하나님은 위에 있는 성소에서 드리는 이 거룩한 예배를 계속하게 하심으로써 여러 가지 이유로 말미암아 자신의 영광을 드러내셨다. 첫째로, 그는 구약 아래서 이 세상을 떠난 성도를 위해 이렇게 하신다. 그들은 우리 주 예수 그리스도를 믿고 죽은 사람들이 지금 들어가는 영광보다 부족했다. 그리스도가 하늘로 올라가시기 전에 그들의 상태와 조건이 어떠했는지, 그들의 영혼이 받은 것의 본질이 어떠했는지 논쟁하거나 적극적으로 결정하지 않는다고 할지라도 그들이 하나님의 영광과 예수 그리스도 안에서 그의 지혜와 의지의 신비의 성취를 보지도, 볼 수도 없었으며, 그것이 완벽하게 그들에게 알려지지 않았다는 것이 분명하다. 그들의 안식과 회복과 축복이 무엇이었든지, 그들의 하나님의 임재의 즐거움이 무엇이었든지 하늘에 아직 은혜의 보좌가 세워지지 않았으며, 그 앞에 대제사장이 나타나지 않았고, 죽임을 당한 어린 양이 없었고, 보좌 위에 앉아 계신 분과 어린 양에게 영원히 동시에 드리는 영광이 없었다. 하나님은 "우리가 없이는 완성될 수 없는, 우리를 위해 더 좋은 것을 제공하셨다". 엡 3:9, 10을 보라.

성경의 계시를 통해 볼 때 그들은 지금 하늘에서 즐기는 영광에 미치지 못했다. 그리고 바로 여기에서 지금 믿음으로 죽는 위에 있는 성도들의 유익이 있다. 하늘에서 그들의 상태는 땅에서 그들의 믿음과 예배에 적합했다. 그들은 자신들의 계시와 예배에 의해 그리스도의 성육신과 중보사역에 대해 명확하고 구분된 지식을 가지고 있지 못했다. 그들은 단지 구원과 은혜와 자비의 약속이 그 안에서, 그에 의해 성취될 것이라고 믿었을 뿐이다. 그들은 천국 곧 자신들의 믿음과 예로 준비된 곳에 이런 상태로 받아들여졌다. 그들은 우리가 이해할 수 없는 복된 안식과 행복을 가지고 있었다. 가장 멀리 떨어져 있는 하나님의 영광스러운 임재 안에 있는 것이 무엇인지 누가 알 수 있을까? 그들은 자신들이 이 세상에서 분명한 이해를 가지지 못했던 그 영광을 보고 즉시 놀라지는 않았다. 그들도, 천사들도 앞으로 있을 그리스도의 고난과 그 영광에 대해 분명히 알지 못했다. 그러나 그들은 하나님과 그의 뜻의 작정 속에 숨겨진, 교회의 완전한 구원과 이것을 통해 하나님의 영광의 높여지심을 위해 하늘과 땅에서 행해질 무엇인가가 있다는 것을 보고 알았다. 그들은 위에 있는 자신들을 위한 회복의 거룩한 장소에서 이것을 계속해서 기다렸다. 믿음은 그들과 우리를 하나님의 임재 안에 들어가게 하고, 이것을 받을 수 있는 자격을 갖추도록 한다. 그러나 그들이 직접적으로 즐겼던 것은 그 모든 정도에 있어서 자신들의 믿음이 바라보았던 것을 넘지 않았다. 그러나 우리는 더 이상 그렇지 않다. 그러므로 그들은 하늘의 현재의 영광을 보도록 준비되지 않았다.

그러나 복음을 통해 명확하게 그리스도의 성육신과 중보의 신비를 알고 있는 신약의 성도들은 자신들의 믿음과 예배로써 이 영광에 즉시 들어갈 수 있는 자격을 갖추게 된다. 그들은 이것을 갈망하고, 이것을 기대하고, 얻도록 되어 있다. 우리 주님께서도 우리가 이 세상을 떠날 때 자신이 있는 곳에서 자신의 영광을 볼 수 있도록 해달라고 기도하셨다.

그러나 이제 그리스도가 하늘의 성소에 들어가셨기 때문에 이 모든 거룩한 자들은 신약의 성도들이 즐기는 영광과 똑같은 영광에 들어가도록 되었다. 이제 그들은 수건을 벗은 얼굴로 자신들이 드리고 지켰던 예배와 규례들의 실체와 목적을 보게 되었다. 그들이 이것을 통해 받은 말로 다 표현할 수 없는 추가적인 영광에 대해 어떤 지성도 생각할 수 없다. 그리스도에 의한 그들의 구속과 은혜 안에 나타난 하나님의 지혜와 은혜의 신비가 이제 그들에게 완전히 나타났다. 그들이 육체의 날에 이 땅에서 기도하고, 열망하고, 보기를 소망하고, 하늘에서 그토록 오랫동안 기다렸던 것이 이제 영광스럽게 그들에게 나타났다. 믿음으로 죽었지만 약속을 받지 못했던 단지 멀리에서만 그것을 바라보았던 모든 축복받은 영혼들에게 이것으로 말미암아 영광스러운 빛과 복된 만족이 들어오고 임하게 되었다. 그리고 이것을 통해 하나님은 자신의 영광을 그들 안에서, 그들에게 크게 나타내셨다. 이것이 이런 상태를 지속하는 첫 번째 목적이다. 이것이 나로 하여금 그리스도가 모든 것을 완성하시기 위해 하나님의 성소인 하늘에 들어가셨을 때 이 땅에서 얻을 수 있는 영광 중 가장 큰 영광을 받으셨다고 판단하도록 만든다. 그리고 이것은 세상의 시작에서 믿음을 가지고 떠난 모든 거룩한 영혼들이 하나님의 작정의 영광스러운 빛과 예수 그리스도에 의한 그의 은혜의 결과들에 대한 지식에 받아들여졌기 때문이기도 하다.

이런 진리에 대한 올바른 이해의 부족은 많은 사람, 특별히 로마교회의 사람들로 하여금 구약 아래서 떠난 신실한 자들의 영혼의 상태에 대해 헛된 상상을 따르도록 만들었다. 그들은 일반적으로 그들을 그리스도가 내려가서 건져내셔야 되는 지하(地下)의 림보(limbus)에 가두어 버렸다. 그러나 이 세상에서 순종으로 자신에게 주어진 일들을 끝마친 사람들이 이 땅을 떠나서 하나님의 임재의 복된 안식으로 들어가지 못한다는 것은 자기 백성을 향한 하나님의 관심을 보여 주고 있는 모든 개념들과 계시들에, 믿음의 삶과 본질에 위배되는 것이다. 만약 이것을 제거해 버린다면, 믿음의 모든 본질은 파괴되고 말 것이다. 그러나 앞에서 선언했던 것처럼 그들은 현재의 충만함에 받아들여질 수 없었다.

더욱이 하나님은 이것을 통해 거룩한 천사들에게 자신의 영광을 드러내신다. 이것은 처음부터 하나님의 뜻의 작정 안에 숨겨져 있었으며, 심지어 천사들에게도 숨겨져 있었다(엡 3:9). 그러므로 "이제 교회로 말미암아 하늘에서 정사와 권세들에게 하나님의 각종 지혜가 알려지게 되었다"(10절). 교회가 그리스도의 피로써 구속을 받으며, 이것을 통해 그가 영광 중에 올리우심을 받으심으로써 그들은 그 결과에 의해 "하나님의 각종 지혜"를 알게 되었다. 이것은 그들이 전에 보기를 간절히 열망했던 것이다(벧전 1:12). 이것을 통해 그리스도 안에 있는 하나님의 작정의 모든 영광은 그들에게 분명히 나타나게 되었다. 그리고 그들은 이것을 통해 영광에 적지 않은 진보를 이루게 되었다. 하나님의 마음을 이해하고 그의 뜻을 행하는 데 그들의 축복이 있기 때문이다.

하늘 그 자체는 그리스도가 자신의 사역을 감당하시기 위해 성소에 들어가시기 이전의 하늘이 아니었다. 떠나간 성도들과 천사들은 지금 그들이 참여하고 있는 영광에 참여하지 못했다. 그러나 이것은 하늘이나 원래의 하늘의 상태에 결함이 있었다는 것을 의미하지 않는다. 하늘은 원래 가지고 있던 완벽한 질서의 상태를 유지하고 있었기 때문이다. 창조의 질서의 측면에서 볼 때 하늘은 처음부터 영광에 있어서 완벽했다. 그러나 그럼에도 불구하고 하늘은 땅에 있는 인간의 교회와 여전히 관계를 가지고 있었고, 그것은 후에 변화될 것이었다. 그러나 죄가 들어옴으로써 이 모든 질서는 붕괴되었고, 이 모든 관계는 깨어졌다. 그리고 이것으로 말미암아 하늘 그 자체의 상태에 불완전함이 따라오게 되었다. 그것은 더 이상 땅에 있는 자들과 관계나 교제를 가지고 있지 못하게 되었으며, 죄인들이 들어올 수 있는 피난처가 아니었기 때문이다. 그러므로 하나님은 "그의 십자가의 피로 화평을 이루사 만물 곧 땅에 있는 것들이나 하늘에 있는 것들을 그로 말미암아 화목케 하시고" (골 1:20), 그 안에서 "하늘에 있는 것이나 땅에 있는 것이 다 통일되게" 하셨다(엡 1:10). 심지어 하늘에 있는 것들도 땅에 있는 것들과 하나가 되기 위해 화해를 필요로 했다. 그리고 이 영광은 이 하늘의 사역에서 나타났다. 그리고 사도는 "하늘의 것들"이 그리스도의 희생에 의해 정결케 되었다(히 9:23)고 말했다. 그들은 비록 실질적으로 오염되지 않았지만, 이런 정결케 하심이 없이 예수 그리스도에 의해 하늘과 땅에 있는 모든 것이 함께 예배를 드리는 이 신비의 교제에 참여할 수 없었다. 그러므로 천사들에게 하나님의 영광의 지속적인 나타내심이 있다. 그들은 영원부터 그의 뜻의 거룩한 작정에 소중하게 감추어진 이 것의 축복된 결과들에서 하나님의 각종 지혜의 은혜를 본다. 이것에 의해 그들의 빛과 복이 더 진보되며, 그들은 하나님에 대한 찬미로 가득차게 되고, 그에게 영원히 찬송과 영예와 영광을 돌리게 된다. 복음의 시대에 그토록 경멸을 받았던 그리스도 안에 나타난 하나님의 지혜의 신비를 바라보는 것은 하늘에 있는 천사들이 누리는 축복의 주요한 부분이다. 이것은 그들에게 영원한 즐거움으로 가득 채우며, 그들이 그에게 영원히 찬양과 영광을 돌리는 근거이다.

이것이 하나님이 작정하신 목적을 이루실 때까지 스스로 만족하신 '나타내시는' 영광이다. 이것으로 말미암아 그는 이 세상의 일들을 정해진 때가 올 때까지 참으신다. 세상이 이 상태로 있는 동안 하나님의 영광을 온전히 드러내지 못하기 때문이다. 세상은 어두움과 혼란과 죄와 사악함과 하나님에 대한 적대감으로 가득 차 있다. 세상은 온갖 방법으로 하나님을 모독하는 사악한 자들에게 주어져 있다. 세상에는 하나님께 영광을 돌리는 모습이 거의 없다. 하나님의 지혜의 은밀한 개입이 없다면, 세상은 곧 소돔과 고모라처럼 종말을 맞게 될 것이다. 그리스도의 유업을 이은 소수의 남은 자들이 하나님께 드리는 영광은 모든 세상이 그에게 돌리는 불명예와 비교할 때 거의 보이지도 않는다. 그러나 이 땅에서 이런 상태가 계속되고 있는 동안 하나님은 위에서 자신의 모든 거룩한 자들이 돌리는 영예와 영광과 예배를 받으시고 있다. 그는 이곳에서 안식하며 기뻐하고 계신다. 이런 지속적인 만족 가운데서 그는 자신의 지혜와 선하심과 의와 인내의 모든 목적을 달성하고자 이 세상의 일들을 계속해서 행하신다. 그러므로 사악한 자들로 하여금 자신들이 원하는 대로 마음대로 하도록 하라. 이 세상의 일로 말미암아 피곤하여 지치고 하나님이 인내하시는 이유를 이해하지 못한 성도들이 이 상태에 들어가게 되었을 때, 그들은 이 땅에서 하나님께 가해진 불명예를 풍성하게 보상하는 그 영광을 완전한 만족 가운데 보게 될 것이다.

(2) 이런 상태는 그리스도 자신의 영광을 위해서도 계속된다. 중보자의 직책이 하나님 아버지에 의해 그의 독생하신 아들에게 주어졌다. 다른 어떤 존재도 이것을 감당할 수 없다. 사 9:6과 계 5:-5을 보라. 그러나 이 사역을 감당하시는 데 있어서 그가 비천하고 낮은 상태로 내려오셔서 어렵고, 힘들고, 무시무시한 일을 감당하시는 것이 필수적이었다(빌 2:6-8). 그것이 우리 예수 그리스도가 이 세상에서 겪으신 것이었다. 그가 이것을 감당하시는 것은 그의 사역에 필수적이었다. 바로 여기에서 그는 사단 혹은 세상이 그에게 가할 수 있는 모든 악과 더불어 부끄러움과 경멸과 모욕을 받으셨다. 그리고 더욱이 그는 우리를 위해서, 우리를 대신해서 자신의 영혼의 가장 큰 두려움과 슬픔으로 "율법의 저주"를 받으셔야 했다. 이것은 그의 사역에 필수적인 것이었으며, 이것이 없이 교회의 구원은 이루어질 수 없었다. 그러나 하나님이 그렇게 영광스러운 직책을 자기 외아들에게 이런 식으로만 맡기실 것이라고 생각하는가? 그가 이 세상에서 하나님의 뜻을 성취하신 후에 자기 스스로 영광으로 들어가셨다는 것이 인정이 되어야 한다. 그러나

만약 그가 자신의 사역을 앞에서 말한 것처럼 끝내셨다면, 그것은 지금까지 경험한 것 중에서 가장 고통스럽고 슬픈 사건으로 간주되어야 할 것이다. 그러나 하나님의 지혜의 결과인 이 사역 그 자체를 영화롭게 하는 것이 그의 계획이었다. 그러므로 이 사역 그 자체가 성육신하신 아들에게 영원히 지속되는 영예가 되셔야 했다. 이 목적을 위해 이 사역은 그의 손에서 영광 가운데 계속되어졌으며, 그는 이 사역을 감당하시면서 높임을 받으셨다. 이것이 바로 그가 자신의 모든 제자들이 볼 수 있도록 기도하셨던 영광이다. 그는 올라가셔서 모든 것을 완성하실 때까지 영광 가운데 하늘의 성소에서 이 사역을 감당하신다. 그리고 사도는 "대제사장으로서" 그의 사역이 율법 아래서 그 사역으로 부름을 받았던 사람들의 것보다 훨씬 더 영광스러운 것이었다는 것을 증명한다(히 8:1-3). 바로 여기에서 교회의 유일하신 왕이요, 제사장이요, 선지자가 되시는 것이 얼마나 영광스러운 것인지 분명해 진다. 자신의 직책을 감당하시기 위해 고난을 받으신 후 그는 자신의 영광으로 들어가셔야 했다(계 1:18).

(3) 하나님은 여기에서 각 세대마다 믿음으로 떠난 사람들, 특별히 사도들과 초대 그리스도인들처럼 일찍 죽은 사람들을 고려하신다. 그리고 이것과 관련해서 여러 가지 것들이 고려될 수 있다.

[1] 신자들이 이 세상에서 가치 있게 여기며, 어떤 상황에서든지 그들에게 용기를 주는 두 가지가 있다. 이것들이 없다면 세상은 그들에게 악취가 나는 지하감옥일 뿐이며, 그들은 이 속에서 계속해서 사는 것에 만족하지 못할 것이다. 첫 번째는 그리스도에 대한 봉사이다. 이

렇게 할 수 있는 기회가 없다면, 그들은 이곳에서 어떤 만족을 가지고 살지 못할 것이다. 그렇지 않은 사람들이 있다면, 그들은 세속적인 생각에 사로잡혀 있는 사람들이다. 그리스도께 대한 아무리 작은 봉사라고 할지라도 그 안에는 신선함이 있다. 그리고 그리스도를 섬길 수 있는 많은 기회와 능력을 가지고 있는 사람들은 자신들이 이곳에서 봉사하는 것이 최선인지, 위에서 그리스도를 직접적으로 섬기는 것이 최선인지 결정할 수 있는 정당한 근거를 알지 못한다. 어디에서든지 주 그리스도를 섬기는 것은 그들에게 매우 영광스럽고 놀라운 일이다. 이것은 사도에게 있어서도 마찬가지였다(빌 1:21-26). 그리고 만약 그들이 섬김에 있어서 그와 능력은 같지 않지만 그를 똑같은 정신으로, 똑같은 신실함으로 섬긴다면, 그것은 다른 사람들에게도 마찬가지일 것이다. 그는 자신이 받은 것 이외에 어떤 것도 가지고 있지 않기 때문이다. 또한 그들은 복음적인 예배의 규례에서 그리스도를 즐거워한다. 이런 수단으로 그들은 살며, 그들의 영혼의 생명은 이런 일들에 있다.

이런 상태에서 하나님은 풍성한 보상과 유익이 없이 그들이 손해를 보도록 부르지 않으실 것이며, 그들의 특권을 중단시키지 않으실 것이다. 우리가 이 땅에서 무엇을 즐거워하든지 이곳을 떠나서 그리스도와 함께 있는 것이 더 나을 것이다(빌 1;23). 그 이유는 다음과 같다.

첫째로, 비록 이 땅에서 섬김이 끝이 나고 그것이 다른 사람에게 넘어간다고 할지라도, 그것은 하늘에서 지속이 된다. 우리는 이 세상에서 우리가 할 수 있는 것보다 말로 다 표현할 수 없이 더 영광스러운 방법으로 하늘에서 그리스도를 계속해서 섬긴다. 이런 상태로 들어가게 되었을 때 우리는 하나님 보좌 앞에 있으면서 그의 성전에서 그를 밤낮으로 섬기게 되며, 보좌에 앉아 계신 분이 우리 가운데 거하시게 될 것이다(계 7:15). 앞에서 서술한 하나님께 드리는 영광스러운 예배의 모든 모습이 바로 여기에 해당된다. 우리는 보좌에 앉아 계신 분과 어린 양을 계속해서 섬기게 된다. 그러므로 부르심을 받아 이 땅에서 그를 더 이상 섬기지 못하도록 된 것은 섬김 그 자체로만 본다면 결코 손실이 아니라 오히려 진보이다.

둘째로, 그의 예배의 규율 안에서, 규율에 의해 그리스도를 즐거워하는 것은 이 세상에서 우리의 모든 회복과 위로의 직접적인 원천이며 샘이다(시 87:7). 그렇다면 하늘에서 직접적으로 그를 즐거워하는 것은 얼마나 놀라운 축복인가! 그러므로 위에 있는 상태의 축복은 그리스도와 함께 영원히 있는 것으로 묘사된다. 그것은 그의 임재 안에서 그를 직접적으로 즐거워하는 것을 묘사하는 것이다. 우리가 어두운 밤에 길을 걸어갈 때 별빛은 우리에게 유용한 안내가 된다. 그러나 해가 떠오르면 그것은 어떻게 되는가! 어두움 속에 있을 때는 별빛이 없이는 무엇을 해야 할지 몰랐지만, 해가 떠올랐을 때 별빛을 더 이상 즐기지 않는 것을 손실이라고 생각할 사람이 있을까? 우리는 성례와 목회와 성경이 얼마나 잘 사용될 수 있을지 알지 못할 수 있다. 그러나 흐르는 물의 모든 효력은 원천에 있다. 그리스도를 직접적으로 즐거워하는 것은 우리가 이 땅에서 어떤 수단을 통해 참여할 수 있는 것보다 훨씬 더 탁월하다.

이런 복된 상태에서 거룩한 사도들과 모든 초대교회의 순교자들과 신자들은 죽는 순간부터 위에 있는 영광스러운 총회에서 완전한 만족과 위로를 즐겼다(계 7:15-17).

[2] 이것을 통해 위에 있는 승리한 교회와 이 땅에 있는 전투하는 교회 사이에는 교제의 연속성이 있다. 영화롭게 된 성도들과 이 세상에 있는 신자들 사이에 그런 교제가 있다는 것은 신앙의 조항이다. 두 부류 모두 다 한 교회이며, 한 신비적인 몸이고, 한 머리를 가지고 있으며, 서로를 향한 관심을 서로 간에 가지고 있다. 이 교제의 원천과 수단은 복음의 영광의 적지 않은 부분이다. 구약 아래 있던 성도들이 그리스도 안에 있는 하나님의 영광의 신비와 이를 통한 우리의 구속을 가지기 전까지 이 교제는 매우 희미했다. 그러나 사도가 선언한 것처럼 우리는 이제 이 영광의 빛 가운데 들어가게 되었다(히 12:22-24).

나는 어떤 사람들이 이 교제의 개념을 어리석은 미신으로 바꾸어 버렸다는 것을 안다. 그들은 이것을 통해 복음의 모든 다른 진리들을 왜곡하여 사람들의 영혼을 파괴시켰다. 이것에 대해 모든 성경은 증거하고 있다(벧후 3:16). 그러나 그들은 이 문제에서 자신들을 속였다. 진리는 어느 누구도 속이지 않는다. 교제를 전제 할 때 그들은 필연적으로 위에 있는 자들과 아래 있는 우리 사이에 직접적인 대화가 있어야 된다고 결론을 내렸다. 그리고 만약 그렇게 되어야 한다면, 그들은 우리가 그들에게 기도하고, 그들은 우리를 위해 기도하는 것 이외에는 다른 방법이나 수단이 없다고 주장했다. 그러나 그들은 자신들을 속이고 있다. 교제는 똑같은 상태의 사람들 중에 일어나는 것이 아니라면, 직접적인 상호 간의 대화를 필요로 하지 않는다. 그런 직접적인 대화는 상호 간에 서로 돕고 도움을 받는 상태에서 필요한 것이다. 그러나 우리의 다른 상태는 그런 밀접한 교제를 필요로 하지 않으며, 우리는 우리가 이 땅에 서로 돕고 도움을 받는 것처럼 그들로부터 위로를 받거나, 그들의 사랑의 행위에 의해 도움을 받아야 할 위치에 있지 않다. 그러므로 이 교제의 핵심은 오직 그리스도 안에 있으며, 우리의 교제의 행위는 오직 그들과 관련해서 그리스도에게 있는 것이다.

　　그러나 이런 주장에 기초해서 어떤 사람들은 다양한 상태에 놓여 있는 교회의 지체 혹은 그리스도의 신비적인 몸 사이에 그런 교제가 있다는 것을 거부한다. 그들은 "주는 우리 아버지시라 아브라함은 우리를 모르고 이스라엘은 우리를 인정치 아니할지라도 여호와여 주는 우리의 아버지시라 상고부터 주의 이름은 우리의 구속자라 하셨거늘"이라고 사 63:16에서 선지자가 그렇게 선언했다고 주장한다. 그러나 이 구절에는 그런 의미가 담겨 있는 것이 아무것도 없다. 자신의 현재 상태의 무가치한 행실과 수많은 죄악에 대해 깊이 느끼는 교회는 자신의 언약의 조상들이 자신들을 믿음 안에 있는 자녀들과 후손들로 인정하지 않을 것이라고 고백한다. 이것으로 말미암아 그들은 하나님의 무한한 자비와 신실함에 호소를 한다. 그들은 하나님의 자비와 신실함이 가장 훌륭한 사람들이 거부하기에 충분한 자신들의 무가치함에 미치기를 소원한다. 그러나 고난과 환란과 핍박을 믿음과 순종으로 통과한 위에 있는 교회가 아래 있는 교회의 상태에 대해 전혀 모르고 관심이 없으며, 그리스도의 영광을 위해 아래 있는 교회의 성공과 구원과 번영에 대한 열망이 없다고 생각하는 것은 그들이 어떤 은혜나 하나님의 영광에 대한 관심이 없이 감각이 없는 상태로 잠자고 있는 것으로 취급하는 것이다. 그리고 만약 그들이 완고하게 핍박을 하고 있는 세상에 복수의 칼날이 임하기를 부르짖고 있다면, 우리가 그들이 자신들이 받았던 것과 똑같은 고통을 받고 있는 교회의 상태에 대해 아무런 고려나 지식이 없다고 생각할 수 있을까? 이것은 불가능하다. 그들은 그리스도를 통해 이것을 알고 있다(11절).

그러나 내가 여기에서 관심을 가지고 있는 것은 모든 교회가 그리스도 안에서 함께 하나님께 예배를 드리는 교제이다. 만약 주 안에서 죽은 모든 사람이 그리스도의 중보나 그를 통해 하나님께 돌리는 찬양과 영예의 예배가 없이도, 그의 과거와 현재의 사역으로 말미암아 그에게 영예와 영광과 능력과 주권을 돌려드리지 않고도, 즉시 하나님이 "만유 안에서 만유"가 되시는 상태로 받아들여진다면, 그들과 우리 사이에 어떤 교제도 있을 수 없을 것이다. 그러나 만약 그들이 성소에서, 하나님의 성전에서, 그리스도와 그 안에서 하나님께 거룩하게 예배를 드리고 있으며, 우리가 우리의 상태와 조건에 맞는 거룩한 규례를 따라 똑같은 일을 하고 있을 뿐 아니라, 믿음으로 "천막 안으로", 지성소에 있는 은혜의 보좌로 들어간다면, 그들과 우리 사이에는 영적인 교제가 있다. 사도는 히 12:22-24에서 그렇게 표현한다.

[3] 그것은 위에 있는 거룩한 영혼들이 모든 것이 끝이 날 때 따라올 영원한 상태를 즐거워할 수 있도록 준비시키기 위해 하나님이 임명하신 방법이다. 우리가 이 땅에 있는 동안 말씀과 다른 규례들로 영광 안에 있는 현재의 상태에 들어갈 수 있는 준비와 자격을 갖추는 것처럼,

그들은 하늘의 성전예배로 그리스도가 왕국을 아버지께 드릴 때 하나님이 만유 안에 만유가 되시는 상태에 적합하게 된다.

(4) 여기에는 이 땅의 전투적인 교회의 믿음이 고려된다. 이와 관련해서 다른 무엇보다도 두 가지가 고려될 수 있다.

[1] 그들의 믿음을 격려하기 위함이다. 하나님은 우리가 관찰한 것처럼 그리스도의 보혈로 말미암은 구속과 화해를 전제할 때 자신의 오직 주권적인 능력의 행동으로 교회를 구원하실 수 있으셨다. 그러나 우리가 믿음과 순종의 방법으로 구원을 받는 것이 그의 영광에 부합이 되는 것처럼 이것은 우리를 격려하는 데 필수적이었다. 우리가 순종할 수 있도록 하나님으로부터 도움과 위로를 추구하고 받는 것이 믿음의 본질에 속한 것일 뿐 아니라, 그 목적에 맞는 은혜이기 때문이다.

이런 목적 때문에 주 그리스도는 계속해서 자신의 직책을 감당하신다. 이 직책을 통해 우리는 구원을 받을 수 있으며, 그로부터 필요한 것을 공급받을 수 있다. 하늘에서 영광스럽게 자신의 중보사역을 계속하고 있는 분으로서 그리스도에 대해 계속해서 믿음을 가지는 것을 우리는 완전히 선포할 수 없다. 그리고 현재의 복음의 빛과 은혜에 의해 행동하는 어떤 신자도 그것에 대한 고려가 없이 믿음이 얼마나 생명력이 있을지 생각할 수 없다. 믿음이 하늘에서 우리를 향한 그리스도의 사랑과 돌보심과 자비와 더불어 그리스도의 현재의 중보사역의 생명과 능력에서 위로와 격려를 받지 못한다면, 우리는 어떤 의무도 감당할 수 없으며, 어떤 유혹도 이길 수 없으며, 우리는 어떤 고난도 받을 수 없으며, 우리는 어떤 어려움도, 위험도, 두려움도 이겨낼 수 없으며, 하나님의 영광이나 우리의 영적인 복지에 대해 살고 죽는 것이 있을 수 없다. 그러므로 그는 우리로 하여금 그를 믿도록 자신을 제시하신다(계 1:17, 18).

[2] 우리의 믿음이 거룩한 예배에서 우리로 하여금 매순간 하나님께 나아갈 수 있도록 하기 위함이다. 만약 우리에게 신적인 본질의 광대함만 나타난다면, 우리는 어떻게 그에게 나아가야 할지 알지 못한다. 현 세대의 영광에 대해 알지 못하고, 현재 상태에서 하나님께 나아가기 위해 그리스도를 어떻게 사용해야 할지 모르는 사람들이 그 목적을 위해 자기 스스로 성도들이나 천사들이나 형상들과 같은 방법들을 언제나 만들어 내고 있는 것은 바로 그런 이유 때문이다. 그들은 스스로 신적인 본질에 직접적으로 나아갈 수 있는 방법을 상상할 수 없기 때문이다. 그러므로 우리가 논의하고 있는 주제를 한 문장으로 정리를 한다면, 그것은 이 땅에 있는 교회에서 하나님께 드리는 모든 현재의 믿음과 예배와, 은혜를 위해 그에게 나아가는 모든 것과, 그의 신적인 위엄에 영광을 돌리는 모든 것은 전적으로 하늘에서 영광 중에 그리스도가 중보의 사역을 계속해서 감당하시는 데 전적으로 놓여 있다고 할 수 있다.

나는 이전에 다루었던 것들을 약간 복습하면서 나의 논의를 마칠 것이다. 마지막에 그리스도가 왕국을 아버지께 드리실 것이라는 사도의 언급을 기억하면서, 나는 우리가 지금까지 서술해 온 모든 상태는 그 때에 끝이 나고, 모든 것은 하나님 자신을 직접적으로 즐거워하는 것으로 귀착이 될 것이라고 선언했다. 나는 이 땅에서의 교회와 교회의 원수들과 관련해서 그리스도의 중보사역을 다루는 것 이상으로 넘어가지 않을 것이다. 그러나 영원히 계속될 이 상태에 속하는 몇 가지 본질적인 것들이 있다.

[1] 나는 인성(人性)의 상태에서 그리스도의 위격이 영원히 모든 영화롭게 된 피조물의 직접적인 머리가 될 것이라고 믿는다. 하나님이 모든 것을 머리이신 그 안에 묶으셨기 때문에 그 중심이나 연결이 결코 해체되지 않을 것이다. 우리는 우리와 그와의 관계를 결코 잃지 않을 것이며, 그는 우리에 대한 그의 관계를 결코 잃지 않을 것이다.

[2] 그러므로 나는 또한 그가 하나님과 그의 영화롭게 된 성도들 사이에서 대화의 수단과 방법이 되실 것이라고 믿는다. 하나님이 영원히 그리스도에게서 나오는 생명과 빛과 능력과 즐거움과 안식과 말로 다 형언할 수 없는 만족으로 영원히 자신의 성도들에게 영광스럽게 전달해주실 것이 무엇이며, 무엇이 될지 나는 지금 탐구할 수 없다. 그러나 나는 그것들 모두가 인성을 입으신 아들의 위격 안에서, 위격을 통해서 이루어질 것이라고 말할 수 있다. 성막은 결코 접혀지거나, 쓸모없는 것으로 제거되지 않을 것이다. 그리고 비록 내가 하나님이 그리스도에 의해 자기 성도들에게 영광 중에서 영원히 대화하시는 방법에 대해 구체적으로 말할 수 없다고 할지라도, 그리고 비록 내가 이 세상에서 하나님이 그리스도를 통해 은혜 안에서 사람들의 영혼에 말하시는 방법에 대해 구체적으로 말할 수 없을지라도, 나는 그것들이 있다는 것을 믿는다. 불가해한 것들을 우리가 믿음으로 받아들일 때 우리는 크게 만족을 한다. 그리고 우리는 사랑과 즐거움으로 그리스도를 통해 언제

나 하나님께 나아갈 것이다. 하나님이 다른 어떤 수단이 아닌 오직 그 안에서 영원토록 자신을 나타내시기로 계획하셨기 때문이다. 우리가 지금 하나님께 매달리는 것처럼 우리는 하늘에서 그리스도의 실질적인 중보사역에 대한 믿음으로 하나님께 나아가지는 않을 것이다. 우리는 그리스도 안에서 자신을 나타내신 하나님께 전적으로 만족하는 사랑의 행위로 나아갈 것이다.

[3] 그리스도의 위격과 그의 인성은 신적인 영광과 찬양과 예배의 영원한 대상이 될 것이다. 영광의 생명은 단지 묵상하는 상태에만 있는 것이 아니다. 눈으로 보는 것이 마치 믿음이 은혜의 생명의 원리인 것처럼 그것의 원리이다. 사랑은 영원한 즐거움으로 하나님께 붙어 있도록 하는 살아 있는 원리이다. 그러나 이것은 그의 온갖 종류의 은혜에 대해 하나님께 영광과 찬송과 영예를 계속해서 돌려드리는 것으로 나타날 것이다. 어린 양, 그리스도의 위격, 똑같이 영원한 영광의 교제로 받아들여진 아들의 인성은, 아버지와 성령의 위격과 더불어 우리의 영원한 사랑의 대상이다.

ΧΡΙΣΤΟΛΟΓΙΑ:

OR,

A DECLARATION OF THE GLORIOUS MYSTERY

OF

THE PERSON OF CHRIST — GOD AND MAN

　　존 오웬(1621-1683)은 웨일즈 출신으로 옥스퍼드셔(Oxford shire)의 스태드햄프톤(Stadhampton)에서 태어났으며 옥스퍼드 대학교의 퀸스 칼리지(Queen's College)에서 1632년 B.A., 1635년 M.A.를 받았다. 1632년 오웬은 국교회를 반대하고 분리주의를 찬성하여 윌리엄 로드(William Laud)의 새로운 법령에 따라 옥스퍼드에서 추방당했다. 이후 그는 로버트 돌머 경(Sir Robert Dormer) 가족의 채플린이 되었다. 내란이 발발하자 그는 의회편을 들었으며 이로 말미암아 웨일즈의 왕당파 삼촌의 재산을 계승할 수 있는 자격을 상실했다.

　　오웬은 잠시 챠터하우스 야드(Charterhouse Yard)에서 살았으며, 그의 최초의 책은 1642년에 출간된 『아르미니우스주의에 대한 폭로(The Display of Arminianism)』이었다. 이 책에서 그는 칼빈주의에 반대하는 아르미니우스주의의 주장에 대해 뛰어난 학문적인 식견과 탁월한 논리력으로 반박하였다. 그의 이 책은 종교위원회에 헌정되었는데, 이 책으로 말미암아 그는 에섹스(Essex)의 포드햄(Fordham)에서 목회자로서 생계를 유지할 수 있었다. 그는 1646년까지 이곳에 머물러 있는 동안 교구교회 사역에 전념하였으며 『목사들과 성도들의 의무를 구분함(The Duty of Pastors and People Distinguished)』라는 책을 썼다. 그는 1644년 메리 루크(Mary Looke)와 결혼하였으며, 11명의 아이를 낳았지만, 그들 중 열 명은 유아 때 사망하였다. 딸 한 명이 생존하여 장성하여 결혼하였지만 결혼한지 얼마 되지 않아 사망하였다. 오웬은 1675년 메리가 죽은 후 8개월 후 스태드햄프톤의 지주의 가문의 부유한 과부였던 도로시 도일리(Dorothy D'Oyley)와 재혼하였다.

1647년 4월 27일 찰스 1세가 처형되던 다음 날 오웬은 의회(the Long Parliament) 앞에서 설교를 하도록 선택되었다. 오웬은 이 설교에서 장로제도보다 독립교 혹은 회중교회를 선호하는 성향을 표명하였다. 그는 이어서 플레미쉬 계통의 무역상들이 큰 영향을 미치고 있던 에섹스의 코게샬(Coggeshall)에서 목사가 되었다. 그리고 1647년 그는 아르미니우스주의와 리차드 백스터(Richard Baxter)의 보편구속론에 대해 반대하고 특별구속을 주장하는 그의 기념비적인 작품인 『그리스도의 죽음 안에 있는 죽음의 죽음(The Death of Death in the Death of Christ)』을 썼다. 그는 이 책에서 삼위일체 하나님의 구속에 대한 경륜 가운데 왜 그리스도께서 모든 사람이 아니라 택자를 위해 죽으셨는지 체계적이며 심도 있게 논쟁하고 있다.

오웬은 4월 29일에도 의회 앞에서 설교하였는데, 이것이 계기가 되어 의회와 올리버 크롬웰(Oliver Cromwell)의 지지를 받게 되었고, 크롬웰이 후에 아일랜드를 침공할 때 채플린으로 따라가게 되었다. 그는 전쟁에서 승리한 후 아일랜드의 더블린(Dublin)에 있는 트리니티 칼리지(Trinity College)를 개신교 대학으로 바꾸는 데 책임을 맡아서 기여하였다. 또한 그는 1650년 크롬웰이 스코틀랜드를 합병하려고 출정했을 때도 채플린으로 동행하였다. 1651년 3월 크롬웰은 옥스퍼드 대학교의 총장으로서 오웬을 옥스퍼드 대학교의 크라이스트 처치(Christ Church)의 학장으로 임명하였으며, 1652년 옥스퍼드 대학교 부총장으로 임명하였다.

오웬은 옥스퍼드에서 8년 동안 머물러 있는 동안 청교도적 개혁주의 신학 노선에서 학생들을 가르치고 학교를 운영하였다. 그는 또한 1653년 구속의 절대적인 필요성을 주장하는 『하나님의 정의(Justitia Divina)』, 1654년 구원의 확신에 관한 그의 대작인 『성도의 견인의 교리(Doctrine of the Saints Perserverance)』과 시의회의 요청으로 소시누스주의자인 존 비들(John Biddle)이 강해한 소시누스주의에 대해 반박하는 『복음에 대한 방어(Vindiciae Evangelicae)』를 썼다. 1656년 그는 성도들의 성화의 문제를 다룬 『신자들 안에 있는 죄 죽임에 대해(On Mortification of Sin in Believers)』를 썼으며, 1657년 하나님과의 교제를 삼위의 관점에서 심도 있게 연구한 『하나님과의 교제(Communion with God)』를 출판하였다. 그는 1657년 국교회를 반대하고 분리주의의 정당성을 옹호하는 『분열(Schism)』을 썼으며, 1658년에는 처음 신앙의 열정을 유지하도록 촉구하는 『시험에 대해(Of Temptation)』를 출간하였다.

오웬은 이런 학문적인 일 이외에도 정규적으로 의회에서 설교했으며, 1654년에는 잠시 동안이기는 하지만 옥스퍼드 대학교 대표로서 의회(the First Protectorate Parliament)의 일원이 되어 리차드 백스터와 함께 종교의 관용과 자유를 위한 위원회에서 활동하기도 했다. 그는 1653년 12월 옥스퍼드 대학교에서 신학박사(Doctor of Divinity) 학위를 수여받았다. 그는 또한 스코틀랜드 교회 문제와 관련된 위원회에서 활동하기도 하였다. 오웬은 크롬웰의 신임을 얻었지만, 크롬웰이 왕이 되는 것에 대해 반대했으며, 그 결과 그의 아들 리처드 크롬웰(Richard Cromwell)의 아버지를 이었을 때 옥스퍼드 대학교의 부총장직을 잃기도 했다. 그는 또한 웨스트민스터 신앙고백서에 기초한 회중주의 신앙고백서인 사보이 신앙고백서(Savoy Declaration)를 작성하고 채택하는 데 주도적인 역할을 했다.

1658년 올리버 크롬웰의 사망한 후 오웬은 왕정보다 공화정을 선호하여 럼프 의회(the Rump Parliament)를 지지하였지만, 찰스 2세가 왕으로 등극하고 장로교도들이 주도권을 잡자 1660년 3월 스태드햄으로 돌아왔다. 그는 그곳에서 다양한 논쟁적이고 신학적인 글들을 썼는데, 그의 라틴어로 쓰여진 신학서론과 관련된 대작 『신학론(Theologoumena Pantodapa)』이 이 때 쓰여졌다. 1661년 가톨릭의 부흥을 꿈꾸며 프란치스코 학파의 수도사인 존 빈센트 캐인(John Vincent Cane)의 『빛이 있으라(Fiat Lux)』가 출판되었는데, 오웬은 1662년 이를 비판하는 『반박(Animadversions)』을 출판하였다.

1663년 오웬은 뉴잉글랜드의 보스톤에 있는 한 회중교회의 담임 목사로 초빙을 받았지만 거절하였다. 그는 찰스 2세의 집회금지령과 5

마일령에 의해 런던을 벗어날 수 없었으며, 1666년 런던 대화재 이후에 다른 분리주의 목사들과 마찬가지로 회중을 모아 사역을 할 수 있었다. 1667년 오웬은 그의 『교리문답서(Cathecism)』를 출판하였으며, 1668년 죄 사함에 대해 그의 기념비적인 작품인 『시편 130편에 대한 실천적 강해(Practical Exposition upon Psalm 130)』와 성도들의 성화와 관련된 『내재하는 죄(Indwelling Sin)』를 그의 7권으로 출판될 히브리서주석의 첫 번째 부분과 더불어 출판하였다. 1670년 오웬은 국가교회를 옹호하고 분리주의를 비판하는 사무엘 파커(Samuel Parker)의 『교회정체(Ecclesiastical Polity)』에 대한 응답으로 『진리와 무죄가 방어되다(Truth and Innocence Vindicated』라는 책을 출판하였다. 1669년 오웬은 『삼위일체(On the Trinity』에 대해 책을 썼으며, 1672년에는 『기독교적인 사랑과 평화(Christian Love and Peace』에 대해 책을 썼다.

오웬은 1670년 집회금지령이 다시 부활하자 의회에 이를 항의하는 편지를 썼다. 그는 이 해 혹은 다음 해에 하버드 칼리지의 학장으로 초대를 받았으며, 화란의 몇몇 대학교들에서도 비슷한 초대를 받았지만 수락하지 않았다. 1672년 찰스 2세가 종교관용령을 내리자 오웬은 그에게 감사의 편지를 보냈다. 오웬은 독립교도들과 장로교도들이 함께 모여 브로드 스트리트 프린세스 홀(Princes' Hall, Broad Street)에서 매주 연 강좌에 설교한 첫 번째 설교가 중 한 명이 되었다. 그는 많은 귀족들에게 존경을 받았으며, 1674년 동안 찰스 2세와 그의 형제인 제임스 2세의 환대를 받았으며, 찰스 2세는 오웬에게 엄격한 법으로 고통을 받던 분리주의자들을 구제하라고 1000기니를 하사하기도 하였다. 오웬은 자신이 저 땜장이처럼 설교할 수 있다면 자신의 모든 지식을 포기하겠다고 고백했던 존 번연(John Buyan)이 석방될 수 있도록 도움을 주기도 하였다.

오웬은 계속해서 목회를 하면서 글을 썼는데 1676년 『배교에 대해(On Apostasy)』, 1677-78년 『성령에 대해(On the Holy Spirit)』, 1677년 『칭의론(The Doctrine of Justification)』, 1679년 『기독론(The Person of Chrisit)』에 대해 글을 썼다. 그는 또한 교회 행정에 대한 대표적인 글을 이 기간에 쓰기도 하였다. 또한 1681년 그는 그의 신앙적 성숙을 보여주는 『영적으로 생각하는 은혜와 의무(The Grace and Duty of Spiritual Mindedness)』를 출판했으며, 그가 죽던 해인 1683년 그가 갈 영광의 나라를 묵상하여 『그리스도의 영광에 대한 묵상(Meditations on the Glory of Christ)』을 썼다. 그는 이 책에서 이 땅에서는 그리스도의 위격에 나타난 그의 영광을 믿음으로 보았지만, 이제 그 나라에 가면 눈으로 볼 것을 소망하는 고백을 했다. 그는 1683년 9월 4일 사망하였으며 다른 많은 분리주의자들과 함께 런던의 번힐 필즈(Bunhill Fields)에 묻혔다.